COLLECTION HISTORIQUE DES GRANDS PHILOSOPHES

CRITIQUE
DE
LA RAISON PRATIQUE

PAR

EMMANUEL KANT

NOUVELLE TRADUCTION FRANÇAISE

AVEC UN AVANT-PROPOS

SUR LA PHILOSOPHIE DE KANT EN FRANCE, DE 1773 A 1814

DES NOTES PHILOLOGIQUES ET PHILOSOPHIQUES

PAR

F. PICAVET

Agrégé de philosophie.

PARIS
ANCIENNE LIBRAIRIE GERMER BAILLIÈRE ET Cie
FÉLIX ALCAN, ÉDITEUR
108, BOULEVARD SAINT-GERMAIN, 108

1888

CRITIQUE
DE
LA RAISON PRATIQUE

LIBRAIRIE FÉLIX ALCAN

Autres ouvrages de Kant :

Critique de la raison pure, trad. par M. Tissot. 2 vol. in-8.. 16 fr.
Même ouvrage, traduction par M. Jules Barni. 2 vol. in-8...... 16 fr.
Éclaircissements sur la Critique de la raison pure, traduction par M. J. Tissot. 1 vol. in-8........................... 6 fr.
Principes métaphysiques de la morale, augmentée des *Fondements de la métaphysique des mœurs*, trad. par M. Tissot. 1 vol. in-8. 8 fr.
Même ouvrage, traduction par M. Jules Barni. 1 vol. in-8...... 8 fr.
La Logique, traduction par M. Tissot. 1 vol. in-8............. 4 fr.
Mélanges de Logique, traduction par M. Tissot. 1 vol. in-8... 6 fr.
Prolégomènes à toute métaphysique future qui se présentera comme science, traduction par M. Tissot. 1 vol. in-8........ 6 fr.
Anthropologie, suivie de divers fragments relatifs aux rapports du physique et du moral de l'homme, et du commerce des esprits d'un monde à l'autre, traduction par M. Tissot. 1 vol. in-8........ 6 fr.
Traité de pédagogie, trad. de M. J. Barni; préface par M. Raymond Thamin, chargé du cours de pédagogie à la Faculté des lettres de Bordeaux. 1 vol. in-12..................................... 2 fr.

Autres ouvrages de M. F. Picavet

Bibliographie de l'agrégation de philosophie en 1885, 1886, 1887, 1888 (Paul Dupont).
CONDILLAC. — **Traité des sensations**, 1re partie avec des notes historiques et explicatives, une introduction et des éclaircissements. 1 vol. in-12, 1886 (Delagrave).
CICÉRON. — **De Naturâ Deorum**, livre II, avec des notes philologiques, grammaticales, historiques, philosophiques et une introd. 1 vol. in-12, 1887 (Félix Alcan).
Instruction morale et civile ou philosophie pratique, psychologie, logique, morale pratique, économie politique, morale théorique, instruction civique. 1 vol. in-18 jésus, 1888 (A. Colin).
L'Histoire de la philosophie, ce qu'elle a été, ce qu'elle peut être (*Extrait des comptes-rendus de l'Académie des sciences morales et politiques*).

CRITIQUE DE LA RAISON PRATIQUE

PAR
EMMANUEL KANT

NOUVELLE TRADUCTION FRANÇAISE

AVEC UN AVANT-PROPOS

SUR LA PHILOSOPHIE DE KANT EN FRANCE, DE 1773 A 1814

DES NOTES PHILOLOGIQUES ET PHILOSOPHIQUES

PAR
F. PICAVET
Agrégé de Philosophie

PARIS
ANCIENNE LIBRAIRIE GERMER-BAILLIÈRE ET Cⁱᵉ
FÉLIX ALCAN, ÉDITEUR
108, BOULEVARD SAINT-GERMAIN, 108

—

1888

Tous droits réservés.

AVANT-PROPOS
DU TRADUCTEUR

En donnant, cent ans après la première édition de la Critique de la raison pratique, une nouvelle traduction française d'un ouvrage qui a, surtout depuis un demi-siècle, occupé les moralistes, il nous a semblé convenable de rechercher comment s'est introduite en France la philosophie de Kant. C'est une opinion généralement accréditée [1] que, seuls avant Cousin et son école, Villers, en 1801, et Mme de Staël en 1813, auxquels on ajoute quelquefois Degérando, avaient tenté de la faire connaître. Une lecture attentive des ouvrages philosophiques qui ont paru de 1789 à 1815, des découvertes heureuses dues au hasard, des écrits inédits gracieusement mis à notre disposition, nous ont fait adopter une opinion diamétralement opposée.

I.

Il faut se rappeler d'abord que Strasbourg avant, pendant et après la Révolution, était un centre intellectuel où l'on

---

[1] Voyez V. Cousin, Philosophie de Kant; Paul Janet, V. Cousin et son œuvre; J. Barni, Critique du jugement, avant-propos; Willm, Histoire de la philosophie allemande depuis Kant jusqu'à Hegel; Sainte-Beuve, Portraits contemporains (Fauriel, p. 153 et 172), etc.

étudiait toutes les œuvres importantes qui paraissaient de l'un et de l'autre côté du Rhin, où des étudiants allemands se rencontraient avec des étudiants français, où le futur conventionnel Grégoire eût pu discuter avec Goethe le Système de la nature. Avant la Révolution, Kant y était connu et ses travaux cités fréquemment dans les thèses. Dès 1773, Walther, dans une thèse à laquelle présidait Müller, nommait, avec Bacon et son immortel ouvrage, avec Descartes qui tient le premier rang entre les restaurateurs de la philosophie, avec Locke et A. Smith, avec Berkeley et Hume, Kant et sa Dissertation sur la forme et les principes du monde sensible et du monde intelligible, qui contient déjà, comme on sait, quelques-unes des idées fondamentales de sa philosophie définitive et qui ne date que de 1770. La même année, dans un ouvrage de ce genre, Lutz, qui faisait de Bonnet un pompeux éloge, mentionnait une autre dissertation de Kant sur le seul fondement possible d'une démonstration de l'existence de Dieu. En 1775, la Dissertation inaugurale de Kant est encore citée, par Juncker, à côté des ouvrages de Bonnet, de Garve, de Maupertuis, de d'Holbach, de Hume et de Warburton. Il est naturel que les maîtres qui appelaient ainsi l'attention de leurs élèves sur des productions de Kant relativement peu importantes, aient étudié avec soin la Critique de la raison pure, la Critique de la raison pratique, qui parurent avant la Révolution et même la Critique du jugement, qui est de 1790. On sait d'ailleurs que c'est seulement vers 1786 ou 1787 que, grâce surtout à Reinhold, l'attention fut appelée en Allemagne sur la philosophie de Kant. De 1789 à 1794 se produisirent en France les prodigieux événements qui firent une impression si profonde sur les penseurs de tous les pays [1], qui amenèrent Kant lui-même à déroger à des habitudes devenues pour lui une seconde nature [2], occupèrent entièrement ceux qui auraient pu s'intéresser aux doctrines nouvelles et qui auraient justement dit de l'époque tout entière ce que Sieyès disait de la Terreur. Deux mois après la chute de Robespierre, le 27 septem-

---

[1] Voyez le Mémoire de M. Carnot, lu à l'Institut par M. Jules Simon.
[2] Voyez la note 12, à la fin de ce volume.

bre 1794, Müller, le professeur dont nous avons déjà parlé,
écrit à Grégoire que la philosophie de Kant, encore inconnue
en France, mérite d'y être transplantée. Puis, quinze jours
plus tard (12 octobre), répondant à Grégoire, qui avait désiré
que Blessig ou Müller s'essayassent sur une esquisse de la
philosophie critique, ce dernier écrivait qu'il fallait à la
France une philosophie spéculative établie sur des bases qui
résistent à l'athéisme, au matérialisme, au scepticisme, qui
soit capable de détruire le règne du Système de la nature et
de tous ceux qui tendent à avilir la nature humaine. Il insistait, après Reinhold, sur les appuis immuables que le
kantisme prête aux dogmes de l'existence et des attributs
de Dieu, de l'immortalité de l'âme, et aux vrais fondements
de la morale, interprétant ainsi le criticisme tout autrement
que Cousin et comme le comprennent à peu près aujour-
d'hui M. Renouvier et ses disciples. Il se préparait en même
temps à entreprendre la tâche que lui avait proposée Grégoire.
Müller meurt en février 1795, son ami Blessig apprend, par
les papiers publics, que Sieyès veut faire connaître le système de Kant et il écrit à Grégoire, en avril 1796, qu'il craint
qu'on ne trouve en Kant, si l'on ne saisit pas bien son raisonnement dans l'ensemble, un patriarche du scepticisme
et même de l'athéisme, que, par conséquent, il faudrait à
l'ouvrage une introduction bien serrée pour les principes et
bien intelligible. Il serait bon, en outre, d'y joindre un précis
de l'ouvrage que Kant a donné sur la religion chrétienne [1].
Pour en finir avec Blessig, rappelons encore une lettre de
1810, où considérant surtout les écoles de Kant, de Fichte
et de Schelling, il voit dans leurs doctrines le panthéisme
tout pur, se plaint que les idées qui ont pour objet d'extir-
per les penchants au lieu de les subordonner à la loi morale,
se sont introduites chez les théologiens protestants, dans des

---

[1] Ces lettres paraîtront dans la *Revue philosophique* de juillet 1888.
Nous prions M. Gazier, qui a bien voulu nous les communiquer, et
M. Ribot, qui nous a permis de les utiliser avant leur apparition,
d'agréer tous nos remerciements. Nous avons encore à remercier
M. Gazier de nous avoir communiqué les thèses dans lesquelles nous
avons puisé les indications précédentes.

universités et monastères catholiques, surtout chez les bénédictins, et se croit obligé de les combattre dans une lettre pastorale dont il envoie un exemplaire à Grégoire.

II

La philosophie de Kant était, par d'autres voies encore, proposée à l'examen des penseurs français. Il y aurait lieu de mettre successivement en relief les indications que pouvaient leur fournir les publications de l'Académie de Berlin, les travaux des philosophes qui, en Suisse, écrivaient en langue française, ceux des Français qui, traducteurs ou commentateurs, avaient entrepris de faire connaître à leurs compatriotes la philosophie de Kant, soit pour la combattre, soit pour en recommander l'adoption. Mais nous serions ainsi exposé à des redites, ce qui nous arriverait également d'ailleurs si nous voulions exclusivement suivre l'ordre chronologique. Nous préférons donc exposer, en donnant toujours des indications chronologiques très précises, d'une manière un peu plus libre, les essais tentés pour faire connaître aux philosophes français les travaux de Kant.

En 1793, Mérian, dans un Mémoire sur le phénoménisme de Hume, avait exposé et combattu la « philosophie réformatrice du grand philosophe de Kœnigsberg », en 1797, il donnait un Parallèle historique des deux philosophies nationales, celle de Wolf et celle de Kant. Tout en reconnaissant à Kant un esprit original, profond et subtil, avec les talents nécessaires pour le faire valoir, en le plaçant au-dessus de Wolf et sur la même ligne que Leibnitz, Mérian rappelait à ceux pour lesquels *Kant est venu achever le grand ouvrage commencé par J. C.*, pour lesquels *le Christ nous a manifesté Dieu en chair, et Kant, Dieu en esprit*, que Kant pourrait avoir un successeur comme il avait succédé à Leibnitz, sans même laisser en mourant un Wolf pour appui de sa cause, pour propagateur de sa doctrine. Et la Décade annonçait le 10 fructidor an IX (août 1801), quinze jours après l'ouvrage de Villers, le volume dans lequel était inséré le dernier travail de Mérian. Dès 1792, Ancillon passait en revue, dans une dissertation latine, les jugements de Kant sur l'existence de Dieu; son Dialogue entre Berkeley et Hume, de 1796, était souvent une satire contre la terminologie de Kant. Les deux Mémoires d'Engel en 1801, sur la réalité des idées générales ou abstraites, sur l'origine de l'idée de force, qui exercèrent une si grande influence sur M. de Biran, étaient dirigés contre Hume et Kant. Il faut encore citer des Mémoires de Selle, de Schwab qui, dirigés contre le Kantisme, étaient, comme les précédents, capables d'en faire connaître les grandes lignes aux philosophes français [1].

En 1796 (août) la Décade annonce la traduction, par Hercule Peyer Imhoff, des Observations sur le sentiment du beau et du sublime, un des plus curieux ouvrages de l'époque antérieure à l'apparition des doctrines criticistes, dans lequel Kant se montre, comme dit Barni, fin et spirituel observateur, et parle des femmes avec une délicatesse et un respect qui feraient supposer qu'il n'est pas toujours resté indifférent aux attraits qu'il peint si bien.

En 1797, Benjamin Constant combat, dans les *Réactions politiques*, l'opinion d'un philosophe allemand qui allait jusqu'à prétendre qu'envers des assassins qui vous demanderaient si votre ami qu'ils poursuivent n'est pas réfugié dans votre maison, le mensonge serait un crime. Et Benjamin Constant déclarait à Kramer qu'il avait eu en vue Kant. Ce dernier l'apprit et publia la même année un opuscule intitulé *D'un prétendu droit de mentir par humanité*, dans lequel il défendait sa doctrine et ses principes. Il ne se rappelait plus, disait-il, en quel endroit il avait soutenu ce que critiquait B. Constant, mais il semble bien, d'après l'exemple cité par B. Constant, accepté par Kant et repris par Mme de Staël, qu'il s'agissait de l'article *Mensonge* de la Doctrine de la vertu [2].

---

[1] Voyez Bartholmèss, Histoire philosophique de l'Académie de Berlin.
[2] Voyez *Éléments métaphysiques de la doctrine de la vertu* (trad. Barni). — La Décade annonça les *Réactions politiques* de B. Constant, le 29 avril 1797.

La Décade signalait aussi aux lecteurs français les traductions de Werther et de Woldemar, la correspondance de Lessing avec Gleim, la publication du Spectateur du Nord, la traduction du Théâtre de Schiller, d'Hermann et Dorothée, de l'Obéron de Wieland, du W. Meister de Goethe, d'odes de Klospstock, du Laoocon, de Herder, etc. Il y aurait pour les historiens de la littérature allemande, un bien curieux et substantiel chapitre à écrire sur l'influence exercée, de 1795 à 1800, par les écrivains allemands, sur les productions littéraires de la France à cette époque. Mais pour nous limiter à ce qui forme l'objet spécial de notre étude, nous signalerons deux curieux articles sur les Perceptions obscures que publia dans la Décade, le 7 et le 17 octobre 1797, Dorsch, employé au ministère des relations extérieures. Il montrait que la métaphysique, devenue une science en partie exacte depuis Locke et Condillac, était la base des sciences morales et politiques. « Les Allemands, disait-il, la cultivent avec ardeur, si leur marche est lente, ils ne sont pas stationnaires, s'ils n'ont point notre audace, ils creusent profondément ; *Kant y fait une révolution.* Depuis Aristote et Descartes, personne n'a eu plus de prépondérance métaphysique. Sa philosophie est peu connue en France, mais il serait à désirer que quelque Allemand, bien au fait de cette école et de notre langue, en traduisît la doctrine. M. Dortsch, professeur à l'Université de Mayence, pourrait rendre ce service. ». Six semaines plus tard, la Décade annonçait les *Essais philosophiques de feu Adam Smith, précédés d'un Précis de sa vie et de ses écrits, par D. Stewart,* traduits par Prévost ; Ginguené en donnait deux extraits dans la Décade du 20 novembre et du 10 décembre. Il insistait sur la division faite par Prévost des philosophes en trois écoles : l'école écossaise, l'école française et l'école allemande, qui a eu Leibnitz pour chef et dans laquelle domine aujourd'hui Kant. Prévost, ajoutait Ginguené, reconnaît dans Kant des qualités éminentes, mais voudrait qu'on distinguât ce qui lui appartient de ce qu'il s'est approprié ; il croit avantageux, pour le progrès de la science, de traduire en français les ouvrages de Kant, mais estime que cette entreprise est très difficile. A peu près à la même époque paraissait la traduction du Projet d'un traité de paix perpétuelle.

Le 10 floréal an VIII (30 avril 1800), François de Neufchâteau présentait à l'Institut son *Conservateur ou recueil de morceaux inédits d'histoire, de politique, de littérature et de philosophie*, en 2 volumes [1]. Il avait eu, disait-il, l'idée de faire travailler à une Bibliothèque germanique et il citait, pour justifier ce projet, les noms de Bode, de Pallas, de Humboldt, de Kastner, de Lichtenberg, de Schiller, de Göthe, de Wieland, de Voss, de Stolberg ; mais les matériaux les plus nombreux qu'il avait recueillis portaient sur la métaphysique de Kant, qui a remplacé Leibnitz et fondé une nouvelle école de philosophie. Dans le Conservateur il donna ceux qui lui semblaient les plus propres à faire connaître ce système, qui fait tant de bruit et occupe tant de penseurs, à côté de traductions, en vers métriques et hexamètres par Turgot, d'une partie de l'œuvre de Virgile, du rapport secret sur le Mesmérisme par Bailly, de lettres de Buffon à l'abbé Bexon, du Précis de l'abbé Dubos par Thouret, de lettres de J.-J. Rousseau, de remarques de Voltaire sur les Essais poétiques d'Helvétius et de notes d'Helvétius sur un exemplaire des Œuvres de Voltaire, de pièces relatives à l'enterrement de Molière et de Voltaire. Les morceaux qui portaient sur Kant formaient une partie considérable du second volume [2] et comprenaient, sous le titre de *Choix de divers morceaux propres à donner une idée de la philosophie de Kant qui fait tant de bruit en Allemagne*, la Notice littéraire sur Kant et la traduction par Villers de l'opuscule sur l'histoire universelle [3]; puis une traduction de la *Théorie de la pure religion morale, considérée dans ses rapports avec le pur christianisme*, par Ph. Huldiger [4] qui l'avait augmentée d'éclaircissements et de considérations

---

[1] Chez Crapelet, XXX — 416 et 448 pages.
[2] Depuis la page 29 jusqu'à la page 226.
[3] Voyez p. XIII.
[4] Villers pense que c'est un pseudonyme « qui a passablement saisi d'ailleurs les points principaux de la philosophie critique. » Ne faudrait-il pas songer, en raison même du texte traduit, à un des amis de Grégoire ?

générales sur la philosophie critique et avait mis en tête une épigraphe empruntée à saint Mathieu : *Heureux ceux qui ont le cœur pur, car ils verront Dieu!* Huldiger avait choisi cet ouvrage, qui n'est qu'une application des principes de la philosophie de Kant à la théorie de la religion, parce qu'il était peu volumineux, et même il s'était servi d'un Abrégé fait pour les cours publics d'une université d'Allemagne [1], parce qu'il voulait sonder le goût du public avant de lui faire connaître l'édifice dont il ne montrait qu'un étage [2]. L'ouvrage lui paraît très piquant par la singularité, la force et l'enchaînement des idées, très essentiel et très consolant dans tous les temps par la matière qui en fait l'objet. La doctrine, présentée sous un point de vue neuf, lui semble prise dans la nature et nous apprend que nous avons en nous deux bases pour la religion, l'une qui tient à notre essence comme créatures intelligentes d'un être avec qui nous avons le rapport de connaître sa loi et sa volonté, l'autre tenant à notre état de faiblesse, à notre situation périlleuse qui nécessite les secours d'une main pure et puissante : belle théorie qui fait de la religion la voie du bonheur et qui prouve la sainteté de l'origine du christianisme, son identité avec la nature humaine et le caractère d'universalité qu'on ne peut reconnaître qu'en lui seul [3]. Il signalait quatre principes fondamentaux dans cet ouvrage : 1° l'homme est méchant naturellement, sans l'être par essence ; 2° il possède dans son âme un idéal de perfection morale qu'il peut et qu'il doit réaliser; 3° la nécessité de triompher du mal et d'établir invariablement le bien, donne naissance à l'idée d'une société civile et éthique, uniquement fondée sur les lois de la vertu, dont Dieu même serait le législateur et le chef suprême, et de cette idée découle, pour chaque individu, le devoir de travailler de toutes ses forces à l'établissement

---

[1] On pourrait, en ne tenant compte que de ce passage, songer aussi à Dortsch (Cf., p. VI).

[2] Chose curieuse, l'auteur dit qu'on n'a traduit, avant lui, que le *Traité sur la paix perpétuelle*. On comprend encore qu'il ignorât Villers, mais comment ne connaissait-il pas la traduction de Imhoff?

[3] Voyez note 17, à la fin du volume.

de cet empire divin ; 4° le culte que Dieu recevrait dans cette société ne pourrait être qu'un culte moral. En dernière analyse, lorsqu'on remonte, par le secours de la raison pure et abstraite jusqu'à la première source du mal, on découvre qu'il provient d'une détermination du libre arbitre de s'écarter de la loi morale et, qu'en bien comme en mal, le libre arbitre n'a pas d'autre motif de ses actions que sa détermination, franche, indépendante, absolue; par conséquent le mal ne peut être expliqué que comme une adoption du libre arbitre qui s'est laissé séduire et qui a fait tomber l'homme d'un état pur et sain dans l'état misérable du péché : voilà donc l'origine du mal moral reconnue, et tel est le squelette de la vérité que tous les peuples, dans leurs traditions antiques, ont habillé diversement, que la majestueuse Ecriture elle-même a cru devoir envelopper de quelques allégories. L'unique occupation de notre vie, conformément au seul besoin réel de notre existence morale, doit être de l'anéantir en nous pour réhabiliter le bien sur ses ruines. Par conséquent les trois grands devoirs de l'homme, de se rendre heureux lui-même, de contribuer à la félicité de ses semblables, d'amener sur la terre le règne, le triomphe et la gloire du souverain bien par essence, ne pouvant être remplis qu'en s'efforçant de réaliser l'idéal de la perfection morale, il est d'obligation stricte pour chaque individu de travailler à la fondation et à la propagation de la société éthique ou de l'église dans laquelle seulement cet idéal serait produit en réalité. Le scrutateur des cœurs sera seul le législateur et le chef de la société éthique, racine de l'église universelle; le culte qu'on lui rendra sera purement moral, les cérémonies ne seront que des stimulants pour la moralité, n'acquerront du prix et de l'influence que par elle. C'est là une des plus belles idées religieuses et morales que notre siècle ait vu éclore et c'est dans l'Evangile bien conçu, dans ce foyer de toute lumière et de toute sagesse, que l'auteur l'a puisée; non seulement elle forme la base de la morale en général et de la conduite de tout homme en particulier, mais elle est encore le modèle des sociétés politiques et de l'institution religieuse; elle unit la religion, la morale et la politique, embrasse le présent et l'avenir, se produit et se développe sous les caractères de l'unité et de l'universalité qui sont les marques indélébiles et positives du vrai.

Quant à l'ensemble de l'œuvre de Kant, il ne lui paraît pas douteux que les écrits de cet homme célèbre ne doivent opérer *une révolution dans l'esprit humain*, que Kant ne soit un homme de génie qui s'est servi de ce beau don du Créateur pour ouvrir une nouvelle carrière, qui a substitué la science certaine à la science fantastique, fixé les bornes des connaissances humaines en donnant la théorie de la sensibilité, de l'entendement et de la raison pure, prouvé victorieusement l'immatérialité, et par conséquent l'indestructibilité de l'âme, la liberté et l'existence de Dieu, affermi à jamais les bases d'une science aussi belle, aussi nécessaire, aussi universelle que la métaphysique, levé toutes nos incertitudes et comblé tous nos vœux. Ses écrits sont comme un fil pour se conduire à travers le labyrinthe où la vérité se cache à tous les regards : « Heureux, dit l'auteur, l'écrivain qui peut ainsi s'attribuer la gloire d'avoir été réellement utile à son espèce! Nos derniers neveux donneront à sa mémoire l'éloge si rarement mérité qu'il a fait honneur à l'homme. »

On ne trouverait, croyons-nous, ni chez Villers, ni même chez Mme de Staël, une aussi claire compréhension du rôle que pouvait jouer un jour la philosophie critique, une appréciation aussi nette des services qu'elle peut rendre aux esprits qui sentent l'invincible besoin d'allier la métaphysique, la morale et la religion[1].

II

La façon d'apprécier Kant change avec l'apparition du livre de Villers.

Villers[2], né en 1765 à Boulay, dans la Meurthe, entra dans

[1] Voyez les *Essais* de M. Renouvier et la *Critique philosophique* de MM. Renouvier et Pillon.
[2] Cf. *Stapfer*, art. Villers, dans la *Biographie universelle* de Michaud ; *Christian Fr. Wurm*, Beiträge zur Geschichte der Hansestädte in den

l'artillerie en 1780, tint garnison à Toul, puis à Metz, enfin à Strasbourg où il fut témoin des cures magnétiques de Mesmer et publia un roman, le *Magnétiseur amoureux* (1787). En même temps il étudiait le grec, l'hébreu et composait des essais dramatiques. Il accueillit la Révolution avec enthousiasme, mais se refroidit bientôt et fit connaître ses opinions dans divers opuscules, dont le dernier intitulé, *De la Liberté* (Metz 1791), eut trois éditions, mais l'obligea à quitter la France en 1792. Après avoir vainement essayé d'y rentrer, il se fit immatriculer comme étudiant à Göttingue et entra en relations avec les professeurs Eichhorn, Heyne, Kästner, Sartorius, Spittler et Schlözer, le célèbre historien. En 1797, il faisait paraître à Berlin les *Lettres Westphaliennes du Comte de R. M. à Madame de H. sur plusieurs sujets de philosophie, de littérature et d'histoire — et contenant la description pittoresque d'une partie de la Westphalie*. Dans cet ouvrage, qui est incontestablement de Villers[1], il était question du magnétisme animal et de la philosophie kantienne : Jacobi trouva les lettres charmantes et Mme de Staël les lut avec un grand intérêt[2]. Villers pensa alors à se rendre en Russie, où son plus jeune frère avait déjà trouvé une patrie; mais en passant par Lübeck, il y rencontra la fille de Schlözer, mariée à de Rodde, un marchand qui devint sénateur et bourgmestre; il contracta une liaison qui dura toute sa vie avec cette femme, que Mme de Staël, en 1803, appelait *une grosse Allemande, dont elle n'avait pas encore percé les charmes.*

Il s'appliqua dès lors à l'étude de la littérature allemande et surtout de la philosophie de Kant, il se donna pour tâche de faire connaître l'une et l'autre à la France. Un émigré français, Baudus, avait fondé à Altona une gazette, qui avait paru de juillet 1795 à janvier 1796, puis s'était fixé à Hambourg où il groupa comme rédacteurs du *Spectateur du Nord*, tous les émigrés qui avaient quelque talent. Rivarol y vivait

---

Jahren 1806 bis 1814, Hamburg, 1845; *W. von Bippen*, Ch. von Villers, und seine deutschen Bestrebungen, Preuss. Jahrbücher, Bd. 27, p. 288-307; *Isler*, Briefe an Ch. de Villers, Zweite Ausgabe, Hamburg, 1883.

[1] Voyez *Isler*, op. cit. XI, 149, 288 et *Villers*, Philosophie de Kant.
[2] *Isler*, op. cit., p. 149 et 288.

alors et y publiait le *Discours préliminaire* du nouveau Dictionnaire de la langue française, qu'il ne devait jamais achever. Mme de Genlis y séjournait ; Delille y arrivait en 1799, Sénac de Meilhan y vivait quelque temps ; Chênedollé, l'abbé Louis et l'abbé de Pradt, Talleyrand pouvaient y rencontrer Jacobi et Klopstock. Villers fut le principal collaborateur de Baudus.[1] : il donna une notice littéraire sur Kant et sur l'état de la métaphysique en Allemagne au moment où Kant avait commencé à y faire sensation. Il vantait l'incroyable variété des connaissances de Kant en physiologie, en histoire naturelle, en astronomie, en mathématiques, dans les belles-lettres et les différentes branches de la philosophie : il montrait que Kant avait conjecturé l'existence d'Uranus découvert vingt-six ans plus tard par Herschell, qu'il avait pris une place distinguée parmi les métaphysiciens et fixé sur lui l'attention générale par l'écrit intitulé, *Unique base possible à une démonstration de l'existence de Dieu*, dont il avait depuis lors complètement désavoué la doctrine. L'importance de la dissertation inaugurale de 1770 [2], l'influence exercée sur Kant par la lecture des *Essais* de Hume sur la nature humaine y sont fort bien marquées. L'apparition de la Critique de la Raison pure était signalée comme un événement qui devait produire dans le monde philosophique une révolution aussi étonnante, mais moins orageuse que celle qui se préparait dans le monde politique. Reinhold était présenté comme ayant réussi à faire goûter au public savant, en 1786 et 1787, la nouvelle philosophie. Tout en signalant l'appui que Kant semblait avoir donné par cet ouvrage à ceux qui disaient hautement que la métaphysique n'est au fond qu'une chimère, Villers montrait que Kant avait ouvert de nouvelles routes au raisonnement, qu'il avait rétabli, en s'appuyant sur la moralité, de nouveaux arguments pour l'existence de Dieu, la réalité de notre libre arbitre, l'immortalité de nos âmes ; mais il lui paraissait cependant que ce puissant athlète était plus vigou-

---

[1] Voyez *Sainte-Beuve*, Châteaubriand et son groupe littéraire. vol. II ; *de Lescure*, Rivarol et la Société française pendant la Révolution et l'émigration.

[2] Voyez p. II.

reux en terrassant ses adversaires, en renversant leurs systèmes, qu'en essayant de construire à son tour un nouvel édifice. Dans le même journal, Villers donna sous le titre de Critique de la Raison pure, une analyse abrégée de cet ouvrage qui fut reproduite en allemand sous les auspices de Kant, puis une traduction en 1798 de l'*Idée d'une histoire universelle dans une vue cosmopolitique*, qu'il croyait propre à familiariser les lecteurs avec la tournure d'esprit particulière à ce philosophe, avec sa manière de raisonner et de présenter ses idées, parce qu'il n'y abordait point la métaphysique proprement dite, mais y développait son idée la plus chérie en politique et y exposait ses vues profondes sur la perfectibilité graduelle de l'espèce humaine. Cette traduction, réimprimée à part par Villers, le fut encore par François de Neufchâteau en l'an VIII, et un écrit imprimé trois fois, qui n'était pas sans analogie avec l'*Esquisse des progrès de l'esprit humain*, que Comte trouvait très remarquable, a été donné, sous forme de traduction communiquée à Comte par d'Eichthal, comme complètement inconnu en France par M. Littré dans *A. Comte et la philosophie positive!*

Dans le *Spectateur* encore, Villers fit paraître un fragment d'une traduction en prose de la Messiade, qu'il se proposait de faire connaître à Delille qui, peu versé dans la langue allemande, avait manifesté l'intention de faire, pour la Messiade, ce qu'il avait fait pour l'Énéide [1]. A la même époque, il est sérieusement occupé de préparer un ouvrage qui fasse connaître Kant aux lecteurs français : il hésite longtemps sur la forme à lui donner, pense à publier des *Lettres à Émilie sur la philosophie*, puis à faire des dialogues comme Platon et Jacobi [2]. Enfin, il se décide à suivre la division naturelle de sa matière, à la traiter simplement, sèchement et sérieusement, et en novembre 1799, il présente à Jacobi, dont il voudrait avoir l'avis, une esquisse de son plan ou de ses divisions, dont chacune demandera un plan à part et beaucoup de sous-divisions [3]. En 1800, il est dis-

---

[1] *M. Isler*, Lettre de Klopstock à Villers, p. 293.
[2] *Isler*. Lettres à Jacobi, p. 144 et à Schelling, p. 243.
[3] Nous donnons ce plan (d'après Isler, Lettre de Villers à Jacobi,

trait un moment de ce travail par la traduction des Lettres à Ernestine, pour laquelle Vanderbourg, le traducteur attitré de Jacobi, lui cède ce qu'il avait déjà traduit, et qu'il songe à publier en France, lorsque Baudus refuse de la faire paraître dans le *Spectateur du Nord*. En 1801, Jacobi apprend par Vanderbourg, alors à Paris, qu'il est question d'un Mercure littéraire d'Europe, dont la rédaction principale serait confiée à Suard, et où la littérature allemande serait réservée à Vanderbourg : ce dernier voit Suard qu'il contredit, à qui il ne croit pas avoir plu, et qui lui parait un peu lourd dans la conversation, un peu pédant, un peu vain et de plus fidèle à l'excès *aux préjugés français* contre la philosophie allemande. Jacobi souhaite ardemment que l'ouvrage de Villers paraisse bientôt, d'autant plus qu'il apprend, par Vanderbourg encore, qu'une traduction de la mort d'Adam de Klopstock a été jouée avec succès sur un des petits théâtres de Paris, tandis qu'on n'a jamais eu nulle part en Allemagne l'idée de la représenter[1]. D'ailleurs le moment était favorable : Chênedollé, Baudus, Montlosier,

---

p. 144) parce qu'il nous montre qu'en ce moment Villers fait encore quelques réserves sur la philosophie de Kant, et n'a pas encore cet enthousiasme que révèle la lecture de la *Philosophie de Kant* :

1. Quelle idée doit-on se former d'une Philosophie en général ?
2. En particulier, d'une métaphysique ? Ce que c'est ?
3. Quatre principaux systèmes de métaphysique possibles et, en effet, existants.
4. Idée d'un point de vue transcendantal en métaphysique. — Sa nécessité. — Distinction du transcendantal et du transcendant.
5. Quelle métaphysique a régné jusqu'à présent en France ? — Empirisme.
6. Son insuffisance pour expliquer les premiers principes de nos connaissances. Il lui faut des fondements plus profonds. — Nécessité d'en revenir au transcendantal ou à un examen de la cognition humaine.
7. Voilà ce qu'a tenté Kant. — Analyse du fameux livre intitulé : *Critique de la raison pure*.
8. Ce qu'on peut encore trouver à redire dans ce livre, qui a cependant fait faire à l'esprit humain un pas gigantesque vers le but, et qui a mis sur le chemin pour y parvenir. — Traduction littérale de la dissertation sur l'*Idéalisme transcendantal*.
9. Comment de cette courte dissertation sont nés de gros livres. Aperçu du Standpunct de Beck, de la Mathéséologie (Wissenschaftslehre). Sectes entre les philosophes critiques. Abus dans leur doctrine, provenant des incursions qu'ils se permettent, sans s'en apercevoir, dans le transcendant.
10. Résultat en peu de mots, et ce que le sens commun peut garder de la partie spéculative de la philosophie critique.
11. Court aperçu de la partie morale (Kritik der praktischen Vernunft).
12. Court aperçu de ses principes pour le goût (Kritik der Urtheilskraft).

[1] *Isler*, op. cit. Les lettres de Jacobi sont en français.

Delille, presque tous les émigrés étaient rentrés en France, Rivarol se préparait lui-même à y revenir quand la mort le surprit; Bonaparte, préoccupé d'affermir son pouvoir, se détournait du parti constitutionnel, qui comptait parmi ses membres Garat, Cabanis, D. de Tracy, Laromiguière, Daunou, Chénier, B. Constant, c'est-à-dire tous ceux qu'il appellera bientôt les *idéologues*; il faisait déporter 130 démocrates, essayait de gagner le clergé à sa cause et négociait le Concordat; Châteaubriand avait donné Atala et préparait le Génie du Christianisme. La Décade annonça le 20 thermidor, an IX (8 août 1801), l'apparition de l'*Exposition des principes fondamentaux de la philosophie transcendantale de Kant* par Villers. L'ouvrage était dédié à l'Institut national de France, *tribunal investi d'une magistrature suprême dans l'empire des sciences, juge naturel et en premier ressort de toute doctrine nouvelle offerte à la nation*. Or l'auteur se plaignait que les programmes des académies et autres corps savants de France eussent été remplis, pendant les quinze dernières années, de questions spéculatives faites avec une entière confiance, annoncées avec solennité, qui se trouveraient superflues et insignifiantes dans le point de vue de la philosophie transcendantale; que *pas un de ces corps savants, pas un de ceux qui écrivirent des mémoires sur ces questions n'eût discuté, ni même cité la nouvelle doctrine* [1]. Et pour bien montrer qu'il s'adressait à l'Institut, il avait soin de dire que si ce corps respectable eût été informé de ce que la philosophie critique enseignait depuis quinze ans, il n'aurait pas énoncé comme il l'avait fait, la question de l'influence des signes (p. 174). Il parle du *suave* Delille (LIV), qui avait maltraité la Révolution et dédaigné l'Institut, fait l'éloge des émigrés, s'appuie sur l'autorité de Laharpe (LXVIII) et déclame comme lui contre le superficiel matérialisme, le grossier précepte de l'amour de soi qui voudraient nous ramener à l'état des brutes (LXVII); il ne croit pas nécessaire, dit-il en forgeant un mot nouveau, d'exposer plus au long ce *sensualisme* étroit qui fait tout le fond de la nouvelle métaphysique française,

---

[1] Cela est complètement inexact (cf. *supra*).

qui a ôté sa religion à la France, qui a placé les sens sur le trône de la métaphysique et l'intérêt sur celui de la morale, supprimant toute idée de moralité et d'honnêteté publique, paralysant la conscience, la dépouillant de la honte et de la pudeur, dégradant l'homme et amenant des maux incalculables, cette doctrine superficielle et niaise dont la dernière période est le jacobinisme, qui en était un corollaire indispensable, cet encyclopédisme, fantôme imposant au dehors, méprisable au-dedans, qui porta le nom de la vertu sur son front et alimenta de sa substance tous les vices. Aussi s'adresse-t-il surtout à cette jeune génération qui n'a reçu encore ni la doctrine sensualiste, ni les vices raisonnés des encyclopédistes, car il s'attend à une opiniâtre opposition de la part de quelques *vieilles têtes de fer*, qui ne peuvent rien changer à leur tendance et à leur organisation (art. VII). Et il maintient, dans sa conclusion, que la science et la moralité ne peuvent se rencontrer sur le chemin que suivent la plupart des philosophes français; que le principe du sensualisme pour la métaphysique et celui de l'amour de soi pour la morale sont incompatibles avec toute saine philosophie (401). Il ne laisse pas d'ailleurs échapper une occasion d'injurier les partisans de la philosophie du XVIII° siècle, d'exalter leurs adversaires, de vanter l'Allemagne au détriment de la France, d'adresser aux doctrines qu'il combat des objections aussi contestables pour le fond que peu précises et injurieuses dans la forme. Il parle de la populace philosophique (132), voit dans le XVIII° siècle une période *imphilosophique* et de bavardage, estime qu'il n'a offert comme but au génie que *le plaisir ou le gain*, et qu'il ne faut rien voir autre chose, sous ce qu'on a appelé *progrès des lumières, perfectionnement des sciences, conquêtes de l'esprit humain* (146). Locke et Condillac sont restés à la superficie en ce qui concerne la véritable méthode (44) et l'origine des connaissances humaines (61); la soi-disant Logique de Condillac n'est qu'un mélange de psychologie empirique, de métaphysique et de théorie de la grammaire générale (47); il est difficile, à qui lit sans prévention les œuvres philosophiques de ce dernier, d'y trouver un plan quelconque et une unité de doctrine (150). Quant à Condorcet, le philosophe auquel peut-être se reconnaissaient le plus redevables les membres marquants de l'Institut, il est présenté comme ayant, dans son ouvrage posthume, refusé son assentiment à Locke, à Condillac et à tous leurs adhérents (176) et rangé avec Platon, Newton, Descartes, Leibnitz et Kant, parmi les adversaires de l'empirisme ! Et Villers prend encore la peine de distinguer Condillac de la tourbe de ses imitateurs et de tous ceux qui ont amplifié sur l'empirisme après lui et d'après lui (189). Si les ouvrages français les plus récents fourmillent de prétendues définitions de la philosophie, il n'y a rien à y apprendre, pas une idée saine à y acquérir (29). Les écrivains qui ont suivi Condillac ont disserté à perte de vue sur l'analyse, sur l'esprit humain, sur les idées claires, sur le rapport des signes aux idées, mais l'école est restée en possession de la vraie logique (48). Les petits philosophes à la mode sourient avec compassion au seul nom de la métaphysique qu'ils ne comprennent pas (59), ils appelleraient métaphysicien le *Cuisinier français*, s'il s'était avisé de s'étendre un peu sur les propriétés des épices qu'il mettait en œuvre (147). Mais il faut que l'heure de l'empirisme sonne (92); il faut une métaphysique nouvelle et scientifique à la patrie de Lavoisier, de Lalande et de Laplace, une nouvelle théorie des arts à ceux qui possèdent aujourd'hui les plus fameux chefs-d'œuvre dont s'honoraient jadis d'autres contrées, une nouvelle morale, pure comme celle de l'Évangile et sévère comme celle du Portique, à une nation qui tend sérieusement à jouir d'une liberté raisonnable, qui ne veut plus ni libertins, ni terroristes, ni la corruption des cours, ni la férocité des clubs (206)[1]. D'ailleurs, il n'y a que des têtes systématiques qui soient capables de tirer parti de l'expérience : un faiseur d'expériences est un maçon qui peut bien aligner les pierres et remuer du mortier, mais il faut que la pensée de l'architecte ait précédé et réglé la place des matériaux (220). Parmi les adversaires de l'empirisme,

---

[1] Voyez le célèbre passage de Cousin : *Puisse notre voix être entendue des générations présentes*, etc., et Taine, Les philosophes classiques du xixᵉ siècle, 5ᵉ édition, p. 145 et 302.

Malebranche et Kéranflech ont exposé une philosophie qui repose sur une hypothèse, mais qui est *religieuse et sublime* (85), le kantisme, qui a donné au matérialisme le coup de grâce, sauve la morale et la religion des atteintes du raisonnement et de la spéculation, enseigne à l'égard de Dieu la doctrine de Saint-Paul (406), semble avoir été suscité par la Providence pour faire renaître universellement une religion positive (168). Ses adversaires sont des envieux et des Zoïles, des beaux esprits, des beaux diseurs, des aboyeurs; il aura contre lui la frivolité française que caractérisent le persiflage, la légèreté et la dissipation, le bel esprit qui attire les sciences vers le superficiel, une secte niaise qui au nom du bon goût prononce sur tout en ignorant tout.

Dédier un semblable ouvrage à l'Institut, qui comptait parmi ses membres ou ses lauréats, Grégoire, Sieyès, François de Neufchâteau, qui avaient déjà essayé de faire connaître la philosophie de Kant, Reinhard venu en France vers 1786, Degérando et Prévost qui avaient déjà rendu une justice éclatante à Kant dans leurs ouvrages manuscrits ou imprimés, Volney, Garat, Cabanis, Lakanal, Daunou, Rœderer, D. de Tracy, Laromiguière, Thurot, qui se rattachaient à Condillac pour la méthode tout au moins, qui tentaient alors, non sans succès, de donner un vigoureux élan aux recherches philosophiques et qui, loin d'être les alliés des jacobins, avaient pour la plupart été leurs adversaires ou leurs victimes, cela pouvait paraître singulier, mais était fort peu propre à faire étudier et accepter une doctrine précédée d'un préambule si injurieux pour les Français qui n'avaient pas émigré et étaient demeurés fidèles à la philosophie du xviiie siècle. Aussi la *Décade philosophique*, où écrivaient Ginguené, Rœderer, Fauriel, Cabanis, J.-B. Say, etc., parlant du principe du beau dans les arts, citait un extrait du livre de Villers et raillait tout à la fois l'interprète et le philosophe : « Le grand philosophe de la Germanie va nous apprendre, disait l'auteur, ce que personne avant lui n'avait imaginé, que le principe de l'imitation de la nature dans les beaux-arts est mesquin et insuffisant. Nous nous empressons de recueillir, avec respect et reconnaissance, les sublimes maximes de ce dernier, si célèbre dans les universités d'outre-Rhin, et qui doit un jour, avec plus de succès encore que Mercier, détrôner Locke et Condillac »[1].

Vingt jours plus tard, la Décade, par la plume de Ginguené, semble-t-il, revenait sur l'ouvrage de Villers : tout en raillant finement et sans pitié l'interprète, elle faisait l'éloge de Kant et s'engageait à discuter posément avec Villers, s'il voulait prendre la peine de motiver son analyse de l'intelligence humaine :

« Citoyens, disait l'auteur, il vient de paraître un livre
« extrêmement divertissant, écrit dans le vrai style maca-
« ronique, et dont il est impossible de méconnaître le mé-
« rite, pour peu qu'on ait de tact et de bonne humeur. Ce-
« pendant l'auteur montre partout, pour les lecteurs français,
« une tendre sollicitude qui va jusqu'à la commisération : il
« avertit (p. 254) que c'est par pitié pour eux qu'il n'a donné
« que 450 pages grand in-8° à son opuscule, car, dit-il, je
« devais éviter, dans un premier essai, d'être trop volumi-
« neux et ménager la grande majorité des lecteurs français
« qui se rebutent facilement quand on veut les contraindre à
« méditer et à réfléchir trop longuement. Réfléchir longtemps
« de suite, est en effet une fatigue; mais réfléchir longue-
« ment, c'est, je présume, réfléchir comme l'auteur, et cela
« ne doit pas causer une grande dépense de forces intellec-
« tuelles; au reste, je peux me tromper, en fait de physiolo-
« gie, tout dépend de l'individu.

« ... J'ai trouvé un moyen très efficace de seconder la bien-
« veillance du jeune auteur pour ses pauvres lecteurs... Je les
« avertis que l'ouvrage commence à la page 251 et finit à la
« page 262... Les 250 pages qui précèdent sont ce que l'In-
« timé appelle le beau dans son plaidoyer, ce qui ne fait rien
« au sujet... ces douze pages renferment la décomposition de
« notre intelligence, telle qu'on nous prescrit de la croire et
« il faut la bien entendre pour aller plus loin, or je ne pense
« pas qu'il y ait un seul être *cognitif*, quelque *pur* qu'on le
« fasse, qui y comprenne rien, quelque simple qu'on le sup-

[1] 30 fructidor an IX. — Voyez, p. XXII.

« pose qui ose croire y rien comprendre, — et dans ce cas, il
« n'a ni le besoin ni l'obligation d'aller plus loin, ce qui est
« assez doux.

« Il ne faudrait pas que les lecteurs qui n'entendraient pas
« bien cet énorme ouvrage de douze pages, en conclussent
« qu'ils sont tout à fait indignes de comprendre la philoso-
« phie de Kant, car il est presque aussi difficile de la recon-
« naître que de retrouver le Traité des richesses de Sénèque
« dans l'analyse qu'en fait Hector.

« Kant est un philosophe célèbre dont on peut fort bien ne
« pas plus aimer certaines opinions que l'harmonie prééta-
« blie de Leibnitz ou le Tout en Dieu de Malebranche, mais
« qu'on ne pourra jamais traiter avec légèreté,... notre au-
« teur... a trop cru, en rentrant dans ce pays-ci, qu'on n'y
« savait rien, parce qu'il ne savait rien de ce qui s'y faisait...
« S'il veut prendre la peine de motiver son analyse de l'intel-
« ligence humaine, ou de l'être cognitif comme il l'appelle, et
« de la justifier contradictoirement avec celle de Condillac ou
« de tel autre philosophe, nous la discuterons posément avec
« lui ; il verra que c'est là le nœud de la question. »

Pendant le dernier trimestre de l'an IX, Degérando fit à l'Institut une seconde lecture de son Mémoire sur la Philosophie de Kant. Le secrétaire Lévesque, plus compétent comme historien que comme philosophe, signala ce Mémoire, dans la Notice des travaux de la classe, le 15 vendémiaire an X : « La philosophie de Kant, disait-il, partage le public savant de l'Allemagne, elle excite des haines nationales et des haines étrangères, et des Allemands insultent aux Français parce qu'ils n'ont pas grossi la secte du professeur de Kœnigsberg. » Sans suivre Degérando dans ce travail, parce qu'il aurait fallu employer les termes techniques de l'école et ensuite les expliquer avec l'incertitude de les avoir compris et de se faire entendre, Lévesque disait seulement que Degérando avait rendu un juste hommage *au génie fécond et hardi du philosophe allemand* et à la vaste étendue de ses connaissances, mais sans dissimuler que ce novateur philosophe, par la nature de ses méthodes, inspire de justes préventions contre son système et qu'elles sont encore augmentées par les prétentions qu'il affecte et par l'obscurité dont il s'enveloppe ou que peut-être il ne pouvait éviter.

Villers fit paraître une brochure intitulée *Kant jugé par l'Institut*, dans laquelle il malmenait tout à la fois l'Institut et la Décade. Celle-ci, qui avait déjà, en analysant le travail de Lancelin sur l'*Introduction à l'analyse des sciences*, fait remarquer que cet ouvrage, en présentant une analyse simple et vraie de l'entendement humain et les éléments de la saine philosophie, est par cela même la réfutation de l'ouvrage intitulé *Philosophie de Kant*, revint à la charge et rappela à Villers qu'elle l'avait invité à discuter avec lui son analyse de l'entendement : « L'un des précepteurs nouvellement ar-
« rivés (d'Altona) pour nous apprendre à lire, disait l'auteur
« de l'article *sur un soi-disant disciple de Kant*, après avoir
« annoncé qu'il allait jeter une bombe qui retentirait jus-
« qu'aux rives de l'Elbe, et allumerait un incendie philoso-
« phique, a lancé chez un libraire de Metz cette bombe ter-
« rible... On n'a entendu qu'un pétard... Au bout de quinze
« jours, le pétard a été oublié du public et les philosophes de
« Paris ne s'en sont ni émerveillés, ni épouvantés, ni cour-
« roucés... On leur avait annoncé une grande chose, et ils
« n'en ont vu qu'une petite ; ils désiraient connaître un phi-
« losophe étranger, très respectable et trop peu connu; et on
« leur dit de grosses injures, on insulte la France littéraire
« et on ne leur apprend rien... Ils attendent mieux et passent
« leur chemin... Il paraît que le soi-disant disciple de Kant a
« été piqué... Il vient de lâcher un pamphlet dans lequel il
« cherche à prouver par *atqui* et *ergo*, que la classe des
« sciences morales et politiques de l'Institut, qui a seulement
« entendu un Mémoire du C. Degérando sur la philosophie
« de Kant, a jugé et mal jugé ce philosophe célèbre. Il prend
« et travaille en conséquence des phrases vagues, non du
« Mémoire sur Kant, mais d'un compte-rendu par un secré-
« taire, et essaie de faire sonner de grands mots, évitant tou-
« tefois les points de la question philosophique... Il n'y a
« que de l'amertume dans ses vingt-quatre pages. Nous con-
« sentons qu'il en veuille à la Décade..., mais il s'en venge-
« rait bien mieux en acceptant l'invitation qu'elle lui a faite

« de discuter avec lui son analyse de l'entendement. S'il veut
« l'exposer, c'était à cet article qui va au fait qu'il eût fallu
« répondre... Peut-être garde-t-il le silence sur celui-là pour
« en profiter à son retour d'Allemagne où il est retourné,
« dit-on, sans doute pour consulter Kant, sur le ton conve-
« nable aux discussions philosophiques[1]. »

Kant n'était pas heureux à cette époque avec ses défenseurs. Mercier, l'auteur du Tableau de Paris, qui se donnait comme le disciple de Rétif de la Bretonne, « l'amateur du tour de jupe de Rosalie Poinot, comme disait Ginguené, et le volumineux romancier des couturières », qui l'avait même proposé pour la section de morale, s'était fortement prononcé contre le système astronomique de Newton et pour les idées innées; il avait combattu *l'ennuyeux et illisible* Locke, traité de sottise, de folie, la statue ou plutôt la poupée de Condillac, appuyé le système des idées innées sur Descartes, Malebranche; Bonnet et la *Sagesse qui, sous le nom de Kant, remplit d'admiration toute l'Allemagne*[2]. Aussi défendit-il, même avant Villers, Kant qu'il crut attaqué par Degérando, dans deux Mémoires[3], où il lui attribuait la gloire d'avoir fait les découvertes les plus neuves en métaphysique. Mercier ne réussit d'ailleurs pas plus que Villers à faire perdre complètement à Kant les sympathies de l'Institut. Dans les différents votes qui eurent lieu pour la présentation par la seconde classe des trois candidats parmi lesquels l'Institut choisit, comme associé étranger Niebuhr, qu'il préféra ainsi à Müller et à Bentham, Kant obtint un nombre assez considérable de suffrages[4]. Mais si l'ouvrage de Villers pou-

---

[1] 20 brumaire an X.

[2] *Décade philosophique*, 10 et 20 floréal an VIII.

[3] Le premier est consacré à Kant, le second porte sur la philosophie de Kant, comparée à celle de *Fichtey*, savant d'Iéna, en Saxe (ancienne Académie des sciences morales, manuscrits, carton n° 2).

[4] Nous trouvons, parmi les papiers que M. Jules Simon a bien voulu nous permettre de consulter, trois votes différents: dans l'un, Kant eut 200 suffrages, tandis que Rumford, Müller, Niebuhr, Herder, Fox et Horne-Tooke en obtenaient 289, 278, 277, 220, 201, 153; dans un autre, Kant en eut 203, tandis que Jefferson, Rumford, Müller, Niebuhr, Fox, Young, Herder en obtenaient 360, 319, 276, 233, 217, 216, 206;

vait faire du bruit, il était impossible qu'il eût un succès
sérieux. Lancelin le trouvait plus digne du xiii° que du
xix° siècle, composé d'un ramas de chapitres décousus, sur-
chargé de citations et d'injures très peu philosophiques. D.
de Tracy, moins mordant, se bornait, en citant l'ouvrage de
Kinker, à louer l'auteur et le traducteur de ne manifester ni
mépris ni dédain pour ceux qui sont moins persuadés, et à
expliquer pourquoi les philosophes français avec lesquels il
se trouvait en communion d'idées, ne pouvaient accepter le
système de Kant. Samuel Adams appréciant, dit-il, le système
avec le sens commun, accuse Kant d'être tombé dans le scepticisme, d'avoir nié l'existence de Dieu, tout en sachant bien
que, pour échapper au reproche d'ériger en système l'é-
goïsme et le matérialisme, Kant établit l'existence d'un Dieu
sur la seule conviction du cœur, parce que cela ressemble
trop aux dénouements tombés du ciel de quelques drames
allemands, mais estime que ce serait pour la Décade un acte
de justice de faire connaître ce système aux lecteurs dont
la curiosité n'a été qu'excitée par la publication de Villers.
Ceux qu'on ne saurait soupçonner d'être hostiles à Kant se
montrent fort sévères pour Villers. Degérando, qui d'ordinaire ménage tout le monde, dit que l'ouvrage ne lui a
point paru présenter la véritable tendance de la philosophie
de Kant, qu'il est de peu de ressource pour l'étude du criticisme : « S'il a voulu, dit-il, s'adresser aux hommes super-
ficiels, son analyse est beaucoup trop obscure, s'il a voulu
s'adresser aux penseurs, elle est beaucoup trop insuffisante.
J'aime à croire que si M. de Villers refaisait cet ouvrage, il
affirmerait moins, prouverait mieux, conserverait plus d'é-
gards pour les opinions des autres et donnerait plus de clarté
à l'exposition des siennes. » Et il plaçait bien au-dessus de
ce livre la traduction de Kinker par Le Fèvre. Boddmer qui,
comme Villers, voulait amener à douter de la certitude des
opinions de l'école empirique, pour engager les penseurs à
examiner la philosophie de Kant, et dont Villers disait lui-

---

enfin, dans un autre, Kant en eut 224, Niebuhr, 360, Müller, 346,
Bentham, 344, Herder, 339, Rumford, 306, Fox, 276, Horne-Tooke, 166.

même qu'il y avait du bon dans son livre, trouvait l'ouvrage absolument insuffisant pour faire connaître la philosophie transcendantale, quoique la première partie lui parut écrite avec beaucoup d'esprit et de sel, très propre à réveiller les esprits endormis et à attirer l'attention du public sur ces matières : « Si son intention, ajoutait-il, avait été de faire du bruit et d'acquérir de la célébrité, elle est remplie et il a réussi, mais il a cru devoir se faire léger pour être à la portée d'une nombreuse classe de lecteurs, et il ne nous a montré qu'un squelette très imparfait de la doctrine de Kant. » Et Mme de Staël, à qui Villers disait modestement que son livre avait au moins un trait commun avec la *Littérature considérée dans ses rapports avec les institutions sociales*, c'est qu'il était trop fort pour le public auquel il était destiné, lui écrit à lui-même que s'il n'a pas eu tout le succès qu'il méritait, c'est qu'il n'a pas voulu avoir de l'adresse dans sa manière de présenter les idées de Kant et de combattre celles de ses adversaires [1]. En Allemagne, d'ailleurs, Schelling en fit un compte-rendu dans le *Journal critique de la philosophie* qu'il publiait en collaboration avec Hégel, et tout en se plaçant à un autre point de vue, se montra presque aussi sévère que les philosophes français. Villers eut beau lui écrire comme justification qu'il avait voulu se mettre à la portée des lecteurs de France pour *lesquels les coulisses et l'art de la cuisine, sont les deux points entre lesquels roule l'exercice de leur pensée* (*Coulissen und Kochkunst sind die zwei Angeln aller dortigen Denkübung*), Schelling n'en maintint pas moins le jugement qu'il avait porté, tout en affirmant qu'il n'avait nullement voulu attaquer personnellement l'auteur [2].

On pouvait supposer que Napoléon, alors en lutte avec les idéologues, accueillerait avec joie un ouvrage qui combattait leurs doctrines et proposait, pour les remplacer, une doctrine nouvelle. Villers crut un instant que celui qui avait été comme lui officier d'artillerie, patronnerait son livre. Bonaparte lui en demanda un précis, et on pensa en Allemagne qu'il avait réussi à intéresser *le grand Bonaparte* au

---

[1] *Isler*, p. 270, lettre du 1er août 1802.
Isler, p. 242 à 250.

kantisme [1]. Mais Bonaparte trouvait en de Bonald, Châteaubriand et autres défenseurs du catholicisme, des adversaires bien plus décidés encore de l'idéologie ; il n'était pas sûr de rencontrer dans les partisans d'une philosophie dont l'auteur était estimé et vanté par ceux qu'il redoutait, un appui aussi assuré que celui qu'il crut trouver vers 1810 chez Royer-Collard et ceux qui, avec lui, combattaient le condillacisme sous toutes ses formes, et le kantisme ne put compter sur sa protection.

III

L'année même où Villers avait fait paraître la philosophie de Kant, Le Fèvre traduisait du hollandais l'essai de Kinker contenant une exposition succincte de la Critique de la raison pure. Le traducteur s'étonnait que deux nations justement célèbres, l'Angleterre et la France, n'eussent pas encore daigné s'occuper d'un système qui venait de révolutionner le monde philosophique, il semblait prendre à son compte l'opinion de l'auteur des *Mémoires pour servir à l'histoire du jacobinisme*, que ni la vérité ni l'erreur, cachées au fond du puits, ne plaisent en France, et considérer la *Philosophie du bon sens* de d'Argens comme l'expression de la pensée nationale. Il affirmait que Kant a seul fourni les moyens de sortir d'un embarras inextricable, qu'il a, en s'élançant du point où s'était arrêté le plus profond des sceptiques modernes (Hume), élevé un édifice nouveau à la vérité, dont les fondements sont aussi anciens que la raison même. Quant à lui il s'est uniquement proposé d'aplanir la voie de la Critique de la raison pure à ceux que préoccupe la solution de ce problème, *que pouvons-nous savoir ?* en laissant de côté l'autre question non moins intéressante pour nous, *que devons-nous faire ?* qui appartient à la Critique de la raison pratique [2].

[1] Isler, p. 70, lettre de Gerstenberg : « *Man hatte mir gesagt, dass sie so glücklich gewesen wären, Ihrem ehmaligen Freunde und Bekannten, dem grossen Bonaparte, ein lebhaftes Interesse für die kantische Philosophie beizubringen.* »

[2] L'ouvrage contient VIII-184 pages, dont onze consacrées à l'in-

L'année suivante, en avril et en mai (7 et 30 floréal an X), Destutt de Tracy lisait à l'Institut un important et curieux mémoire où il prenait pour point de départ la traduction de Le Fèvre, sans négliger toutefois, disait-il, d'étudier Kant dans ses propres ouvrages, du moins dans la version latine, car il n'entendait pas l'allemand. Il relevait les phrases usées, sur la prétendue légèreté des Français et sur le peu de profondeur de leur philosophie, dont s'était servi le traducteur auquel il reconnaissait toutefois un grand mérite. Puis, rapprochant le système allemand de la méthode française, il le faisait passer dans son creuset pour voir si, contre son attente, il soutenait cette épreuve dans son ensemble et dans toutes ses parties et recueillir soigneusement ce qu'en résidu il y trouverait de réellement précieux, pour le réunir à ce que la France possède déjà. Sans s'arrêter à l'obscurité qui est une forte présomption contre le système et qui suffirait pour ensevelir dans l'obscurité une philosophie française, il s'attache à l'étude de l'idéologie de Kant. D. de Tracy se montre fort sévère dans l'appréciation de la doctrine de Kant qui présente, dit-il, une décomposition incomplète et fausse de notre faculté de penser, nous donne une notion très inexacte de notre sensibilité, qui reconnaît en nous des facultés *pures*, prétend nous donner des connaissance *pures* qui sont de purs néants, personnifiés par l'abus des mots et par un emploi vicieux des idées abstraites dont on fait des êtres réels et existants. Et il ne faudrait pas croire qu'il n'y a dans cette critique faite par un philosophe ayant lui-même des idées toutes différentes, que des négations opposées à des affirmations : D. de Tracy a plus d'une fois fort bien aperçu les difficultés que soulève la Critique de la raison pure. Ce qu'il reproche d'ailleurs avant tout à Kant, c'est de chercher à former un vaste système qui embrasse la métaphysique, la morale, la politique, ce qu'il reproche aux philosophes allemands, c'est de professer la doctrine de Kant comme on professe la doctrine théologique de Jésus, de Mahomet ou de Brahma, comme on a été platonicien, stoïcien,

troduction, 10 à la faculté de connaître en général, 12 à la sensibilité, 57 à l'entendement et le reste à la raison.

académicien, scotiste, thomiste ou cartésien, au lieu de se borner, comme les Français, à n'avoir aucun chef de secte, à observer des faits, à recueillir des vérités sans se presser de bâtir les systèmes. Il fait remarquer encore, en ce qui concerne l'étude de l'esprit humain, que les Allemands ne sont pas suffisamment instruits des nombreuses observations faites récemment en France pour développer toutes les circonstances de nos opérations intellectuelles et les effets des agents qui agissent sur elles et sur lesquels elles réagissent, de ne prendre en considération ni nos organes, ni les signes du langage ni les méthodes de calcul ; ils ne connaissent même par Condillac ; ils n'étudient guère que le Traité des sensations qui forme plutôt un recueil de conjectures qu'une description, ils ignorent la Grammaire, l'Art de penser, de raisonner, la Langue des calculs et le Traité des systèmes, chef-d'œuvre qui réfute à l'avance tout ce qui est fondé sur des idées abstraites et générales et sur des hypothèses *à priori*. Remarquons enfin que D. de Tracy parle de Kant lui-même avec beaucoup d'estime : c'est un homme dont il respecte les lumières, un philosophe très distingué, célèbre par un grand nombre d'ouvrages justement estimés dans beaucoup de genres, recommandable par un grand zèle pour le progrès des lumières et pour la propagation des idées saines et libérales, qui doit avoir de grandes qualités pour avoir acquis en Allemagne une considération aussi grande et des disciples aussi habiles et aussi éclairés [1].

En 1802, un Suisse, W.-R. Boddmer, publiait en 160 pages un ouvrage intitulé, le *Vulgaire et les métaphysiciens ou doutes et vues critiques sur l'école empirique*, par lequel, en ébranlant la métaphysique régnante, il voulait engager les Français à examiner la philosophie transcendante, étonnante par la hardiesse de ses principes, la profondeur de sa marche, la fécondité de ses résultats. Sans affirmer que la vérité fût tout entière dans les ouvrages de Kant, il trouvait du moins qu'ils auront fait faire des pas immenses dans la science de

---

[1] Ce mémoire inséré dans le 4º volume des *Mémoires de l'Institut national*, qui fut publié en vendémiaire an XI, comprend plus de 60 pages (544 à 606) in-4º.

l'homme. Mais les commentaires et les extraits que l'on a publiés en France sur la philosophie de Kant lui semblent absolument insuffisants pour la faire connaître, c'est la Critique de la raison pure elle-même, ce sont tous les autres ouvrages de ce beau génie qu'il faut étudier et approfondir dans leur langue propre, pour pouvoir bien connaître son système. Locke n'a, selon lui, mis dans son exposition des facultés et des opérations intellectuelles, ni précision, ni ordre, ni méthode, ses principes sont vagues, incohérents et confus. Condillac est vivement critiqué. Bonnet, *cet immortel génie*, a donné une théorie absolument insuffisante pour expliquer le jugement, le raisonnement et la formation des notions. Degérando, dont le grand et bel ouvrage sur les Signes est dans les mains de tout le monde, a traité toutes les parties de la métaphysique, soit dans ses principes, soit dans ses applications avec autant de profondeur que de génie, il a soulevé un des coins du voile qui couvrait aux empiristes purs les lois subjectives de la cognition, voile que paraît avoir arraché entièrement la philosophie transcendantale. Toutefois, contrairement aux disciples de Kant qui exigent déjà une foi implicite en leur chef, il veut qu'avant d'adopter en France les opinions de la nouvelle doctrine, on les soumette à la critique la plus rigoureuse et la plus approfondie.

Dans son grand ouvrage, publié en l'an XIII sur l'Histoire comparée des systèmes de philosophie, Degérando donnait aux doctrines de Kant et de ses disciples une part telle qu'il s'exposait, disait-il, à être accusé d'avoir détruit à leur profit l'harmonie de son œuvre; il vantait l'Allemagne, cette nation si riche en matériaux de tous genres, Kant, une des têtes les plus fortes et les plus inventives que l'Allemagne ait produites, cherchait à justifier la France du reproche que lui adressaient les Allemands d'ignorer le kantisme, rappelait que plusieurs de nos hommes les plus distingués avaient lu les ouvrages des kantiens ou dans les originaux ou dans des traductions latines, avaient eu des conférences suivies sur la philosophie critique avec quelques-uns de ses plus éclairés sectateurs. Il rappelait qu'il avait essayé de la faire connaître dans son premier ouvrage couronné par l'Institut, qu'il avait lu ensuite un Mémoire sur ce sujet à l'Institut, que dès l'an VI, il avait formé le projet de traduire en les annotant, l'analyse donnée par Kieseweter du Criticisme, la Métaphysique des mœurs et les Prolégomènes de Kant, que ces traductions presque achevées avaient passé dans les mains de plusieurs de ses amis, mais qu'on l'avait détourné généralement de les mettre au jour. Quand il a commencé l'étude du kantisme, il a été prévenu en sa faveur par l'opinion d'hommes qui lui inspirent une profonde estime, aussi n'a-t-il rien négligé pour découvrir ce qu'il peut contenir d'utile. Il a réuni et consulté les matériaux suivants : les trois Critiques (2ᵉ édition), les Prolégomènes, les Éléments métaphysiques de la nature, la Métaphysique des mœurs, les Écrits détachés, etc., les Commentaires de Schulz, de Schmid, de Kieseweter, les notices renfermées dans les recueils de Fülleborn, deux notices manuscrites faites par des partisans très éclairés de la philosophie de Kant. L'exposition donnée par Degérando est considérable : elle occupe, en y comprenant les systèmes sortis du kantisme, de Fichte, de Schelling, de Bouterweck, de Bardili, deux chapitres comprenant ensemble 170 pages, c'est-à-dire 20 pages de plus que ne lui en accordait Villers[1]. Degérando met en lumière successivement, grâce à de nombreuses citations, les intentions de Kant, c'est-à-dire le but qu'il a poursuivi et les problèmes qu'il s'est posés, puis ses méthodes et ses nomenclatures, enfin l'application qu'il en a faite ou les résultats qu'il a obtenus. L'importance des jugements synthétiques *à priori* dans le système est bien marquée ; le rôle joué par la raison pratique, venant combler les vides immenses causés par la raison spéculative, et qui est, comme l'a observé Reinhold, une aile que Kant a prudemment ajoutée à l'édifice dont il remarquait l'insuffisance, n'a peut-être pas été aussi exactement saisi, l'accusation adressée à Kant d'être tombé dans l'empirisme, les trois erreurs trouvées dans ce système où les

---

[1] Le volume de Villers est divisé en deux parties : la première comprend des notions préliminaires, la seconde, intitulée Philosophie de Kant, est consacrée à l'exposition des principes fondamentaux de la philosophie transcendantale et va de la page 261 à la page 399.

vérités ne sont qu'en germe[1], permettraient sans doute de contester que Degérando ait bien saisi l'œuvre de Kant; mais le même reproche, en admettant qu'il soit fondé, pourrait être fait à plusieurs de ceux qui, en France et en Allemagne, se sont occupés du kantisme et il porte sur l'interprétation plutôt que sur l'exposition du système. Tous ceux qui, après avoir étudié dans les sources la philosophie allemande de 1780 à 1803, liront l'ouvrage de Degérando, conviendront qu'il la fait connaître d'une façon aussi exacte et aussi détaillée qu'on pouvait le souhaiter alors et beaucoup mieux même que plus d'un historien postérieur.

En 1808, Degérando revint sur la philosophie de Kant dans le rapport historique sur les progrès de la philosophie depuis 1789, présenté à l'Empereur par la classe d'histoire et de littérature ancienne de l'Institut. Aucune nation de l'Europe, disait-il, n'a réuni un ensemble aussi complet de travaux sur l'histoire de la philosophie; seule l'Allemagne nous a présenté un brillant système, celui de Kant, qui, sur un problème insoluble, a produit les efforts les plus hardis peut-être que la métaphysique ait tentés depuis Aristote; on a admiré l'ensemble systématique qui unit toutes les parties de sa doctrine, applaudi à une foule d'analyses ingénieuses, d'aperçus féconds, éprouvé une sorte d'enthousiasme pour cette morale stoïque et désintéressée qui bannit du code de nos devoirs tous les calculs de l'égoïsme. En même temps Degérando signalait les travaux de Stapfer, qui avait cherché à mettre la partie la plus épurée de la doctrine de Kant en harmonie avec le christianisme.

En 1805, Prévost, dans ses Essais de philosophie, disait que la philosophie de Kant était connue en France par des abrégés assez clairs et assez bien faits pour qu'on pût en juger, mais que les esprits ne semblaient pas disposés à l'accueillir; il indiquait, dans le cours de son ouvrage, quelques points qui lui paraissaient avoir été bien mis en lumière par Kant. La même année, D. de Tracy, trouvant dans le grand ouvrage

---

[1] Ces deux derniers points se trouvent dans le 3ᵉ volume où les *Considérations sur le criticisme* tiennent près de 50 pages.

de Degérando un respect excessif pour les préjugés populaires que nous croyons, disait-il, peut-être à tort, communs en Allemagne, et une tendance trop marquée à parler des Français comme de gens légers, volages, impatients, reculant à la vue d'un in-4º, très inférieurs à leurs voisins, répondait à son tour aux disciples de Kant qui accusent les Français d'ignorer et de dédaigner la doctrine de leur maître : « Beaucoup de personnes parmi nous, disait-il, connaissent les idées de Kant, *quelques-unes les adoptent;* mais le plus grand nombre les rejette et les néglige, parce que, cultivant beaucoup l'étude de l'intelligence humaine, nous pensons en général que ces idées reposent sur une connaissance très imparfaite de nos facultés intellectuelles et que nous n'aimons pas à nous occuper de ce qui nous paraît porter sur une base fausse. » Il est d'ailleurs persuadé que ce sont là précisément les raisons dont se sont servis les amis de Degérando, pour l'engager à ne pas publier les traductions qu'il avait déjà faites[1]. Le jugement porté par D. de Tracy est, dans ses grandes lignes, accepté par presque tous les idéologues : nous avons déjà cité celui de Lancelin ; Laromiguière parle du vice de quelques modernes dont les écrits semblent vouloir faire revivre la barbarie du moyen âge[2]. Thurot[3] avoue que Kant a traité quelques-unes des questions les plus difficiles de la métaphysique avec une sagacité peu commune, mais il ne voit dans son système que des combinaisons de notions abstraites, d'autant plus profondes qu'elles sont plus vides. Daunou se montre plus sévère encore et Portalis n'est guère plus indulgent. En revanche, les adversaires des idéologues, ceux qui cherchent à faire accepter des doctrines nouvelles, en parlent avec beaucoup d'estime. Châteaubriand le cite, dans le Génie du christianisme, comme ayant combattu Locke et Condillac,

---

[1] *Logique*, p. 287 (note).

[2] Ce qui est assez curieux, c'est que prenant Villers à la lettre, s'appuyant en outre sur Stapfer et sur la traduction latine de Schmidt-Physeldek, il combat Kant comme allant plus loin que Gassendi, Locke et Condillac (5ᵉ éd., II, 160).

[3] Daunou dit de lui que Reid, *Kant*, Platon, Leibnitz, ne lui étaient pas moins familiers que Condillac, etc.

et demande plus tard à Barchou de Penhoën de le renseigner sur sa philosophie; Gall et Spurzheim le louent et acceptent sa doctrine sur la liberté[1]; Ampère, dès 1805, discute les réflexions de M. de Biran avec un Génevois qui est grand partisan de Kant. En 1812, écrivant à Biran qu'on n'a aucune idée de Kant si l'on s'en rapporte à Degérando, à Villers ou à D. de Tracy, il affirme que si Kant s'est trompé dans les conséquences, il a profondément marqué les faits primitifs et les lois de l'intelligence humaine[2]. Cuvier, qui avait eu pour maître Schwab, l'adversaire de Kant, avait cependant promis à Villers de faire un compte rendu de son ouvrage dans la Décade et il lui écrit en 1802 pour lui demander ce que pensent les kantistes de ce que l'on fait en France et lui annoncer que « *nos matérialistes, n'ayant pas voulu des noumènes et de l'entendement pur, vont être obligés d'avaler la transsubstantiation*[1] » Stapfer cherche à lui gagner des adhérents, écrit pour la *Biographie universelle* les articles Kant et Villers; la Société philosophique fondée dès 1811 compte parmi ses membres, outre Royer-Collard, M. de Biran et Cousin, Cuvier qui avait étudié avec Schwab, Ampère, Degérando et Stapfer, Guizot qui se vantait d'avoir été élevé à l'école de Lessing: elle eut plus d'une fois l'occasion d'exposer, de discuter et d'accepter en tout ou en partie les doctrines de Kant.

Nous arrivons enfin au plus illustre des écrivains qui ont admiré Kant et l'ont fait admirer, à Mme de Staël.

Dans son livre sur la Littérature, Mme de Staël accusait les littérateurs allemands de manquer de goût. A Villers, qui le lui reproche, elle répond, le 1er avril 1802, qu'elle trouve Locke très conciliable avec Kant; elle est d'accord absolument avec lui sur les conséquences qu'il tire du système qui fait tout dépendre des sensations et qui dégrade l'âme au lieu de l'élever, mais elle distingue Diderot et Helvétius de Rousseau, de Montesquieu et même de Voltaire en son bon temps. Quant à Condillac, c'est un homme qui lui paraît avoir par-

---

[1] *Des dispositions innées de l'âme et de l'esprit*, 1811, pages 178 et 181.

[2] B. *Saint-Hilaire*, Philosophie des deux Ampère.

[3] *Isler*, p. 60.

faitement raisonné dans la branche de la métaphysique qu'il a traitée. Elle étudie l'allemand avec soin, sûre que c'est là seulement qu'elle trouvera des pensées nouvelles et des sentiments profonds et que c'est en Allemagne qu'il y a le plus d'hommes distingués comme philosophes et comme littérateurs. En novembre, elle lit le Mémoire de Degérando, qui a remporté le prix à Berlin et l'admire beaucoup; elle envoie *Delphine* à Villers, qui lit l'ouvrage en dix-huit heures et place Mme de Staël parmi les génies inspirés et créateurs. En juillet 1803, Michaux apporte les *Lettres Westphaliennes* à Mme de Staël, qui les parcourt avec beaucoup d'intérêt et écrit à Villers qu'elle a fort envie de faire un voyage en Allemagne. Elle arrive à Metz, où se trouvait Villers, le 26 octobre et y reste jusqu'au 8 novembre; elle lit *Richter* qui, à travers mille niaiseries, a des mots charmants, mais elle trouve l'extérieur allemand bien peu esthétique. Elle est triste à Francfort, il lui semble que tout en Allemagne ressemble à ce qu'elle a entendu dans une auberge, à un concert dans une chambre enfumée, qu'il y a de la poésie dans l'âme, mais aucune élégance dans les formes. Sa fille est malade et lui inspire de vives inquiétudes; puis elle arrive à Weimar: l'Allemagne lui plaît beaucoup plus, parce qu'en Saxe les hommes supérieurs sont plus généralement répandus. Herder est mourant. Goethe ne sera là que dans huit jours, Schiller lui paraît le plus kantiste des poètes, ils se sont déjà disputés sans savoir leurs langues mutuelles et son esprit l'a frappé autant qu'il est possible; Wieland est en coquetterie avec elle, le duc et sa femme la comblent de bontés, Jacobi lui écrit pour lui demander un rendez-vous dans quelque ville d'Allemagne et la prie *d'impatroniser l'Allemagne en France*. Enfin, le 28 décembre 1803, elle écrit qu'elle est bien changée sur l'Allemagne depuis qu'elle est à Weimar; elle passe sa vie avec Goethe, Schiller et Wieland : certainement des hommes plus distingués ne se trouvent nulle part et elle est très près de s'entendre avec eux sur tous les points[1]. L'ouvrage sur l'Allemagne, pour lequel elle doit beaucoup

---

[1] *Isler*, op. cit.

aux Schlegel, à Fauriel, à Humboldt, est terminé, soumis à la censure et imprimé quand Savary, le ministre de la police, fait détruire, en 1810, toute l'édition par les gendarmes et réclamer le manuscrit : six années d'études et de travaux, écrivait-elle à Villers, devaient être détruites dans un instant. Quand le livre parut à Londres, vers la fin de 1813, l'Allemagne tout entière s'était levée avec un enthousiasme héroïque et avait prouvé ainsi à Mme de Staël qu'elle *était une nation*, mais Mme de Staël souffrait de voir les Anglais, qu'elle admirait, haïr notre pays, elle avait pitié de la France et ne pouvait sans douleur voir les Cosaques à Paris, vingt-cinq ans d'efforts considérés comme vingt-cinq ans de crimes, les progrès de l'esprit humain condamnés et la tyrannie méprisée comme un parvenu, qu'il faut remplacer par un grand seigneur, le despotisme. Du livre bien connu qui mit en relief les plus beaux côtés de l'Allemagne, sa littérature, ses arts, sa philosophie et sa morale, mais qui laissait dans l'ombre ce que l'auteur avait appelé d'abord la chambre enfumée et ce qu'on a justement nommé les tendances naturalistes et réalistes des Allemands, nous n'avons que peu de choses à signaler en ce qui concerne Kant. Il est présenté comme le successeur naturel de Leibnitz, comme ayant passé sa vie entière à méditer les lois de l'intelligence humaine, comme ayant acquis des connaissances sans nombre, comme ayant un esprit fin et juste qui servait de censeur au génie, quand il se laissait emporter trop loin. Elle dit, à propos de la Critique de la raison pure, que lorsqu'on découvrit les trésors d'idées qu'elle renferme, elle produisit une telle sensation en Allemagne que presque tout ce qui s'est fait depuis, en littérature comme en philosophie, vient de l'impulsion donnée par cet ouvrage. S'il peut d'ailleurs exister deux manières de voir sur ce premier ouvrage de Kant, il est impossible de ne pas lire avec respect la Critique de la raison pratique et les différents écrits qu'il a composés sur la morale : les principes en sont austères et purs et l'évidence du cœur y est unie à celle du sentiment. La partie polémique de ses ouvrages, celle dans laquelle il attaque le matérialisme serait à elle seule un chef-d'œuvre ; si son style mérite, dans la Critique de la raison pure, tous les reproches qu'on lui a faits, il est, quand il parle des arts et surtout de la morale, presque partout parfaitement clair, énergique et simple : « Combien sa doctrine paraît admirable, comme il exprime le sentiment du beau et l'amour du devoir ! avec quelle force il les sépare tous deux de tout calcul d'intérêt ou d'utilité ! Comme il ennoblit les actions par leur source et non par leur succès ! enfin quelle grandeur morale ne sait-il pas donner à l'homme, soit qu'il l'examine en lui-même, soit qu'il le considère dans ses rapports extérieurs, l'homme, cet exilé du ciel, ce prisonnier de la terre, si grand comme exilé, si misérable comme captif ! ». Ce qui lui plaît surtout dans Kant, c'est qu'il a relevé la dignité morale, en donnant pour base à tout ce qu'il y a de beau dans le cœur une théorie fortement raisonnée, c'est qu'il commente la loi suprême du devoir avec une chaleur vraie, avec une éloquence animée.

IV

L'histoire du kantisme en France, à partir de 1814, est bien connue. Il suffit de rappeler les noms de Cousin, de Massias, de Barchou de Penhoën, de Willm, de Tissot, de Barni, de Paul Janet, de Renouvier qui a réussi à faire adopter, par bon nombre de nos contemporains, un criticisme modifié par l'étude de Hume.

Nous croyons, pour la période antérieure, avoir montré l'inexactitude radicale de l'opinion généralement admise. Le kantisme a été connu, enseigné et discuté à Strasbourg dès 1773; on a songé à le transplanter en France immédiatement après la Terreur; Grégoire, dont l'influence à cette époque était considérable, a encouragé ceux qui avaient conçu ce projet; Sieyès lui-même a, dès 1796, l'idée de le faire connaître; les Mémoires de l'Académie de Berlin qui, écrits en français, étaient beaucoup lus dans notre pays, ont permis, dès 1792, d'en aborder indirectement l'étude; on traduisait en 1796 les Observations sur le sentiment du beau et du sublime, en 1798 le Projet d'un traité de paix perpétuelle, deux ans plus tard la Religion dans les limites de la raison ; Degérando préparait des traductions plus importantes, exposait et critiquait le kantisme en 1799, en 1801, en 1805, en 1808 ; B. Constant l'attaquait en 1797 ; la Décade présentait à la même époque Kant comme un philosophe digne d'être étudié. Fr. de Neufchâteau publie en 1800 une esquisse qui pourrait être acceptée aujourd'hui en grande partie par les criticistes ; Villers l'oppose à la philosophie régnante et provoque un nouvel examen de la doctrine auquel se livrent la Décade et D. de Tracy, Degérando et Mercier. Prévost en 1797 et en 1805, Boddmer, en 1802, contribuent, comme le poète Kinker, traduit par Le Fèvre, à appeler l'attention sur Kant ; D. de Tracy, Laromiguière l'étudient dans les versions latines ; Ampère lui fait des emprunts et engage Biran à le lire ; Stapfer en fait un auxiliaire du christianisme ; Châteaubriand et Gall le citent, Mme de Staël le célèbre avec enthousiasme et le met à côté de Schiller et de Goethe. Nous nous demandons si l'on pourrait, vingt ans après l'apparition des œuvres capitales d'un Comte, d'un Spencer, d'un Darwin, trouver en Allemagne autant d'hommes célèbres à des titres si divers, qui aient tenté de les comprendre, autant de travaux importants qui aient eu pour but de faire connaître, d'apprécier les doctrines nouvelles, de mettre même en relief la valeur du penseur dont les conclusions auraient été combattues comme inexactes. Et cependant les contemporains de ces trois penseurs n'ont pas été mêlés à des événements aussi terribles et aussi peu propices à la spéculation que ceux dont ont été témoins les hommes qui vécurent de 1789 à 1814 !

F. PICAVET.

Mai 1888.

Quelques mots seulement de notre travail. Nous avions, à deux reprises déjà, traduit pour nous-même la Critique de la Raison pratique, quand M. Alcan nous a proposé de publier le présent ouvrage : nous avons fait une traduction nouvelle et nous l'avons comparée à celles que nous avions déjà faites, pour choisir sur chaque passage celle qui nous paraîtrait la plus exacte. Nous avons eu sous les yeux l'excellente traduction latine de Born, la traduction française de Barni, la traduction anglaise d'Abbot. Comme il n'y a pas, dans deux langues différentes, deux mots correspondants qui expriment et éveillent exactement les mêmes idées chez ceux qui sont le plus habitués à en faire usage, nous avons fort souvent essayé de rappeler toutes les idées élémentaires que réunit un mot allemand en citant les mots français, anglais ou latins, qui en éveillent chacun un certain nombre. Nous avons fait tous nos efforts pour profiter des travaux de nos prédécesseurs et rendre le texte d'une façon aussi exacte et aussi précise que possible, en évitant les fausses interprétations qui peuvent provenir de l'emploi d'un même terme pour rendre deux mots différents (cf. *Willkühr*, p. 132; *blosse*, p. 2; *gesetzliches*, p. 4; *unbedingt*, p. 16; *Zwang* et *Nöthigung*, p. 54; *Verbindung* et *Verknüpfung*, *Bestimmungsgrund* et *Triebfeder*, p. 134; *Gesinnung*, p. 178, etc.), en remplaçant, par les noms auxquels ils se rapportent, les nombreux pronoms qui donnent souvent lieu à des équivoques chez Kant, en coupant, quand on pouvait le faire sans inconvénient pour le sens, les longues phrases surchargées d'incidentes. Nous avons consulté quelques personnes qui font de l'étude de l'allemand leur occupation spéciale et nous les remercions ici des indications utiles qu'elles nous ont quelquefois données; nous avons surtout à remercier M. Boutroux, qui a bien voulu examiner avec nous quelques-uns des endroits où nous avons cru devoir rendre tout autrement que nos prédécesseurs les mots et les expressions de Kant. Nous nous sommes servi du texte de Hartenstein, nous avons consulté les éditions de Rosenkranz et de Kehrbach : les notes du texte marquées par un astérisque sont de Kant, les autres, destinées à justifier l'interprétation que nous en avons donnée, sont numérotées et portent nos initiales. D'autres notes, devant servir de commentaire philosophique, ont été placées à la fin du volume. Les mots en italique, dans notre traduction, sont ceux que Kant a mis en gros caractères dans le texte.

F. P.

CRITIQUE
DE
LA RAISON PRATIQUE

PRÉFACE

Cet ouvrage est intitulé simplement Critique de la raison pratique en général et non Critique de la raison *pure* pratique, comme semble l'exiger le parallélisme de la raison pratique avec la raison spéculative : le motif en sera suffisamment indiqué par ce traité lui-même. Il doit uniquement établir *qu'il y a une raison pure pratique* et il en critique dans cette vue tout le *pouvoir (Vermögen) pratique*. Si cette entreprise réussit, il n'est pas besoin de critiquer le *pouvoir pur lui-même*, pour savoir si la raison, en s'attribuant présomptueusement un tel pouvoir, ne *se dépasse (übersteige)* pas elle-même (comme cela arrive à la raison spéculative). En effet, si elle est réellement pratique, en tant que raison pure, elle prouve sa réalité et celle de ses concepts par le fait même, et tout raisonnement subtil (*Vernünfteln*), niant la pos-

---

[1] Barni, traduit : *il n'y a pas de sophisme qui puisse rendre douteuse*

sibilité pour elle d'être pratique, est fait en pure perte (*ist vergeblich*)¹.

Avec ce pouvoir est aussi fermement établie désormais la *liberté* transcendantale, en prenant cette expression au sens absolu que réclamait, dans son usage du concept de causalité, la raison spéculative pour échapper à l'antinomie où elle tombe inévitablement lorsque, dans la série de la liaison causale, elle veut concevoir l'*inconditionné* (*Unbedingte*). Ce concept, la raison spéculative ne pouvait le poser que problématiquement, comme non impossible à penser, sans en affirmer (*sichern*) la réalité objective, et uniquement pour ne pas être attaquée dans son essence et plongée dans un abîme de scepticisme, à cause de la prétendue impossibilité de ce qu'elle doit au moins faire valoir comme concevable (*denkbar*).

Le concept de la liberté, en tant que la réalité en est prouvée (*bewiesen*) par une loi apodictique de la raison pratique, forme la *clef de voûte* de tout l'édifice d'un système de la raison pure et même de la raison spéculative. Tous les autres concepts (ceux de Dieu et de l'immortalité) qui, comme simples (*blosse*) idées, demeurent sans support dans la raison spéculative, se rattachent à ce concept et acquièrent

---

¹ la *possibilité de son existence*; Abbot dit de même : *the possibility of its being real*; Born : *contra possibilitatem illius*. — Le texte porte : *die Moglichkeit, es zu sein*, qu'il faut nécessairement traduire : *la possibilité d'être cela*, c'est-à-dire pratique. (F. P.)

¹ Nous traduisons par *simples* le mot *blosse* qu'Abbot rend par *mere*; en le traduisant par *pures*, comme Barni, on s'expose à le faire confondre avec *reine*, qui a un sens distinct. (F. P.)

avec lui et par lui, de la consistance et de la réalité objective, c'est-à-dire que *leur possibilité* est prouvée par le fait que la liberté est réelle; car cette idée se manifeste par la loi morale.

Cependant la liberté est aussi la seule de toutes les idées de la raison spéculative dont nous *connaissons* (*wissen*) *à priori* la possibilité, sans toutefois la percevoir (*einzusehen*), parce qu'elle est la condition* de la loi morale, que nous connaissons. Les idées de *Dieu* et d'*immortalité* ne sont pas des conditions de la loi morale, mais seulement des conditions de l'objet nécessaire d'une volonté déterminée par cette loi, c'est-à-dire de l'usage simplement pratique de notre raison pure. Aussi pouvons-nous affirmer que nous ne *connaissons* ni ne *percevons*, je ne dirai pas simplement la réalité, mais même la possibilité de ces idées. Toutefois elles sont les conditions de l'application de la volonté moralement déterminée à l'objet qui lui est donné *à priori* (le souverain bien). On peut donc et on doit en *admettre* la possibilité au point de vue pratique, quoiqu'on ne puisse théoriquement ni la connaître, ni la percevoir. Il suffit

---

* Pour qu'on ne songe pas à trouver ici des *inconséquences*, parce que je nomme maintenant la liberté la condition de la loi morale, et que je soutiens par la suite, dans ce traité, que la loi morale est la condition sous laquelle nous pouvons d'abord devenir *conscients* de la liberté, je rappellerai seulement que la liberté est sans doute la *ratio essendi* de la loi morale, mais que la loi morale est la *ratio cognoscendi* de la liberté. Car si la loi morale n'était d'abord clairement conçue (*gedacht*) dans notre raison, nous ne nous croirions jamais autorisés à *admettre* une chose telle que la liberté (quoiqu'elle n'implique pas contradiction). Mais s'il n'y avait pas de liberté, la loi morale *ne se trouverait nullement en nous.*

pour justifier cette conclusion, au point de vue pratique, que ces idées ne contiennent aucune impossibilité interne (contradiction). Ici donc, il y a un principe d'assentiment (*Fürwahrhaltens*) simplement *subjectif* par rapport à la raison spéculative, mais qui cependant, valable *objectivement* pour une raison pratique en même temps que pure, donne réalité objective et autorité (*Befugniss*) aux idées de Dieu et d'immortalité, par l'intermédiaire du concept de la liberté. Bien plus, il se produit une nécessité subjective (un besoin de la raison pure) de les admettre. La raison ne reçoit pas pour cela d'extension en connaissance théorique; seulement la possibilité, qui n'était auparavant qu'un *problème*, devient ici une *assertion*, et ainsi l'usage pratique de la raison est lié avec les éléments de la raison théorique. Ce besoin n'est pas le besoin à peu près hypothétique d'un dessein *arbitraire* de la spéculation, d'après lequel on devrait admettre quelque chose, si l'on veut, dans la spéculation, user aussi complétement que possible de la raison; mais c'est un besoin, *ayant force de loi* (*gesetzliches*) [1], d'admettre une chose sans laquelle ne peut avoir lieu ce qu'on doit sans relâche (*unnachlasslich*) se proposer pour but de ses actes.

---

[1] Barni traduit par *légitime*. Mais le mot *légitime* et le mot *légal*, qui traduirait plus exactement encore le mot allemand, ont en français un sens tout différent de celui que Kant donne à *gesetzliches*, l'adjectif de *Gesetz*; aussi ne le traduirons-nous jamais ni par l'un ni par l'autre de ces mots. Kant emploie d'ailleurs le mot *Legalität* (ch. III); qu'il distingue de *Gesetzlichkeit*. (F. P.)

Il serait sans doute plus agréable pour notre raison spéculative de pouvoir, par elle-même et sans ce détour, résoudre ces problèmes et de tenir prête cette solution, comme une lumière à suivre (*Einsicht*) pour l'usage pratique ; mais notre faculté de spéculation n'a pas été aussi bien traitée. Ceux qui se vantent d'avoir ces connaissances si hautes ne devraient pas les cacher, mais les offrir publiquement à l'examen et à la vénération (*Hochschützung*). Ils veulent prouver ; eh bien ! qu'ils prouvent donc, et la critique déposera toutes ses armes aux pieds des vainqueurs. *Quid statis? Nolint. Atqui licet esse beatis.* — Donc, puisqu'en fait, ils ne le veulent pas, probablement parce qu'ils ne le peuvent, il faut encore une fois reprendre nos armes, chercher dans l'usage moral de la raison, et fonder sur cet usage les concepts de *Dieu*, de *liberté*, d'*immortalité*, à la *possibilité* desquels la spéculation ne trouve pas de garanties suffisantes.

Ici s'explique tout d'abord aussi (*auch allererst*) l'énigme de la critique, à savoir comment on peut, dans la spéculation, *dénier* (*absprechen*) la *réalité* objective à l'usage supra-sensible des *catégories* et cependant la leur *reconnaître*, relativement aux objets de la raison pure pratique, car cela doit paraître nécessairement *inconséquent*, aussi longtemps qu'on ne connaît cet usage pratique que de nom. Mais si maintenant, par une analyse complète de la raison pratique, on apprend que la réalité dont il est ici question (*gedachte Realität hier*) n'implique aucune *détermination* théorique *des catégories*, aucune extension de la connaissance au supra-sensible, mais qu'on veut dire seulement qu'à cet égard un *objet* leur appartient en tout lieu (*überall*), parce qu'elles sont contenues *à priori* dans la détermination nécessaire de la volonté ou liées inséparablement à son objet, l'inconséquence disparaît, puisque l'usage qu'on fait de ces concepts est différent de celui que réclame la raison spéculative. Au contraire, une confirmation à peine espérée jusque-là et très satisfaisante de la *manière conséquente de penser* (*consequenten Denkungsart*) de la critique spéculative nous apparaît maintenant; car celle-ci nous enjoignait de ne voir dans les objets de l'expérience, pris comme tels et comprenant notre propre sujet, que des *phénomènes* (*Erscheinungen*), mais en même temps de leur laisser comme fondement des choses en soi, partant de ne prendre ni tout objet supra-sensible pour une fiction, ni son concept pour un concept vide : voici maintenant la raison pratique qui, par elle-même et sans s'être concertée avec la raison spéculative, accorde de la réalité à un objet supra-sensible de la catégorie de la causalité, à la *liberté* (quoiqu'elle ne la lui accorde, comme à un concept pratique que pour l'usage pratique), et confirme ainsi, par un fait, ce qui dans le cas précédent pouvait être simplement *pensé* (*gedachten*). En même temps, cette assertion étrange, mais incontestable de la critique spéculative, que *même le sujet pensant n'est pour lui-même dans l'intuition intérieure* *qu'un simple phénomène*, est complètement aussi confirmée dans la Critique de la raison pratique, si bien qu'il faut en venir à l'admettre, quand même elle n'aurait pas été prouvée par la Critique de la raison spéculative*.

Par là aussi, je comprends pourquoi les objections les plus graves contre la critique, que j'aie rencontrées jusqu'ici, tournent précisément autour de ces deux points capitaux (*Angeln*) : *d'une part*, la réalité objective des catégories appliquées aux noumènes, niée dans la connaissance théorique, affirmée dans la connaissance pratique ; *de l'autre*, la prétention paradoxale de se considérer comme noumène en temps que sujet de la liberté, mais en même temps comme phénomène dans sa propre conscience empirique et par rapport à la nature. Aussi longtemps, en effet, qu'on n'avait pas de concepts déterminés de la moralité et de la liberté, on ne pouvait conjecturer, d'un côté ce qu'on voulait donner pour base comme noumène au phénomène supposé, et, d'un autre côté, s'il est même possible de s'en faire encore un concept quand auparavant on a affecté (*gewidmet*) tous les concepts de l'entendement pur, dans l'usage théorique, exclusivement

---

* L'union de la causalité comme liberté, avec la causalité comme mécanisme de la nature, établies, la première par la loi morale, la seconde par la loi de la nature, mais toutefois dans un seul et même sujet, dans l'homme, est impossible si l'on ne représente l'homme, par rapport à la première, comme un être en soi, par rapport à la seconde comme un phénomène, l'être en soi étant alors représenté dans la conscience *pure*, le phénomène dans la conscience *empirique*. Autrement la contradiction de la raison avec elle-même est inévitable.

aux simples phénomènes. Seule une critique détaillée de la raison pratique peut faire disparaître toute méprise (*Missdeutung*) et mettre en pleine lumière la manière conséquente de penser (*consequente Denkungsart*), qui en fait précisément le principal mérite.

Cela suffit à expliquer pourquoi, dans cet ouvrage, les concepts et les principes de la raison pure spéculative, qui ont déjà subi cependant leur critique particulière, sont soumis de nouveau encore à l'examen. Ce procédé ne convient pas bien, dans d'autres cas, à la marche systématique par laquelle on constitue une science (puisque les choses jugées peuvent à bon droit être citées, mais non être mises de nouveau en discussion). Dans le cas présent, cependant, il était permis et même nécessaire, parce que la raison est considérée au moment où elle passe à un emploi de ces concepts, tout différent de celui qu'elle en faisait auparavant. Ce passage rend une comparaison de l'ancien et du nouvel usage nécessaire pour bien distinguer la nouvelle voie (*Gleis*) de la précédente et faire remarquer en même temps la connexion (*Zusammenhang*) de l'une et de l'autre. Aussi des considérations de cette espèce, entre autres celles qui ont pour objet, une fois encore, le concept de la liberté dans l'usage pratique de la raison pure, ne doivent-elles pas être considérées comme une parenthèse (*Einschiebsel*) [1], servant presque unique-

---

[1] Born dit *instar episodiorum*, et Barni *comme des épisodes*; Abbot emploie plus justement le terme *interpolation*. (F. P.)

ment à combler les lacunes du système critique de la raison spéculative (car ce dernier est complet à son point de vue); et comme des étais et des arcs-boutants ajoutés après coup à une construction trop rapidement faite, mais bien comme de véritables membres qui rendent visible la cohésion du système et font percevoir maintenant dans leur forme réelle (*in ihrer realen Darstellung*), des concepts qui ne pouvaient, dans la Critique de la raison pure (*dort*), être représentés que d'une manière problématique. Cette remarque s'applique spécialement au concept de la liberté, à propos duquel il faut remarquer avec étonnement que bon nombre d'hommes se vantent de le percevoir très bien (*ganz wohl einzusehen*) et d'en pouvoir expliquer la possibilité, en le considérant simplement au point de vue psychologique; tandis que, s'ils l'avaient d'abord examiné avec soin au point de vue transcendental, ils auraient reconnu, non seulement qu'il est *indispensable* (*seine Unentberlichkeit*) comme concept problématique pour l'usage complet de la raison spéculative, mais encore qu'il est absolument *incompréhensible*. Si ensuite ils étaient passés à l'usage pratique de ce concept, ils auraient dû en venir d'eux-mêmes précisément à une détermination de ce concept, relativement à ses principes, identique à celle à laquelle ils ont aujourd'hui tant de peine à donner leur assentiment (*zu welcher sie sich so ungern verstehen wollen*). Le concept de la liberté est la pierre d'achoppement de tous les *empi*-

ristes [1], mais aussi la clef des principes pratiques les plus sublimes pour les moralistes *critiques*, qui comprennent par là la nécessité de procéder *rationnellement*. C'est pourquoi je prie le lecteur de ne pas parcourir d'un œil distrait *(mit flüchtigen Auge)* ce qui est dit de ce concept à la fin de l'Analytique.

Un système comme celui de la raison pure pratique, développé ici par la critique de cette raison, a-t-il coûté beaucoup ou peu de peine, surtout pour ne pas manquer le vrai point de vue d'où l'ensemble peut en être exactement esquissé *(vorgezeichnet)*? Je dois en laisser juger ceux qui se connaissent à ce genre de travail. Ce système suppose à la vérité *les Fondements de la Métaphysique des mœurs*, mais seulement dans la mesure où ceux-ci nous font faire préalablement connaissance avec le principe du devoir, en indiquent une formule déterminée et la justifient [*]; pour le reste, il se suffit par lui-même *(besteht durch sich selbst)*. La division de toutes les sciences pratiques n'a

---

[1] Barni traduit par *empiriques*; nous préférons conserver la forme *(Empiristen)* employée par Kant. C'est ce que font d'ailleurs Born et Abbot. (F. P.)

[*] Un critique qui voulait trouver quelque chose à blâmer dans cet écrit a touché plus juste qu'il ne l'a peut-être pensé lui-même, en disant qu'on n'y établit aucun principe nouveau, mais seulement une *formule nouvelle*, de la moralité. Mais aussi qui voudrait introduire un nouveau principe de toute moralité, et le découvrir également le premier? comme si avant lui le monde avait été, à propos de la nature du devoir, dans une ignorance ou dans une erreur générale! Mais celui qui sait ce que signifie pour le mathématicien une *formule* qui détermine, d'une manière tout à fait exacte et sans laisser de place à l'erreur *(nicht verfehlen lässt)*, ce qu'il y a faire pour résoudre un problème, ne regardera pas comme insignifiante et inutile une formule qui rend le même service pour tout devoir en général.

pas été ici ajoutée en *complément*, comme cela a été fait dans la Critique de la raison spéculative : il y a, de cette omission, un motif valable dans la nature même du pouvoir de la raison pratique. Car la détermination spéciale des devoirs, comme devoirs des hommes, en vue de leur division, est possible seulement quand le sujet de cette détermination (l'homme) a été connu d'après sa nature réelle, au moins dans la mesure où cela est nécessaire par rapport au devoir en général. Mais cette détermination n'appartient pas à une Critique de la raison pratique en général, qui n'a qu'à indiquer d'une manière complète les principes de la possibilité, de l'étendue (*Umfang*) et des limites de la raison pratique, sans référence spéciale à la nature humaine (*ohne besondere Beziehung auf die menschliche Natur*). La division appartient donc ici au système de la science, non à celui de la critique.

J'ai, dans le second chapitre de l'Analytique, donné, je l'espère, satisfaction à un critique ami de la vérité, mordant (*scharfen*), et cependant toujours digne de considération, qui objectait que, dans les *Fondements de la Métaphysique des mœurs, le concept du bien n'avait pas été établi* (comme cela eût été nécessaire dans son opinion) *avant le principe moral**.

* On pourrait encore m'objecter que je n'ai pas non plus expliqué auparavant le concept de la *faculté de désirer* (*Begehrungsvermögens*) ou du *sentiment du plaisir*, bien que ce reproche soit injuste, parce qu'on devrait supposer raisonnablement que cette explication a été donnée dans la psychologie. Mais la définition pourrait, il est vrai, y être posée de manière à donner le sentiment du plaisir pour principe à la détermination de la faculté de désirer (comme en effet cela

J'ai également tenu compte de quelques autres objections, qui me sont venues d'hommes auxquels la recherche de la vérité tient manifestement à cœur (car ceux qui n'ont devant les yeux que leur ancien système et qui ont déjà arrêté à l'avance ce qui doit être approuvé ou désapprouvé, ne me demanderont aucune explication qui pourrait embarrasser le chemin de leur opinion privée = *ihrer Privatabsicht im Wege sein könnte*). Et c'est ainsi que j'en userai désormais.

Quand nous avons à étudier une faculté particulière de l'âme humaine dans ses sources, son contenu, ses limites, nous ne pouvons certes pas, en

se produit d'ordinaire), et ainsi le principe suprême de la philosophie pratique devrait nécessairement se présenter comme *empirique* (*empirisch ausfallen*), ce qu'il s'agit cependant d'abord de résoudre et ce qui est complètement contredit (*widerlegt*) dans cette Critique. Aussi, je veux donner ici cette explication comme elle doit l'être, pour laisser indécis, comme il convient en commençant, ce point contesté. LA VIE est, pour un être, le pouvoir d'agir selon les lois de la faculté de désirer. LA FACULTÉ DE DÉSIRER est, pour le même être, le pouvoir d'*être par ses représentations* (*Vorstellungen*), *cause* (*Ursache*) *de la réalité des objets de ces représentations*. LE PLAISIR *est la représentation de l'accord de l'objet ou de l'action avec les conditions subjectives de la vie*, c'est-à-dire *avec le pouvoir de causalité d'une représentation par rapport à la réalité de son objet* (ou à la détermination des forces du sujet pour l'action qui le produit = *zur Handlungen hervorzubringen*). Je n'ai pas, en vue de la critique, besoin de plus de concepts empruntés à la psychologie : le reste est fourni par la critique elle-même. On s'aperçoit aisément que cette explication laisse indécise la question de savoir si le plaisir doit toujours être pris pour principe de la faculté de désirer, ou bien si, sous certaines conditions, il ne fait que suivre la détermination de cette dernière; car elle ne comprend que des signes (*lauter Merkmalen*) de l'entendement pur, c'est-à-dire de catégories, qui ne contiennent rien d'empirique. C'est une précaution qui mérite fort d'être recommandée dans la philosophie tout entière, quoiqu'elle soit souvent négligée, que celle de ne pas préjuger les questions(*seinen Urtheilen... nicht vorzugreifen*) par une définition hasardée, avant d'avoir fait du concept

raison de la nature de la connaissance humaine, faire autrement que de commencer par les *parties* de cette faculté, par une exposition exacte et (autant que cela est possible, dans l'état actuel des éléments déjà acquis) complète de ces parties. Mais il faut encore faire attention à une autre chose (*ist noch eine zweite Aufmerksamkeit*) plus philosophique et *architectonique*, il faut saisir exactement (*richtig zu fassen*) *l'idée du tout*, et en partant de là, considérer dans la faculté de la raison pure, toutes ces parties dans leurs rapports réciproques, en les faisant dériver du concept de ce tout[1]. Cet examen et cette garantie (*Gewährleistung*) ne sont possibles que pour ceux qui ont la connaissance la plus approfondie du système. Quant à ceux qui se sont rebutés à la première recherche et, qui par suite, ayant estimé que ce n'était pas la peine d'acquérir cette connaissance, n'arrivent pas au second degré, c'est-à-dire à la vue

---

une analyse complète, qui souvent n'est obtenue que très tard. On remarquera aussi que, dans le cours de la critique (dans celle de la raison théorique aussi bien que dans celle de la raison pratique) il se présente différentes occasions de suppléer à certaines lacunes dans l'ancienne méthode (*Gange*) dogmatique de la philosophie, et de corriger des erreurs qu'on ne peut remarquer si l'on n'a pas fait des concepts un usage rationnel *qui s'applique à leur ensemble* (*auf's Ganze derselbe (a)*).

[1] Voici la phrase dans sa dernière partie : *und aus derselben, alle jene Theile ihrer wechselseitigen Beziehung auf einander, vermittelst der Ableitung derselben von dem Begriffe jenes Ganzen, in einem reinem Vernunftvermöge ins Auge zu fassen.* — Born traduit ainsi : *ex eaque omnes partes ac singulæ in mutua illarum ad se invicem relatione derivandis iis conceptu illius totius, in facultate pura rationali consideretur.* — La traduction d'Abbot et surtout celle de Born tiennent trop peu de compte du texte. (F. P.)

a) Barni fait rapporter *derselbe* à *raison*, et traduit par *l'ensemble de la raison*. La phrase indique plutôt, comme l'a cru aussi Abbot, qu'il se rapporte à *concepts*. (F. P.)

d'ensemble (*Uebersicht*), qui est un retour synthétique sur ce qui avait été d'abord donné par l'analyse, il n'y a rien d'étonnant qu'ils trouvent partout des inconséquences, bien que les lacunes qu'ils supposent (*vermuthen lassen*) n'existent pas dans le système même, mais seulement dans la marche incohérente (*unzusammenhängenden*) de leur propre pensée.

Je n'appréhende nullement pour ce traité le reproche de vouloir introduire une *langue nouvelle*, parce que la connaissance dont il y est question présente elle-même un caractère plus populaire. Ce reproche ne pouvait, même à propos de la première Critique, venir à l'esprit de quelqu'un qui ne se serait pas borné à feuilleter l'ouvrage, mais qui l'aurait approfondi. Forger des mots nouveaux, là où la langue ne manque pas d'expressions pour des concepts donnés, c'est prendre une peine puérile pour se distinguer de la foule, sinon par des pensées nouvelles et vraies, du moins par une nouvelle pièce cousue sur un vieil habit. Si donc les lecteurs de cet écrit connaissent des expressions plus populaires, qui cependant soient aussi bien appropriées à la pensée que les miennes me paraissent l'être, ou bien s'ils se sentent la force (*sich getrauen*) de démontrer à peu près la *futilité* (*Nichtigkeit*) de ces pensées elles-mêmes, et partant aussi celle de l'expression, ils m'obligeraient beaucoup dans le premier cas, car je ne souhaite que d'être compris, et dans le second cas, ils mériteraient bien de la philosophie. Mais aussi longtemps que ces pensées restent debout, je doute beaucoup que des expressions plus appropriées et cependant plus communes, puissent être trouvées pour elles *.

* Je crains plus (que cette obscurité = *Unverständlichkeit*) qu'on se méprenne ici ou là sur quelques expressions que j'ai choisies avec le plus grand soin, pour empêcher qu'on ne saisisse mal *(nicht verfehlen zu lassen)* le concept auquel elles s'appliquent. Ainsi, dans la table des catégories de la raison pratique, sous le titre de la *modalité*, le *permis* (*Erlaubte*) et le *défendu* (*Unerlaubte*) (le possible et l'impossible pratiquement et objectivement) ont à peu près le même sens dans le langage ordinaire que la catégorie suivante du *devoir* et de *l'opposé au devoir* (*Pflicht, Pflichtwidrigen*); mais ici, les *premiers* termes doivent signifier ce qui est en accord ou en contradiction avec un précepte pratique simplement *possible* (comme, par exemple, la solution de tous les problèmes de la géométrie et de la mécanique); les *seconds*, ce qui soutient le même rapport *(in solcher Beziehung auf)* avec une loi qui réside *réellement* dans la raison en général; et cette différence de signification n'est pas complètement étrangère au langage ordinaire, bien qu'elle soit quelque chose d'inusité. Par exemple, il est *défendu (unerlaubte)* à un orateur, en tant qu'orateur, de forger de nouveaux mots ou des constructions nouvelles; cela est *permis*, dans une certaine mesure, au poète; dans aucun de ces deux cas, on ne pense au devoir. Car si quelqu'un veut perdre la réputation d'orateur, personne ne peut l'en empêcher. Il n'est question ici que de la distinction des *impératifs* en principes de détermination *(Bestimmungsgrunde)* problématiques, *assertoriques* et *apodictiques*. De même, dans la note où j'ai opposé les unes aux autres les idées morales de perfection pratique, d'après les différentes écoles philosophiques, j'ai distingué l'idée de la *sagesse* de celle de la *sainteté*, bien que j'aie déclaré (*erklärt*) qu'essentiellement *(im Grunde)* et objectivement, elles étaient identiques. Mais en cet endroit, je n'entends par là que la sagesse que l'homme (le Stoïcien) s'arroge *(anmasst)* et, par conséquent, je la prends *subjectivement* comme une propriété attribuée à l'homme. (Peut-être l'expression de *vertu*, dont le Stoïcien faisait si grand cas, pourrait-elle mieux caractériser son école.) Mais l'expression d'un *postulat* de la raison pure pratique pourrait encore occasionner une méprise plus grande, si l'on en confondait la signification avec celle des postulats de la mathématique pure, qui entraînent avec eux une certitude apodictique. Ces derniers postulent la *possibilité d'une action* dont auparavant, *à priori*, théoriquement et avec une pleine certitude, on a reconnu l'objet (*Gegenstand*) comme possible. Le premier postule la possibilité d'un *objet* lui-même (de Dieu et de l'immortalité de l'âme), d'après des lois pratiques apodictiques et, par suite, uniquement au profit d'une raison pratique; car cette certitude de la possibilité postulée n'est pas du tout théorique,

De cette manière donc les principes *à priori* de deux pouvoirs de l'âme (*Gemüths*), de la faculté de connaître et de la faculté de désirer, seraient découverts et déterminés quant aux conditions, à l'étendue et aux limites de leur emploi ; ainsi serait établi le seul fondement solide d'une philosophie systématique, théorique et pratique, aussi bien que de la science.

Ce qui pourrait arriver de plus fâcheux pour ces travaux (*Bemühungen*), ce serait que quelqu'un fît cette découverte imprévue qu'il n'y a nulle part et qu'il ne peut y avoir aucune connaissance *à priori*. Mais il n'y a aucun danger de ce côté. Ce serait tout à fait comme si quelqu'un voulait prouver par la raison qu'il n'y a pas de raison. Car nous disons que nous connaissons une chose par la raison, seulement quand nous avons conscience que nous aurions pu la connaître, même si elle ne nous avait pas été présentée ainsi dans l'expérience ; partant, connaissance rationnelle et connaissance *à priori* sont choses identiques. D'un principe d'expérience vouloir tirer de la nécessité (*ex pumice aquam*) et avec celle-ci

n'est par conséquent pas non plus apodictique, c'est-à-dire qu'elle n'est pas une nécessité reconnue par rapport à l'objet, mais une supposition nécessaire par rapport au sujet, pour l'observation (*Befolgung*) de ses lois objectives, mais pratiques ; par conséquent, elle n'est qu'une hypothèse nécessaire. Je n'ai pas su trouver de meilleure expression pour cette nécessité subjective, mais vraie et inconditionnée (*unbedingte* (*a*) de la raison.

(*a*) Barni traduit ce mot par *absolue*, et il se sert fort souvent de cette expression, lorsque Kant emploie le mot *unbedingt*; on fausse ainsi, ce semble, la pensée de Kant, qui se sert intentionnellement du mot en ce cas et a employé ailleurs le mot *absolu*, en mettant un terme positif à la place d'un terme essentiellement négatif. (F. P.)

aussi vouloir donner à un jugement la véritable universalité (sans laquelle il n'y a pas de raisonnement = *Vernunftschluss*, par conséquent pas même de raisonnement (*Schluss*) par analogie, puisque l'analogie est au moins une universalité présumée, une nécessité objective et par suite suppose toujours l'universalité véritable), c'est une contradiction évidente. Substituer la nécessité subjective, c'est-à-dire l'habitude, à la nécessité objective qui n'existe que dans des jugements *à priori*, c'est refuser à la raison le pouvoir de porter un jugement sur l'objet, c'est-à-dire de le connaître, lui et ce qui lui appartient (*zukomme*); c'est, par exemple, à propos de ce qui a suivi souvent et toujours un certain état antécédent, ne pas dire que l'on peut *conclure* de ceci à cela (car ce raisonnement indiquerait une nécessité objective et le concept d'une liaison *à priori*), mais seulement qu'on peut attendre des cas semblables (avec les animaux et comme eux), c'est rejeter le concept de la cause comme essentiellement (*im Grunde*) *faux* et comme une simple illusion de la pensée. Tentera-t-on de remédier à ce défaut de valeur objective et d'universalité qui en découle, en alléguant qu'on ne voit pas de motif pour attribuer à d'autres êtres raisonnables une autre espèce de représentation? Dans le cas où ce raisonnement serait valable, notre ignorance nous rendrait plus de services que toute réflexion, pour l'extension de notre connaissance. Par cela seul, en effet, que nous ne connaissons pas d'êtres raisonnables en dehors de l'homme, nous aurions le droit de leur supposer l'organisation que nous nous connaissons, c'est-à-dire que nous les connaîtrions réellement. Je ne rappelle même pas ici que l'assentiment universel (*Allgemeinheit des Fürwahrhaltens*) ne prouve pas la valeur objective d'un jugement (c'est-à-dire sa valeur en tant que connaissance); mais que même, si cet assentiment universel se présentait par hasard, il ne pourrait fournir une preuve de l'accord avec l'objet; que plutôt la valeur objective seule forme la base d'un accord universel et nécessaire.

Hume se trouverait fort bien de ce système d'universel *empirisme* dans les principes, car il ne désirait, comme on le sait, rien de plus que de faire attribuer à la nécessité dans le concept de la cause, au lieu d'une signification objective, un sens simplement subjectif, à savoir l'habitude, pour dénier à la raison tout jugement sur Dieu, la liberté et l'immortalité, et il était certes fort capable, si on lui accordait seulement les principes, d'en tirer les conséquences avec une rigueur toute logique (*mit aller logischen Bündigkeit*). Mais *Hume* lui-même n'a pas rendu l'empirisme assez universel pour y faire rentrer aussi la mathématique. Il en tenait pour analytiques les propositions, qui, si son assertion était exacte, seraient aussi en fait apodictiques, bien qu'on n'en puisse rien conclure par rapport à un pouvoir qu'aurait la raison de porter aussi en philosophie des jugements apodictiques, à savoir des jugements qui seraient synthétiques (comme le principe de causalité). Mais si l'on acceptait l'empirisme *universel* des principes, la mathématique y serait aussi comprise.

Que si cette science est en contradiction avec la raison, qui n'admet que des principes empiriques, comme cela est inévitable dans l'antinomie où la mathématique prouve d'une manière irréfutable l'infinie divisibilité de l'espace que l'empirisme ne peut admettre, la plus grande évidence possible de la démonstration est en contradiction manifeste avec les prétendues conclusions tirées des principes de l'expérience et on doit demander comme l'aveugle de *Cheselden* : qui me trompe, de la vue ou du toucher ? (car l'empirisme se fonde sur une nécessité *sentie* = *gefühlten*, et le rationalisme sur une nécessité *perçue* = *eingesehenen*). Ainsi l'empirisme universel se révèle comme le véritable *scepticisme*, que, dans un sens aussi absolu, l'on a attribué faussement à Hume*, car lui au moins laisse dans la mathématique une pierre de touche infaillible de l'expérience, au lieu que cet empirisme universel n'en laisse absolument aucune (une pierre de touche ne pouvant jamais être fournie que par des principes *à priori*), quoique l'expérience ne com-

* Les noms qui désignent les partisans d'une secte ont de tout temps donné lieu à de grandes injustices; comme si quelqu'un disait, par exemple : N... est *idéaliste*, car bien que, non seulement il admette, mais encore qu'il soutienne avec insistance qu'à nos représentations des choses extérieures correspondent des objets réels de choses extérieures, il veut toutefois que la forme de l'intuition de ces choses extérieures dépende non des choses, mais seulement de l'esprit humain.

prenne pas toutefois seulement des sentiments, mais aussi des jugements.

Cependant, comme dans ce siècle philosophique et critique, cet empirisme peut être difficilement pris au sérieux, qu'il ne sert sans doute qu'à exercer le jugement, et à mettre dans une lumière plus éclatante par le contraste, la nécessité des principes rationnels *à priori*, on peut savoir quelque gré à ceux qui se donnent la peine de s'occuper de ce travail, qui d'ailleurs n'est pas précisément instructif.

INTRODUCTION

De l'idée d'une Critique de la raison pratique.

L'usage théorique de la raison portait sur des objets de la faculté pure et simple (*blossen*) de connaître, et une critique de la raison, en vue de cet usage, n'avait proprement rapport qu'à la faculté *pure* (*reine*) de connaître, parce qu'elle faisait naître le soupçon, fortifié dans la suite, qu'elle se perd facilement au delà de ses limites, parmi des objets inaccessibles ou des concepts tout à fait contradictoires. Il en est tout autrement pour l'usage pratique de la raison. Dans ce dernier cas, la raison s'occupe des principes déterminants de la volonté, qui est un pouvoir ou de produire des objets correspondants aux représentations, ou de se déterminer soi-même à réaliser ces objets (que le pouvoir physique soit suffisant ou non), c'est-à-dire de déterminer sa causalité. Là en effet, la raison peut du moins suffire à la détermination de la volonté et elle a toujours de la réalité objective, en tant qu'il s'agit uniquement du vouloir. La première question ici est donc de savoir si la raison pure suffit à elle seule à déterminer la volonté, ou si elle ne peut en être un principe de détermination, que comme dépendant de conditions empiriques (*empirisch-bedingte*). Un concept de la causalité, justifié par la Critique de la raison pure, mais non susceptible, à la vérité, d'une représentation (*Darstellung*) empirique, intervient ici, c'est le concept de la *liberté*. Si nous pouvons maintenant découvrir des moyens de prouver que cette propriété appartient en fait à la volonté humaine (et ainsi aussi à la volonté de tous les êtres raisonnables), il sera montré (*dargethan*) par là, non seulement que la raison pure peut être pratique, mais qu'elle seule, et non la raison limitée empiriquement, est pratique d'une façon inconditionnée (*unbedingterweise*)[1]. Par conséquent, nous avons à faire une critique, non de la raison *pure pratique*, mais seulement de la raison *pratique* en général. Car la raison pure, quand on a montré qu'elle existe, n'a pas besoin de critique. C'est elle qui contient elle-même la règle pour la critique de tout son usage. La critique de la raison pratique en général est donc obligée d'enlever à la raison, conditionnée empiriquement, la prétention de constituer exclusivement le principe déterminant de la volonté. L'usage de la raison pure, s'il est démontré qu'elle existe, est seul immanent, l'usage empiriquement

---

[1] Sur cette expression, voyez p. 16. (F. P.)

conditionné, qui s'arroge la souveraineté, est au contraire transcendant et se manifeste par des prétentions et des ordres qui dépassent tout à fait son domaine. C'est précisément l'inverse de ce qui pourrait être dit de l'usage spéculatif de la raison pure.

Cependant comme c'est toujours encore la connaissance de la raison pure qui sert ici de fondement à l'usage pratique, la division d'une Critique de la raison pratique doit, dans ses grandes lignes (*dem allgemeinen Abrisse nach*), être conforme à celle de la raison spéculative. Nous devons donc avoir une *doctrine élémentaire* et une *méthodologie* de la raison pratique; dans la première, une *analytique* comme règle de la vérité et une *dialectique* comme exposition et solution de l'apparence (*Scheins*) dans les jugements de la raison pratique. Mais l'ordre sera, dans la subdivision de l'analytique, l'inverse de celui qui a été suivi dans la Critique de la raison pure spéculative. Car, dans le cas présent, nous commencerons par les *principes* et nous irons aux *concepts*, de ceux-ci ensuite aux sens, s'il est possible; tandis qu'au contraire, dans la raison spéculative, nous avons dû commencer par les sens et finir par les principes. C'est que maintenant nous avons à faire à une volonté, nous avons à considérer la raison dans son rapport, non aux objets, mais à cette volonté et à sa causalité. Les principes de la causalité inconditionnée empiriquement, doivent donc être le point de départ, après lequel on pourra essayer d'établir nos concepts du principe de détermination d'une telle volonté, de leur application aux objets et enfin au sujet et à sa sensibilité. La loi de la causalité par liberté (*Causalität aus Freiheit*), c'est-à-dire un principe pratique pur, forme ici de toute nécessité le point de départ et détermine les objets auxquels il peut seulement être appliqué.

PREMIÈRE PARTIE
DE
LA CRITIQUE DE LA RAISON PRATIQUE

DOCTRINE ÉLÉMENTAIRE
DE
LA RAISON PURE PRATIQUE

LIVRE PREMIER

L'ANALYTIQUE DE LA RAISON PURE PRATIQUE

CHAPITRE PREMIER

DES PRINCIPES DE LA RAISON PURE PRATIQUE

§ 1. — **Définition.**

Des *principes pratiques* sont des propositions renfermant une détermination générale de la volonté, à laquelle sont subordonnées plusieurs règles pratiques. Ils sont subjectifs ou forment des *maximes*, quand la condition est considérée par le sujet comme valable seulement pour sa volonté; mais ils sont objectifs et fournissent des *lois* pratiques, quand la condition est reconnue comme objective, c'est-à-dire comme valable pour la volonté de tout être raisonnable.

Scolie

Si l'on admet que la raison *pure* puisse contenir en soi un fondement pratique, c'est-à-dire suffisant pour la détermination de la volonté, il y a des lois pratiques; sinon, tous les principes pratiques ne seront que de simples *maximes*. Dans la volonté, *affectée pathologiquement* (*pathologisch-afficirten*), d'un être raisonnable, il peut y avoir conflit (*Widerstreit*) entre les maximes et les lois pratiques reconnues par l'être lui-même. Quelqu'un peut, par exemple, se faire une maxime de ne jamais essuyer une injure sans en tirer vengeance et s'apercevoir cependant en même temps que ce n'est pas là une loi pratique, mais seulement sa propre maxime ; qu'au contraire cette proposition, prise comme règle pour la volonté de tout être raisonnable, dans une seule et même maxime, ne pourrait être d'accord avec elle-même. Dans la connaissance de la nature (*Naturerkenntniss*), les principes de ce qui arrive (par exemple le principe de l'égalité de l'action et de la réaction dans la communication du mouvement) sont en même temps des lois de la nature ; car l'usage de la raison y est théorique et déterminé par l'essence (*Beschaffenheit*) de l'objet. Dans la connaissance pratique, c'est-à-dire dans celle qui a simplement à faire à des principes déterminants de la volonté, les principes (*Grundsätze*) que l'on se fait, ne sont pas encore pour cela des lois auxquelles on soit inévitablement soumis, parce que la raison doit en pratique s'occuper du sujet, c'est-à-dire de la faculté de désirer, dont la nature particulière peut occasionner dans la règle des modifications diverses. — La règle pratique est en tout temps un produit de la raison, parce qu'elle prescrit l'action comme moyen d'arriver à l'effet, qui est un but. Mais cette règle est, pour un être chez qui la raison n'est pas tout à fait seule le principe déterminant de la volonté, un *impératif*, c'est-à-dire une règle qui est désignée par « un devoir » (*ein Sollen*), exprimant la nécessité objective de l'action et signifiant que, si la raison déterminait complètement la volonté, l'action se produirait infailliblement d'après cette règle. Les impératifs ont donc une valeur objective et sont totalement différents des maximes, qui sont des principes subjectifs. Mais les impératifs déterminent ou bien les conditions de la causalité de l'être raisonnable, en tant que cause efficiente et simplement par rapport à l'effet et aux moyens suffisants pour l'atteindre (*Zulänglichkeit zu derselben*), ou ils déterminent seulement la volonté, qu'elle soit ou non suffisante pour l'effet. Les premiers seraient des impératifs hypothétiques et contiendraient de simples préceptes de savoir-faire (*Geschicklichkeit*); les seconds seraient au contraire catégoriques et formeraient seuls des lois pratiques. Des maximes sont donc, il est vrai, des *principes* (*Grundsätze*), mais non des *impératifs*. Quant aux impératifs eux-mêmes, s'ils sont conditionnels, c'est-à-dire s'ils ne déterminent pas la volonté, uniquement en tant que volonté, mais seulement en vue d'un effet désiré, c'est-à-dire s'ils sont des impératifs hypothétiques, ils forment, il est vrai, des *préceptes* (*Vorschriften*) pratiques, mais non des *lois*. Les lois doivent déterminer suffisamment la volonté en tant que volonté, avant même que je me demande si j'ai la puissance nécessaire pour produire un effet désiré, ou ce qu'il faut faire pour le produire ; partant, elles doivent être catégoriques, sans quoi

elles ne sont pas des lois, parce qu'il leur manque
(*felht*) la nécessité qui, pour être pratique, doit être
indépendante des conditions pathologiques et par
conséquent des conditions attachées fortuitement à la
volonté. Dites à quelqu'un, par exemple, qu'il doit
dans sa jeunesse travailler et faire des économies, pour
n'être pas misérable dans sa vieillesse ; c'est là un
précepte pratique, exact et en même temps important
de la volonté. Mais on voit facilement que la volonté
est ici dirigée vers quelque *autre* chose, dont on suppose qu'elle a le désir; et, quant à ce désir, il faut s'en
rapporter à l'agent lui-même (*dieses Begehren muss
man ihm, dem Thäter selbst, überlassen*), soit qu'il prévoie d'autres ressources, en dehors de celles qu'il
peut acquérir lui-même, qu'il n'ait aucun espoir de
devenir vieux, ou qu'il pense, en cas de misère, pouvoir un jour se contenter avec peu de chose (*schlecht
behelfen zu können*). La raison, qui seule peut donner
naissance à toute règle devant renfermer la nécessité,
met aussi dans ce précepte, qui est sien, de la nécessité
(car sans cela il ne serait pas un impératif), mais ce
n'est qu'une nécessité subjectivement conditionnée, et
elle ne peut être supposée à un degré égal dans tous
les sujets. Or, pour que la raison puisse donner des
lois (*zu ihrer Gesetzgebung*), il faut qu'elle ait simplement (*bloss*) besoin de se supposer *elle-même*, parce que la
règle n'est objective et n'a une valeur universelle que
si elle est valable sans aucune des conditions subjectives et accidentelles qui distinguent un être raisonnable d'un autre. Dites à quelqu'un qu'il ne

doit jamais faire de fausses promesses, voilà une règle qui concerne simplement sa volonté, que les intentions que l'homme peut avoir soient ou non réalisés par elle ; le simple (*blosse*) vouloir est ce qui doit être déterminé complètement *à priori* par cette règle. S'il se trouve ensuite que cette règle est pratiquement juste, c'est une loi, parce qu'elle est un impératif catégorique. Donc les lois pratiques n'ont rapport qu'à la volonté, indépendamment de ce qui est effectué par sa causalité, et on peut (*kann*)[1] faire abstraction de cette dernière (comme appartenant au monde des sens) pour les avoir dans toute leur pureté.

§2. — Théorème I.

Tous les principes pratiques qui supposent un *objet* (matière) de la faculté de désirer, comme principe déterminant de la volonté, sont empiriques et ne peuvent fournir de lois pratiques.

J'entends par matière de la faculté de désirer, un objet dont la réalité est désirée. Si le désir de cet objet *est antérieur* à la règle pratique et s'il est la condition par laquelle nous en faisons un principe, je dis (*en premier lieu*) que ce principe est alors en tout temps empirique. Car le principe déterminant du libre choix (*Willkühr*)[2] est alors la représentation d'un objet et le

---

[1] Barni dit, *Il faut faire abstraction*; rien ne justifie cette expression. Born dit, d'ailleurs, *abducere possumus*; Abbot, *we may disregard* (F. P.).

[2] Barni traduit par *volonté* et confond ainsi deux choses différentes. Born se sert d'*arbitrium*; Abbot, de « *choice* » Nous emploierons, pour traduire *Willkühr*, libre choix, souvent libre arbitre, jamais volonté (F. P.).

rapport de cette représentation au sujet, par lequel la faculté de désirer est déterminée à réaliser cet objet. Mais un tel rapport au sujet s'appelle le *plaisir* pris à la réalité d'un objet. Le plaisir devait (*müsste*) donc être supposé comme condition de la possibilité de la détermination du libre choix (*Willkühr*). Mais on ne peut connaître *à priori* d'aucune représentation d'un objet, quelle qu'elle soit, si elle sera liée au *plaisir*, à la *peine* (*Unlust*) ou si elle sera *indifférente*. Donc, en pareil cas, le principe déterminant du libre choix (*Willkühr*) doit toujours être empirique, comme aussi par conséquent le principe pratique matériel, qui le supposait comme condition.

Puisque (*en second lieu*), un principe, qui ne se fonde que sur la condition subjective de la capacité de sentir (*Empfänglichkeit*) du plaisir ou de la peine (qui ne peut jamais être connue qu'empiriquement et ne peut être supposée à un degré égal chez tous les êtres raisonnables), peut bien servir, il est vrai, de maxime propre au sujet qui la possède, mais ne peut servir de loi pour cette capacité elle-même [1] (parce qu'il manque de la nécessité objective qui doit être reconnue *à priori*), un tel principe ne peut jamais fournir une loi pratique.

§ 3. — Théorème II.

Tous les principes pratiques matériels sont, comme tels, d'une seule et même espèce et se rangent sous

---

[1] Le texte porte *für diese selbst... nicht zum Gesetze dienen kann; diese* se rapporte évidemment à *Empfänglichkeit*, et non à *Subject*, comme le veulent Barni et Abbot (F. P.).

le principe général de l'amour de soi ou du bonheur (*Glückseligkeit*) personnel.

Le plaisir provenant de la représentation de l'existence d'une chose, en tant qu'il doit être un principe déterminant du désir de cette chose, se fonde sur la *capacité de sentir* (*Empfänglichkeit*) du sujet, puisqu'il dépend de l'existence (*Dasein*) d'un objet ; partant, il appartient au sens [1] et non à l'entendement, qui exprime un rapport de la représentation *à un objet*, d'après des concepts, mais non un rapport de la représentation au sujet d'après des sentiments (*Gefühlen*). Il n'est donc pratique qu'en tant que la sensation agréable (*Annehmlichkeit*), que le sujet attend de la réalité de l'objet, détermine la faculté de désirer. Or, la conscience qu'a un être raisonnable de l'agrément de la vie (*von der Annehmlichkeit des Lebens*) accompagnant sans interruption toute son existence, est le *bonheur*, et le principe de prendre le bonheur pour principe suprême de détermination du libre choix (*Willkühr*), est le principe de l'amour de soi. Donc, les principes matériels, qui posent le principe déterminant du libre choix (*Willkühr*) dans le plaisir ou la peine qu'on peut éprouver de la réalité de quelque objet, sont d'une *seule et même nature*, en tant qu'ils appartiennent tous ensemble au principe de l'amour de soi ou du bonheur personnel.

---

[1] Le texte porte *dem Sinne*, et Kant a mis entre parenthèses, pour expliquer ce mot, *Gefühl* = *sentiment*. (F. P.)

Corollaire

Toutes les règles pratiques *matérielles* posent le principe déterminant de la volonté dans *la faculté inférieure de désirer*, et s'il n'y avait aucune loi simplement formelle de la volonté, qui la déterminât suffisamment, il n'y aurait lieu d'admettre aucune *faculté supérieure de désirer*.

Scolie I

Il est étonnant que des hommes, d'ailleurs ingénieux (*scharfsinnige*), croient pouvoir distinguer *la faculté inférieure* de la *faculté supérieure de désirer*, en faisant remarquer que les *représentations*, qui sont liées au sentiment du plaisir, ont leur origine dans les *sens* ou dans l'*entendement*. Quand on cherche les principes déterminants du désir et qu'on les place dans un agrément (*Annehmlichkeit*) qu'on attend de quelque chose, il n'importe pas du tout de savoir d'où vient la *représentation* de cet objet qui procure du plaisir, mais seulement de savoir jusqu'à quel point elle est *agréable*. Que si une représentation ayant son siège et son origine dans l'entendement, ne peut déterminer le libre choix (*Willkühr*), que parce qu'elle suppose un sentiment de plaisir dans le sujet, il dépend toujours complètement de la nature du sens interne (*inneren Sinnes*), qu'elle soit le principe déterminant du libre choix, c'est-à-dire qu'il faut que ce sens puisse être agréablement affecté par elle. Les représentations des objets peuvent encore être de nature aussi diverse qu'on le voudra, elles peuvent être des représentations de l'entendement, de la raison elle-même en opposition aux représentations des sens, le sentiment du plaisir par lequel seul elles forment proprement le principe déterminant de la volonté (l'agrément, la satisfaction qu'on en attend et qui pousse l'activité à la production de l'objet) est d'une seule et même espèce, non seulement en tant qu'il ne peut jamais être connu qu'empiriquement, mais aussi en tant qu'il affecte une seule et même force vitale (*Lebenskraft*), se manifestant dans la faculté de désirer, et il ne peut différer sous ce rapport, que par le degré, de tout autre principe de détermination. Comment pourrait-on autrement comparer, au point de vue de la grandeur (*Grösse*), deux principes de détermination différant totalement par le mode de représentation, pour prendre de préférence celui qui affecte au plus haut degré la *faculté de désirer* ? Le même homme peut rendre, sans le lire, un livre instructif pour lui qu'il n'a qu'une seule fois entre les mains, pour ne pas manquer une partie de chasse, s'en aller au milieu d'un beau discours pour ne pas arriver en retard à un repas, abandonner une conversation raisonnable (*eine Unterhaltung durch vernünftige Gespräche*), que d'ailleurs il apprécie beaucoup, pour aller s'asseoir à la table de jeu ; il peut même repousser un pauvre, qu'il lui est d'ordinaire agréable de secourir, parce qu'il n'a en ce moment en poche que juste ce qu'il lui faut d'argent pour payer son entrée à la comédie. Si la détermination de la volonté repose sur le sentiment de l'agrément ou du désagrément (*Unannehmlichkeit*) qu'il attend d'une cause quelconque, le mode de représentation par lequel il est affecté lui est totalement indifférent. Quelle est l'intensité, la durée de cette satisfaction, dans quelle mesure peut-on facilement l'acquérir et la renouveler, voilà seulement ce qui lui importe pour se décider à faire un choix. Il est tout à fait indifférent à celui qui a besoin d'or pour une dépense, de savoir si la matière, si l'or a été extrait de la montagne ou retiré du sable lavé, pourvu qu'il soit accepté partout pour la même valeur; de même aucun homme ne demande, quand il s'agit simplement pour lui de l'agrément de la vie (*an der Annehmlichkeit des Lebens*), si les représentations viennent de l'entendement ou des sens, mais seulement *le nombre*, *l'intensité* des plaisirs qu'elles lui donnent pendant le temps le plus long (*auf die längste Zeit*). Ceux-là seuls qui contesteraient volontiers à la raison pure le pouvoir de déterminer la volonté sans supposer aucun sentiment (*Gefühl*), peuvent s'écarter de leur propre définition au point de déclarer complètement hétérogène, ce qu'ils ont eux-mêmes auparavant rapporté à un seul et même principe. Ainsi par exemple, on observe que nous pouvons trouver du plaisir dans l'*exercice* pur et simple de notre *force* (*blosser Kraftanwendung*), dans la conscience de notre force de caractère (*Seelenstärke*) pour surmonter les obstacles qui s'opposent à nos projets, dans la culture des talents de l'esprit, etc., et nous appelons tout cela avec raison des joies et des plaisirs (*Ergötzungen*) plus *délicats*, parce qu'ils sont, plus que d'autres, en notre pouvoir, parce qu'ils ne s'émoussent point et qu'au contraire ils fortifient plutôt le sentiment (*Gefühl*), qui nous permet d'en jouir plus encore, qu'ils nous éclairent en même temps qu'ils nous charment. Mais les donner comme déterminant la volonté d'un manière autre que par le sens, alors qu'ils supposent, pour la possibilité de ces plaisirs, un sentiment (*Gefühl*) mis à cet effet en nous, comme première condition de ce contentement, c'est faire comme les ignorants qui, voulant se mêler de faire de la métaphysique, se représentent la matière si sublile, si raffinée (*fein, so überfein*) qu'ils en ont eux-mêmes le vertige, et croient alors de cette manière avoir imaginé (*erdacht*) un être *spirituel* et cependant étendu. Si, avec *Épicure*, nous admettons que la vertu ne détermine la volonté que par le plaisir qu'elle promet, nous ne pouvons ensuite le blâmer de considérer ce plaisir comme tout à fait de même nature que les plaisirs des sens les plus grossiers; car on n'a aucune raison de l'accuser d'avoir attribué, uniquement aux sens corporels, les représentations par lesquelles ce sentiment est excité en nous. Autant qu'on peut le conjecturer, il a cherché la source de beaucoup de ces représentations dans l'usage de la faculté supérieure de connaître; mais cela ne l'empêchait pas et ne pouvait l'empêcher de considérer, d'après le principe indiqué, le plaisir que nous procurent ces représentations au reste intellectuelles, et par lequel seul elles peuvent être des principes déterminants de la volonté, comme tout à fait de même nature que les autres plaisirs. Être *conséquent*, c'est la première obligation d'un philosophe, et c'est pourtant celle à laquelle on se conforme le plus rarement. Les anciennes écoles grecques nous en donnent plus d'exemples, que ne nous en offre notre siècle *syncretique*, où l'on se forme, avec des principes contradictoires, un certain *système composite (ein gewisses Coalitionssystem)* [1], plein de mauvaise foi et de frivolité, parce que cela convient mieux à un public qui est content de savoir un peu de tout, sans rien savoir en somme, et d'être propre à tout (*in allen Sätteln gerecht zu sein*). Le principe du bonheur personnel, quel que soit l'emploi qu'on y fasse de l'entendement et de la raison, ne comprendrait cependant en soi pour la volonté d'autres principes déterminants que ceux qui sont conformes (*angemessen*) à la faculté *inférieure* de désirer. Par conséquent, ou bien il n'y a pas de faculté supérieure de désirer, ou la *raison pure* doit être pratique par elle seule, c'est-à-dire que, sans supposer aucun sentiment (*Gefühls*), partant sans représentations de l'agréable ou du désagréable qui, en tant que matière de la faculté de désirer, est toujours une condition empirique des principes, elle doit pouvoir déterminer la volonté par la simple forme de la règle pratique. Alors seulement la raison, en tant qu'elle détermine par elle-même la volonté (qu'elle n'est pas au service des penchants) est une véritable faculté *supérieure* de désirer, à laquelle est subordonnée celle qui peut être pathologiquement déterminée (*pathologisch bestimm-*

---

[1] Barni traduit par des *systèmes conciliants*, ce qui semble aussi peu exact que la traduction de Born : *Systema decretorum pugnantium conciliandorum.* Abbot met : *System of compromise.* Nous hasardons le mot *composite.* (F. P.)

bare), elle est différente de cette dernière réellement et même *spécifiquement*, de sorte que, même le moindre mélange avec les impulsions de celle-ci, compromet sa force et sa supériorité, de même que le plus petit élément empirique, entrant comme condition dans une démonstration mathématique, en diminue et en détruit la valeur et la force (*Nachdruck*). La raison, dans une loi pratique, détermine la volonté immédiatement et non par l'intermédiaire d'un sentiment de plaisir ou de déplaisir venant s'interposer entre les deux, pas même par l'intermédiaire du plaisir attaché à cette loi : et c'est seulement parce qu'elle peut être pratique comme raison pure, qu'il lui est possible d'être législative (*gesetzgebend*).

Scolie II

Être heureux est nécessairement le désir de tout être raisonnable mais fini, partant c'est inévitablement un principe déterminant de sa faculté de désirer. Être content de son existence tout entière n'est pas en effet une sorte de possession originelle et une félicité (*Seligkeit*) qui supposerait une conscience de son indépendance et de son aptitude à se suffire soi-même (*seiner unabhängigen Selbstgenügsamkeit*); c'est un problème qui nous est imposé par notre nature finie elle-même; car nous avons des besoins et ces besoins concernent la matière de notre faculté de désirer, c'est-à-dire quelque chose qui se rapporte à un sentiment de plaisir ou de peine qui sert subjectivement de principe (*Grunde*) et par lequel est déterminé ce dont nous avons besoin pour être contents de notre état. Mais, justement parce que ce principe matériel de détermination ne peut être connu qu'empiriquement par le sujet, il est impossible de considérer ce problème comme une loi ; car une loi, en tant qu'objective, devrait renfermer, dans tous les cas et pour tous les êtres raisonnables, *le même principe déterminant* de la volonté. En effet, bien que le concept du bonheur (*Glückseligkeit*) serve *partout* de base au rapport pratique des *objets* à la faculté de désirer, il n'est cependant que le titre général des principes subjectifs de détermination et ne détermine rien spécifiquement, tandis que c'est de cela seulement qu'il s'agit dans ce problème pratique, qui ne peut en aucune façon être résolu sans cette détermination. Le sentiment particulier de plaisir et de déplaisir, propre à chacun, lui indique en quoi il doit placer son bonheur, et, même dans un seul et même sujet, ce choix dépend de la différence des besoins qui suivent les modifications de ce sentiment, ainsi une loi *subjectivement nécessaire* (comme loi naturelle), est *objectivement* un principe pratique tout à fait *contingent*, qui peut et doit être très différent dans des sujets différents, qui partant, ne peut jamais fournir une loi, puisqu'il s'agit, dans le désir de bonheur, non de la forme de la conformité à la loi (*Gesetzmässigkeit*)[1], mais exclusivement de la matière, c'est-à-dire, de savoir si je dois attendre du plaisir et combien je dois en attendre de l'observation de la

---

[1] Barni dit simplement *de la forme de la loi* ; Born, *forma legalitatis*, Abbot, *the form of conformity to law*. Ne pouvant employer, ni le terme de *légalité*, ni le terme de *légitimité* (Cf. p. 4), nous avons traduit littéralement. (F. P.)

loi. Les principes de l'amour de soi peuvent, il est vrai, renfermer des règles générales de savoir-faire (des moyens pour arriver à des fins), mais alors ce sont des principes simplement théoriques*, par exemple, que celui qui voudrait manger du pain, aurait à imaginer un moulin. Mais des préceptes pratiques fondés sur ces principes, ne peuvent jamais être universels, car le principe déterminant de la faculté de désirer est fondé sur le sentiment du plaisir et du déplaisir, qui ne peut jamais être considéré comme universellement appliqué aux mêmes objets.

Mais supposons cependant que des êtres finis et doués de raison pensent, en général, d'une seule et même manière (*durchgehends einerlei*), par rapport à ce qu'ils auraient à accepter pour objets de leurs sentiments de plaisir ou de douleur et par rapport même aux moyens dont ils doivent se servir pour atteindre les premiers et écarter les autres, *le principe de l'amour de soi* ne pourrait encore en aucune façon être donné par eux pour une *loi pratique*, car cette unanimité ne serait encore que contingente. Le principe déterminant ne serait toujours que subjectivement valable et simplement empirique, il n'aurait pas cette nécessité que l'on conçoit dans toute loi, c'est-à-dire la nécessité objec-

---

* Les propositions qui, en mathématique ou en physique, sont appelées *pratiques*, devraient être proprement appelées *techniques*. Car il ne s'agit pas du tout, dans ces sciences, de la détermination de la volonté : elles indiquent seulement la diversité *(Mannigfaltige)* de l'action possible, diversité qui est suffisante pour produire un certain effet; et, par conséquent, elles sont tout aussi théoriques que toutes les propositions qui expriment la liaison de la cause avec un effet. Celui donc à qui convient l'effet, doit aussi accepter la cause.

tive provenant de principes *à priori*. Donnera-t-on donc cette nécessité, non comme pratique, mais comme simplement physique, dira-t-on que l'action nous est aussi inévitablement imposée par notre penchant, que nous l'est le bâillement, quand nous voyons bâiller d'autres personnes ? On devrait affirmer qu'il n'y a pas de lois pratiques, mais seulement des *conseils (Anrathungen)* à l'usage de nos désirs, plutôt que d'élever des principes simplement subjectifs au rang des lois pratiques, qui ont une nécessité tout à fait objective et non simplement subjective, qui doivent être reconnues *à priori* par la raison et non par l'expérience (quelque généralité empirique qu'elle puisse avoir). Les règles elles-mêmes des phénomènes concordants (*einstimmiger*) ne sont appelées des lois naturelles (par exemple les règles mécaniques) que si on les connaît réellement *à priori*, ou que si, du moins, on admet (comme pour les règles chimiques), qu'elles seraient connues *à priori* par des principes objectifs, si notre intelligence pénétrait plus profondément (*wenn unsere Einsicht tiefer ginge*). Mais pour les principes pratiques simplement subjectifs, c'est une condition expresse qu'ils aient pour base des conditions non objectives, mais subjectives du libre choix (*Willkühr*)[1], partant qu'ils ne soient jamais représentés que comme de simples maximes, et non comme des lois pratiques. Ce second corollaire semble, au premier abord, n'être qu'une simple chicane de mots ; mais il renferme la définition

---

[1] Sur la traduction de ce mot, pour laquelle Barni emploie le terme de *volonté*, voyez la note de la page 31. (F. P.)

(*Wortbestimmung*) de la différence la plus importante que l'on puisse considérer dans les recherches pratiques.

§ 4. — Théorème III

Si un être raisonnable doit se représenter ses maximes comme des lois pratiques universelles, il ne peut se les représenter que comme des principes qui déterminent la volonté, non par la matière, mais simplement par la forme.

La matière d'un principe pratique est l'objet de la volonté. L'objet est ou n'est pas le principe déterminant de la volonté : dans le premier cas, la règle de la volonté est soumise à une condition empirique (à savoir, au rapport de la représentation déterminante avec le sentiment du plaisir ou de la peine), partant ne peut être une loi pratique. Or si d'une loi on enlève par abstraction toute matière, c'est-à-dire tout objet de la volonté (comme principe déterminant), il ne reste rien que la simple *forme* d'une législation (*Gesetzgebung*) universelle. Par conséquent, un être raisonnable ne peut pas du tout se représenter ses principes subjectivement pratiques, c'est-à-dire ses maximes, comme étant en même temps des lois universelles, ou il doit admettre que la simple (*blosse*) forme par laquelle ils s'adaptent à une *législation universelle*, en fait par elle seule des lois pratiques.

Scolie

L'entendement le plus ordinaire peut distinguer, sans instruction préalable (*Unterweisung*), quelle forme est ou n'est pas, dans la maxime, capable de s'adapter à une législation universelle. Je me suis fait, par exemple, une maxime d'augmenter mes ressources par tous les moyens sûrs : j'ai maintenant entre les mains un *dépôt* dont le propriétaire est mort et n'a à ce sujet laissé aucun écrit. C'est naturellement le cas de mettre en pratique ma maxime. A présent, je veux seulement savoir si cette maxime peut avoir aussi la valeur d'une loi pratique universelle. Je l'applique donc au cas présent et je me demande si elle peut prendre la forme d'une loi, partant si je pourrais, par ma maxime, donner cette loi, que chacun est autorisé à nier un dépôt, quand personne ne peut prouver qu'il lui a été confié. Aussitôt je m'aperçois qu'un tel principe se détruirait lui-même comme loi, parce qu'il aurait pour résultat de supprimer tout dépôt. Une loi pratique, que je reconnais pour telle, doit être propre à une législation universelle (*sich zur allgemeinen Gesetzgebung qualificiren*); c'est une proposition identique et, partant, claire par elle-même. Maintenant si je dis que ma volonté est soumise à une *loi* pratique, je ne puis alléguer mon penchant (par exemple, dans le cas présent, ma cupidité) comme le principe déterminant de ma volonté, qui serait convenable (*schicklichen*) pour une loi pratique universelle ; car, loin d'avoir la valeur d'une législation universelle, il se détruirait plutôt lui-même dans la forme d'une loi universelle.

Il est donc étonnant, quoique le désir du bonheur et, partant aussi, la *maxime* par laquelle chacun pose ce désir comme principe déterminant de sa volonté, soient universels, qu'il ait pu venir à l'esprit d'hommes intelligents, d'en faire une *loi pratique* universelle. Car, tandis que, dans les autres cas, une loi universelle de la nature met l'harmonie en tout, on aurait ici comme conséquence, si l'on voulait donner à la maxime l'universalité d'une loi, exactement le contraire de l'accord, la pire des contradictions et la destruction complète de la maxime elle-même et de son but. En effet la volonté (*der Wille*) de tous n'a pas alors un seul et même objet, mais chacun a le sien propre (son propre bien-être), qui peut, il est vrai, s'accorder fortuitement avec les intentions que d'autres rapportent également à eux-mêmes, mais qui ne suffit pas, il s'en faut de beaucoup, à faire loi, car les exceptions que l'on est autorisé à faire à l'occasion sont infinies et ne sauraient, en aucune façon, être renfermées d'une manière déterminée dans une règle générale. Ainsi se produit une harmonie, semblable à celle que décrit certain poëme satirique à propos de la bonne intelligence (*Seeleneintracht*) de deux époux qui se ruinent : *O merveilleuse harmonie, ce qu'il veut, elle le veut aussi;* semblable encore à ce qu'on raconte de *François I*[er], prenant un engagement envers *Charles-Quint :* Ce que mon frère Charles veut (Milan), je veux aussi l'avoir. Des principes empiriques de détermination ne sont pas valables pour une législation extérieure universelle, mais ils conviennent aussi peu à une législation intérieure de même nature, car chacun prend pour base de son penchant son propre sujet, différent de celui de chacun de ses semblables, et, dans chaque sujet même, c'est tantôt un penchant et tantôt un autre qui a l'influence prépondérante. Trouver une loi qui puisse régir tous les penchants, à la condition de mettre entre eux une complète harmonie, est chose absolument (*schlechterdings*) impossible.

§ 5. — Problème I

Supposé que la simple (*blosse*) forme législative des maximes soit seule le principe suffisant de détermination d'une volonté, trouver la nature de cette volonté qui ne peut être déterminée que par ce moyen (*dadurch*).

Puisque la simple forme de la loi peut être représentée exclusivement par la raison, partant, qu'elle n'est pas un objet des sens et n'appartient pas aux phénomènes (*Erscheinungen*), la représentation de cette forme, comme principe déterminant de la volonté, est différente de tous les principes qui déterminent les événements naturels (*Begebenheiten in der Natur*), d'après la loi de la causalité, parce que, dans ce dernier cas, les principes déterminants doivent être eux-mêmes des phénomènes. Mais si aucun principe de détermination autre que cette forme législative universelle ne peut servir de loi à la volonté, celle-ci doit être conçue (*gedacht*) comme totalement indépendante de la loi naturelle des phénomènes dans leurs rapports mutuels, c'est-à-dire de la loi de la causalité. Or une telle indépendance s'appelle *liberté* (*Freiheit*), dans le sens le plus rigoureux, c'est-à-dire dans le sens transcendental. Donc une volonté à laquelle la simple forme législative de la maxime peut seule servir de loi est une volonté (*Wille*) libre.

§ 6. — Problème II

Supposé qu'une volonté soit libre, trouver la loi qui seule est capable (*tauglich*) de la déterminer nécessairement.

Puisque la matière de la loi pratique, c'est-à-dire un objet de la maxime, ne peut jamais être donnée qu'empiriquement, mais que la volonté libre, en tant qu'indépendante des conditions empiriques (c'est-à-dire des conditions qui appartiennent au monde des sens), doit cependant pouvoir être déterminée, il faut qu'une volonté libre trouve, indépendamment de la *matière* de la loi et pourtant dans la loi, un principe de détermination. Or, il n'y a, outre la matière, rien de plus dans la loi que la forme législative. Donc la forme législative, en tant qu'elle est renfermée dans la maxime, est l'unique chose qui puisse fournir un principe de détermination de la libre volonté (*Willens*).

SCOLIE.

La liberté et la loi pratique inconditionnée (*unbedingtes*)[1] s'impliquent donc réciproquement l'une l'autre. Je ne demande pas ici maintenant si elles sont distinctes en fait, ni si une loi inconditionnée n'est pas plutôt simplement la conscience (*Selbstbewusstein*) d'une raison pure pratique, ni si cette dernière est

---

[1] Nous avons expliqué (p. 16) pourquoi nous traduisons ainsi et non par *absolue*, comme Barni, le mot *unbedingtes*.

identique au concept positif de la liberté ; mais je demande d'*où prend naissance* notre *connaissance* de ce qui est inconditionnellement pratique, si c'est de la liberté ou de la loi pratique. Elle ne peut naître de la liberté, dont nous ne pouvons ni avoir immédiatement conscience, puisque le premier concept en est négatif, ni conclure l'existence par l'intermédiaire de l'expérience, puisque l'expérience ne nous fait connaître que la loi des phénomènes et partant que le mécanisme de la nature, juste le contraire de la liberté. Donc c'est la *loi morale*, dont nous avons immédiatement conscience (dès que nous formulons des maximes de la volonté), qui s'offre *d'abord* à nous et nous mène directement au concept de la liberté, en tant qu'elle est représentée par la raison comme un principe de détermination, que ne peut dominer aucune condition sensible et qui, bien plus, en est totalement indépendant. Mais comment est possible la conscience de cette loi morale? Nous pouvons avoir conscience de lois pratiques pures comme nous avons conscience de principes théoriques purs, en observant la nécessité avec laquelle la raison nous les impose et en faisant abstraction de toutes les conditions empiriques qu'elle nous impose. Le concept d'une volonté pure tire son origine (*entspringt aus*) des lois pratiques pures, comme la conscience d'un entendement pur, des principes théoriques purs. Que ce soit là la véritable subordination de nos concepts, que la moralité nous découvre d'abord le concept de la liberté, que par conséquent la *raison pratique* propose d'abord, avec ce concept, le problème le plus insoluble à la raison spéculative pour la mettre par là dans le plus grand embarras, c'est ce qui ressort clairement de la considération suivante : puisque, par le concept de la liberté, rien ne peut être expliqué dans les phénomènes, que le mécanisme naturel, au contraire, doit toujours y constituer le fil directeur, qu'en outre la raison pure, si elle veut s'élever à l'inconditionné dans la série des causes, tombe dans une antinomie où elle se perd dans l'incompréhensible, d'un côté comme de l'autre, tandis que le dernier (le mécanisme) est au moins utile dans l'explication des phénomènes, on n'aurait jamais eu l'audace d'introduire la liberté dans la science, si la loi morale et avec elle la raison pratique n'étaient intervenues et ne nous avaient imposé ce concept. Mais l'expérience confirme aussi cet ordre des concepts en nous. Supposons que quelqu'un affirme, en parlant de son penchant au plaisir, qu'il lui est tout à fait impossible d'y résister, quand se présentent l'objet aimé et l'occasion : si, devant la maison où il rencontre cette occasion, une potence était dressée pour l'y attacher aussitôt qu'il aurait satisfait sa passion, ne triompherait-il pas alors de son penchant? On ne doit pas chercher longtemps ce qu'il répondrait. Mais demandez-lui si, dans le cas où son prince lui ordonnerait, en le menaçant d'une mort immédiate, de porter un faux témoignage contre un honnête homme qu'il voudrait perdre sous un prétexte plausible, il tiendrait comme possible de vaincre son amour pour la vie, si grand qu'il puisse être. Il n'osera peut-être assurer qu'il le ferait ou qu'il ne le ferait pas, mais il accordera sans hésiter que cela lui est possible. Il juge donc qu'il peut faire une chose, parce qu'il a conscience qu'il doit (*soll*) la faire et il reconnaît ainsi en lui la liberté qui, sans la loi morale, lui serait restée inconnue.

§ 7. — Loi fondamentale de la raison pure pratique.

Agis de telle sorte que la maxime de ta volonté puisse toujours valoir en même temps comme principe d'une législation universelle.

Scolie

La géométrie pure a des postulats, qui sont des propositions pratiques, mais ne contiennent rien de plus que la supposition qu'on *peut* faire une chose, s'il est exigé qu'on doive la faire, et ce sont là les seules propositions géométriques qui concernent une existence (*Dasein*). Ce sont donc des règles pratiques, soumises à une condition problématique de la volonté. Mais ici la règle dit qu'on doit tout simplement (*schlechthin*)[1] agir d'une certaine façon. La règle pratique est donc inconditionnée, partant représentée *à priori* comme une proposition catégoriquement pratique, par laquelle la volonté est, absolument (*schlechterdings*) et immédiatement (par la règle pratique elle-même, qui, par conséquent, est ici une loi), objectivement déterminée. Car *la raison pure, pratique en soi*, est

---

[1] Barni traduit ce mot par *absolument*. Il a suivi Born, qui emploie *absolute* et a été suivi par Abbot, qui se sert d'*absolutely*. Il convient de distinguer, ici tout au moins, *schlechthin* de *schlechterdings*, qui est employé plus bas. (F. P.)

immédiatement ici législative. La volonté est conçue *(gedacht)* comme indépendante de conditions empiriques, partant comme volonté pure, déterminée *par la simple forme de la loi*, et ce principe de détermination est considéré comme la suprême condition de toutes les maximes. La chose est assez étrange et n'a pas son équivalent dans tout le reste de la connaissance pratique. Car la pensée *à priori* d'une législation universelle possible, pensée qui est par conséquent simplement problématique, est réclamée inconditionnellement comme loi, sans emprunter quoi que ce soit à l'expérience ou à une volonté extérieure. Ce n'est pas toutefois un précepte, d'après lequel doit avoir lieu une action par laquelle il est possible de produire un effet désiré (car la règle serait toujours alors physiquement conditionnée); mais une règle qui, *à priori*, détermine la volonté, simplement par rapport à la forme de ses maximes, et il n'est pas impossible dès lors de concevoir (*denken*), au moins comme un principe qui détermine par la forme *objective* d'une loi en général, une loi qui s'applique simplement à la forme *subjective* des principes. On peut appeler la conscience de cette loi fondamentale un fait (*Factum*) de la raison, parce qu'on ne saurait le tirer par le raisonnement, des données antérieures de la raison, par exemple, de la conscience de la liberté (car cette conscience ne nous est pas donnée d'abord), mais parce qu'elle s'impose à nous par elle-même comme une proposition synthétique *à priori*, qui n'est fondée sur aucune intuition (*Anschauung*), ou pure ou empirique. Cette proposition serait, à vrai dire, analytique, si l'on supposait la liberté de la volonté, mais, pour supposer la liberté comme concept positif, il faudrait une intuition intellectuelle qu'on ne peut pas du tout ici admettre. Cependant, pour ne pas se méprendre en admettant cette loi comme *donnée*, il faut bien remarquer qu'elle n'est pas un fait empirique, mais le fait unique de la raison pure, qui s'annonce par là comme originairement législative (*sic volo, sic jubeo*).

Corollaire.

La raison pure est pratique par elle seule et donne à l'homme une loi universelle, que nous nommons la *loi morale* (*Sittengesetz*).

Scolie.

Le fait précédemment mentionné est indéniable. On n'a qu'à analyser le jugement que les hommes portent, sur la conformité à la loi (*Gesetzmässigkeit*)[1] des actions qu'ils accomplissent, on trouvera toujours que, quoi que puisse objecter le penchant, leur raison, incorruptible et se contraignant elle-même (*durch sich selbst gezwungen*), compare toujours la maxime de la volonté dans une action à la volonté pure, c'est-à-dire à elle-même, en se considérant comme pratique *à priori*. Or ce principe de la moralité, précisément en raison de l'universalité de la législation qui en fait le principe formel et suprême de détermination de la volonté, indépendamment de toutes les différences subjectives

---

[1] Voir (p. 4) pourquoi nous ne traduisons ce mot ni par *légitimité* ni par *légalité*. (F. P.)

que peut présenter celle-ci, est reconnu, par la raison, comme une loi de tous les êtres raisonnables, en tant qu'ils ont une volonté en général, c'est-à-dire un pouvoir de déterminer leur causalité par la représentation de règles, par conséquent en tant qu'ils sont capables d'agir d'après des principes et par suite aussi d'après des principes pratiques *à priori* (car ceux-ci ont seuls la nécessité que la raison réclame d'un principe). Il n'est, par conséquent, pas simplement limité aux hommes, mais il s'applique à tous les êtres finis qui ont raison et volonté ; bien plus, il comprend (*einschliesst*) même l'être infini, en tant que suprême intelligence. S'appliquant aux hommes, la loi a la forme d'un impératif, parce qu'on peut, à la vérité, supposer en eux, en tant qu'êtres raisonnables, une volonté *pure*, mais non leur attribuer, en tant qu'êtres soumis à des besoins et à des causes sensibles de mouvement (*sinnlichen Bewegursachen*), une volonté *sainte*, c'est-à-dire une volonté qui ne soit capable d'aucune maxime contradictoire avec la loi morale. Pour eux, la loi morale est donc un *impératif*, qui commande catégoriquement, puisque la loi est inconditionnée; le rapport d'une volonté telle que la leur à cette loi est la *dépendance* (*Abhängigkeit*), qui sous le nom *d'obligation* (*Verbindlichkeit*) désigne une *contrainte* (*Nöthigung*), imposée toutefois par la simple raison et sa loi objective, pour l'accomplissement d'une action qui s'appelle *devoir* (*Pflicht*), parce qu'un libre choix (*Willkühr*)[1], pathologiquement

---

[1] Voyez (p. 31) pourquoi nous ne traduisons pas ce mot par *volonté*, comme l'a fait Barni.

affecté (quoique non déterminé par ces affections et partant aussi toujours libre), implique un souhait (*Wunsch*) qui résulte de causes *subjectives*, par conséquent peut être souvent opposé au principe pur et objectif de détermination et ainsi a besoin, comme contrainte (*Nöthigung*) morale, d'une résistance de la raison pratique, qui peut être appelée une coercition *(Zwang)* interne, mais intellectuelle [1]. Dans l'intelligence suprême (*allergenugsamsten*), le libre choix (*Willkühr*) est représenté avec raison comme incapable d'aucune maxime qui ne pourrait en même temps être une loi objective, et le concept de la *sainteté* qui, pour cela, lui convient, la met au-dessus, non de toutes les lois pratiques, mais au moins de toutes les lois pratiquement restrictives, partant au-dessus de l'obligation et du devoir. Cette sainteté de la volonté est toutefois une idée pratique, qui doit nécessairement servir de *type* (*Urbilde*) ; s'en rapprocher indéfiniment est la seule chose qui convienne à tous les êtres finis et doués de raison ; c'est cette idée que la loi pure morale qui, pour cette raison est elle-même appelée sainte, leur met constamment et avec raison devant les yeux. Être sûre du progrès indéfini de ses maximes et de leur tendance constante à une marche en avant (*Fortschreiten*), c'est le point le plus élevé que puisse atteindre une raison pratique finie, c'est la *vertu*, qui, du moins comme pouvoir naturellement acquis, ne peut jamais être parfaite, parce que l'assurance

---

[1] Cette phrase est littéralement traduite. Barni considère à tort comme synonymes les mots *Zwang* et *Nöthigung*, et fait de l'expression *als moralischer Nöthigung*, qui dépend manifestement de *bedarf*, un appositif de ce qui précède.

(*Sicherheit*), n'est jamais dans ce cas une certitude apodictique, et que, comme conviction (*Ueberredung*), elle est très dangereuse.

§ 8. — Théorème IV

L'autonomie de la volonté est le principe unique de toutes les lois morales et des devoirs qui y sont conformes ; au contraire toute *hétéronomie* du libre choix (*Willkühr*), non seulement n'est la base d'aucune obligation, mais elle est plutôt opposée au principe de l'obligation et à la moralité de la volonté. Le principe unique de la moralité consiste dans l'indépendance, à l'égard de toute matière de la loi (c'est-à-dire à l'égard d'un objet désiré), et en même temps aussi dans la détermination du libre choix (*Willkühr*) par la simple forme législative universelle, dont une maxime doit être capable. Mais cette *indépendance* est la liberté au sens *négatif*, cette *législation propre* de la raison pure et, comme telle, pratique, est la liberté au sens *positif*. La loi morale n'exprime donc pas autre chose que l'*autonomie* de la raison pure pratique, c'est-à-dire de la liberté, et cette autonomie est elle-même la condition formelle de toutes les maximes, la seule par laquelle elles puissent s'accorder avec la loi pratique suprême. Si donc la matière du vouloir (*Wollen*), qui ne peut être que l'objet d'un désir lié avec la loi, intervient dans la loi pratique *comme condition de la possibilité de cette loi*, il en résulte une hétéronomie du libre choix (*Willkühr*), c'est-à-dire la dépendance à l'égard de la loi naturelle, de quelque impulsion (*Antriebe*) ou de quelque penchant, et la volonté (*Wille*) ne se donne plus elle-même la loi, mais seulement le précepte d'une obéissance raisonnable à une loi pathologique. Mais la maxime qui, dans ce cas, ne peut jamais contenir en soi la forme universellement législative, non seulement ne fonde de cette manière aucune obligation, mais elle est elle-même opposée au principe d'une raison *pure* pratique, et par conséquent aussi à l'intention (*Gesinnung*) morale, quand même l'action qui en résulte serait conforme à la loi (*gesetzmässig*).

Scolie I

Un précepte pratique, qui implique une condition matérielle (par conséquent empirique), ne doit donc jamais être compté pour loi pratique. Car la loi de la volonté pure, qui est libre, transporte la volonté dans une sphère tout autre que la sphère empirique, et la nécessité qu'elle exprime, ne devant pas être une nécessité naturelle, peut donc uniquement consister dans les conditions formelles de la possibilité d'une loi en général. Toute matière des règles pratiques repose toujours sur des conditions subjectives, qui ne lui procurent d'autre universalité, pour des êtres raisonnables, qu'une universalité conditionnée (dans le cas où je *désire* ceci ou cela, je suis obligé de le faire = *thun* ensuite pour le réaliser = *wirklich zu machen*) et qui tournent toutes ensemble autour du principe (*Grund*) du *bonheur personnel*. Maintenant, sans doute, il est indéniable que tout vouloir (*Wollen*) doit avoir aussi un objet, partant une matière ; mais celle-ci n'est pas, pour cette raison, le principe déterminant et la condition de la maxime, car s'il en est ainsi, la maxime ne peut se représenter (*darstellen*) dans une forme universellement législative, puisque l'attente de l'existence de l'objet serait alors la cause déterminante du libre choix (*Willkühr*), et que la dépendance de la faculté de désirer à l'égard de l'existence d'une chose quelconque devrait être la base du vouloir (*Wollen*). Mais cette dépendance ne peut jamais être cherchée que dans des conditions empiriques et par conséquent ne peut fournir le fondement d'une règle nécessaire et universelle. Ainsi le bonheur d'êtres étrangers pourra être l'objet de la volonté d'un être raisonnable. Mais s'il était le principe déterminant de la maxime, il faudrait supposer que, dans le bien-être d'autrui, nous trouvons, non seulement une satisfaction naturelle, mais aussi un besoin, comme celui que la sympathie amène avec elle chez quelques hommes (*bei Menschen*). Or je ne puis, chez tous les êtres raisonnables (et pas du tout en Dieu), supposer ce besoin. Donc à la vérité, la matière de la maxime peut subsister, mais elle ne doit pas en être la condition, car autrement la maxime n'aurait pas la valeur d'une loi. Par conséquent la simple forme d'une loi, qui limite la matière, doit être en même temps une raison (*Grund*) d'ajouter cette matière à la volonté, mais non de la supposer. Que la matière soit, par exemple, mon propre bonheur. Cette matière, si je l'attribue à chacun (ce qu'en fait je puis faire pour des êtres finis) ne peut devenir une loi pratique *objective*, que si j'y comprends le bonheur des autres. Par conséquent, la loi qui commande de favoriser le bonheur d'autrui, ne résulte pas de la supposition que c'est pour chacun un objet du libre choix (*Willkühr*), mais simplement de ce que la forme de l'universalité, dont la raison a besoin comme condition, pour donner à une maxime de l'amour de soi la valeur objective d'une loi, devient le principe déterminant de la volonté. Et ainsi ce n'était pas l'objet (le bonheur des autres) qui était le principe déterminant de la volonté pure, mais la simple forme de loi (*gesetzliche*), par laquelle je limitais ma maxime fondée sur le penchant, pour lui procurer l'universalité d'une loi et l'adapter ainsi à la raison pure pratique. C'est de cette limitation, et non de l'addition d'un mobile (*Triebfeder*) extérieur, que pourrait naître seulement alors le concept de l'*obligation* d'étendre la maxime de l'amour de soi à la félicité d'autrui.

Scolie II

On obtient juste le contraire du principe de la moralité, si l'on prend pour principe déterminant de la volonté le principe du bonheur *personnel*, dans lequel il faut ranger, comme je l'ai montré plus haut, tout ce qui, en général, place le principe déterminant qui doit servir de loi, dans quelque autre chose que dans la forme législative de la maxime. Cette contradiction (*Widerstreit*) n'est pas simplement logique, comme celle qui se produirait entre des règles empiriquement conditionnées, qu'on voudrait élever à la hauteur de principes nécessaires de la connaissance ; elle est pratique et détruirait complètement la moralité, n'était la voix de la raison, si claire relativement à la volonté, si pénétrante (*unüberschreibar*), si perceptible (*vernehmlich*)[1], même pour les hommes les plus vulgaires. Aussi cette contradiction ne peut-elle plus se maintenir que dans les spéculations embrouillées (*kopfverwirrenden*) des écoles, qui sont assez hardies (*dreist*) pour se rendre sourdes à cette voix céleste, afin de soutenir une théorie qui ne leur rompe pas la tête (*die kein Kopfbrechen kostet*).

Si l'une de tes connaissances, que d'ailleurs tu aimes, pensait se justifier auprès de toi d'avoir porté un faux témoignage, en alléguant d'abord le devoir sacré, selon son dire, du bonheur personnel ; si elle énumérait ensuite les avantages qu'elle s'est ainsi procurés, faisait ressortir la prudence avec laquelle elle a procédé pour être sûre de ne pas être découverte, même par toi à qui elle a dévoilé ce secret, uniquement parce qu'elle pourra le nier en tout temps ; puis si elle en venait à affirmer sérieusement qu'elle a accompli un véritable devoir d'homme, ou tu lui rirais au nez ou tu te détournerais d'elle avec horreur, quoique, si quelqu'un a fondé uniquement ses principes sur son propre avantage, tu n'aies pas la moindre chose à allé-

---

[1] Les mots dont nous nous servons, plus précis que ceux qu'emploie Barni *(puissante, distincte)*, ne rendent pas d'une façon exacte les mots allemands. Il en est de même de ceux de Born *(penetrans, perspicua)*. Abbot est plus heureux avec les mots *irrepressible* et *distinctlñ audible*. (F. P.)

guer contre cette façon de procéder (*Maassregel*). Supposez encore que quelqu'un vous recommande un homme comme un régisseur auquel vous pourriez confier aveuglément toutes vos affaires, que, pour vous inspirer confiance, il le vante comme un homme prudent, qui entend supérieurement son propre avantage, comme un homme actif, infatigable, qui ne laisse passer aucune occasion sans en tirer profit ; supposez enfin que, pour ne pas vous laisser craindre de trouver en lui un égoïste vulgaire (*pöbelhaften*), il le vante comme un homme qui s'entend à vivre délicatement, qui cherche sa satisfaction, non en amassant de l'argent ou en se livrant à une sensualité brutale, mais en étendant ses connaissances, en fréquentant une société choisie d'hommes instruits et même en faisant du bien aux indigents, qui, du reste, quant aux moyens (qui ne tirent leur valeur ou leur non valeur que du but poursuivi), n'hésiterait pas (*nicht bedenklich wäre*) à employer l'argent et le bien d'autrui, comme s'ils lui appartenaient en propre, pourvu qu'il sache qu'il peut le faire sans être découvert et sans rencontrer d'obstacles (*ungehindert*), vous croiriez que celui qui vous recommande cet homme se moque de vous ou qu'il a perdu la raison. — Les limites de la moralité et de l'amour de soi sont marquées avec tant de clarté et d'exactitude (*so scharf*) que la vue même la plus ordinaire ne peut manquer de distinguer si quelque chose appartient à l'un ou à l'autre. Les quelques remarques qui suivent peuvent à la vérité paraître superflues, quand il s'agit d'une vérité si manifeste, mais elles servent du moins à donner un peu plus de clarté au jugement de la raison commune à tous les hommes (*gemeinen Menschenvernunft*).

Le principe du bonheur peut bien fournir des maximes, mais il ne peut jamais en donner qui soient propres à servir de lois à la volonté, même si l'on prenait pour objet le bonheur *général* (*allgemeine*). En effet, puisque la connaissance de ce dernier repose sur les pures (*lauter*) données de l'expérience, que tout jugement de chacun sur ce sujet dépend de son opinion, qui est en outre elle-même très changeante, on peut, il est vrai, en tirer des règles *générales* (*generelle*), jamais des règles *universelles*; des règles qui, l'une portant l'autre, se trouvent le plus souvent exactes, mais non des règles qui, toujours et nécessairement, doivent être valables; par conséquent, on ne peut fonder sur ce principe des *lois* pratiques. Par cela même qu'ici un objet du libre choix (*Willkühr*) doit être la base de la règle du libre choix et par conséquent doit le précéder, la règle ne peut être rapportée qu'à ce que l'on éprouve (*empfindet*), partant, qu'à l'expérience sur laquelle seule elle est fondée, et alors la diversité du jugement doit être infinie. Ce principe ne prescrit donc pas les mêmes règles pratiques à tout être raisonnable, quoiqu'elles soient comprises sous un titre commun, celui du bonheur. Mais la loi morale n'est conçue comme objectivement nécessaire, que parce qu'elle doit être valable pour quiconque a raison et volonté.

La maxime de l'amour de soi (*prudence*) *conseille* simplement, la loi de la moralité *commande*. Or il y a une grande différence entre ce qu'on nous *conseille* et ce à quoi nous sommes *obligés*.

Ce qu'il y a à faire d'après le principe de l'autonomie du libre arbitre (*Willkühr*), l'entendement le plus ordinaire le perçoit sans peine et sans hésitation ; savoir ce qu'il y a à faire dans la supposition de l'hétéronomie du libre arbitre (*Willkühr*) est une chose difficile et qui réclame la connaissance du monde. La connaissance du devoir (*was Pflicht sei*) se présente d'elle-même à chacun, tandis que ce qui apporte un avantage vrai et durable, est toujours, si cet avantage doit être étendu à toute l'existence (*Dasein*), enveloppé d'impénétrables ténèbres, et qu'il faut beaucoup de prudence pour adapter la règle pratique ainsi déterminée, par d'adroites exceptions et seulement d'une façon supportable, aux fins (*Zwecken*) de la vie. Mais la loi morale commande à chacun l'obéissance la plus ponctuelle. Juger ce qu'il y a à faire d'après cette loi, ne doit donc pas être d'une difficulté telle que l'entendement le plus ordinaire et le moins exercé ne sache s'en tirer à merveille, même sans aucune expérience (*Weltklugheit*) du monde.

Satisfaire à l'ordre catégorique de la moralité est en tout temps au pouvoir de chacun, suivre le précepte empiriquement conditionné du bonheur ne l'est que rarement, et il s'en faut de beaucoup que, même par rapport à un but unique, cela soit possible pour chacun. La cause en est que, dans le premier cas, il n'est question que de la maxime, qui doit être vraie (*ächt*) et pure, tandis que, dans le second, il s'agit aussi des forces et du pouvoir physique de produire réellement un objet désiré. Ordonner à chacun de chercher à se rendre heureux, serait une chose insensée, car on ne commande jamais à quelqu'un ce que de lui-même il veut déjà inévitablement. On devrait simplement lui ordonner ou plutôt lui présenter les moyens (*Massregeln*) de l'être, car il ne peut pas tout ce qu'il veut. Mais prescrire la moralité sous le nom de devoir est une chose tout à fait raisonnable ; car d'abord personne n'en suit volontiers le précepte, s'il est en contradiction avec ses penchants et, en ce qui concerne les moyens par lesquels on peut obéir à cette loi, il n'est pas nécessaire de les enseigner ici, puisque chacun peut, à ce point de vue, ce qu'il veut.

Celui qui a *perdu* au jeu peut bien *se fâcher* (*ärgern*) contre lui-même et son imprudence, mais s'il a conscience d'avoir *triché* (quoiqu'il ait gagné par ce moyen), il doit *se mépriser* lui-même, dès qu'il se compare à la loi morale. Celle-ci doit donc être bien autre chose que le principe du bonheur personnel. Car pour être obligé (*müssen*) de se dire à soi-même : Je suis un *infâme* (*Nichtswürdiger*), quoique j'aie rempli ma bourse, il faut avoir une autre règle de jugement que pour s'approuver soi-même et se dire : Je suis un homme *prudent*, car j'ai enrichi ma caisse.

Enfin, il y a encore, dans l'idée de notre raison pratique, quelque chose qui accompagne la violation d'une loi morale, c'est le *démérite* (*Strafwürdigkeit*). Or la participation (*das Theilhaftigwerden*) au bonheur ne peut pas du tout se lier avec le concept d'une punition.

considérée en tant que punition (*Strafe*). En effet, bien que celui qui punit ainsi, puisse avoir en même temps la bonne intention de diriger aussi cette punition sur ce but (*Zweck*), la punition, comme telle, c'est-à-dire comme simple mal (*Uebel*), doit d'abord être justifiée par elle-même, de sorte que celui qui est puni, si l'on en restait là (*wenn es dabei bliebe*), et qu'il n'entrevît même aucune faveur se cachant derrière cette rigueur, devrait (*muss*) avouer lui-même qu'il n'a que ce qu'il mérite et que son sort est tout à fait proportionné à sa conduite. La justice (*Gerechtigkeit*) doit donc d'abord se trouver dans toute punition, considérée comme telle, et elle forme ce qui est essentiel (*das Wesentliche*), dans ce concept. La bonté peut sans doute y être liée, mais celui qui a mérité la punition par sa conduite n'a pas la moindre raison d'y compter. La punition est, par conséquent, un mal physique qui, quand même il ne serait pas attaché comme conséquence naturelle au mal moral (*Moralisch-Bösen*), devrait cependant y être lié comme conséquence, d'après les principes d'une législation morale. Or, si tout crime, sans même en considérer les conséquences physiques par rapport à l'agent, est punissable par lui-même, c'est-à-dire fait perdre le bonheur (au moins en partie), il serait évidemment absurde de dire que le crime a consisté précisément à s'attirer une punition, en portant préjudice à son propre bonheur (ce qui, d'après le principe de l'amour de soi, devrait être le concept propre de tout crime). La punition serait, de cette façon, la raison d'appeler une chose criminelle (*etwas ein Ver-*

brechen zu nennen) et la justice devrait consister plutôt à laisser de côté toute punition et même à prévenir la punition naturelle; car alors il n'y aurait plus rien de mauvais (*Böses*) dans l'action, parce que les maux, qui autrement en sont la conséquence et qui seuls font appeler l'action mauvaise, seraient désormais écartés. Mais considérer complètement toute punition et toute récompense comme la machine (*Maschinenwerk*), placée dans la main d'une puissance supérieure et devant uniquement servir à faire marcher vers leur but final (le bonheur) des êtres raisonnables, c'est réduire la volonté à un mécanisme qui supprime toute liberté, et cela est trop évident pour qu'il soit nécessaire d'insister sur ce point.

Plus subtile encore, quoique aussi fausse, est la théorie (*Vorgeben)* de ceux qui admettent un certain sens moral particulier par lequel, et non par la raison, serait déterminée la loi morale; d'après lequel la conscience de la vertu serait immédiatement liée au contentement et à la satisfaction (*Zufriedenheit, Vergnügen*), celle du vice, au trouble de l'âme et à la douleur, ramenant ainsi toute chose au désir du bonheur personnel. Sans répéter ici ce qui a été dit plus haut, je ne veux que faire remarquer l'erreur dans laquelle ils tombent. Pour se représenter l'homme vicieux comme torturé et moralement inquiété par la conscience de ses fautes, il faut d'abord le supposer, d'après le fond essentiel de son caractère, au moins en quelque degré, moralement bon, comme celui que réjouit la conscience de l'accord de ses actes avec le devoir *(Pflichtmässiger Handlun-*

gen), doit d'abord être représenté comme vertueux. Le concept de la moralité et du devoir devait donc précéder toute considération sur ce contentement et ne peut pas du tout en être dérivé. On doit d'abord apprécier l'importance de ce que nous nommons devoir, l'autorité de la loi morale, et la valeur immédiate que la personne acquiert à ses propres yeux par l'accomplissement de la loi morale, pour sentir ce contentement que produit dans la conscience la conformité *(Angemessenheit)* à la loi et le reproche amer qu'elle nous adresse quand nous avons violé la loi. On ne peut donc sentir ce contentement ou ce trouble de l'âme, avant de connaître l'obligation, on ne peut en faire le fondement de cette dernière. On doit au moins déjà être à demi-honnête homme pour pouvoir se faire seulement une représentation de ces sentiments *(Empfindungen)*. Je ne conteste pas du tout d'ailleurs que, de même que grâce à la liberté, la volonté humaine peut être immédiatement déterminée par la loi morale, l'exercice fréquent, en conformité avec ce principe de détermination, ne puisse à la fin produire subjectivement un sentiment de contentement de soi-même : au contraire, c'est un devoir d'établir et de cultiver ce sentiment, qui seul mérite d'être appelé proprement le sentiment moral; mais le concept du devoir ne peut en être dérivé, autrement nous devrions nous représenter un sentiment d'une loi, comme telle, et faire objet de la sensation ce qui ne peut être conçu que par la raison, ce qui, si ce ne doit pas être une pure *(platter)* contradiction, supprimerait totalement tout concept du devoir et le remplacerait par un jeu mécanique de penchants délicats, entrant parfois en lutte avec les penchants grossiers.

Or, si nous comparons notre principe *formel* suprême de la raison pure pratique (en tant qu'autonomie de la volonté), avec tous les principes jusqu'ici matériels de la moralité, nous pouvons les représenter tous, comme tels, en un tableau dans lequel sont épuisés réellement tous les cas possibles, en dehors du seul principe formel, et prouver ainsi aux yeux qu'il est inutile de chercher un principe autre que celui que nous présentons maintenant. — Tous les principes déterminants possibles de la volonté sont ou simplement *subjectifs* et partant empiriques, ou bien *objectifs* et rationnels; les uns et les autres sont ou *externes* ou *internes*.

LES PRINCIPES PRATIQUES MATÉRIELS DE DÉTERMINATION,
PRIS POUR FONDEMENT DE LA MORALITÉ, SONT :

SUBJECTIFS

EXTERNES		INTERNES	
L'Education (d'après Montaigne).	La Constitution civile (d'après Mandeville).	Le sentiment physique (d'après Epicure).	Le sentiment moral (d'après Hutcheson).

OBJECTIFS

INTERNES	EXTERNES
La perfection (d'après Wolf et les Stoïciens).	La volonté de Dieu (d'après Crusius et d'autres théologiens moralistes).

Les principes placés du côté gauche sont tous empiriques et sont évidemment incapables de fournir le principe universel de la moralité. Ceux du côté droit sont fondés sur la raison, (car la perfection, comme qualité des choses, et la plus haute perfection, représentée comme *substance*, c'est-à-dire Dieu, ne peuvent être pensées l'une et l'autre que par des concepts rationnels). Mais le premier concept, à savoir celui de la *perfection*, peut être pris dans un sens *théorique* et alors il ne signifie que l'intégrité *(Vollständigkeit)* de chaque chose en son genre (trancendentale), ou d'une chose simplement comme chose en général (métaphysique), ce dont il ne peut être ici question. Le concept de la perfection, pris dans un sens *pratique*, indique l'état d'une chose qui convient ou qui suffit *(die Tauglichkeit oder Zulänglichkeit)* à toutes sortes de fins. Cette perfection, comme *qualité* de l'homme, partant comme interne, n'est rien autre chose que le *talent*, et ce qui le fortifie ou le complète, *l'habileté*. La suprême perfection en *substance*, c'est-à-dire Dieu, partant la perfection externe (considérée au point de vue pratique), est la propriété qu'a cet être de suffire *(Zulänglichkeit dieses Wesens)* à toutes les fins en général. Or des fins doivent être d'abord données, relativement auxquelles le concept de la *perfection* (d'une perfection interne en nous-mêmes, ou d'une perfection externe en Dieu) peut seul être le principe déterminant de la volonté. Mais une fin est un *objet* qui doit précéder la détermination de la volonté par une règle pratique et contenir le fondement *(Grund)* de la possibilité d'une telle détermination, partant aussi la *matière* de la volonté, prise comme principe déterminant de la volonté ; elle est donc toujours empirique, par conséquent peut bien servir pour le principe *épicurien* d'une théorie du bonheur, mais jamais pour le principe pur rationnel de la doctrine des mœurs *(Sittenlehre)* et du devoir (c'est ainsi que les talents et leur perfectionnement, parce qu'ils contribuent aux avantages de la vie, ou la volonté de Dieu, si l'accord avec elle, sans aucun principe pratique qui en précède l'idée et qui en soit indépendant, est pris pour objet de la volonté, ne peuvent que par le *bonheur* que nous en attendons, devenir des causes déterminantes de notre volonté). De tout cela il résulte *d'abord* que tous les principes ici posés sont matériels, *ensuite* qu'ils comprennent tous les principes matériels possibles, et *enfin* cette conclusion, que les principes matériels étant tout à fait incapables de fournir la loi suprême des mœurs *(obersten Sittengesetz)*; le *principe pratique formel* de la raison pure, d'après lequel la simple forme d'une législation universelle possible par nos maximes, doit former le principe suprême et immédiat de détermination de la volonté, est le *seul* principe *possible* qui soit capable de fournir des impératifs catégoriques, c'est-à-dire des lois pratiques (qui fassent des actions un devoir), et en général de servir de principe de la moralité aussi bien dans le jugement *(Beurtheilung)* que dans l'application à la volonté humaine, en vue de la déterminer.

I

DE LA DÉDUCTION DES PRINCIPES DE LA RAISON PURE PRATIQUE

Cette analytique montre que la raison pure peut être pratique, c'est-à-dire, déterminer la volonté par elle-même, indépendamment de tout élément empirique, — et elle l'établit à vrai dire par un fait (*Factum*), dans lequel la raison pure se manifeste (*sich beweist*) comme réellement pratique en nous, à savoir par l'autonomie dans le principe fondamental de la moralité, au moyen duquel elle détermine la volonté à l'action. — Elle montre en même temps que ce fait est inséparablement lié à la conscience de la liberté de la volonté; bien plus, qu'il ne fait qu'un avec elle; par là, la volonté d'un être raisonnable, qui, en tant qu'appartenant au monde sensible, se reconnaît, comme les autres causes efficientes, soumis nécessairement aux lois de la causalité, a cependant aussi en pratique, d'un autre côté, c'est-à-dire en tant qu'être en soi, conscience de son existence comme pouvant être déterminée dans un ordre intelligible des choses, non, à vrai dire, par une intuition particulière d'elle-même, mais en vertu de certaines lois dynamiques qui peuvent en déterminer la causalité dans le monde sensible; car il a été suffisamment démontré ailleurs que la liberté, si elle nous est attribuée, nous transporte dans un ordre intelligible des choses.

Si maintenant nous comparons à cette analytique (*damit*) la partie analytique de la Critique de la raison pure spéculative, un merveilleux contraste nous apparaît entre l'une et l'autre. Une pure *intuition* sensible (espace et temps), et non des principes, était dans celle-ci la première donnée (*Datum*), qui rendait possible la connaissance à *priori*, et possible seulement pour des objets des sens. — Des principes synthétiques, tirés de simples concepts sans intuition, étaient impossibles, ou plutôt ne pouvaient exister que par rapport à l'intuition, qui était sensible et, partant, que par rapport aux objets de l'expérience possible, puisque les concepts de l'entendement, liés à cette intuition, rendent seuls possible cette connaissance, que nous appelons expérience. — Au delà des objets de l'expérience, par conséquent en ce qui concerne les choses comme noumènes, toute *connaissance* positive (*alles Positive einer Erkenntniss*) était refusée à bon droit à la raison spéculative. — Mais celle-ci faisait assez cependant (*leistete so viel*) pour placer en lieu de sûreté (*in Sicherheit setzte*) le concept des noumènes, c'est-à-dire la possibilité, voire la nécessité d'en concevoir (*denken*), et, par exemple, pour montrer, contre toutes les objections, que supposer la liberté, considérée négativement, est chose parfaitement compatible avec les principes et les limitations de la raison pure théorique. Elle ne nous donnait toutefois sur ces objets rien de déterminé et qui pût étendre notre connaissance, puisqu'elle coupait plutôt toute vue (*Aussicht*) sur ce domaine.

Au contraire, la loi morale, bien qu'elle ne nous en donne aucune *vue*, nous fournit cependant un fait absolument inexplicable par toutes les données du monde sensible, et par tout le domaine de notre usage théorique de la raison, qui annonce (*Anzeige giebt*) un monde de l'entendement pur, qui le détermine même positivement et nous en fait connaître quelque chose, à savoir, une loi.

Cette loi doit donner au monde sensible, en tant que *nature sensible* (en ce qui concerne les êtres raisonnables), la forme d'un monde de l'entendement, c'est-à-dire d'une nature *supra-sensible*, sans cependant faire tort (*Abbruch zu thun*) à son mécanisme. Or la nature, dans le sens le plus général, est l'existence des choses sous des lois. La nature sensible d'êtres raisonnables en général, est l'existence de ces êtres sous des lois empiriquement conditionnées, ce qui, pour la raison, est une *hétéronomie*. La nature supra-sensible de ces mêmes êtres est au contraire leur existence d'après des lois indépendantes de toute condition empirique, qui appartiennent par conséquent à l'*autonomie* de la raison pure. Et comme les lois d'après lesquelles l'existence (*Dasein*) des choses dépend de la connaissance, sont des lois pratiques, la nature supra-sensible, en tant que nous pouvons nous en faire un concept, n'est qu'une *nature sous l'autonomie de la raison pure pratique*. Mais la loi de cette autonomie est la loi morale, qui est ainsi la loi fondamentale d'une nature supra-sensible et d'un monde de l'entendement pur (*reinen Verstandeswelt*), dont la copie (*Gegenbild*) doit exister dans le monde sensible, mais sans préjudice cependant des lois de ce monde. On pourrait appeler *archétype* (*natura archetypa*) le premier monde, celui que nous connaissons simplement dans la raison ; et l'autre *ectype* (*natura ectypa*), parce qu'il contient l'effet possible de l'idée du premier, comme principe déterminant de la volonté. Car en fait, la loi morale nous transporte, d'une manière idéale, dans une nature où la raison pure, si elle était accompagnée (*begleitet*) d'un pouvoir physique proportionné à elle-même, produirait le souverain bien, et elle nous détermine à donner à nos volontés la forme du monde sensible, comme à un tout composé d'êtres raisonnables [1].

Que cette idée serve réellement de modèle aux déterminations de notre volonté, c'est ce que confirme l'observation la plus ordinaire de soi-même.

Si la maxime, que j'ai l'intention de suivre, en portant un témoignage, est examinée par la raison pratique, je considère toujours ce qu'elle serait, si elle avait la valeur d'une loi universelle de la nature. Manifestement chacun serait, de cette manière, contraint de dire la vérité. Car on ne peut accorder, avec l'universalité d'une loi de la nature, des dépositions qui seraient données comme des preuves, et cependant comme intentionnellement (*vorsetzlich*) fausses. De même, la maxime que j'adopte en vue de la libre disposition de ma vie, est déterminée aussitôt que je me demande comment elle devrait être pour qu'une nature, dont elle serait la loi, pût subsister. Il est clair que personne ne pourrait, dans une telle nature, mettre *arbitrairement*

---

[1] Barni traduit : *à donner au monde sensible la forme d'un ensemble d'êtres raisonnables*. On ne peut accepter cette traduction du texte : *die Form der Sinnenwelt, als einem Ganzen vernünftiger Wesen*. Abbot, qui traduit comme Barni, dit que le texte original doit être corrompu. (F. P.)

fin à sa vie, car un tel arrangement ne serait pas un ordre de choses durable. Et de même dans tous les autres cas. Mais dans la nature réelle, en tant qu'elle est un objet de l'expérience, la volonté libre (*freie Wille*) [1], n'est pas déterminée d'elle-même à des maximes qui pourraient fonder par elles-mêmes une nature réglée par des lois universelles ou qui s'adapteraient d'elles-mêmes avec une nature organisée d'après de telles lois. Ce sont plutôt des penchants particuliers, qui forment bien un tout naturel (*Naturganzes*), d'après des lois pathologiques (physiques), mais non une nature qui ne serait possible que par notre volonté agissant d'après des lois pures pratiques. Toutefois nous avons conscience, par la raison, d'une loi à laquelle toutes nos maximes sont soumises, comme si un ordre naturel devait être enfanté par notre volonté. Donc cette loi doit être l'idée d'une nature qui n'est pas donnée empiriquement, mais qui pourtant est possible par la liberté, d'une nature supra-sensible, à laquelle nous donnons, au moins à un point de vue pratique, de la réalité objective, parce que nous la considérons comme objet de notre volonté, en tant qu'êtres raisonnables (*als reiner vernünftiger Wesen*).

Ainsi la différence entre les lois d'une nature à laquelle *la volonté est soumise* et celles d'une nature *soumise à une volonté* (eu égard au rapport de cette volonté à ses actions libres), consiste en ce que, dans la première, les objets doivent être causes des représen-

---

[1]. Barni dit *le libre arbitre*. Rien ne justifie ici cette expression que n'emploient ni Born (*voluntas libera*) ni Abbot (*free will*). (F. P.)

tations qui déterminent la volonté, tandis que dans la seconde, la volonté doit être cause des objets, si bien que la causalité de la volonté a son principe déterminant exclusivement dans la faculté de la raison pure, qui, pour cette raison, peut aussi être appelée une raison pure pratique.

Il y a donc deux problèmes : Comment la raison pure peut-elle, *d'une part, connaître à priori* des objets, et comment, *d'autre part*, peut-elle être immédiatement un principe déterminant de la volonté, c'est-à-dire de la causalité de l'être raisonnable, par rapport à la réalité des objets (simplement par la pensée de la valeur universelle de ses propres maximes comme loi). Ces deux problèmes sont très différents.

Le premier, appartenant à la Critique de la raison pure spéculative, exige qu'on explique d'abord comment sont possibles *à priori* des intuitions sans lesquelles aucun objet ne nous est nulle part (*überall*) donné et sans lesquelles, par suite, nul objet ne peut être connu synthétiquement. La solution de ce problème, c'est que toutes ces intuitions, n'étant que sensibles, ne rendent possible aucune connaissance spéculative qui irait plus loin que l'expérience possible et que, par conséquent, tous les principes de cette raison pure spéculative [1] ne font que rendre possible l'expérience, soit d'objets donnés, soit d'objets qui peuvent être donnés à l'infini, sans jamais être donnés complètement.

Le second, appartenant à la Critique de la raison pra-

---

[1] Nous lisons, avec presque tous les éditeurs et traducteurs : *speculativen*, au lieu de : *praktischen* que donnent certains textes. (F. P.)

tique, n'exige pas qu'on explique comment les objets de la faculté de désirer sont possibles, car c'est là une question qui reste posée à la critique de la raison spéculative, comme relative à la connaissance théorique de la nature, mais seulement comment la raison peut déterminer la maxime de la volonté, si c'est seulement par le moyen de représentations empiriques, comme principes de détermination, ou si la raison pure est également pratique et forme une loi d'un ordre naturel possible, qui ne peut absolument être connu empiriquement. La possibilité d'une nature supra-sensible, dont le concept puisse aussi être le fondement de la réalisation de cette nature par notre volonté libre, n'a besoin d'aucune intuition *à priori* (d'un monde intelligible), qui, dans ce cas, devrait être, en tant que supra-sensible, impossible pour nous. Car il ne s'agit que du principe déterminant du vouloir (*Wollen*) dans les maximes de ce dernier, il ne s'agit que de savoir s'il est empirique ou si c'est un concept de la raison pure (de la conformité à la loi = *Gesetzmässigkeit* [1] de la raison pure en général), et comment il peut être un tel concept. Que la causalité de la volonté suffise ou non pour la réalité [2] de l'objet, c'est ce qui reste à décider aux principes théoriques de la raison, parce que c'est une recherche de la possibilité des objets du vouloir, dont l'intuition ne constitue par conséquent pas

---

[1] Voyez la note de la page 4, pour la traduction de ce mot. (F. P.)
[2] Born traduit cette expression, *zur Wirklichkeit der Objecte zulange*, par *existentiam rerum objectarum attingat*; Barni et Abbot, comme s'il y avait *Ausführung* ou *Verwiklichung*, par *suffit ou non à la réalisation de ces objets* et *suffices for the realization of the objects or non*. (F. P.)

un moment (*kein Moment*) dans le problème pratique. Il s'agit, non du résultat, mais seulement de la détermination de la volonté et du principe déterminant de sa maxime, comme volonté libre. Car, si pour la raison pure, la *volonté* est seulement conforme à une loi (*gesetzmässig*), il en sera ce qu'il pourra de son *pouvoir* dans l'exécution, il en résultera réellement ou non une nature telle que celle qui est possible d'après ces maximes de la législation, la Critique ne s'en inquiète pas, puisqu'elle cherche seulement si une raison pure peut être pratique, c'est-à-dire déterminer immédiatement la volonté, et comment elle peut l'être.

Dans cette besogne la critique peut, par conséquent sans encourir de blâme, et elle doit commencer par les lois pratiques pures et leur réalité. Mais au lieu de l'intuition, elle leur donne pour fondement, le concept de leur existence dans le monde intelligible, c'est-à-dire le concept de la liberté. Car ce concept n'a pas d'autre signification, et les lois pratiques pures ne sont possibles que par rapport à la liberté de la volonté; mais elles deviennent nécessaires, si la liberté est supposée, ou inversement, la liberté est nécessaire, parce que ces lois sont nécessaires, comme postulats pratiques. Comment cette conscience des lois morales ou, ce qui est la même chose, celle de la liberté est-elle possible, c'est ce qu'on ne peut expliquer davantage (*weiter erklären*); mais la critique théorique a fort bien établi qu'on peut l'admettre.

L'*exposition* du principe suprême de la raison pratique est maintenant terminée, c'est-à-dire que nous avons montré, d'abord ce qu'il contient, qu'il existe par lui-même, tout à fait *à priori*, et indépendamment de principes empiriques, ensuite en quoi il se distingue de tous les autres principes pratiques. Dans la *déduction*, c'est-à-dire dans la justification de la valeur objective et universelle de ce principe et dans l'examen (*Einsicht*)[1] de la possibilité d'une telle proposition synthétique *à priori*, on ne peut espérer de réussir aussi bien que quand il s'agissait des principes de l'entendement pur théorique. Car ceux-ci se rapportaient à des objets d'expérience possible, à des phénomènes, et l'on pouvait prouver que ces phénomènes ne peuvent être *connus* comme objets de l'expérience que s'ils sont rangés sous les catégories, conformément à ces lois (*nach Maassgabe*), par conséquent que toute expérience possible doit être conforme à ces lois. Mais je ne puis suivre cette marche pour la déduction de la loi morale. Car il ne s'agit pas de la connaissance de la nature des objets qui peuvent être donnés à la raison par quelque autre source, mais d'une connaissance qui peut devenir le fondement de l'existence des objets eux-mêmes et par laquelle la raison, dans un être raisonnable, a de la causalité, c'est-à-dire la raison pure, qui peut être considérée comme un pouvoir déterminant immédiatement la volonté.

Mais toute pénétration humaine (*menschliche Einsicht*[2]) est à son terme dès que nous sommes arrivés

---

[1] Barni traduit ce mot par *découverte*, qui dit plus que le mot allemand ; Born par *perspicientia* ; Abbot par *discernement*. (F. P.)

[2] L'expression allemande est mieux rendue par l'anglais *insight*

aux forces ou aux pouvoirs fondamentaux, car la possibilité n'en peut être conçue par aucun moyen et elle doit tout aussi peu être arbitrairement (*beliebig*) inventée et admise. C'est pourquoi dans l'usage théorique de la raison, l'expérience seule peut nous autoriser à l'admettre. Cet expédient (*Surrogat*)¹, qui consiste à donner des preuves empiriques au lieu d'une déduction partant de sources *à priori* de connaissance, nous est enlevé ici aussi par rapport au pouvoir pur pratique de la raison. Car ce qui a besoin de rechercher dans l'expérience (*von der Erfahrung herzuholen*) la preuve de sa réalité, doit être dépendant des principes de l'expérience, quant aux fondements de sa possibilité, mais la raison pure et cependant pratique ne peut, à cause de son concept, être considérée comme telle. De plus, la loi morale est donnée comme un fait de la raison pure, dont nous sommes conscients *à priori* et qui est apodictiquement certain, en supposant (*gesetzt*) même qu'on ne puisse alléguer, dans l'expérience, aucun exemple où elle ait été exactement suivie. Ainsi, aucune déduction, aucun effort de la raison théorique, spéculative ou aidée par l'expérience (*empirisch unterstützten*) ne peuvent prouver la réalité objective de la loi morale; par conséquent, si même l'on voulait renoncer à la certitude apodictique, cette réalité ne pourrait être confirmée par expérience et prouvée ainsi *à posteriori*, et cependant elle se soutient par elle-même.

Mais au lieu de cette déduction, vainement cher-

---

dont se sert Abbot, que par le mot *pénétration* que nous employons après Barni, etar le mot *perspicientia* dont se sert Born. (F. P.)

¹ Littéralement *ce succédané*. (F. P.)

chée du principe moral, on trouve une chose autre et tout à fait paradoxale *(Widersinniges)*[1] : ce principe moral sert inversement lui-même de principe à la déduction d'un pouvoir impénétrable *(unerforschlichen)*[2] que ne peut prouver aucune expérience, mais que la raison spéculative (afin de trouver, parmi ses idées cosmologiques, l'inconditionné dans l'ordre de la causalité et par conséquent de ne pas se contredire elle-même), devait au moins admettre comme possible, je veux dire le pouvoir de la liberté dont la loi morale, qui n'a besoin elle-même d'aucun principe pour sa justification, prouve non seulement la possibilité, mais la réalité dans des êtres qui reconnaissent cette loi comme obligatoire pour eux. La loi morale est en fait une loi de la causalité par liberté *(durch Freiheit)*[3], partant une loi de la possibilité d'une nature supra-sensible, de même que la loi métaphysique des évènements dans le monde sensible était une loi de la causalité de la nature sensible ; ainsi la loi morale détermine ce que la philosophie spéculative devait laisser indéterminé, à savoir la loi d'une causalité dont le concept n'était que négatif dans cette dernière, et elle procure pour la première fois à ce concept[4] de la réalité objective.

[1] Barni dit, en s'éloignant du texte : *quelque chose de bien différent et de tout à fait singulier ;* Born : *idque prorsus absonum ;* Abbot : *quite unexpected.* Nous avons traduit littéralement. (F. P.)

[2] Les expressions de Born : *imperscrutabilis,* et d'Abbot : *inscrutable,* sont plus précises et plus exactes. (F. P.)

[3] Voyez page 7 la distinction des deux ordres de causalité. (F. P.)

[4] Barni fait rapporter le *diesem* à *Gesetz* ; on ne peut cependant, comme l'a fait Abbot, que le rattacher à *Begriff* (F. P.).

Cette espèce de lettre de créance *(Creditiv)*[1] de la loi morale, donnée elle-même comme un principe de la déduction de la liberté qui est une causalité de la raison pure, est parfaitement suffisante, en l'absence de toute justification *à priori*, pour satisfaire un besoin de la raison théorique, forcée *d'admettre* au moins la possibilité d'une liberté. En effet, la loi morale prouve suffisamment sa réalité, même pour la critique de la raison spéculative, en joignant à une causalité conçue d'une façon simplement négative, dont la possibilité était inconcevable pour la raison spéculative obligée cependant de l'admettre, une détermination positive, à savoir le concept d'une raison déterminant immédiatement la volonté (en imposant à ses maximes la condition d'une forme universelle de loi = *gesetzlichen*)[2]. Ainsi elle peut, pour la première fois, donner de la réalité objective, quoique seulement pratique, à la raison toujours transcendante (*überschwenglich*) dans ses idées si elle voulait procéder spéculativement ; elle change l'usage *trancendant* de la raison en un usage *immanent* (de sorte que la raison est elle-même par les idées une cause efficiente dans le champ de l'expérience).

La détermination de la causalité des êtres dans le monde sensible, comme tel, ne pouvait jamais être inconditionnée, et cependant il doit y avoir nécessairement pour toute série de conditions quelque chose d'inconditionné, partant aussi une causalité se déter-

---

[1] Barni dit *cette espèce de crédit*; Born, *hoc genus fidei legi moralis conciliandæ*; Abbot, *this sort of credential* (F. P.).

[2] Voyez (page 4) pourquoi nous traduisons littéralement ce mot. (F. P.)

minant complètement par elle-même. C'est pourquoi l'idée de la liberté, comme d'un pouvoir d'absolue spontanéité, n'était pas un besoin, *mais en ce qui concerne sa possibilité,* un principe analytique de la raison pure spéculative. Mais comme il est absolument impossible de donner dans une expérience quelconque un exemple conforme à cette idée, attendu que, parmi les causes des choses en tant que phénomènes, on ne peut rencontrer aucune détermination de la causalité qui soit absolument inconditionnée, nous ne pouvons *défendre (vertheidigen)* la *pensée* d'une cause agissant librement que si nous l'appliquions à un être du monde sensible, considéré à un autre point de vue comme *noumène*, en montrant qu'il n'y a pas de contradiction à considérer toutes ses actions comme conditionnées physiquement, en tant qu'elles sont des phénomènes et cependant à admettre en même temps la causalité de cet être comme physiquement inconditionnée, en tant que l'être agissant est un être doué d'entendement (*Verstandeswesen*) [1] et à faire ainsi du concept de la liberté le principe régulateur de la raison. Par là je ne connais pas du tout, sans doute, ce qu'est l'objet auquel est attribuée une telle causalité, mais j'écarte l'obstacle en laissant d'un côté, dans l'explication des événements de ce monde et par conséquent aussi dans celle des actions des êtres raisonnables, au mécanisme de la nécessité naturelle, le droit de remonter à l'infini du conditionné à la condition, d'un autre côté en maintenant ouverte à la

---

[1] Nous avons traduit littéralement le mot; Born se sert de *natura intelligibilis*; Barni dit *un être qui appartient à un monde intelligible*; Abbot, *the... being belongs to the world of understanding*. (F. P.)

raison spéculative la place qui reste vide pour elle, c'est-à-dire l'intelligible, pour y transporter l'inconditionné. Mais je ne pouvais *réaliser cette pensée* [1], c'est-à-dire la transformer en *connaissance* d'un être agissant ainsi, pas même en connaissance de la possibilité d'un tel être. Or, cette place vide, la raison pure pratique la remplit par une loi déterminée de la causalité dans un monde intelligible (de la causalité par liberté), c'est-à-dire par la loi morale.

La raison spéculative n'y gagne pas, à vrai dire, une vue *(Einsicht)* plus étendue, mais elle y gagne en ce qui concerne la *garantie* [2] *(Sicherung)* de son problématique concept de la liberté, auquel on donne ici de la *réalité objective* qui, bien que seulement pratique, n'en est pas moins indubitable. Le concept même de la causalité qui n'a proprement d'application, par conséquent aussi de signification, que par rapport aux phénomènes qu'il réunit en expériences (comme le prouve la Critique de la raison pure), ne reçoit pas de la raison pratique une extension telle *(so erweitert)* que son usage dépasse ces limites. Car si la raison pouvait le faire, elle aurait à montrer comment le rapport logique du principe et de la conséquence peut être synthétiquement employé dans une espèce d'intuition autre que l'intuition sensible, c'est-à-dire comment est possible une *causa noumenon*. C'est ce qu'elle ne

[1] Nous traduisons littéralement ; Abbot, au lieu de traduire, explique le passage d'une façon satisfaisante par rapport à ce qui précède : Je n'étais pas capable, dit-il, de vérifier cette supposition (*to verify this supposition*).

[2] Abbot traduit par « *the certainty* ». (F. P.)

peut pas faire et ce dont elle n'a même pas du tout à tenir compte comme raison pratique ; car elle place seulement dans la *raison pure* (qui pour cela s'appelle pratique), le *principe déterminant* de la causalité de l'homme, en tant qu'être sensible (causalité qui lui est donnée). Par conséquent elle n'emploie pas le concept même de la cause, qu'elle peut ici tout à fait abstraire de l'application qui en est faite à des objets en vue d'une connaissance théorique (puisque ce concept est toujours trouvé = *angetroffen à priori* dans l'entendement, même indépendamment de toute intuition), pour connaître des objets, mais pour déterminer la causalité par rapport à des objets en général ; partant, elle ne l'emploie que pour un but pratique. Par suite, elle peut placer le principe déterminant de la volonté dans l'ordre intelligible des choses, en avouant en même temps qu'elle ne comprend pas du tout comment le concept de la cause pourrait servir à une détermination de la connaissance de ces choses. La raison pratique doit sans doute connaître d'une façon déterminée la causalité par rapport aux actions (*Handlungen*) de la volonté dans le monde sensible, car sans cela elle ne pourrait produire réellement aucune action (*That*). Mais elle n'a pas besoin de déterminer théoriquement, en vue de la connaissance de son existence supra-sensible, le concept qu'elle se forme de sa propre causalité comme noumène, ni par suite de pouvoir lui donner dans cette mesure (*sofern*)[1] une signification. Car il acquiert

---

[1] Barni écrit *dans ce sens*; Abbot, *in this way*; Born, plus exactement, *eatenus*. Nous avons tenu à conserver le sens littéral. (F. P.)

d'ailleurs, à savoir par la loi morale, une signification quoique seulement pour l'usage pratique. Aussi considéré théoriquement, il demeure toujours un concept pur de l'entendement, donné *à priori*[1], qui peut être appliqué à des objets donnés d'une manière sensible ou non. Toutefois, dans le dernier cas, il n'a aucune signification théorique déterminée, aucune application; il est simplement alors une pensée formelle, mais cependant essentielle de l'entendement par rapport à un objet en général. La signification que lui donne la raison par la loi morale est exclusivement pratique, car l'idée de la loi d'une causalité (de la volonté) a elle-même de la causalité ou est le principe déterminant de cette causalité.

II

DU DROIT QU'A LA RAISON PURE, DANS L'USAGE PRATIQUE, A UNE EXTENSION QUI N'EST PAS POSSIBLE POUR ELLE DANS L'USAGE SPÉCULATIF.

Dans le principe moral nous avons posé (*aufgestellt*)[2] une loi de la causalité, qui en met le principe déterminant bien au-dessus de toutes les conditions du monde sensible. Nous avons non seulement *conçu* la volonté, en tant qu'elle peut être déterminée comme

---

[1] Barni traduit à tort *ein reiner à priori gegebener Verstandesbegriff* par *un concept donné à priori par l'entendement pur*; *reiner* ne peut se rapporter qu'à *Begriff*.

[2] Ce mot, que Barni traduit par *trouvé*, est mieux rendu par Born, qui emploie *proposuimus*, et surtout par Abbot, qui se sert de *set forth* (F. P.).

appartenant à un monde intelligible et partant le sujet de cette volonté (l'homme), comme appartenant à un monde intelligible pur, quoique inconnu pour nous sous ce rapport (comme cela pouvait se faire d'après la Critique de la raison pure spéculative), mais encore nous l'avons *déterminée* par rapport à sa causalité au moyen d'une loi qui ne peut nullement être comptée parmi les lois naturelles du monde sensible[1]. Ainsi nous avons *étendu* notre connaissance au delà des limites de ce monde sensible, quoique la Critique de la raison pure ait déclaré cette prétention chimérique (*für nichtig*) dans toute spéculation. Comment dès lors concilier (*vereinigen*) ici l'usage pratique avec l'emploi théorique de la raison pure, relativement à la détermination des limites de son pouvoir ?

David Hume, dont on peut dire qu'il a proprement commencé toutes les attaques contre les droits d'une raison pure, lesquels rendaient nécessaire l'examen *(Untersuchung)* complet de cette dernière, arrivait à la conclusion suivante : le concept *de la cause* est un concept qui implique la *nécessité* de la connexion de l'existence des choses différentes *(des Verschiedenen)*, et cela en tant qu'elles diffèrent ; de sorte que si A est

---

[1] Cette phrase est très difficile à reconstruire dans le texte. Nous avons suivi ce dernier d'aussi près que possible, en sous-entendant *haben*, déjà employé dans la première ligne, avant *den Willen*, et en y joignant *gedacht*. C'est ce qu'a fait également Abbot. Barni nous semble avoir fait au texte des additions qu'il ne comporte pas et rapproché des termes qui ne doivent pas l'être. Nous traduisons littéralement le passage *den Willen wie er als zu einer intelligibelen Welt gehörig bestimmbar sei*, que Barni traduit comme s'il y avait *wie... auch, de quelque manière qu'elle puisse être déterminée, en tant qu'elle appartient à un monde intelligible* (F. P.).

posé, je reconnais que quelque chose d'absolument différent, B doit aussi exister nécessairement. Mais la nécessité ne peut être attribuée à une connexion qu'autant qu'elle est connue *à priori*; car l'expérience ferait connaître d'une liaison qu'elle existe, mais non qu'elle est nécessairement ainsi. Or il est impossible, dit-il, de connaître *à priori* et comme nécessaire la liaison qui existe entre une chose et une *autre* (ou entre une détermination et une autre qui en est complètement différente), si elles ne sont pas données dans la perception (*Wahrnehmung*)¹. Donc le concept même d'une cause est mensonger (*lügenhaft*) et décevant (*betrügerisch*); et pour en parler dans les termes les plus modérés, c'est une illusion seulement excusable en tant que *l'habitude* (une nécessité *subjective*) de percevoir certaines choses ou leurs déterminations, souvent les unes à côté des autres ou les unes après les autres (*öfters neben, oder nach einander*) comme associées dans l'existence (*der Existenz nach als sich beigesellet*)², est prise insensiblement pour une nécessité *objective* de poser dans les objets mêmes une telle connexion. Ainsi le concept d'une cause est subrepticement et non légitimement acquis, bien plus, il ne peut même jamais être acquis ou confirmé, parce qu'il exige une connexion en soi vaine, chimérique, qui ne se soutient devant aucune raison, et à laquelle aucun objet ne peut jamais correspondre. — Ainsi, par rapport à toute connaissance qui

---

¹ Barni traduit par *l'expérience*; Born, *in perceptione*; Abbot, *in experience* (F. P.).

² Barni traduit par *constamment associées*. Le texte ne donne que *souvent* (*öfters*). Born se sert de *sœpius*; Abbot, de *often*. (F. P.)

concerne l'existence des choses (la mathémathique demeurant par conséquent encore exceptée), l'empirisme était présenté d'abord comme la source unique des principes, mais avec lui et en même temps arrivait le plus absolu *scepticisme* (*härtest*)[1] par rapport à toute la science de la nature (comme philosophie). Car d'après de tels principes, nous ne pouvons jamais, de déterminations données des choses, comme existantes (*ihrer Existenz nach*), *conclure* à une conséquence (car cela exigerait le concept d'une cause, qui implique la nécessité d'une telle connexion), mais seulement attendre, en prenant pour guide (*nach der Regel*) l'imagination, des cas semblables aux précédents, attente qui n'est jamais sûre quoiqu'elle puisse souvent être justifiée par l'expérience (*oft eingetroffen sein*). Dès lors personne ne peut dire d'aucun évènement, qu'il *doit* avoir été précédé d'une chose qu'il a *nécessairement* suivie, c'est-à-dire qu'il doit avoir une cause. Par conséquent, quoique les cas connus par nous et dans lesquels il y avait un antécédent de cette espèce, soient assez fréquents pour qu'on puisse en tirer une règle, on ne pourrait pas pour cela admettre que les évènements doivent toujours et nécessairement se produire de cette façon, et il faudrait laisser aussi une part (*sein Recht lassen*) au hasard aveugle, devant lequel cesse tout usage de la raison ; ce qui fonde solidement et rend irréfutable le scepticisme par rapport aux conclusions remontant des effets aux causes.

[1] Barni traduit par *radical*, Born, par *gravissimus*; Abbot, par *thorough*. On pourrait peut-être rendre ce mot assez exactement, quoiqu'en forçant la pensée de Kant, par *rigoureux* (F. P.).

La mathématique [1] en était jusque-là encore quitte à bon marché *(gut weggekommen)*, parce que *Hume* en tenait toutes les propositions pour analytiques, c'est-à-dire croyait qu'elles allaient d'une détermination à l'autre, en vertu de l'identité, par conséquent suivant le principe de contradiction (ce qui est faux, car toutes ces propositions sont au contraire synthétiques, et bien que la géométrie, par exemple, n'ait pas à s'occuper de l'existence des choses, mais seulement de leur détermination *à priori* dans une intuition possible, on passe cependant, tout comme par le concept de cause, d'une détermination A à une détermination B, tout à fait différente et cependant liée nécessairement à la première). Mais en fin de compte, cette science, si vantée pour sa certitude apodictique, doit être vaincue aussi par *l'empirisme dans les principes* [2], pour la même raison qui faisait mettre à *Hume* l'habitude à la place de la nécessité objective dans le concept de la cause ; elle doit se résigner en dépit de tout son orgueil, à modérer les prétentions hardies qui lui faisaient réclamer l'acquiescement *à priori*, et attendre l'approbation pour l'universalité de ses propositions, du bon plaisir *(Gunst)* des observateurs qui, en qualité de témoins, ne refuseraient pas d'avouer qu'ils avaient aussi perçu de tout temps ce que le géomètre propose *(vorträgt)* comme des principes et qui par suite, quand même cela ne se-

---

[1] Barni et Abbot emploient le pluriel ; nous préférons conserver, avec Born, le singulier. (F. P.)

[2] Nous traduisons littéralement l'expression de Kant *(Empirismus in Grundsätzen)*. Born fait de même *(empirismus in decretis)* ; Abbot dit simplement *this empirism* ; Barni, l'empirisme des principes. (F. P.)

rait pas nécessaire, permettraient pourtant de l'attendre ainsi à l'avenir. De cette manière l'empirisme de *Hume* dans les principes [1] mène inévitablement aussi au scepticisme, même par rapport à la mathématique, par conséquent dans tout usage théorique scientifique de la raison (car cet usage appartient ou à la philosophie ou à la mathématique). La raison, dans son usage ordinaire [2], s'en tirerait-elle mieux (dans un si terrible effondrement des principales de nos connaissances) ou bien ne serait-elle pas plutôt enveloppée, d'une manière plus irréparable encore, dans cette destruction de tout savoir, par conséquent un scepticisme *universel* ne doit-il pas résulter de ces mêmes principes (scepticisme qui toutefois n'atteindrait que les savants)? C'est ce que je laisse à chacun le soin de décider par lui-même.

Or, en ce qui concerne mon travail dans la Critique de la raison pure, travail qui était occasionné par cette doctrine sceptique de Hume, mais qui alla beaucoup plus loin et embrassa tout le champ de la raison pure théorique dans son emploi synthétique et par conséquent aussi ce qu'on appelle d'une façon générale la métaphysique, j'ai procédé de la manière suivante, à propos du doute du philosophe écossais sur le concept de la causalité. Que *Hume*, s'il prenait (comme cela arrive du reste presque partout) [3] les objets de

---

[1] Voyez la note 2 de la page 89. (F. P.)

[2] Barni traduit par *la raison vulgaire* l'expression *der gemeine Vernunftgebrauch*, que nous avons rendue littéralement ; Born emploie *usui rationis communi (melius successurum sit)*; Abbot, *common reason* (F. P.).

[3] Barni rend à tort *überall* par *toujours*; Born se sert d'*ubique*; Abbot d'*always* (F. P.).

l'expérience pour des *choses en soi*, déclarât le concept de la cause un mensonge et une illusion, il avait tout à fait raison; car par rapport aux choses en soi et à leurs déterminations comme telles, on ne peut savoir (*einsehen*) comment et pourquoi (*wie darum*) [1], de ce qu'une chose A, est posée, une autre chose B doit aussi être posée nécessairement. Par conséquent, il ne pouvait en aucune façon admettre une telle connaissance *à priori* des choses en soi. Encore moins cet esprit pénétrant pouvait-il accorder à ce concept une origine empirique, qui est en contradiction expresse avec la nécessité de la connexion qui forme l'élément essentiel du concept de la causalité; par conséquent le concept était proscrit et à sa place était introduite l'habitude dans l'observation du cours des perceptions.

Mais il ressortait de mes recherches que les objets auxquels nous avons à faire dans l'expérience ne sont nullement des choses en soi, mais simplement des phénomènes (*blos Erscheinungen*), et que si, relativement aux choses en soi, il ne peut pas du tout être compris (*abzusehen*), bien plus s'il est impossible de savoir (*einsehen*), comment lorsque A est posé, il doit y avoir *contradiction* à ne pas poser B, qui diffère complètement de A (ou la nécessité de la connexion entre A comme cause et B comme effet), on peut cependant parfaitement bien se figurer qu'ils [2] doivent être en tant que

---

[1] Nous traduisons les deux mots. Born écrit *quomodo propterea quod*; Barni, *on ne peut voir* COMMENT, PARCE QU'ON ADMET; Abbot, *why because* (F. P.).

[2] Barni rapporte *sie* aux choses en soi, après Born; Abbot met sim-

phénomènes, nécessairement liés dans une expérience d'une certaine manière (par exemple relativement aux rapports de temps) et ne peuvent être séparés *sans contredire* la liaison même, au moyen de laquelle est possible cette expérience dans laquelle ils sont objets et peuvent seulement être connus par nous. Et les choses se trouvèrent être ainsi en réalité ; si bien que j'ai pu non seulement prouver la réalité objective du concept de la cause eu égard aux objets de l'expérience, mais encore le *déduire*, en tant que concept *à priori*, à cause de la nécessité de la connexion qu'il entraîne avec lui, c'est-à-dire faire sortir (*darthun aus*) sa possibilité de l'entendement pur, sans sources empiriques ; et ainsi, après avoir écarté l'empirisme de son origine, j'ai pu éloigner complètement la conséquence inévitable de l'empirisme, je veux dire le scepticisme ; d'abord par rapport à la science de la nature, ensuite aussi par rapport à la mathématique, à cause de l'identité parfaite des principes dont découlent la physique et la mathématique, sciences qui toutes deux se rapportent à des objets d'expérience possible. J'ai donc complètement écarté le doute [1] de tout ce que la raison théorique affirme percevoir (*einzusehen*) [2].

Mais qu'arrive-t-il de l'application de cette catégorie

---

plement *they*. On peut soutenir, qu'indirectement, c'est là le sens; mais il semble bien que, dans la phrase, *sie* se rapporte à A et à B. (F. P.)

[1] Le texte porte *den totalen Zweifel*; nous avons rendu *totalen* par l'adverbe *complètement*. (F. P.)

[2] Barni rend ce mot par *perspicere*; Abbot, par *to discern*; Barni, par (*tout le scepticisme qui peut porter*) sur les assertions de la raison théorique (F. P.).

de la causalité (et aussi de toutes les autres, car sans elles on ne peut avoir aucune connaissance de ce qui existe) aux choses qui ne sont pas des objets d'expérience possible, mais qui sont placées au delà des limites de l'expérience? Car je n'ai pu déduire la réalité objective de ces concepts que par rapport *aux objets d'expérience possible*. Mais le fait même de les avoir sauvés du moins dans ce cas [1], et d'avoir prouvé (*gewiesen habe*) que des objets peuvent être *pensés* (*denken sich lassen*) par leur moyen quoique non déterminés *à priori*, leur donne une place dans l'entendement pur, par lequel ils sont rapportés à des objets en général (sensibles ou non sensibles). Si quelque chose manque encore, c'est la condition de l'*application* de ces catégories, et notamment de celle de la causalité, à des objets, à savoir l'intuition, qui, là où elle n'est pas donnée, en rend impossible l'application, *en vue de la connaissance théorique de l'objet*, comme noumène, et par conséquent l'interdit complètement à quiconque ose la tenter (comme cela s'est produit aussi dans la Critique de la raison pure). Cependant, la réalité objective du concept subsiste toujours et il peut même être employé à l'égard des noumènes, mais sans qu'on puisse le déterminer théoriquement le moins du monde et par là produire aucune

---

[1] La traduction est littérale : Born *(verum eo ipso, quod eam etiam solum hanc in causam servavi, quodque docui eo tamen posse res objectas cogitari)* et Barni *(par cela seul que je les ai sauvées dans ce cas et que j'ai montré, etc.)* ont plutôt interprété que traduit. Abbot traduit : *But on even this very fact, that I have saved them only in case I have proved that*, etc. (F. P.)

connaissance. En effet, que ce concept ne contienne rien d'impossible, même par rapport à un objet [1], c'est ce qui a été prouvé par le fait qu'un siège lui était assuré dans l'entendement pur pour toute application aux objets des sens et que si, par la suite, rapporté aux choses en soi (qui ne peuvent être des objets de l'expérience), il n'est capable d'aucune détermination pour la représentation *d'un objet déterminé* en vue d'une connaissance théorique, il pouvait toujours cependant encore pour quelque autre usage (peut-être pour l'usage pratique) être capable d'une détermination en vue de l'application à cet usage même (*zur Anwendung desselben*) [2]. C'est ce qui ne pourrait être si, comme le soutient *Hume*, ce concept de la causalité contenait quelque chose qu'il est partout (*überall*) [3] impossible de penser (*denken*).

Pour découvrir maintenant cette condition de l'application du concept mentionné aux noumènes, nous devons seulement nous rappeler (*zurücksehen*) *pourquoi nous ne sommes pas contents de l'application de ce concept aux objets d'expérience*, et pourquoi nous désirerions bien aussi en faire usage pour les choses en soi. En effet il sera bientôt manifeste que c'est un but pratique et non théorique, qui nous fait une nécessité de ce désir (*dieses zur Nothwendigkeit macht*).

---

[1] Barni ajoute, pour plus de clarté, dit-il, ces mots : *comme noumène*, qui ne sont pas dans le texte. (F. P.)

[2] Abbot traduit ainsi : *It might be capable of being determined so as to have such application.* (F. P.)

[3] Nous traduisons littéralement ce mot, que Born rend par *omnino*, Barni par *absolument*, Abbot par *absolutely*. (F. P.)

Quand même nous réussirions à le réaliser (*wenn es uns damit auch gelange*), nous ne ferions pour la spéculation aucune acquisition véritable dans la connaissance de la nature et en général par rapport aux objets qui peuvent nous être donnés d'une façon quelconque (*irgend*), mais nous ferions, au pis aller, un grand pas dans la voie du conditionné par les sens = *Sinnlichbedingten* (dans lequel nous avons déjà assez à faire pour nous maintenir et pour parcourir soigneusement la chaîne des causes) au supra-sensible [1], pour compléter et limiter notre connaissance du côté des principes, bien que toujours un abîme infini restât sans être comblé entre cette limite et ce que nous connaissons, et que nous obéissions à une vaine curiosité plutôt qu'à un véritable désir de savoir.

Mais outre le rapport que soutient l'*entendement* avec des objets (dans la connaissance théorique), il en soutient un autre avec la faculté de désirer, qui pour cette raison s'appelle la volonté, et la volonté pure, en tant que l'entendement pur (qui dans ce cas s'appelle raison) est pratique par la simple représentation d'une loi. La réalité objective d'une volonté pure ou ce qui est la même chose (*einerlei*), d'une raison pure pratique est, dans la loi morale, donnée *à priori* comme par un fait (*Factum*), car on peut appeler ainsi une détermination de la volonté, qui est inévitable, bien qu'elle ne repose pas sur des principes empiriques. Or, dans le

---

[1] Barni dit : *Nous passerions du monde sensible... au monde supra-sensible.* Nous préférons traduire littéralement, comme l'ont fait d'ailleurs Born et Abbot. (F. P.)

concept d'une volonté est déjà contenu le concept de la causalité, par conséquent dans celui d'une volonté pure est contenu le concept d'une causalité avec liberté, c'est-à-dire d'une causalité qui ne peut être déterminée d'après des lois naturelles, qui par conséquent n'est capable d'aucune intuition empirique, comme preuve de sa réalité, mais qui néanmoins (comme on le voit aisément, justifie pleinement *à priori* sa réalité objective dans la loi pure pratique, non pas en vue de l'usage théorique, mais simplement en vue de l'usage pratique de la raison. Quant au concept d'un être qui a une volonté libre, c'est le concept d'une *causa noumenon*. On est déjà certain que ce concept ne se contredit pas lui-même, par ce fait que le concept d'une cause, comme complètement tiré (*entsprungen*) de l'entendement pur et en même temps assuré par la déduction, quant à sa réalité objective relativement aux objets en général, indépendant aussi par son origine de toutes conditions sensibles, par conséquent non limité par lui-même aux phénomènes (si ce n'est là où on en veut faire un usage théorique déterminé), peut certainement être appliqué aux choses qui sont des êtres de l'entendement pur (*Dinge als reine Verstandeswesen*)[1]. Mais comme aucune intuition, autre qu'une intuition sensible, ne peut être soumise à cette application, la *causa noumenon*, relativement à l'usage théorique de la raison, n'est qu'un

---

[1] Barni traduit *aux choses purement intelligibles*, Born *ad res qua naturas puras intelligibiles*, Abbot *to things that are objects of the pure understanding*. Notre traduction est littérale. (F. P.)

concept vide, quoique possible et concevable (*denkbarer*). Je ne désire point maintenant *connaître théoriquement* par là la nature d'un être, *en tant qu*'il a une volonté *pure* ; il me suffit de le désigner par là comme tel, par conséquent d'unir le concept de la causalité avec celui de la liberté (et, ce qui en est inséparable, avec la loi morale, comme son principe de détermination). Ce droit m'appartient sans doute en vertu de l'origine pure, non empirique du concept de la cause, car je ne me crois autorisé à en faire usage que par rapport à la loi morale qui en détermine la réalité, c'est-à-dire qu'à en faire uniquement un usage pratique.

Si j'avais, avec *Hume*, enlevé au concept de la causalité la réalité objective dans l'usage pratique [1] non seulement par rapport aux choses en soi (au supra-sensible), mais aussi par rapport aux objets des sens, il aurait perdu toute signification et serait, comme un concept théoriquement impossible, déclaré complètement inutile ; et, comme de rien (*von Nichts*), on ne peut faire aucun usage [2], l'emploi pratique d'un concept *théoriquement nul* eût été absurde. Or, le concept d'une causalité empiriquement inconditionnée est sans doute vide théoriquement (c'est-à-dire sans intuition qui y soit appropriée = *schickende darauf*), mais il est

---

[1] Le texte porte *praktischen* dans toutes les éditions, et Born emploie *practico*. Barni et Abbot considèrent ce mot comme une erreur et y substituent le mot de *théorique*. Le contexte semble exiger cette substitution. (F. P.)

[2] Traduction littérale, Barni traduit d'une façon moins exacte: *comme de rien on ne peut faire quelque chose*; Born *(cumque nihili nullus quoque usus fieri possit)* et Abbot *(since what is nothing cannot be made any use of)* sont plus précis. (F. P.)

cependant toujours possible, il se rapporte à un objet indéterminé, mais en revanche (*statt dieses*) il reçoit une signification de la loi morale, par conséquent au point de vue pratique. Ainsi, si je n'ai à vrai dire aucune intuition qui en détermine la réalité théorique et objective (*objective theoretische Realität*), il n'en a pas moins une application réelle qui se montre *in concreto* dans des intentions ou des maximes, c'est-à-dire une réalité pratique qui peut être indiquée (*angegeben*) ; ce qui est suffisant pour le justifier, même par rapport aux noumènes.

Cette réalité objective une fois attribuée à un concept pur de l'entendement dans le domaine du suprasensible, donne désormais aussi à toutes les autres catégories, quoique toujours seulement en tant qu'elles sont dans une liaison *nécessaire* avec le principe déterminant de la volonté pure, avec la loi morale, une réalité objective, mais simplement applicable dans la pratique (*bloss praktisch-anwendbare Realität*), qui n'a pas la moindre influence pour étendre la connaissance théorique de ces objets, comme pénétration (*Einsicht*),[1] de leur nature par la raison pure. Aussi trouverons-nous par la suite que les catégories n'ont jamais rapport qu'à des êtres en tant qu'*intelligences*, et dans ces intelligences, qu'à la relation de la *raison* à la *volonté*, par conséquent qu'à la *pratique* et ne s'arrogent au delà aucune connaissance de ces êtres [2] ;

---

[1] Barni ne traduit pas ce mot; Born emploie *perspicentia*; Abbot, *the discernement*. (F. P.)

[2] Traduction littérale de l'expression *weiter hinaus sich kein Erkenntniss derselben anmassen*; Born dit de même *ultraque nullam sibi earum*

que d'ailleurs, quant aux propriétés en liaison avec elles qui, appartenant au mode de représentation théorique de ces choses supra-sensibles, pourraient y être jointes, il faut les admettre et les supposer dans leur ensemble, comme se rattachant non au savoir, mais seulement au droit = *Befügniss* (à la nécessité au point de vue pratique), même là où l'on admet [1] des êtres supra-sensibles (comme Dieu), d'après une analogie, c'est-à-dire d'après un rapport de la raison pure dont nous nous servons pratiquement relativement aux êtres sensibles ; et l'on ne donne pas ainsi le moindre prétexte à la raison pure théorique, par l'application au supra-sensible, mais seulement au point de vue pratique, de se perdre (*zum Schwärmen*) [2] dans le transcendant.

cognitionem arrogare; Abbot, *and beyond this cannot pretend to any knowledge of these beings;* Barni dit moins exactement *et ne peuvent nous donner au-delà aucune connaissance de ces êtres* (F. P.).

[1] Nous faisons de *man* le sujet de *annimt* et ne croyons pas qu'il soit nécessaire de sous-entendre *concevoir* dans le texte, comme le font Barni et Abbot. (F. P.)

[2] L'expression n'est bien rendue ni par le latin *evagari*, ni par l'anglais *to run riot*, ni par le mot français que nous employons après Barni. Pour bien en comprendre le sens, il faut se reporter à ce que dit Kant de l'enthousiasme mystique à la fin de la *Typique*, p. 126. (F. P.)

CHAPITRE II

DU CONCEPT D'UN OBJET DE LA RAISON PURE PRATIQUE

J'entends par un concept de la raison pratique la représentation d'un objet comme d'un effet possible par la liberté. Être un objet de la connaissance pratique, comme telle, ne signifie donc que le rapport de la volonté à l'action par laquelle l'objet ou son opposé (*Gegentheil*) serait réalisé. Juger si quelque chose est ou n'est pas un objet de la raison pure pratique, ce n'est que discerner la possibilité ou l'impossibilité de *vouloir* cette action par laquelle, si nous avions le pouvoir requis (ce dont l'expérience doit juger), un certain objet serait réalisé. Si l'objet est pris comme principe déterminant de notre faculté de désirer, il faut connaître s'il est *physiquement possible* par le libre usage de nos forces, avant de juger si c'est ou non un objet de la raison pratique. Au contraire, si la loi peut être considérée *à priori* comme le principe déterminant de l'action, partant l'action comme déterminée par la raison pure pratique, le jugement qui décide si une chose est ou n'est pas un objet de la raison pure pratique, est alors tout à fait indépendant de la comparaison avec notre pouvoir physique, et la question est seulement de savoir si nous avons le droit (*dürfen*) de *vouloir* une action dirigée sur l'existence d'un objet, alors que celui-ci serait en notre pouvoir; par conséquent, c'est la *possibilité morale* de l'action qui doit précéder; car dans ce cas, ce n'est pas l'objet, mais la loi de la volonté qui en est le principe déterminant.

Les seuls objets d'une raison pratique sont donc le *Bien* (*Guten*) et le *Mal* (*Bösen*). Car par le premier on comprend un objet nécessaire de la faculté de désirer, par le second un objet nécessaire de la faculté d'abhorrer (*Verabscheuungsvermögens*), l'un et l'autre étant en accord avec un principe de la raison.

Si le concept du bien n'est pas dérivé d'une loi pratique antérieure, mais s'il doit au contraire lui servir de fondement, il ne peut être alors que le concept d'une chose (*etwas*) dont l'existence promet du plaisir et détermine ainsi à le produire la causalité du sujet, c'est-à-dire la faculté de désirer. Or, comme il est impossible de voir (*einsehen*) *à priori*, quelle représentation sera accompagnée de *plaisir*, quelle représentation sera au contraire accompagnée de *peine* (*Unlust*), ce serait exclusivement à l'expérience qu'il appartiendrait de décider ce qui est immédiatement bon ou mauvais. La propriété du sujet, par rapport à laquelle seule cette expérience peut être faite, c'est le *sentiment* du plaisir et de la peine, comme réceptivité appartenant au sens interne ; et ainsi le concept de ce qui est immédiatement bon ne s'appliquerait qu'à ce avec quoi est immédiatement liée la sensation du *plaisir* (*Vergnügens*), le concept de ce qui est tout simplement *mauvais* (*Schlechthin-Bösen*) ne devrait être appliqué qu'à ce qui excite immédiatement la *douleur*. Mais comme cela est déjà contraire à l'usage de la langue qui distingue l'*agréable* (*Angenehme*) du *bien*, et le *désagréable*, du *mal* (*Bösen*), qui exige que le bien et le mal soient jugés (*beurtheilt*) en tout temps par la raison, partant par des concepts qui peuvent être communiqués à tous (*sich allgemein mittheilen lassen*) et non par une simple sensation qui est limitée à des objets individuels et à la capacité de les recevoir (*deren Empfänglichkeit*) [1] : que cependant un plaisir ou une peine ne peuvent par eux-mêmes être immédiatement liés à aucune représentation d'un objet *à priori* [2], le philosophe qui se croirait obligé de donner pour fondement à son jugement pratique un sentiment du plaisir, nommerait alors *bon* ce qui est un *moyen* pour arriver à l'agréable, et *mauvais*, ce qui est cause du désagrément (*Unannehmlichkeit*) et de la douleur; car le jugement sur le rapport des moyens aux fins appartient certainement à la raison. Mais, quoique la raison seule ait le pouvoir de discerner (*einsehen*) la

---

[1] Traduction littérale. Born traduit par *quæ ad res singulares earumque receptivitatem adstringitur*; Barni, par *qui est restreinte à des objets individuels et à la manière dont ils nous affectent*; Abbot trouve que le mot *objets* n'a aucun sens et corrige ainsi le texte, *wich is limited to individual subjects and their susceptibility*. (F. P.)

[2] Nous faisons, avec Abbot, rapporter *à priori* à *objet*, et non à *peuvent*, comme le font Born et Barni. (F. P.)

connexion des moyens avec leurs fins (de sorte qu'on pourrait aussi définir la volonté, le pouvoir des fins, puisque celles-ci sont toujours des principes déterminants de la faculté de désirer d'après des principes), les maximes pratiques qui découleraient, simplement comme moyens, du concept du bien dont il est question, ne contiendraient jamais cependant, comme objet de la volonté, quelque chose de bon en soi, mais seulement toujours quelque chose de bon pour *une autre chose* (*irgendwozu*) ; le bien serait toujours simplement l'utile (*Nützliche*), et ce à quoi il serait utile devrait toujours résider en dehors de la volonté, dans la sensation. Si donc celle-ci devait être distinguée, comme sensation agréable, du concept du bien, il n'y aurait nulle part rien d'immédiatement bon, mais le bien ne devrait être cherché que dans les moyens d'arriver à quelque autre chose, c'est-à-dire à quelque agrément (*irgend einer Annehmlichkeit*).

Une vieille formule des écoles : *nihil appetimus, nisi sub ratione boni ; nihil aversamur, nisi sub ratione mali*, trouve un emploi souvent exact, mais souvent aussi très pernicieux (*nachtheiligen*) pour la philosophie, parce que les expressions de *boni* et de *mali* contiennent, par suite de la pauvreté (*Einschränkung*) de la langue, une ambiguïté qui les rend susceptibles d'un double sens, retombe inévitablement par suite sur les lois pratiques et oblige la philosophie qui, en employant ces expressions, aperçoit fort bien la différence des concepts compris sous le même mot, mais qui cependant ne peut trouver d'expressions particulières pour l'exprimer, à des distinctions subtiles sur lesquelles on peut ensuite ne pas être d'accord, puisque la différence (*Unterschied*) des deux concepts ne pouvait être marquée immédiatement par aucune expression appropriée (*angemessen*)*.

La langue allemande [1] a le bonheur de posséder des expressions qui ne laissent pas échapper cette différence. Pour désigner ce que les Latins appellent d'un mot unique *bonum*, elle a deux concepts très-distincts et deux expressions non moins distinctes. Pour *bonum*, elle a les deux mots *Gute* et *Wohl*, pour *malum*, *Böse* et *Uebel* (ou *Weh*), de sorte que nous exprimons deux jugements tout à fait différents lorsque nous considérons dans une action ce qui en constitue ou ce qu'on appelle *Gute* et *Böse*, ou ce qu'on appelle *Wohl* et *Weh* (*Uebel*). De là, il résulte déjà que la proposition psychologique

---

* En outre, l'expression *sub ratione boni* est, elle aussi, ambiguë (*zweideutig*), car elle signifie tout aussi bien : nous nous représentons quelque chose comme bon, lorsque et *parce que* nous le désirons (voulons), que : nous désirons quelque chose, parce que nous nous le *représentons* comme bon ; de sorte que c'est, ou bien le désir qui est le principe déterminant du concept de l'objet comme d'un bien, ou le concept du bien qui est le principe déterminant du désir (de la volonté) ; et alors, dans le premier cas, l'expression *sub ratione boni*, signifierait que nous voulons quelque chose *sous l'idée* du bien ; dans le second cas, que nous le voulons *en conséquence de* cette idée (*zu Folge dieser Idee*) qui, comme principe déterminant du vouloir, doit le précéder.

[1] Barni remarque que la langue française a le même défaut que la langue latine ; Abbot, que l'anglais marque cette distinction, mais d'une façon imparfaite : *evil* rendant Böse ; *good*, Gute ; *well*, *weal*, Wohl ; *ill* et *bad*, Uebel ; *woe*, Weh. Born se sert de *bonitas* ou *pravitas*, de *prospera* ou de *tristis conditio*. — On ne pourrait, en remplaçant par des mots français, les mots allemands que Kant cherche à *définir*, que donner une fausse expression à sa pensée : le sens en est clair d'après le contexte. (F. P.)

énoncée plus haut est au moins très douteuse (*ungewiss*), si on la traduit ainsi : nous ne désirons rien que par rapport à ce que nous appelons notre *Wohl* ou *Weh*; au contraire, qu'elle devient incontestablement vraie, qu'elle est en même temps exprimée tout à fait clairement, si on la rend ainsi : nous ne voulons rien, sous la direction (*Anweisung*) de la raison, que ce que nous tenons pour bon ou mauvais, au sens de *Gute* et de *Böse*.

Wohl ou *Uebel* ne désignent jamais qu'un rapport à ce qui dans notre état est *agréable* ou *désagréable* (*Annehmlichkeit, Unannehmlichkeit*), constitue un plaisir (*Vergnügens*) et une douleur (*Schmerzens*), et si, pour cette raison, nous désirons ou repoussons (*verabscheuen*) un objet, c'est seulement dans la mesure où il est rapporté à notre sensibilité et au sentiment du plaisir et de la peine (*Lust, Unlust*) qu'il produit. *Gute* et *Böse* indiquent toujours une relation à la *volonté*, en tant qu'elle est déterminée par *la loi de la raison* à faire de quelque chose son objet ; car elle n'est jamais immédiatement déterminée par l'objet et par la représentation de cet objet, mais elle est un pouvoir de se faire d'une règle de la raison le motif (*Bewegursache*) d'une action (par laquelle un objet peut être réalisé). *Gute* ou *Böse* se rapportent donc proprement à des actions et non à la façon de sentir (*Empfindungszustand*) de la personne, et si quelque chose devait simplement (et à tous égards et sans autre condition) être bon ou mauvais (*gut oder böse*) ou considéré comme tel en ce sens, ce serait seulement la manière d'agir, la maxime de la volonté, par conséquent la personne même qui agit comme un homme bon ou mauvais (*guter oder böser*), et non une chose qui pourrait être ainsi appelée.

Ainsi on pouvait bien se moquer du stoïcien qui, en proie aux plus violentes attaques de goutte, s'écriait : Douleur, tu as beau me tourmenter, je n'avouerai jamais que tu sois quelque chose de mauvais = *etwas Böses* (κακόν, *malum*) ! il avait cependant raison. Ce qu'il sentait, ce qui lui arrachait des cris, c'était ce que nous appelons *Uebel*, mais il n'avait aucune raison d'admettre que quelque chose de mauvais (*Böses*) se fût par là attaché à lui ; car la douleur ne diminuait en rien la valeur de sa personne, mais seulement la valeur de son état (*Zustand*). Un seul mensonge, dont il eût eu conscience, aurait dû abattre son courage (*Muth*)[1]. Mais la douleur n'était pour lui qu'une occasion de le grandir (*erheben*), s'il avait conscience de ne l'avoir méritée par aucune action injuste et de ne pas s'être ainsi lui-même préparé un châtiment (*sich dadurch strafwürdig gemacht habe*).

Ce qu'il convient d'appeler *gut*, c'est ce qui, dans le jugement de tout homme raisonnable, doit (*muss*) être un objet de la faculté de désirer; ce que nous devons appeler *böse*, c'est ce qui aux yeux de chacun est un objet d'aversion; par conséquent, outre le sens (*ausser dem Sinne*), il faut encore la raison pour ce jugement (*Beurtheilung*). Ainsi en est-il de la véracité en opposition avec le mensonge, de la justice en opposition avec la violence, etc. Mais nous pouvons nommer *Uebel* une

---

[1] Born traduit par *animam*; Barni, par *fierté*; Abbot, par *pride*. (F.P.)

chose que chacun doit (*muss*) en même temps reconnaître pour bonne (*gut*), quelquefois médiatement, quelquefois même immédiatement. Celui qui se soumet à une opération chirurgicale, la sent sans doute de manière à éprouver ce que nous appelons *Uebel*, mais il reconnaît et chacun reconnaît par la raison, qu'elle est un bien (*gut*). Mais si quelqu'un, qui se plaît à taquiner et à tourmenter les gens paisibles, s'adresse enfin mal un jour et est renvoyé avec une volée bien conditionnée de coups de bâton (*mit einer tüchtigen Tracht Schläge*), c'est là sans doute pour lui ce que nous appelons *Uebel*, mais chacun y applaudit et considère la chose comme bonne (*gut*) en soi, quand même il n'en résulterait rien de plus ; bien plus, celui-là même qui reçoit les coups, doit (*muss*) reconnaître dans sa raison qu'il les a mérités, parce qu'il voit là rigoureusement mise en pratique, la proportion entre le bien-être et la bonne conduite, que la raison lui présente nécessairement.

Sans doute le jugement de notre raison pratique dépend *pour une très grande part* (*gar sehr viel*), de ce que nous appelons notre *Wohl* et notre *Weh*; et en ce qui concerne notre nature d'êtres sensibles, *tout* se rapporte à notre *bonheur*, si l'on en juge comme le réclame spécialement la raison, non d'après la sensation éphémère, mais d'après l'influence qu'a cet événement fortuit [1] sur toute notre existence et sur le contentement que nous en éprouvons (*Zufriedenheit mit derselben*) ; mais *tout en général* ne se rapporte pas toutefois.

---

[1] Traduction littérale de *diese Zufälligkeit*. Born emploie *fortuitum illud*; Barni, *chacune de ces sensations fugitives*; Abbot, *this*. (F. P.)

au bonheur. L'homme est un être qui a des besoins, en tant qu'il appartient au monde sensible, et sous ce rapport, sa raison a certainement une charge qu'elle ne peut décliner à l'égard de la sensibilité, celle de s'occuper des intérêts de cette dernière, de se faire des maximes pratiques, en vue du bonheur de cette vie et aussi, quand cela est possible, du bonheur d'une vie future. Mais il n'est pourtant pas animal, assez complètement pour être indifférent à tout ce que la raison lui dit par elle-même et pour employer celle-ci simplement comme un instrument propre à satisfaire ses besoins, comme être sensible. Car le fait d'avoir la raison ne lui donne pas du tout une valeur supérieure à la simple animalité, si elle ne doit lui servir que pour ce qu'accomplit l'instinct chez les animaux ; la raison ne serait en ce cas qu'une manière particulière dont la nature se serait servie pour armer (*auszurüsten*) l'homme en vue de la fin à laquelle elle a destiné les animaux, sans lui en assigner une autre plus élevée. Donc l'homme a besoin sans doute, d'après cette disposition que la nature a prise pour lui, de la raison pour prendre toujours en considération son bien et son mal (*Wohl und Weh*)[1], mais il la possède encore en outre pour une utilité (*Behuf*) plus haute, c'est-à-dire aussi, non seulement pour examiner (*in Ueberlegung zu nehmen*) ce qui est en soi bon ou mauvais (*gut oder böse*) et ce que peut seule juger la raison pure, absolument désintéressée au point de vue sensible (*sinnlich gar nicht interessirte*),

---

[1] Born se sert de *salutem* et de *miseriam*. (F. P.)

mais encore pour distinguer complètement ce jugement du précédent et faire de celui-ci la condition suprême du dernier.

En jugeant ainsi du bien et du mal en soi (*an sich Guten und Bösen*), pour les distinguer de ce qui ne peut être ainsi nommé que par rapport à ce que nous avons appelé *Wohl et Uebel*, il importe de considérer les points suivants. Ou bien un principe rationnel est déjà conçu en soi comme le principe de détermination de la volonté, sans égard aux objets possibles de la faculté de désirer (par conséquent simplement par la forme de loi = *gesetzliche* [1] de la maxime) ; dans ce cas, ce principe est une loi pratique *à priori* et la raison pure est supposée être pratique par elle-même. La loi détermine alors *immédiatement* la volonté, l'action conforme à la loi est *bonne* (*gut*) *en soi*, une volonté dont la maxime est toujours conforme à cette loi est bonne *absolument* (*schlechterdings*), *à tous égards* et forme *la condition suprême de tout bien* (*Guten*). Ou bien il y a un principe déterminant de la faculté de désirer antérieur à la maxime de la volonté, et cette dernière suppose un objet de plaisir ou de déplaisir, partant quelque chose qui *satisfait* (*vergnügt*) ou qui *cause de la douleur* (*schmerzt*) ; la maxime de la raison, rechercher l'un et fuir l'autre, détermine les actions comme bonnes (*gut*) relativement à notre penchant, partant médiatement (par rapport à un autre but, comme moyens d'y arriver), et alors ces maximes ne peuvent

[1] Voyez p. 4, pourquoi nous traduisons littéralement ce mot. (F. P.)

jamais s'appeler des lois, mais des préceptes rationnels et pratiques. La fin elle-même, la satisfaction que nous cherchons est dans le dernier cas, non ce que nous appelons *Gute*, mais ce que nous appelons *Wohl*, non un concept de la raison, mais un concept empirique d'un objet de la sensation. Si l'emploi du moyen pour atteindre ce but, c'est-à-dire l'action[1] (parce que pour cela une délibération de la raison est nécessaire), s'appelle cependant bonne (*gut*), ce n'est pas d'une façon absolue (*schlechthin*), mais seulement par rapport à notre sensibilité, eu égard à son sentiment du plaisir et de la peine ; et la volonté, dont la maxime est par là affectée, n'est pas une volonté pure, qui n'a rapport qu'à ce en quoi (*nur auf das geht, wobei*) la raison pure peut être pratique par elle-même.

C'est ici le lieu d'expliquer le paradoxe de la méthode dans une Critique de la raison pratique, *à savoir que le concept du bien* (*Guten*) *et du mal* (*Bösen*) *ne doit pas être déterminé avant la loi morale* (*à laquelle, d'après l'apparence, il devrait servir de fondement*), *mais seulement* (*comme il arrive ici*) *après cette loi et par elle.* Même si nous ne savions pas que le principe de la moralité est une loi pure déterminant *à priori* la volonté, nous devrions encore, pour ne pas admettre des principes tout à fait gratuitement (*gratis*), laisser au moins au commencement *indécise* la question de savoir si la volonté a simplement des principes empiriques de détermination

---

[1] Barni fait, à tort, de *Handlung* (*der Gebrauch des Mittels dazu, d. i. die Handlung*), l'appositif de *dazu*, au lieu de le rapporter à *der Gebrauch des Mittels*. (F. P.)

ou si elle a aussi des principes déterminants purs *à priori ;* car il est contraire à toutes les règles essentielles (*Grundregeln*) de la méthode philosophique de supposer déjà comme décidé ce qu'on doit tout d'abord résoudre. Supposons que nous voulions maintenant partir du concept du bien pour en dériver les lois de la volonté, ce concept d'un objet (en tant que bon) donnerait en même temps cet objet comme l'unique principe déterminant de la volonté. Comme maintenant ce concept n'aurait pour règle aucune loi pratique *à priori*, on ne pourrait placer la pierre de touche du bien ou du mal dans aucune autre chose que dans l'accord de l'objet avec notre sentiment du plaisir ou de la peine, et la raison n'aurait d'autre usage que de déterminer soit ce plaisir ou cette peine dans sa connexion complète (*im ganzen Zusammenhange*) avec toutes les sensations de mon existence, soit les moyens de m'en procurer l'objet. Or, comme l'expérience seule peut indiquer ce qui est conforme (*gemäss*) au sentiment du plaisir, et que la loi pratique, d'après la donnée (*der Angabe nach*), doit être fondée sur ce sentiment comme condition, la possibilité de lois pratiques *à priori* serait exclue par le fait qu'on croirait nécessaire de trouver auparavant pour la volonté un objet dont le concept, comme celui d'un objet bon (*eines guten*), devrait former le principe de détermination universel, quoique empirique, de la volonté. Or, il était cependant nécessaire de rechercher auparavant s'il n'y a pas aussi *à priori* un principe déterminant de la volonté (lequel n'aurait jamais été trouvé ailleurs que dans une loi pure pratique et dans la mesure où celle-ci prescrit aux maximes la simple forme de loi = *gesetzliche*[1], sans égard à aucun objet). Mais comme on prenait déjà pour fondement de toute loi pratique un objet déterminé d'après des concepts du bien et du mal (*Guten und Bösen*), et que cet objet ne pouvait, faute d'une loi antérieure, être conçu que d'après des concepts empiriques, on s'était déjà par avance privé de la possibilité de concevoir seulement une loi pure pratique, tandis qu'on aurait trouvé au contraire, si l'on avait d'abord recherché analytiquement cette loi, que ce n'est pas le concept du bien, comme d'un objet, qui détermine et rend possible la loi morale, mais inversement que la loi morale détermine et rend possible d'abord le concept du bien, en tant qu'il mérite absolument (*schlechthin*) ce nom.

Cette remarque, qui concerne simplement la méthode à suivre dans les recherches morales les plus hautes, est importante. Elle explique d'un seul coup la cause occasionnelle de toutes les erreurs des philosophes relativement au principe suprême de la morale. Car ils cherchaient un objet de la volonté pour en faire la matière et le fondement d'une loi (qui devait être alors, non immédiatement, mais par l'intermédiaire de cet objet rapporté au sentiment du plaisir ou de la peine, le principe déterminant de la volonté), tandis qu'ils auraient dû d'abord chercher une loi qui déterminât *à priori* et immédiatement la volonté et ensuite l'objet conformément à la volonté. Or ils pouvaient

---

[1] Voyez p. 4. (F. P.)

placer cet objet du plaisir, qui devait fournir le concept suprême du bien, dans le bonheur, dans la perfection, dans la loi morale [1] ou dans la volonté de Dieu, leur principe était toujours une hétéronomie et ils devaient inévitablement rencontrer (*stossen*) pour une loi morale des conditions empiriques, parce qu'ils ne pouvaient en nommer bon ou mauvais (*gut oder böse*) l'objet, comme principe de détermination immédiat de la volonté, que d'après son rapport immédiat au sentiment, qui est empirique dans tous les cas. Il n'y a qu'une loi formelle, c'est-à-dire une loi telle qu'elle ne prescrive à la raison rien de plus, comme condition suprême des maximes, que la forme de sa législation (*Gesetzgebung*) universelle, qui puisse *à priori* être un principe déterminant de la raison pratique. Les anciens laissaient voir ouvertement cette erreur, en dirigeant complètement leurs recherches morales vers la détermination du concept du *souverain bien*, partant d'un objet dont ils avaient l'intention de faire ensuite le principe déterminant de la volonté dans la loi morale, tandis que c'est seulement beaucoup plus tard, quand la loi morale a été bien établie par elle-même et justifiée comme principe de détermination immédiat de la volonté, que cet objet peut être représenté à la volonté maintenant déterminée *à priori* d'après sa forme : et c'est ce que nous voulons entreprendre dans la Dialectique de la raison pure

---

[1] Nous traduisons littéralement le texte, *im moralischem Gesetze*, que donnent presque toutes les éditions et qu'accepte Born (*in lege morali*). Mais il semble bien qu'on doive, avec Hartenstein, Barni et Abbot, mettre *sentiment moral* au lieu de loi morale. (F. P.)

pratique. Les modernes, pour qui la question du souverain bien est alors d'usage ou au moins paraît être devenue une chose accessoire, déguisent l'erreur mentionnée plus haut (comme beaucoup dans d'autres cas), sous des mots indéterminés; cependant on ne la découvre pas moins dans leurs systèmes, car elle se traduit toujours alors par l'hétéronomie de la raison pratique, d'où ne peut jamais sortir désormais une loi morale qui commande universellement *à priori* (*allgemein gebietendes*).

Or puisque les concepts du bien et du mal (*Guten und Bösen*), comme conséquences de la détermination *à priori* de la volonté, supposent aussi un principe pur, pratique, partant une causalité de la raison pure, ils ne se rapportent pas, à l'origine (pour ainsi dire, comme déterminations de l'unité synthétique de la diversité = *Mannigfaltigen*, d'intuitions données dans une conscience) à des objets, comme les concepts purs de l'entendement ou les catégories de la raison théoriquement employée, ils supposent au contraire ces objets comme donnés [1], mais ils sont tous ensemble des modes (*modi*) d'une catégorie unique, de la catégorie de la causalité, en tant que le principe déterminant de celle-ci consiste dans la représentation rationnelle d'une loi que la raison se donne à elle-même comme loi de la liberté, en se révélant ainsi *à priori* comme pratique. Cependant comme les actions sont *d'une part* soumises à une loi, qui n'est pas une

---

[1] Nous faisons rapporter *sie* à concepts, avec Abbot; le contexte ne permet pas de le rapporter à *catégories*, comme le fait Barni. (F. P.)

loi de la nature, mais une loi de la liberté, partant appartiennent à la conduite d'êtres intelligibles, mais que *d'autre part*, elles appartiennent cependant aussi aux phénomènes, en tant qu'événements du monde sensible, les déterminations d'une raison pratique ne peuvent avoir lieu que par rapport aux phénomènes, partant que conformément aux catégories de l'entendement, non en vue d'un usage théorique de l'entendement, pour ramener la diversité (*Mannigfaltige*) de *l'intuition* (sensible) sous une conscience *à priori*, mais seulement pour soumettre la diversité des *désirs* à l'unité de la conscience d'une raison pratique, qui ordonne dans la loi morale, ou d'une volonté pure *à priori*.

Ces *catégories de la liberté*, car c'est ainsi que nous les nommerons en opposition à ces concepts théoriques qui sont des catégories de la nature, ont un avantage manifeste sur ces dernières. Tandis que celles-ci ne sont que des formes de la pensée, qui désignent seulement par des concepts généraux, des objets, en général et d'une façon indéterminée, pour toute intuition possible, pour nous, les premières au contraire se rapportent à la détermination d'un *libre arbitre = freien Willkühr* [1] (auquel sans doute ne peut être donnée aucune intuition parfaitement correspondante, mais qui, ce qui n'a lieu pour aucun concept de l'usage théorique de notre pouvoir de connaître, a pour fondement une loi pure pratique *à priori*) [2] comme concepts pratiques élémentaires, au lieu

---

[1] Sur ce mot, voyez n. 2, p. 31.
[2] Nous faisons rapporter *à priori* avec Abbot à *Gesetz* et non à *a pour fondement*, comme Barni (F. P.)

de la forme de l'intuition (espace et temps), qui ne réside pas dans la raison elle-même, mais doit être tirée d'ailleurs, c'est-à-dire de la sensibilité, et elles ont pour fondement la *forme d'une volonté pure* qui est donnée dans la raison, partant dans la faculté de penser elle-même. Il en résulte donc que, comme dans tous les préceptes de la raison pure pratique, il s'agit seulement de la *détermination de la volonté* et non des conditions naturelles (du pouvoir pratique) de la *mise à exécution de son dessein* [1], les concepts pratiques *à priori* par rapport au principe suprême de la liberté deviennent sur-le-champ des connaissances et n'ont pas à attendre les intuitions pour acquérir une signification, et cela pour cette raison remarquable qu'ils produisent eux-mêmes la réalité de ce à quoi ils se rapportent (l'intention de la volonté), ce qui n'est pas du tout le cas des concepts théoriques. Seulement, il faut bien remarquer que ces catégories ne concernent que la raison pratique en général et qu'ainsi l'ordre dans lequel elles se présentent, mène de celles qui sont moralement encore indéterminées et sensiblement conditionnées à celles qui, indépendantes des conditions sensibles (*sinnlich unbedingt*), sont déterminées simplement par la loi morale.

[1] Traduction littérale de *der Ausführung seiner Absicht*. — Born dit *exsequendi consilii*; Barni, *l'exécution de ses desseins*; Abbot, *the execution of one's purpose*. (F. P.)

TABLE

DES CATÉGORIES DE LA LIBERTÉ PAR RAPPORT AUX CONCEPTS DU BIEN ET DU MAL

I.
QUANTITÉ

Subjectif, d'après les maximes (*Opinions pratiques* [1] *de l'individu*).

Objectif, d'après des principes (*Préceptes*).

Principes *à priori*, aussi bien objectifs que subjectifs, de la liberté (*Lois*).

II.
QUALITÉ

Règles pratiques d'*action* (*præceptivæ*).

Règles pratiques d'*omission* (*prohibitivæ*).

Règles pratiques d'*exception* (*exceptivæ*).

III.
RELATION

A la *personnalité*,

A l'*état de la personne*,

Réciproque d'une personne à l'état des autres.

IV
MODALITÉ

Le *Permis* et le *Défendu* [2].

Le *Devoir* et l'*Opposé du devoir*.

Le *Devoir parfait* et le *Devoir imparfait*.

On s'aperçoit bien vite que, dans ce tableau, la liberté est considérée comme une espèce de causalité, qui n'est pas soumise à des principes empiriques de détermination, relativement aux actions qu'elle peut pro-

---

[1] Nous traduisons ainsi avec Barni : *Willensmeinungen*. (F. P.)

[2] Traduction des mots *Erlaubte* et *Unerlaubte*. Born emploie *licitum* et *illicitum*; Barni, le *licite* et l'*illicite*; Abbot, the *Permitted* and the *Forbedden*. (F. P.)

duire comme phénomènes dans le monde sensible; partant qu'elle se rapporte aux catégories qui concernent sa possibilité naturelle, tandis que chaque catégorie est prise si universellement que le principe déterminant de cette causalité peut être placé en dehors du monde sensible dans la liberté comme propriété d'un être intelligible, en attendant que les catégories de la modalité fournissent le passage, mais seulement d'une manière *problématique*, des principes pratiques en général à ceux de la moralité, qui ensuite peuvent être dogmatiquement établis par la loi morale.

Je n'ajoute rien de plus ici pour l'explication du présent tableau, parce qu'il est suffisamment clair par lui-même. Une division de cette espèce, fondée sur des principes, est très utile à toute science, au point de vue de la solidité aussi bien que de la clarté. Ainsi, on sait, par exemple, tout de suite d'après ce tableau et son premier numéro, par où l'on doit commencer dans les recherches pratiques : des maximes que chacun fonde sur son penchant, on va aux préceptes qui sont valables pour toute une espèce d'êtres raisonnables, en tant qu'ils s'accordent en certains penchants, et enfin à la loi qui vaut pour tous, indépendamment de leurs penchants, etc. De cette manière, on aperçoit le plan complet de ce que l'on a à faire, on aperçoit même chaque question de la philosophie pratique qu'on a à résoudre et en même temps l'ordre qu'il convient de suivre.

DE LA TYPIQUE DU JUGEMENT PUR PRATIQUE[1]

Les concepts du bien et du mal (*Guten und Bösen*) déterminent d'abord un objet pour la volonté. Mais ils sont eux-mêmes soumis à une règle pratique de la raison qui, si elle est la raison pure, détermine la volonté *à priori*, relativement à son objet. Maintenant, une action possible pour nous dans la sensibilité est-elle, oui ou non, le cas qui est soumis à la règle, c'est au jugement pratique qu'il appartient d'en décider : par lui est appliqué *in concreto* à une action, ce qui était dit universellement (*in abstracto*), dans la règle. Mais puisqu'une règle pratique de la raison pure concerne, *d'abord en tant que pratique*, l'existence d'un objet et *qu'en second lieu*, comme *règle pratique* de la raison pure, elle implique nécessité par rapport à l'existence de l'action, partant qu'elle est une loi pratique et non une loi naturelle dépendant de principes empiriques de détermination, mais une loi de la liberté d'après laquelle la volonté doit pouvoir être déterminée indépendamment de tout élément empirique (simplement par la représentation d'une loi en général et de sa forme), tandis que tous les cas qui peuvent se présenter, pour des actions possibles, ne peuvent être qu'empiriques, c'est-à-dire ne peuvent appartenir qu'à l'expérience et à la nature; il paraît ainsi paradoxal (*widersinnig*) de vouloir trouver dans le monde sensible un cas qui, devant toujours comme tel, être

---

[1] Barni met *De la typique de la raison pure pratique*, en substituant sans raison *Vernunft* à *Urtheilskraft*, que donnent tous les textes. (F. P.)

soumis seulement à la loi de la nature, permette cependant qu'on lui applique une loi de la liberté, et auquel puisse être appliquée l'idée supra-sensible du bien moral (*Sittlichguten*), qui y doit être représentée *in concreto*. Par conséquent, le jugement de la raison pure pratique est soumis aux mêmes difficultés que celui de la raison pure théorique. Celle-ci cependant avait un moyen d'en sortir; puisque, relativement à l'usage théorique, s'il fallait des intuitions auxquelles pussent être appliqués des concepts purs de l'entendement, des intuitions de ce genre (ne concernant toutefois que les objets des sens) peuvent être données *à priori*, partant, en ce qui concerne la connexion en elles du divers (*Mannigfaltigen*), conformément aux concepts purs *à priori* de l'entendement (comme *schèmes = Schemate*). Au contraire, le bien moral est, quant à l'objet, quelque chose de supra-sensible pour lequel on ne peut trouver, par conséquent, rien de correspondant dans une intuition sensible. Le jugement dépendant des lois (*unter Gesetzen*)[1] de la raison pure pratique paraît par suite soumis à des difficultés particulières, qui proviennent de ce qu'une loi de la liberté doit être appliquée à des actions, qui sont des événements se produisant dans le monde sensible et par conséquent appartiennent en cette qualité à la nature.

Mais ici s'offre cependant encore une issue favorable pour le jugement pur pratique. En subsumant une action possible pour moi dans le monde sensible sous

---

[1] Born emploie *sub legibus*; Barni, *qui se rapporte aux lois*; Abbot, *depending of laws*. (F. P.)

une loi pure pratique, il ne s'agit pas de la possibilité de l'*action* en tant qu'événement du monde sensible; car cette possibilité a rapport au jugement (*die geört für die Beurtheilung*) de la raison dans son usage théorique, conformément à la loi de la causalité, qui est un concept pur de l'entendement pour lequel elle a un *schème* dans l'intuition sensible. La causalité physique ou la condition sous laquelle elle a lieu, appartient aux concepts de la nature, dont l'imagination transcendantale trace le *schème*. Il n'est pas question ici du schème d'un cas qui se présente d'après des lois, mais du *schème* (si ce mot est convenable ici) d'une loi elle-même, parce que la *détermination de la volonté* (non l'action relativement à son résultat) par la loi seule, sans autre principe déterminant, rattache le concept de causalité à des conditions tout autres que celles qui forment la connexion naturelle [1].

Un schème, c'est-à-dire un procédé général (*allgemeines Verfahren*) de l'imagination (pour représenter *à priori* aux sens le concept pur de l'entendement, que détermine la loi), doit correspondre à la loi naturelle, en tant que loi régissant les objets d'intuition sensible comme tels. Mais aucune intuition, partant aucun schème destiné à l'appliquer *in concreto*, ne peut se trouver sous la loi de la liberté (comme causalité qui n'est pas du tout conditionnée sensiblement), et partant non plus sous le concept du bien inconditionné (*Unbedingt-Guten*) [2]. Par conséquent la loi morale n'a

---

[1] Barni ajoute : *Des effets et des causes*. (F. P.)
[2] Sur l'emploi de ce mot *inconditionné* au lieu d'*absolu*, qu'on lit chez Barni, voyez n. 1, p. 16. (F. P.)

aucune autre faculté de connaître que l'entendement (et non l'imagination), qui puisse l'appliquer aux objets de la nature. L'entendement peut, en vue du jugement, donner pour fondement (*unterlegen als Gesetzes*) à une idée de la raison, non un schème de la sensibilité, mais une loi, telle toutefois qu'elle puisse être représentée *in concreto* dans les objets des sens, partant une loi naturelle, mais seulement quant à la forme : par conséquent nous pouvons appeler cette loi, le *type* de la loi morale.

La règle du jugement soumis aux lois de la raison pure pratique est la suivante : demande-toi si l'action que tu projettes, en supposant qu'elle dût arriver d'après une loi de la nature dont tu ferais toi-même partie, tu pourrais encore la regarder comme possible pour ta volonté. C'est d'après cette règle, en fait, que chacun juge si les actions sont moralement bonnes ou mauvaises (*gut oder böse*). Ainsi, l'on dit : comment ! si *chacun* se permettait de tromper, quand il croit travailler à son avantage ou se considérait comme autorisé à mettre fin à sa vie, dès qu'il en est complètement fatigué, ou s'il regardait avec une indifférence complète la misère (*Noth*) d'autrui et que tu appartinsses à un tel ordre de choses, t'y trouverais-tu bien avec l'assentiment de la volonté ? Or chacun sait bien que s'il se permet en secret quelque tromperie (*Betrug*), ce n'est pas une raison pour que tout le monde fasse de même, que s'il est, sans qu'on s'en aperçoive, indifférent pour les autres, il n'en résulte pas que tout le monde soit pour lui dans la même disposition : par conséquent cette comparaison de la maxime de ses actions avec une loi universelle de la nature n'est pas non plus le principe déterminant de sa volonté. Mais cette loi plus universelle est cependant *type* pour juger la maxime d'après des principes moraux. Si la maxime de l'action n'est pas d'une nature telle, qu'elle soutienne l'épreuve (*die Probe hält*) de la forme d'une loi naturelle n général, elle est moralement impossible. C'est ainsi que juge lui-même l'entendement le plus ordinaire, car la loi naturelle sert toujours de fondement à ses jugements les plus habituels et même à ses jugements d'expérience. Toujours par conséquent il l'a en main, de manière seulement à faire, dans les cas où doit être jugée la causalité par liberté (*aus Freiheit*)[1], de cette loi naturelle simplement un type d'une *loi de la liberté*, car s'il n'avait pas sous la main quelque chose qu'il pût prendre pour exemple dans les cas d'expérience, il ne pourrait dans l'application conférer l'usage à la loi d'une raison pure pratique.

Donc il m'est aussi permis de me servir de la *nature du monde sensible* comme *type* d'une *nature intelligible*, pourvu que je ne transporte pas à cette dernière les intuitions et ce qui en dépend, mais que je me borne à y rapporter simplemenr la *forme de la conformité à la loi* (*Gesetzmässigkeit*)[2] en général (dont le concept se trouve aussi dans l'usage le plus commun de la raison[3], mais ne peut être connu *à priori* d'une façon

---

[1] Voyez page 7 la distinction des deux ordres de causalité. (F. P.)
[2] Sur la traduction de ce mot, voyez la note de la page 4. (F. P.)
[3] Born dit *in purissimo rationis usu*; Barni, *dans l'usage le plus pur de la raison*; Abbot substitue, après Hartenstein, *gemeinste* à *reinste*. Nous l'avons suivi sur ce point. (F. P.)

déterminée que pour un usage pur pratique de la raison). Car des lois, comme telles, sont identiques à cet égard, qu'elles tirent d'où elles veulent leurs principes de détermination.

D'ailleurs, comme de tout l'intelligible il n'y a absolument (*schlechterdings*) rien que la liberté (au moyen de la loi morale), qui ait de la réalité et encore n'en a-t-elle qu'en tant qu'elle est une supposition inséparable de cette loi ; et comme en outre tous les objets intelligibles auxquels la raison pourrait encore peut-être nous conduire en prenant cette loi pour guide (*nach Anleitung jenes Gesetzes*), n'ont à leur tour pour nous de réalité que pour le besoin de cette loi elle-même et de l'usage de la raison pure pratique, et que la raison pure pratique est autorisée et même contrainte à faire usage de la nature (considérée dans sa forme pure comme un objet de l'entendement) comme type du jugement, la remarque présente sert à nous empêcher de compter parmi les concepts eux-mêmes, ce qui appartient simplement à la typique des concepts. Cette dernière, comme typique du jugement, nous préserve de l'*empirisme* de la raison pratique, lequel fait consister les concepts pratiques du bien et du mal (*Guten und Bösen*), simplement dans des conséquences de l'expérience (dans ce qu'on appelle bonheur), quoique, à vrai dire, le bonheur et les conséquences utiles en nombre infini d'une volonté déterminée par l'amour de soi, si cette volonté se posait elle-même en même temps comme loi universelle de la nature, pourraient certainement servir de type tout à fait approprié au bien moral, mais sans toutefois s'identifier avec lui. Cette typique préserve aussi du *mysticisme* de la raison pratique, lequel prend pour *schème* ce qui ne servait que de *symbole*, c'est-à-dire fait reposer l'application des concepts moraux sur des intuitions réelles et cependant non sensibles (d'un royaume invisible de Dieu), et s'égare dans le transcendant (*Ueberschwengliche*)¹. A l'usage des concepts moraux est uniquement approprié le *rationalisme* du jugement, lequel n'emprunte à la nature sensible que ce que la raison pure peut aussi concevoir par elle-même, c'est-à-dire la conformité à la loi (*Gesetzmässigkeit*)² et n'introduit dans la nature supra-sensible que ce qui en retour peut être réellement représenté par des actions dans le monde des sens d'après la règle formelle d'une loi naturelle en général. Cependant il est beaucoup plus important et on doit bien plus recommander de se préserver de l'*empirisme* de la raison pratique, parce que le *mysticisme* se concilie encore avec la pureté et l'élévation (*Erhabenheit*) de la loi morale, et qu'en outre il n'est pas même naturel et conforme à la façon de penser commune, de tendre son imagination jusqu'à des intuitions suprasensibles; par conséquent le danger n'est pas aussi général de ce côté. L'empirisme au contraire extirpe jusqu'à la racine, la moralité dans les intentions (dans lesquelles cependant et non simplement dans les actions consiste la haute valeur que l'humanité peut et

---

¹ Voyez note 2, p. 99. (F. P.)
² Voyez p. 4 et 127. (F. P.)

doit se procurer par la moralité); il substitue au devoir quelque chose de tout à fait différent, c'est-à-dire un intérêt empirique avec lequel se liguent secrètement les penchants en général ; en outre l'empirisme, par cela même qu'il est uni avec tous les penchants qui (quelque forme qu'ils prennent), s'ils sont élevés à la dignité d'un principe pratique supérieur, dégradent l'humanité, et que ces penchants sont favorables également à la manière de sentir de chacun, est pour cette raison beaucoup plus dangereux que tout enthousiasme fanatique (*Schwärmerei*)[1], qui ne peut jamais produire un état durable chez un grand nombre de personnes.

[1] Voyez note 2, p. 99 et n. 1, p. 125. (F. P.)

CHAPITRE III

DES MOBILES DE LA RAISON PURE PRATIQUE

Ce qui est essentiel dans la valeur morale des actions, c'est *que la loi morale détermine immédiatement la volonté*. Si la détermination de la volonté se produit, à vrai dire, conformément à la loi morale, mais seulement par le moyen d'un sentiment, de quelque espèce qu'il soit, qui doit (*muss*) être supposé pour que celle-ci devienne un principe de détermination suffisant de la volonté, par conséquent, si elle ne se produit pas *en vue de la loi* (*um des Gesetzes willen*)[1], l'action possédera bien de la *légalité* (*Legalität*) [2], mais non de la *moralité*. Si donc l'on entend par *mobile* (*elater animi*) le principe subjectif de détermi-

---

[1] Barni ajoute *uniquement*, qui ne figure pas dans le texte.
[2] Kant semble distinguer *Legalität* et *Gesetzmässigkeit*. On pourrait dire que le second terme suppose la conformité à la lettre et à l'esprit de la loi, la conformité dans l'intention et dans l'action, tandis que le premier n'implique qu'une conformité à la lettre de la loi dans l'action extérieure. C'est pourquoi nous avons toujours traduit littéralement le second. Cf. p. 4. (F. P.)

nation de la volonté d'un être dont la raison n'est pas déjà, en vertu de sa nature, nécessairement conforme à la loi objective, il en résultera d'abord qu'on ne peut attribuer aucun mobile à la volonté divine, et que le mobile de la volonté humaine (et de celle de tout être raisonnable créé) ne peut jamais être que la loi morale, partant que le principe objectif de détermination doit être toujours et en même temps tout à fait seul, le principe de détermination subjectivement suffisant de l'action, si celle-ci ne doit pas simplement remplir la *lettre* (*den Buchstaben*) de la loi sans en contenir l'esprit *.

Ainsi, comme on ne doit chercher en vue de la loi morale, et pour lui procurer de l'influence sur la volonté, aucun mobile étranger qui puisse dispenser de celui de la loi morale, parce que cela ne produirait qu'une pure hypocrisie, sans consistance, et si même il est *dangereux* de laisser seulement *à côté* de la loi morale quelques autres mobiles (comme celui de l'intérêt) coopérer (*mitwirken*) avec elle ; il ne reste simplement qu'à déterminer avec soin de quelle manière la loi morale devient un mobile, et ce qui, quand elle est un mobile, se produit dans la faculté humaine de désirer comme effet de ce principe déterminant sur cette faculté [1]. En effet, savoir comment une loi peut

---

* On peut dire de toute action conforme à la loi, qui cependant n'a pas été faite en vue de la loi, qu'elle est moralement bonne simplement quant à la *lettre*, mais non quant à l'*esprit* (à l'intention).

[1] Nous essayons de traduire aussi exactement que possible cette phrase dont le sens est clair, mais dont il n'est pas facile de rendre les diverses parties. Le texte porte : *und was, indem sie es ist, mit dem menschlichen Begehrungsvermögen, als Wirkung jenes Bestimmungs*

être, par elle-même et immédiatement, principe déterminant de la volonté (ce qui cependant est le caractère essentiel de toute moralité), c'est un problème insoluble pour la raison humaine et identique avec celui qui consiste à savoir comment est possible une volonté libre. Donc nous n'aurons pas à montrer *à priori* pourquoi (*den Grund, woher*) la loi morale fournit en elle-même un mobile, mais ce que, en tant que mobile, elle produit (ou pour mieux dire, doit produire) dans l'esprit (*Gemüthe*) [1].

Le caractère essentiel de toute détermination de la volonté par la loi morale (*durchs sittliche Gesetz*), c'est qu'elle soit déterminée simplement par la loi morale comme volonté libre, partant non seulement sans le concours des attraits (*Antriebe*) sensibles, mais même à l'exclusion de tous ceux-ci, et au préjudice (*mit Abweisung und... mit Abbruch*) de tous les penchants, en tant qu'ils peuvent être contraires à la loi morale. Dans cette mesure (*so weit*), l'effet de la loi morale comme mobile n'est donc que négatif et comme tel, ce mobile peut être connu *à priori*. Car tout penchant et tout attrait sensible est fondé sur le sentiment et l'effet négatif produit sur le sentiment (par le préjudice porté aux penchants), est lui-même un sentiment. Par conséquent, nous pouvons voir (*einsehen*) *à priori* que la

---

grundes auf dasselbe vorgehe; Born dit : *quidque, dum ea elater est, in humana adpetendi facultate agatur, qua effectio illustrationis determinantis in eam*; Barni : *et quel effet elle produit alors sur notre faculté de désirer*; Abbot : *and what effect this has upon the faculty of desire*. (F. P.)

[1] Born traduit ce mot par *animo*, Barni par *esprit*, Abbot par *mind*. (F. P.)

loi morale, comme principe déterminant de la volonté, doit, parce qu'elle porte préjudice à tous nos penchants, produire un sentiment qui peut être nommé de la douleur ; et nous avons maintenant ici le premier, et peut-être aussi le seul cas, où nous puissions déterminer par des concepts *à priori* le rapport d'une connaissance (dans ce cas, d'une raison pure pratique) au sentiment du plaisir ou de la peine. L'ensemble des penchants (qui peut-être aussi peuvent être ramenés à un système supportable = *erträgliches* [1], et dont la satisfaction s'appelle alors le bonheur personnel) forme *l'égoïsme* = *Selbstsucht* (*Solipsismus*) [2]. L'égoïsme est ou *l'amour de soi* (*Selbstliebe*), qui consiste dans une *bienveillance* excessive (*über alles gehenden*) pour soi-même (*philautia*), ou bien la *satisfaction* (*Wohlgefallens*) de soi-même (*arrogantia*). Le premier s'appelle spécialement *amour-propre* (*Eigenliebe*) ; la seconde, *présomption* (*Eigendünkel*) [3]. La raison pure pratique porte simplement *préjudice* à l'amour-propre en le contraignant seulement, comme étant naturel à l'homme et s'éveillant en nous avant la loi morale, à s'accorder avec cette loi ; il est alors nommé *l'amour-propre raisonnable*. Mais la raison terrasse complètement (*schlägt gar nieder*) la présomption, puisque toutes les préten-

---

[1] Nous traduisons littéralement. Born dit : *quodam modo systemate comprehendi* ; Barni : *à une sorte de système* ; Abbot : *to a tolerable system*. (F. P.)

[2] Born traduit par *insaniam colendi sui* ; Barni, peu exactement, par *amour-propre* ; Abbot par *self-regard*. (F. P.)

[3] Nous adoptons les expressions dont s'est servi Barni et dans lesquelles d'ailleurs il ne faut voir que des approximations. Abbot emploie *selfishness* et *selfconceit*. (F. P.)

tions à l'estime de soi-même (*Selbstschätzung*)[1], qui précèdent l'accord avec la loi morale, sont nulles et illégitimes (*ohne alle Befugniss*), puisque même la certitude d'une intention[2], qui soit en accord avec cette loi, est la première condition de la valeur de la personne (comme nous le montrerons bientôt plus clairement). La tendance à s'estimer soi-même appartient donc aux penchants auxquels porte préjudice la loi morale, en tant que cette appréciation de soi-même repose simplement sur la moralité. La loi morale terrasse donc la présomption. Mais comme cette loi est quelque chose de positif en soi, à savoir la forme d'une causalité intellectuelle, c'est-à-dire de la liberté, elle est en même temps un objet de *respect* (*Achtung*) quand, en opposition avec le contraire (*Widerspiele*) subjectif, à savoir avec nos inclinations, elle *affaiblit* (*schwächt*) la présomption; elle est un objet du plus grand respect quand elle la *terrasse complètement*, c'est-à-dire l'humilie; par conséquent aussi le principe d'un sentiment positif qui n'est pas d'origine empirique, et qui est connu *à priori*. Donc le respect pour la loi morale est un sentiment qui est produit par un principe intellectuel, et ce sentiment est le seul que nous connaissons parfaitement *à priori*, et dont nous pouvons apercevoir (*einsehen*) la nécessité.

Nous avons vu, dans le précédent chapitre, que tout ce qui se présente comme objet de la volonté, anté-

---

[1] Barni dit : *estime de soi-même*; Abbot : *to self-esteem*; Born : *omnia jura observandi sui ipsius*. (F. P.)

[2] Traduction littérale de *die Gewissheit einer Gesinnung*. Born donne *ipsa sententiæ certitudo*; Barni, *la conscience d'une intention*; Abbot *the certainty of a state of mind*. (F. P.)

rieurement à la loi morale, est exclu des principes déterminants de la volonté que nous avons nommés (*unter dem Namen*) le bien inconditionné [1], par cette loi elle-même qui est la condition suprême de la raison pratique, et que la simple forme pratique, qui consiste dans l'aptitude des maximes à une législation universelle, détermine d'abord ce qui est bon en soi et absolument (*schlechterdings*) et fonde la maxime d'une volonté pure, qui seule est bonne à tous égards. Or, nous trouvons notre nature, comme êtres sensibles, constituée de telle sorte que la matière de la faculté de désirer (les objets du penchant, soit de l'espérance, soit de la crainte), s'impose d'abord et que notre moi (*Selbst*) pathologiquement déterminable, bien qu'il soit tout à fait impropre par ses maximes à une législation universelle, s'est efforcé cependant, comme s'il formait notre moi tout entier, de faire valoir d'abord ses prétentions comme premières et originelles (*ersten und ursprünglichen*). On peut nommer cette tendance à se faire soi-même, d'après les principes subjectifs de détermination de son libre arbitre (*Willkühr*), principe objectif de détermination de la volonté (*Willens*) [2] en général, l'*amour de soi* (*Selbstliebe*) qui, s'il se donne pour législateur et comme principe pratique inconditionné, peut s'appeler *présomption* (*Eigendünkel*). Or la loi morale, qui seule est vraiment (c'est-à-dire à tous égards) objective, exclut tout à fait l'influence de

[1] Nous traduisons ainsi et non par *absolu* comme Barni le mot *Unbedingt*. Voyez p. 16. (F. P.)

[2] On voit, par l'opposition établie ici par Kant, qu'on ne peut traduire par le même mot *volonté*, les expressions *Wille* ou *Willen* et *Willkühr*. Voyez p. 31, 42, 48, 74. (F. P.)

l'amour de soi sur le principe pratique suprême et porte un préjudice infini à la présomption, qui prescrit comme des lois les conditions subjectives de l'amour de soi. Mais ce qui porte préjudice à notre présomption dans notre propre jugement, nous humilie. Donc la loi morale humilie inévitablement tout homme, quand il compare avec cette loi la tendance sensible de sa nature. Ce dont la représentation, *comme principe déterminant de notre volonté*, nous humilie dans notre propre conscience, excite, en tant qu'il est positif et principe déterminant, le *respect* par soi-même. Donc la loi morale est aussi subjectivement un principe (*Grund*) de respect. Or comme tout ce qui se rencontre dans l'amour de soi, appartient au penchant, que tout penchant repose sur des sentiments, partant que tout ce qui porte préjudice à tous les penchants réunis dans l'amour de soi, a par cela même, nécessairement une influence sur le sentiment, nous comprenons comment il est possible de savoir (*einsehen*) *à priori* que la loi morale, en excluant les penchants et la tendance (*Hang*) à en faire la condition pratique suprême, c'est-à-dire l'amour de soi, de toute participation à la législation suprême, puisse exercer sur le sentiment une action (*Wirkung*) qui, d'un côté est simplement *négative*, et de l'autre, relativement au principe restrictif de la raison pure pratique, est *positive*. Mais il ne faut pas pour cela admettre, sous le nom de sentiment pratique ou moral, une espèce particulière de sentiment qui serait antérieur à la loi morale et lui servirait de fondement,

L'action négative sur le sentiment (du désagréable), est, comme toute influence sur le sentiment et comme tout sentiment en général, *pathologique*. Comme effet (*Wirkung*) de la conscience de la loi morale, par conséquent relativement à une cause intelligible, c'est-à-dire au sujet de la raison pure pratique, comme législatrice suprême, ce sentiment d'un sujet raisonnable, affecté par des penchants, s'appelle *humiliation* (mépris intellectuel), mais relativement au principe positif de cette cause, à la loi, il s'appelle en même temps respect pour la loi. Il n'existe pour cette loi aucun sentiment, mais dans le jugement de la raison, quand la loi écarte une résistance de la route, l'obstacle écarté est estimé à l'égal d'une action (*Beförderung*) positive de la causalité. C'est pour cela que ce sentiment peut aussi être nommé un sentiment de respect pour la loi morale, c'est pour ces deux raisons réunies qu'il peut être nommé *un sentiment moral*.

Donc de même que la loi morale est [1] un principe formel de détermination de l'action par la raison pure pratique, de même qu'elle est aussi sans doute un principe matériel mais objectif de détermination des objets de l'action sous le nom du bien et du mal (*unter dem Namen des Guten und Bösen*), elle est encore un principe subjectif de détermination, c'est-à-dire un mobile [2]

---

[1] Barni ajoute : *présentée comme*, qui n'est pas dans le texte et qu'il ne nous a pas plus qu'à Born et à Abbot, semblé nécessaire d'ajouter. (F. P.)

[2] Kant distingue nettement ici le *Bestimmungsgrund* du *Triebfeder*. Aussi avons-nous toujours traduit le premier par *principe de détermination* et réservé pour le second l'expression de *mobile*. Voyez p. 31, 38, 45, 54. (F. P.)

pour cette action par l'influence qu'elle exerce sur la moralité du sujet et par le sentiment qu'elle provoque, sentiment favorable (*beförderlich*)[1], à l'influence de la loi sur la volonté. Il n'y a point antérieurement dans le sujet de sentiment qui le déterminerait à la moralité. Car cela est impossible, parce que tout sentiment est sensible et que le mobile de l'intention morale doit être libre de toute condition sensible. Au contraire le sentiment sensible, qui est le fondement de tous nos penchants, est sans doute la condition du sentiment (*Empdfindung*)[2], que nous nommons respect, mais la cause de la détermination de ce sentiment réside dans la raison pure pratique, et par suite, ce sentiment ne peut, à cause de son origine, s'appeler *pathologique*, mais doit être appelé un *effet pratique* (*praktisch gewirkt*). Par cela même que la représentation de la loi morale enlève l'influence à l'amour de soi et l'illusion (*Wahn*) à la présomption, elle diminue l'obstacle pour la raison pure pratique et elle amène dans le jugement de la raison, la représentation de la supériorité de sa loi objective sur les impulsions (*Antriebe*) de la sensibilité, partant augmente relativement (par rapport à une volonté affectée par la sensibilité) le poids de la loi en écartant le contre-poids. Ainsi le respect pour la loi n'est pas un mobile pour la moralité, mais c'est la moralité même, considérée subjectivement comme mobile,

[1] Barni emploie *nécessaire*, qui paraît tout à fait inexact. Born traduit moins inexactement, *vim legis... promovet*. Abbot traduit par *conducible*. (F. P.)

[2] Nous employons ce mot avec Barni, parce qu'il nous semble impossible de se servir de *sensation*. Born emploie *sensatio*, Abbot *impression*. (F. P.)

tandis que la raison pure pratique, par le fait qu'elle anéantit toutes les prétentions de l'amour de soi, en opposition avec elle, donne de l'autorité à la loi qui seule maintenant a de l'influence. Il est à remarquer ici que, de même que le respect est une action (*Wirkung*) sur le sentiment, partant sur la sensibilité d'un être raisonnable, il suppose les êtres, auxquels la loi morale impose le respect[1], sensibles, par conséquent finis (*diese Sinnlichkeit... die Endlichkeit voraussetze*); et que le respect pour la *loi* ne peut être attribué à un être suprême ou même à un être libre de toute sensibilité et chez lequel, par conséquent, la sensibilité ne peut être un obstacle pour la raison pratique.

Ce sentiment (sous le nom de sentiment moral), est donc exclusivement produit par la raison. Il ne sert ni à juger les actions ni à fonder la loi morale objective, mais simplement comme mobile à faire une maxime de cette loi en elle-même. Mais quel nom s'adapterait mieux à ce sentiment singulier, qui ne peut être comparé à aucun sentiment pathologique? Il est d'une nature si particulière, qu'il paraît être exclusivement aux ordres de la raison et même de la raison pure pratique.

Le *respect* s'applique toujours uniquement aux personnes, jamais aux choses. Les choses peuvent exciter en nous de l'*inclination* (*Neigung*) et même de l'*amour*, si ce sont des animaux (par exemple des chevaux, des chiens, etc.), ou aussi de la crainte, comme la mer, un

---

[1] Nous traduisons littéralement le passage, *denen das moralische Gesetz Achtung auferlegt*. Barni supprime sans raison *Achtung* et traduit auxquels s'impose la loi morale. (F. P.)

volcan, une bête féroce, mais jamais de *respect*. Une chose qui se rapproche beaucoup (*schon näher tritt*) de ce sentiment, c'est l'*admiration* et l'admiration comme affection, c'est-à-dire l'étonnement (*Erstaunen*), peut aussi s'appliquer aux choses, aux montagnes qui se perdent dans les nues, à la grandeur, à la multitude et à l'éloignement des corps célestes, à la force, et à l'agilité de certains animaux, etc. Mais tout cela n'est point du respect. Un homme peut être aussi pour moi un objet d'amour, de crainte ou d'une admiration qui peut même aller jusqu'à l'étonnement et cependant n'être pas pour cela un objet de respect. Son humeur badine, son courage et sa force, la puissance qu'il a d'après son rang parmi ses semblables, peuvent m'inspirer des sentiments (*Empfindungen*) [1] de ce genre, mais il manque toujours encore le respect intérieur à son égard. Fontenelle dit : *Devant un grand seigneur, je m'incline, mais mon esprit ne s'incline pas*. Je puis ajouter : Devant un homme de condition inférieure, roturière et commune (*niedrigen, bürgerlich-gemeinen Mann*) [2], en qui je perçois une droiture de caractère portée à un degré que je ne me reconnais pas à moi-même, *mon esprit s'incline*, que je le veuille ou non, et si haut que j'élève la tête pour ne pas lui laisser oublier ma supériorité. Pourquoi cela ? C'est que son exemple me présente une loi qui rabaisse ma présomption, quand je la compare avec ma conduite, c'est qu'il m'est prouvé

---

[1] Sur la traduction de ce mot, voyez note 2, p. 135. (F. P.)
[2] Barni traduit d'une façon peu précise : *Devant l'humble bourgeois*. Born dit mieux : *homine humili atque ignobili*; et Abbot : *an humble, plain man*. (F. P.)

par le fait que l'on peut obéir à cette loi, et par conséquent la *pratiquer* (*Befolgung, mithin die Thunlichkeit desselben*). Or, je puis être conscient d'avoir en moi une égale droiture de caractère, le respect n'en subsiste pas moins. Car, toute bonté (*alles Gute*) chez l'homme étant toujours imparfaite, la loi rendue visible (*anschaulich*) par un exemple, humilie cependant toujours mon orgueil : car l'imperfection, qui pourrait bien aussi s'attacher à l'homme que je vois devant moi, m'étant bien moins connue que la mienne, il m'apparaît dans un jour plus pur et me sert de mesure. Le *respect* est un *tribut* que nous ne pouvons refuser au mérite, que nous le voulions ou non ; si nous pouvons ne pas le laisser paraître extérieurement, nous ne pouvons nous empêcher cependant de l'éprouver intérieurement.

Le respect est *si peu* un sentiment de *plaisir* qu'on ne s'y laisse aller qu'à contre-cœur à l'égard d'un homme. On cherche à trouver quelque chose qui puisse en alléger le poids, une raison quelconque de blâme pour se dédommager de l'humiliation qui a été causée par un tel exemple. Les morts eux-mêmes, surtout si l'exemple qu'ils donnent paraît ne pouvoir être imité, ne sont pas toujours à l'abri de cette critique. Bien plus (*sogar*), la loi morale elle-même, dans sa *majesté solennelle*, est exposée à ce que les hommes tournent contre elle les efforts qu'ils font pour se défendre du respect (*ist diesem Bestreben, sich der Achtung dagegen zu erwehren, ausgesetzt*). Pense-t-on qu'il faille attribuer à une autre cause notre désir de rabaisser la loi morale à notre penchant familier? que nous prenions toutes les peines possibles pour faire de cette loi un précepte favori de notre propre intérêt bien entendu, pour d'autres raisons que pour nous débarrasser (*los werden*) de ce respect effrayant, qui nous montre si sévérement notre propre indignité? Mais il y a si peu en cela par contre un sentiment *de peine* que, si l'on a une fois renoncé à la présomption et donné à ce sentiment de respect une influence pratique, on ne peut se rassasier de contempler la majesté de cette loi et l'âme croit s'élever d'autant plus qu'elle voit cette loi sainte plus élevée au-dessus d'elle et de sa nature fragile. Sans doute de grands talents et une activité proportionnée à ces talents peuvent produire aussi du respect ou un sentiment analogue, cela est même tout à fait propre à leur être offert (*austāndig es ihnen zu widmen*), et il semble qu'en ce cas l'admiration soit identique avec ce sentiment. Mais si l'on y regarde de plus près, on remarquera que, comme le résultat demeure toujours incertain quand il s'agit dans l'habileté de faire la part du talent naturel et de la culture acquise par le travail personnel, la raison nous représente cette habileté comme étant probablement le fruit de la culture, partant comme un mérite qui rabaisse notablement notre présomption et nous fait des reproches à ce sujet, ou nous impose un exemple à suivre dans la mesure où il nous est approprié. Ce n'est donc pas simplement de l'admiration que ce respect que nous manifestons pour une telle personne (et qui, à proprement parler, s'adresse à la loi que son exemple nous présente). C'est ce qui est confirmé aussi par ce fait que le commun des admirateurs, s'il croit avoir été renseigné de quelque côté sur le mauvais côté du caractère d'un tel homme (comme de *Voltaire*, par exemple), renonce à tout respect pour lui, tandis que le vrai savant (*Gelehrte*)[1] éprouve encore toujours ce sentiment au moins pour ses talents, parce qu'il est lui-même engagé dans une œuvre et dans une état (*Beruf*) qui lui fait une loi, dans une certaine mesure, d'imiter son exemple.

Le respect pour la loi morale est donc le seul mobile moral et en même temps le seul mobile moral qui soit incontesté (*unbezweifelte*), et ce sentiment ne s'applique à aucun autre objet qu'au principe de cette loi. La loi morale détermine d'abord, objectivement et immédiatement, la volonté dans le jugement de la raison ; mais la liberté dont la causalité peut être déterminée simplement par la loi, consiste précisément à réduire (*einschränkt*)[2], tous les penchants, partant l'estimation de la personne elle-même à la condition de l'observation de sa loi pure. Or cette réduction a un effet sur le sentiment (*Gefühl*) et produit un sentiment (*Empfindung*)[3] de peine, qui peut être connu *à priori* par la loi morale. Comme c'est là un effet simplement *négatif* qui, résultant de l'influence d'une raison pure pratique, porte préjudice avant tout à l'activité du sujet, en tant qu'il a des penchants pour principes de détermination, par conséquent à l'opinion qu'il se fait de sa valeur person-

---

[1] Born traduit ce mot par *doctus*; Barni, par *instruit*; Abbot, par *scholar*. (F. P.)

[2] Barni traduit ce mot par *restreindre*. (F. P.)

[3] Voyez, pour l'emploi de cette expression, n. 2, p. 135.

nelle (qui se réduit à rien, s'il n'est en accord avec la loi morale), l'effet de cette loi sur le sentiment est simplement l'humiliation, que nous pouvons sans doute percevoir (*einsehen*) *à priori*, sans toutefois pouvoir connaître par elle la force de la loi pure pratique comme mobile, mais seulement la résistance aux mobiles de la sensibilité. Cependant comme cette même loi est objectivement, c'est-à-dire dans la représentation de la raison pure, un principe immédiat de détermination de la volonté et que par conséquent cette humiliation n'a lieu que relativement à la pureté de la loi, l'abaissement (*Herabsetzung*) des prétentions de l'estimation morale de soi-même, c'est-à-dire l'humiliation du côté sensible, est une élévation de l'estimation morale, c'est-à-dire pratique, de la loi elle-même du côté intellectuel, en un mot le respect pour la loi est aussi un sentiment, positif par sa cause intellectuelle, qui est connu *à priori*[1]. Car tout ce qui diminue les obstacles à une activité, en favorise par cela même le développement. Mais reconnaître la loi morale, c'est avoir conscience d'une activité de la raison pratique d'après des principes objectifs, qui ne révèle pas son effet dans des actions, simplement parce que des causes subjectives (pathologiques) l'en empêchent. Donc le respect pour la loi morale doit aussi être considéré comme un effet positif, mais indirect de cette loi sur le sentiment, en tant qu'il[2] affaiblit l'influence contrariante

---

[1] Voyez, p. 133.
[2] Le texte de Rosenkranz porte *jener*; Hartenstein y substitue *jenes*. Barni traduit comme s'il y avait *jene*. Nous suivons Hartenstein et faisons de *jenes* un pronom neutre *(cela)* qui rappelle l'idée exprimée ar *Achtung*. (F. P.)

(*hinderndend*) des penchants en humiliant la présomption, partant comme principe subjectif de l'activité, c'est-à-dire comme un *mobile* qui nous pousse à obéir à cette loi et comme un principe pour les maximes d'une conduite conforme à la loi. Du concept d'un mobile découle celui d'un *intérêt*, qui ne peut jamais être attribué à un être autre que celui qui est doué de raison et signifie un mobile de la volonté, en tant qu'il est *représenté par la raison*. Comme c'est la loi elle-même qui, dans une volonté moralement bonne, doit être le mobile, *l'intérêt moral* est un intérêt, pur et indépendant des sens, qui vient de la simple (*blossen*) raison pratique[1]. Sur le concept d'un intérêt se fonde aussi celui d'une *maxime*. Une maxime est donc véritablement morale seulement lorsqu'elle repose sur le simple intérêt que l'on prend à l'observation de la loi. Mais ces trois concepts, celui d'un mobile, celui d'un intérêt et celui d'une maxime ne peuvent être appliqués qu'à des êtres finis. Car ils supposent tous ensemble une limitation de la nature d'un être, puisque la nature subjective de son libre arbitre (*Willkühr*) ne s'accorde pas d'elle-même avec la loi objective d'une raison pratique; ils supposent un besoin d'être excités à l'activité, parce qu'un obstacle intérieur s'oppose à cette activité. Par conséquent, ces trois concepts ne peuvent être appliqués à la volonté divine.

Il y a ainsi quelque chose de particulier dans l'estime illimitée pour la loi morale pure, dépouillée de

---

[1] Barni ne traduit pas le mot *reines* placé devant *Interesse*, et rend par *pure* le mot *blossen*. Nous avons, comme Abbot, traduit littéralement. (F. P.)

tout avantage, telle que la présente à notre obéissance la raison pratique, dont la voix fait trembler même le criminel le plus hardi et l'oblige à se cacher à son aspect (*vor seinem Anblicke*)[1], de sorte qu'on ne doit pas s'étonner de trouver impénétrable, pour la raison spéculative, l'influence d'une idée simplement intellectuelle sur le sentiment et d'être obligé de se contenter si l'on peut encore *à priori* si bien voir (*einsehen*) qu'un tel sentiment est inséparablement lié à la représentation de la loi morale dans tout être raisonnable et fini. Si ce sentiment du respect était pathologique et par conséquent un sentiment du plaisir fondé sur le *sens* interne, il serait inutile de chercher à découvrir une liaison de ce sentiment avec quelque idée *à priori*. Mais c'est un sentiment qui a simplement rapport à la pratique et dépend de la représentation d'une loi, exclusivement d'après sa forme et non à cause d'un objet quelconque de cette loi, partant il ne peut être rapporté ni au plaisir ni à la douleur, et cependant il produit par l'obéissance à la loi un *intérêt* que nous nommons *moral*; de même que la capacité (*Fähigkeit*)[2] de prendre un tel intérêt à la loi (ou le respect pour la loi morale même), est proprement le *sentiment moral*.

La conscience d'une *libre* soumission de la volonté à la loi, unie cependant à une *coercition* (*Zwang*) inévitable, qui est exercée sur tous les penchants, mais seulement par notre propre raison, est donc le respect

---

[1] Nous traduisons littéralement. L'image est singulière : il s'agit de la raison pratique dont la voix peut bien faire trembler, mais dont on ne sait trop comment fuir l'aspect. (F. P.)

[2] Nous traduisons ainsi ce mot avec Abbot, et non par *faculté*, comme Barni et Born. (F. P.)

pour la loi. La loi qui exige et en même temps inspire ce respect n'est autre, comme on le voit, que la loi morale (car aucune autre n'exclut tous les penchants de l'exercice d'une influence immédiate sur la volonté)[1]. L'action qui, d'après cette loi, à l'exclusion de tout principe de détermination tiré du penchant, est objectivement pratique, s'appelle *devoir* et le devoir, en raison de cette exclusion, contient dans son concept une *contrainte* (*Nöthigung*) pratique, c'est-à-dire une détermination à certaines actions, si peu volontiers (*so ungerne*) qu'on la prenne. Le sentiment, qui résulte de la conscience de cette contrainte, n'est pas pathologique, comme un sentiment qui serait produit par un objet des sens, mais seulement pratique, c'est-à-dire possible par une détermination antérieure (objective) de la volonté et une causalité de la raison. Il ne contient donc en soi, comme *soumission* à une loi, c'est-à-dire comme commandement (ce qui indique coercition pour le sujet sensiblement affecté) aucun plaisir ; mais en tant que tel, il contient plutôt du déplaisir attaché à l'action. En revanche, comme cette coercition est exercée simplement par la législation de *notre propre* raison, il contient aussi quelque chose qui *élève* (*Erhebung*), et l'effet subjectif sur le sentiment, en tant que la raison pure pratique en est la cause unique, peut donc s'appeler, relativement à cette élévation, simplement *approbation de soi-même* (*Selbstbilligung*), parce

---

[1] Traduction de ce passage : *von der Unmittelbarkeit ihres Einflusses auf den Willen*; Abbot donne, *From exercising any direct influence on the will*; Barni, *De l'influence immédiate qu'elle exerce sur la volonté*. (F. P.)

qu'on se reconnaît déterminé à cela en dehors de tout intérêt, simplement par la loi et qu'on a conscience bien plutôt d'un intérêt tout autre, produit subjectivement par cela même, qui est purement pratique et *libre*, qu'un penchant ne nous conseille pas de prendre à une action conforme au devoir, mais que la raison nous ordonne absolument d'y prendre par la loi pratique, qu'elle y produit réellement; et c'est pourquoi il mérite un nom tout à fait particulier, à savoir celui de respect.

Le concept du devoir réclame donc *objectivement* de l'action l'accord avec la loi, et subjectivement de la maxime de l'action, le respect pour la loi comme le mode de détermination unique de la volonté par la loi. Et c'est là-dessus que repose la différence entre la conscience d'avoir agi *conformément au devoir* (*pflichtmässig*) et d'avoir agi *par devoir* (*aus Pflicht*), c'est-à-dire par respect pour la loi. La première manière d'agir (la légalité = *Legalität*) est encore possible quand même des penchants auraient été simplement les principes déterminants de la volonté, la seconde (*la moralité*), la valeur morale [1], doit être placée exclusivement en cela que l'action a lieu par devoir, c'est-à-dire purement et simplement en vue de la loi [*].

[1] Barni traduit *der moralische Werth* par *qui seule donne aux actions une valeur morale*. Nous traduisons littéralement. (F. P.)

[*] Si l'on examine soigneusement le concept du respect pour les personnes, comme il a été antérieurement présenté, on s'apercevra que toujours il repose sur la conscience d'un devoir que nous montre un exemple, et que, par conséquent, le respect ne peut jamais avoir qu'un fondement moral; qu'il est très bon et même, au point de vue psychologique, très utile pour la connaissance des hommes, de faire attention, partout où nous employons cette expression, à la défé-

Il est de la plus haute importance, dans tous les jugements moraux, d'examiner avec attention et avec une exactitude extrême le principe subjectif de toutes les maximes, pour que toute moralité des actions soit posée dans la nécessité d'agir *par devoir* et par respect pour la loi, non par amour et par inclination pour ce que les actions doivent produire. Pour des hommes et pour tous les êtres raisonnables créés, la nécessité morale est *contrainte* (*Nöthigung*), c'est-à-dire *obligation* (*Verbindlichkeit*) et toute action fondée là-dessus doit être représentée comme un *devoir* et non comme une manière d'agir qui, par elle-même, nous plaît déjà ou qui peut devenir agréable pour nous. Comme si nous ne pouvions jamais en venir à ce point que, sans ce respect pour la loi qui est lié à la crainte ou au moins à l'appréhension de la transgresser, nous soyons capables, comme la divinité supérieure à toute dépendance, d'entrer de nous-mêmes, par un accord devenu en quelque sorte naturel pour nous et ne devant jamais être troublé, de notre volonté avec la loi morale pure (qui, par conséquent, comme nous ne serions jamais tentés de lui être infidèles, cesserait tout à fait alors d'être un commandement pour nous), en possession d'une *sainteté* de la volonté.

La loi morale est en effet pour la volonté d'un être parfait (*allervollkommensten*) une loi de *sainteté*, mais pour la volonté de tout être fini et raisonnable, c'est une loi de *devoir*, de contrainte morale, qui le détermine

---

rence secrète, digne d'admiration et pourtant assez fréquente, que l'homme manifeste dans ses jugements pour la loi morale.

à agir par respect pour cette loi et par soumission au devoir. Un autre principe subjectif ne doit (*muss*) pas être pris pour mobile, car autrement l'action peut sans doute se présenter, comme le prescrit la loi, mais bien que conforme au devoir, elle n'a pas lieu par devoir, l'intention, dont il s'agit essentiellement pourtant dans cette législation, n'en est pas morale.

Il est très beau de faire du bien aux hommes par amour pour eux et par bienveillance sympathique, ou d'être juste par amour de l'ordre, mais ce n'est pas là encore pour notre conduite la véritable maxime morale, qui est appropriée à notre situation parmi des êtres raisonnables, *comme hommes*, si nous nous permettons, comme des soldats volontaires, de nous mettre par un orgueil chimérique (*mit stolzer Einbildung*) bien au-dessus de la pensée du devoir et de vouloir, comme indépendants du commandement, faire simplement d'après notre propre plaisir ce pour quoi aucun commandement ne nous serait nécessaire. Nous sommes soumis à une *discipline* de la raison et nous ne devons, dans toutes nos maximes, ni oublier la soumission à cette dernière, ni en rien retrancher, ni diminuer avec une présomption égoïste l'autorité de la loi (quoique ce soit notre propre raison qui la lui donne), en plaçant le principe déterminant de notre volonté, quoique conformément à la loi, en autre chose cependant que dans la loi elle-même et dans le respect pour cette loi. Devoir (*Pflicht*) et obligation (*Schuldigkeit*)[1] sont les dénominations

---

[1] Nous traduisons ainsi ce dernier mot, avec Barni et Abbot, quoiqu'il faille le distinguer de *Verbindlichkeit*, que nous avons traduit par

que seules nous devons donner à notre rapport à la loi morale. Nous sommes sans doute des membres législateurs d'un royaume moral, qui est possible par la liberté et qui nous est représenté par la raison pratique comme un objet de respect, mais en même temps nous en sommes les sujets et non le souverain, et méconnaître notre position inférieure comme créatures, rejeter présomptueusement l'autorité de la loi sainte, c'est déjà faire défection à la loi en esprit, quand même on en remplirait la lettre.

Avec cette façon de voir (*hiemit*) s'accorde fort bien la possibilité d'un commandement comme celui-ci : *Aime Dieu par-dessus tout et ton prochain comme toi-même**. Car il exige, comme commandement, le respect pour une loi qui *commande l'amour* et n'abandonne pas à un choix arbitraire le soin de nous en faire un principe. Mais l'amour de Dieu est impossible comme penchant (comme amour pathologique), car Dieu n'est pas un objet des sens. L'amour envers les hommes est possible, à vrai dire, mais il ne peut être commandé, car il n'est au pouvoir d'aucun homme d'aimer quelqu'un simplement par ordre. C'est donc simplement *l'amour pratique* qui est compris dans ce noyau de toutes les lois. Aimer Dieu signifie dans cette acception exécuter *volontiers* ses commandements ; aimer le prochain signifie pratiquer *volontiers* tous ses

---

obligation ; mais nous ne voyons aucune autre expression qui puisse être employée. Born se sert de *debitum*. (F. P.)

* Le principe du bonheur personnel, dont quelques-uns veulent faire le principe suprême de la moralité, forme un contraste frappant avec cette loi. Ce principe s'énoncerait ainsi : *Aime-toi par-dessus tout, et Dieu et ton prochain pour l'amour de* (um... willen) *toi-même.*

devoirs envers lui. Mais l'ordre qui nous en fait une règle ne peut pas non plus commander *d'avoir* cette intention (*Gesinnung*)[1] dans les actions conformes au devoir, mais simplement d'y *tendre*. Car le commandement que l'on doit faire quelque chose volontiers est en soi contradictoire, parce que si nous savons déjà par nous-mêmes ce que nous sommes obligés de faire, si nous avions, en outre, conscience de le faire volontiers, un commandement à cet égard serait tout à fait inutile, et si nous le faisons, non pas de notre plein gré (*gerne*), mais seulement par respect pour la loi, un commandement, qui fait justement de ce respect le mobile de la maxime, agirait précisément d'une façon contraire à l'intention ordonnée. Cette loi de toutes les lois présente donc, comme tout précepte moral de l'Évangile, l'intention morale[2] dans toute sa perfection, de même qu'elle est comme un idéal de la sainteté que ne peut atteindre aucune créature, et qui cependant est le modèle (*Urbild*) dont nous devons nous efforcer de nous rapprocher par un progrès ininterrompu, mais infini. Si une créature raisonnable pouvait jamais en venir à ce point d'accomplir tout à fait *volontiers* (*gerne*) toutes les lois morales, cela signifierait qu'il ne peut se trouver, même une fois en elle la possibilité d'un désir qui l'excite à s'en écarter, car la victoire sur un tel désir coûte toujours un sacrifice au

---

[1] Sur la traduction de ce mot, voyez la note 1, p. 151. (F. P.)
[2] Nous traduisons littéralement l'expression *sittliche Gesinnung*, qui a un sens précis chez Kant, et que Barni rend, à tort, ce semble, par *moralité*. Born donne *mentem moralem*; Abbot, *the moral disposition*. (F. P.)

sujet et nécessite par conséquent une coercition sur soi-même (*Selbstzwang*), c'est-à-dire une contrainte interne (*innere Nöthigung*)[1] pour ce qu'on ne fait pas tout à fait volontiers. Mais une créature ne peut jamais parvenir à ce degré d'intention morale. Comme, en effet, elle est une créature, partant toujours dépendante par rapport à ce qu'elle réclame pour être complètement contenté de son état, elle ne peut jamais être tout à fait libre de désirs et de penchants. Or, les penchants et les désirs, qui reposent sur des causes physiques, ne s'accordent pas d'eux-mêmes avec la loi morale qui a de tout autres sources; par conséquent ils rendent toujours nécessaire, relativement à eux-mêmes, de fonder l'intention de ses maximes sur la contrainte (*Nöthigung*) morale, non sur un attachement empressé, mais sur le respect que *réclame* l'obéissance à la loi, quoique ce respect se produise malgré nous (*ungerne*), non sur l'amour qui ne craint aucun refus intérieur de la volonté à l'égard de la loi. Mais il faut cependant faire de ce dernier, c'est-à-dire du simple amour de la loi (qui cesserait alors d'être un *ordre*, et la moralité, élevée subjectivement à la sainteté, d'être *vertu*) le but constant, bien qu'inaccessible, de ses efforts. En effet, dans ce que nous estimons hautement[2], mais que toutefois (à cause de la conscience de notre

---

[1] Il est difficile de rendre en français les termes de *Zwang* et de *Nöthigung*. Barni les traduit par le seul mot *contrainte*; Born, par *coactione tui ipsius, hoc est, interna*; Abbot, par *self-compulsion, inward constraint*. Voyez n. 1, p. 54. (F. P.)

[2] Il n'y a aucune raison pour traduire comme Barni, *par-dessus tout*; puisque le texte porte *hochschätzen*. Born dit *quod magni facimus*; Abbot, *highly esteem*. (F. P.)

faiblesse) nous craignons, la crainte respectueuse, par la facilité plus grande à lui donner satisfaction, se change en inclination (*Zuneigung*) et le respect en amour ; ce serait au moins la perfection d'une intention consacrée à la loi, s'il était jamais possible à une créature de l'atteindre.

Cette considération n'a pas ici pour but de ramener le commandement évangélique cité plus haut à des concepts clairs, afin de prévenir le fanatisme religieux (*Religionsschwärmerei*), relativement à l'amour de Dieu, mais de déterminer exactement l'intention morale, immédiatement aussi par rapport aux devoirs envers les hommes, et d'arrêter, ou si c'est possible, de prévenir un *fanatisme simplement moral*, qui infecte beaucoup d'esprits. Le degré moral, où est placé l'homme (et autant que nous pouvons le savoir, toute créature raisonnable), c'est le respect pour la loi morale. L'intention [1] qui lui est imposée pour observer la loi, c'est de l'observer par devoir, non par un penchant volontaire (*freiwilliger*), ni même par un effort non commandé et volontiers tenté par lui-même, et l'état moral dans lequel il peut toujours être, c'est la *vertu*, c'est-à-dire l'intention morale *dans la lutte* et non la *sainteté* dans la *possession* présumée (*vermeinten*) d'une parfaite pureté des intentions de la volonté. C'est à un pur (*lauter*) fanatisme moral, à un accroissement de la présomption qu'on dispose les esprits, en les excitant à des ac-

---

[1] Barni traduit le mot *Gesinnung* par *disposition*; Born, par *mens*; Abbot, par *disposition*. Nous préférons employer le mot *intention*, dont le sens est plus précis et convient mieux pour l'expression de la pensée de Kant. (F. P.)

tions présentées comme nobles, sublimes, magnanimes et en les jetant par là dans cette illusion que ce n'est pas le devoir, c'est-à-dire le respect pour la loi, dont ils *devraient* supporter le joug (qui cependant est doux, puisque c'est la raison elle-même qui nous l'impose), quand même ce serait à regret (*ungern*), qui constitue le principe déterminant de leurs actions et qui les humilie encore pendant qu'ils la suivent (qu'ils lui *obéissent*), mais qu'on attend d'eux ces actions comme un pur mérite (*Verdienst*) et non comme un devoir. Car non seulement, en imitant de tels actes, d'après un tel principe, ils n'auraient pas le moins du monde satisfait à l'esprit de la loi, lequel consiste dans la soumission de l'intention à la loi et non dans la conformité (*Gesetzmässigkeit*)[1] des actions à la loi (quel que soit le principe); mais en posant le mobile *pathologiquement* (dans la sympathie ou même dans l'amour de soi), non moralement (dans la loi), ils produisent de cette façon une manière de penser frivole, superficielle, fantastique d'après laquelle ils attribuent une bonté spontanée (*freiwilligen*) à leur esprit (*Gemüths*), qui n'aurait besoin ni d'aiguillon ni de frein, pour lequel aucun commandement ne serait nécessaire, et ils oublient à ce sujet leur obligation (*Schuldigkeit*)[2] à laquelle ils devraient cependant songer avant de songer au mérite. Sans doute, les actions des autres, qui ont été accomplies avec un grand esprit de sacrifice (*Aufopferung*) et simplement par amour du devoir, peu-

---

[1] Sur la traduction de ce mot, voyez n. 1, p. 4 et 127. (F. P.)
[2] Sur la traduction de ce mot, voyez n. 1, p. 147. (F. P.)

vent être vantées comme des faits nobles et *sublimes*, mais seulement autant qu'il y a encore là des traces qui permettent de conjecturer qu'elles ont été faites entièrement par respect pour le devoir et non par un mouvement du cœur (*aus Herzensaufwallungen*). Mais si on veut les présenter à quelqu'un comme des exemples à suivre, on doit alors absolument employer comme mobile le respect pour le devoir = *Achtung für Pflicht* (comme le seul sentiment moral véritable), ce précepte sévère et saint qui ne permet pas à notre vain amour de nous-mêmes (*Selbstliebe*) de se jouer avec des impulsions (*Antrieben*) pathologiques (en tant qu'elles sont analogues à la moralité) et de nous enorgueillir de notre mérite (*uns auf verdienstlichen Werth was zu Gute zu thun*). Si nous cherchons bien, nous trouverons déjà, pour toutes les actions qui sont dignes d'éloges, une loi du devoir qui *commande* et ne nous laisse pas choisir à notre gré ce qui pourrait être agréable à notre tendance (*Hang*). C'est là le seul mode de représentation (*Darstellungsart*) qui forme l'âme moralement, parce que c'est le seul qui soit capable de principes solides et exactement déterminés.

Si le *fanatisme* (*Schwärmerei*)[1], dans sa signification la plus générale, entreprend, d'après des principes, de dépasser (*eine nach Grundsätzen unternommene Ueberschreitung*) les limites de la raison humaine, le *fanatisme moral* entreprend de dépasser les limites que la raison pure pratique pose à l'humanité, en nous défendant de placer

---

[1] Sur ce mot, voyez p. 126. (F. P.)

le principe subjectif de détermination des actions conformes au devoir, c'est-à-dire leur mobile moral, ailleurs que dans la loi elle-même et l'intention, qui par là est placée dans les maximes, ailleurs que dans le respect pour cette loi, partant en nous ordonnant de prendre la pensée du devoir, qui détruit toute *arrogance* (*Arroganz*) comme tout vain *amour de soi*, pour *principe de vie suprême*[1] de toute la moralité dans l'humanité.

S'il en est ainsi, ce ne sont pas seulement les romanciers ou les éducateurs sentimentaux = *empfindelnde Erzieher* (bien qu'ils s'emportent beaucoup encore contre la sensiblerie), mais parfois les philosophes eux-mêmes, bien plus les plus austères de tous, les stoïciens qui ont introduit, à la place d'une discipline morale, sobre mais sage, un *fanatisme moral*, quoique le fanatisme des derniers soit plus héroïque, celui des premiers plus fade et plus attendrissant ; et l'on peut, sans hypocrisie, répéter en toute vérité de la doctrine morale de l'Évangile, qu'elle a la première, par la pureté du principe moral, mais en même temps par sa convenance (*Angemessenheit*) avec les limites des êtres finis, soumis toute bonne conduite (*Wohlverhalten*) de l'homme à la discipline d'un devoir qui, placé sous ses yeux, ne les laisse pas s'égarer dans des perfections morales imaginaires, et qu'elle a posé des bornes de l'humilité[2]

---

[1] Nous rendons ainsi avec Born *Lebensprincip*, et non comme Barni et Abbot par *principe vital*, expression qui a un sens déterminé et tout différent dans notre langue philosophique. (F. P.)

[2] Nous traduisons littéralement le passage *die sie nicht unter moralischen geträumten Vollkommenheiten schwärmen lässt... Schranken der Demuth gesetzt habe.* — Barni donne : *Ne lui permet pas de s'attribuer une perfection morale chimérique et d'avoir ainsi rappelé à la modestie*

(c'est-à-dire de la connaissance de soi-même), à la présomption et à l'amour de soi, qui tous deux méconnaissent volontiers leurs limites.

Devoir ! nom sublime et grand, toi qui ne renfermes rien en toi d'agréable, rien qui implique insinuation, mais qui réclames la soumission, qui cependant ne menaces de rien de ce qui éveille dans l'âme (*Gemüthe*) une aversion naturelle et épouvante, pour mettre en mouvement la volonté, mais poses simplement une loi qui trouve d'elle-même accès dans l'âme (*Gemüthe*)[1] et qui cependant gagne elle-même malgré nous, la vénération (sinon toujours l'obéissance), devant laquelle se taisent tous les penchants, quoiqu'ils agissent contre elle en secret; quelle origine est digne de toi et où trouve-t-on la racine de ta noble tige, qui repousse fièrement toute parenté avec les penchants, racine dont il faut faire dériver, comme de son origine, la condition indispensable de la seule valeur que les hommes peuvent se donner à eux-mêmes ?

Ce ne peut être rien de moins que ce qui élève l'homme au-dessus de lui-même (comme partie du monde sensible), ce qui le lie à un ordre de choses que l'entendement seul peut concevoir et qui en même temps commande (*unter sich hat*) à tout le monde sensible et avec lui à l'existence, qui peut être déterminée empiriquement, de l'homme dans le temps, à l'ensemble de toutes les fins (qui est uniquement conforme à ces lois

— Abbot traduit plus exactement la dernière partie par *that it also set the bounds of humility*. (F. P.)

[1] Born emploie, pour traduire ce mot, dont le sens est d'ailleurs assez vague, *animo*; Barni, *âme*; et Abbot, *mind*. (F. P.)

pratiques et inconditionnées comme la loi morale). Ce n'est pas autre chose que la *personnalité*, c'est-à-dire la liberté et l'indépendance à l'égard du mécanisme de la nature entière, considérée cependant en même temps comme un pouvoir d'un être qui est soumis à des lois spéciales, c'est-à-dire aux lois pures pratiques données par sa propre raison, de sorte que la personne, comme appartenant au monde sensible, est soumise à sa propre personnalité, en tant qu'elle appartient en même temps au monde intelligible. Il n'y a donc pas à s'étonner que l'homme, appartenant à deux mondes, ne doive considérer son propre être, relativement à sa seconde et à sa plus haute détermination[1], qu'avec vénération et les lois auxquelles il est en ce cas soumis, qu'avec le plus grand respect.

Sur cette origine se fondent quelques expressions qui désignent la valeur des objets d'après des idées morales. La loi morale est *sainte* (inviolable). L'homme sans doute est assez profane[2] (*unheilig genug*), mais l'*humanité*, dans sa personne, doit être sainte pour lui. Dans la création tout entière, tout ce qu'on veut (*will*) et ce sur quoi on a quelque pouvoir peut être employé *simplement comme moyen;* l'homme seulement, et avec lui toute créature raisonnable, est *fin en soi*. C'est qu'il est le sujet de la loi morale, qui est sainte, en vertu

---

[1] Born et Barni se servent de *destinatio* et de *destination*. Nous préférons traduire, comme nous l'avons fait, le mot *Bestimmung*. Abbot se sert de *characteristic*. Voyez la n. 1, p. 144. (F. P.)

[2] Nous employons ce mot comme synonyme de *non-saint*, dans le sens que Born donne au mot *profanus*, au lieu de traduire assez inexactement, comme Barni, par *l'homme n'est pas saint*. Abbot dit *unholy enough*. (F. P.)

de l'autonomie de sa liberté. Pour cette raison, toute volonté, même la volonté propre à chaque personne, dirigée sur la personne elle-même, est astreinte à la condition de l'accord avec l'*autonomie* de l'être raisonnable, c'est-à-dire à ne le soumettre à aucun but qui n'est pas possible d'après une loi pouvant tirer son origine de la volonté du sujet passif (*leidenden*)[1] lui-même, par conséquent à ne jamais employer le sujet simplement comme moyen, mais conjointement avec elle-même comme fin[2]. Nous imposons cette condition avec raison, même à la volonté divine, relativement aux êtres raisonnables qui sont dans le monde comme ses créatures, puisqu'elle repose sur la *personnalité*, par laquelle seule elles sont des fins en soi.

Cette idée de la personnalité qui éveille le respect, qui nous met devant les yeux la sublimité de notre nature (d'après sa détermination), en nous faisant remarquer en même temps le défaut d'accord de notre conduite avec elle, et en abaissant par cela même la présomption, est naturelle, même à la raison humaine la plus commune, et aisément remarquée. Tout homme, même médiocrement honorable (*ehrlicher*), n'a-t-il pas trouvé quelquefois qu'il s'est abstenu d'un mensonge, d'ailleurs inoffensif, par lequel il pouvait ou se tirer lui-même d'une affaire désagréable ou procurer quelque avantage à un ami cher et plein de mérite, pour avoir le droit (*dürfen*) de ne pas se mépriser en secret à ses propres

---

[1] Barni dit, *du sujet même qui souffre l'action*. (F. P.)

[2] Nous traduisons ainsi *sondern zugleich selbst als Zweck*. Born dit : *Sed simul qua fine ipso utendi*; Barni ne rend pas *zugleich selbst*; Abbot donne *but as itself also, concurrently, an end*. (F. P.)

yeux? Est-ce qu'un honnête homme n'est pas soutenu, dans les plus grands malheurs de la vie, qu'il pouvait éviter si seulement il avait pu se mettre au-dessus du devoir, par la conscience d'avoir en sa personne maintenu l'humanité dans sa dignité (*Würde*), de l'avoir honorée, de n'avoir pas de raison pour rougir de lui-même à ses propres yeux et pour craindre le spectacle intérieur de l'examen de conscience (*Selbstprüfung*)? Cette consolation n'est pas le bonheur, elle n'en est pas même la plus petite partie. Car aucun homme ne souhaitera d'avoir l'occasion de l'éprouver, ne souhaitera peut-être pas même une vie dans de telles circonstances. Mais il vit et ne peut supporter d'être à ses propres yeux indigne de vivre. Cette tranquillité intérieure est donc simplement négative par rapport à tout ce qui peut rendre la vie agréable, c'est-à-dire qu'elle écarte le danger (*nämlich sie ist die Abhaltung der Gefahr*) de décroître en valeur personnelle, quand on a complètement déjà renoncé à la valeur de sa situation[1]. Elle est l'effet d'un respect pour quelque chose qui est tout à fait autre que la vie et auprès duquel au contraire, en comparaison et en opposition, la vie avec tout son charme (*Annehmlichkeit*) n'a aucune valeur. Il ne vit plus que par devoir, non parce qu'il trouve le moindre agrément à vivre.

Tel est le véritable mobile de la raison pure pratique;

---

[1] Nous traduisons ainsi le passage, *nachdem der seines Zustandes von ihm schon gänzlich aufgegeben worden*. Born donne *postcaquam de pretio conditionis suae penitus desperassent*; Barni, *après avoir perdu tout le reste*; Abbot, *after everything else that is valuable has been lost*. Voyez ce que Kant dit, p. 150. (F. P.)

il n'est autre que la pure loi morale elle-même, en tant qu'elle nous fait sentir la sublimité de notre propre existence supra-sensible et que subjectivement, dans des hommes qui ont conscience en même temps de leur existence sensible et de la dépendance qui en résulte pour eux relativement à leur nature, en tant qu'elle est pathologiquement affectée, elle produit du respect pour leur plus haute détermination [1]. Or à ce mobile peuvent s'associer fort bien assez de charmes (*Reize*) et d'agréments (*Annehmlichkeiten*) de la vie, pour que, même à ce seul point de vue, le choix le plus prudent d'un Épicurien raisonnable et réfléchissant sur le plus grand avantage (*Wohl*) de la vie, se porte déjà sur la bonne conduite morale ; et il peut même être utile de lier cette perspective d'une vie joyeuse et agréable (*fröhlichen Genuss des Lebens*) avec ce mobile (*Bewegursache*) suprême et déjà par lui-même suffisamment déterminant, mais seulement pour contrebalancer les séductions que le vice ne manque pas de faire miroiter du côté opposé, non pour y placer la puissance proprement motrice [2], même au moindre degré, quand il s'agit du devoir. Car cela équivaudrait à vouloir corrompre [3] à sa source l'intention morale.

---

[1] Nous traduisons ainsi, comme précédemment, le mot *Bestimmung*, Born se sert de *destinatio*; Barni, de *destination*, et semblent ainsi altérer la pensée de Kant, en l'exagérant. Abbot traduit beaucoup mieux, par *their higher nature*. (F. P.)

[2] Traduction littérale de *die eigentliche bewegende Kraft*. Barni paraphrase le passage et donne, *un véritable mobile de détermination*. Born, *propria vis movens*, et Abbot, *the proper moving power*, rendent exactement les mots allemands. (F. P.)

[3] Nous traduisons ainsi le mot *verunreinigen*. Born emploie *contaminare*; Barni, *empoisonner*; Abbot, *to taint the purity*. (F. P.)

La majesté du devoir n'a rien à faire avec la jouissance de la vie; elle a sa loi propre, elle a son tribunal particulier et quand même on voudrait secouer ensemble les deux choses, pour les mêler et les présenter comme un remède à l'âme malade, elles se sépareraient aussitôt d'elles-mêmes ; si elles ne le faisaient pas, la première n'agirait plus du tout, et quand même la vie physique y gagnerait quelque force, la vie morale s'évanouirait sans retour.

EXAMEN CRITIQUE

DE

L'ANALYTIQUE DE LA RAISON PURE PRATIQUE

Par l'examen critique (*kritischen Beleuchtung*) d'une science ou d'une partie de cette science, qui forme par elle-même un système, je comprends la recherche et la justification (*Rechtfertigung*) [1] des raisons pour lesquelles (*warum*) elle doit précisément avoir cette forme systématique et aucune autre, quand on la compare avec un autre système qui a pour principe un pouvoir semblable de connaître. Or la raison pratique et la raison spéculative ont pour fondement un pouvoir identique (*einerlei*) de connaître, en tant qu'elles sont l'une et l'autre *raison pure*. Par conséquent la différence de la forme systématique de l'une et de celle de l'autre devra être déterminée, en même temps que sera indiquée la raison de cette différence, par la comparaison de la première avec la seconde.

L'analytique de la raison pure théorique s'occupait de la connaissance des objets, qui peuvent être donnés

---

[1] *Deductionem* (Born), *vérification* (Barni), *proof* (Abbot). (F. P.)

à l'entendement et devait ainsi partir de *l'intuition*, par conséquent (puisque celle-ci est toujours sensible) de la sensibilité; de là, passer ensuite aux concepts (des objets de cette intuition); elle pouvait, seulement après cette double préparation [1], finir par des *principes*. Au contraire, comme la raison pratique a affaire, non avec des objets pour les *connaître*, mais avec le pouvoir qui lui appartient en propre de *réaliser* ces objets (conformément à la connaissance qu'elle en a,) c'est-à-dire avec une volonté, qui est une causalité, en tant que la raison contient le principe déterminant de celle-ci [2]; comme par conséquent elle n'a à indiquer aucun objet de l'intuition, mais (parce que le concept de la causalité contient toujours la relation à une loi, qui détermine l'existence des éléments divers = *Mannigfaltigen* dans leurs rapports les uns avec les autres) comme raison pratique, *seulement* à en indiquer une *loi*, une critique de *l'analytique* de la raison pratique doit, en tant que celle-ci doit être pratique (ce qui est le vrai problème), commencer par la *possibilité des principes pratiques à priori*. De là seulement, elle pouvait passer aux *concepts* des objets d'une raison pratique, c'est-à-dire à ceux du bien et du mal absolus (*schlechthin Guten und Bösen*) pour les donner d'abord conformément à ces principes (car ces concepts ne peuvent, antérieurement à ces principes, être donnés comme

---

[1] Le texte porte : *nurnach beider Voranschickung*; Born donne *nisi ambabus præmissis*. (F. P.)

[2] Born fait rapporter *derselben* à objets; Barni et Abbot semblent le rattacher à causalité, comme nous l'avons fait nettement nous-même. (F. P.)

bien et comme mal [1] par aucun pouvoir de connaître), et c'est alors seulement qu'elle pouvait conclure cette partie avec le dernier chapitre, avec celui qui traite du rapport de la raison pure pratique à la sensibilité et de l'influence nécessaire, qui peut être connue *à priori*, de la première sur la seconde, c'est-à-dire du *sentiment moral*. L'analytique de la raison pure pratique se partageait donc, d'une façon tout à fait analogue à celle de la raison théorique, le champ tout entier des conditions de son usage, mais elle suivait un ordre inverse. L'analytique de la raison pure théorique était divisée en esthétique transcendantale et en logique transcendantale ; celle de la raison pure pratique l'est inversement en logique et en esthétique (s'il m'est permis d'employer ici simplement par analogie, ces dénominations, qui ne sont pas du tout d'ailleurs appropriées). La logique à son tour, était dans la première, divisée en analytique des concepts et analytique des principes, elle l'est ici en analytique des principes et analytique des concepts. L'esthétique avait là, en outre, deux parties à cause des deux espèces d'intuition sensible ; ici la sensibilité n'est pas du tout considérée comme capacité d'intuition, mais simplement comme sentiment (pouvant être un principe subjectif du désir) et sous ce rapport (*in Ansehung dessen*) la raison pure pratique n'admet aucune autre division.

[1] Le texte porte : *diese sind vor jenen Principien als Gutes und Böses durch gar kein Erkenntnissvermögen zu geben möglich*. Comme Born et Barni, nous rattachons *dies* à concepts; contrairement à Barni, nous faisons de *als Gutes und Böses* un appositif de *diese* et non de *principes*. (F. P.)

Il est aussi bien facile de voir (*einsehen*) pour quelle raison cette division en deux parties, avec sa subdivision, n'a pas été ici réellement suivie (comme on pouvait bien être d'abord, par l'exemple de la raison théorique, amené à l'essayer). En effet, comme c'est la *raison pure*, qui est considérée ici dans son usage pratique, en partant par conséquent de principes *à priori* et non de principes empiriques de détermination, la division de l'analytique de la raison pure pratique devra se faire comme celle d'un syllogisme (*Vernunftschlusses*) c'est-à-dire en allant du général dans la *majeure* (du principe moral), par une subsumption des actions possibles (comme bonnes ou mauvaises) sous ce principe[1], faite dans la *mineure*, à la *conclusion*, c'est-à-dire à la détermination subjective de la volonté (à un intérêt dans le bien pratiquement possible et à la maxime qui a là-dessus son fondement). Ces comparaisons feront plaisir à celui qui a pu se convaincre de l'exactitude des propositions qui se sont présentées dans l'analytique ; car elles lui donnent à bon droit l'espoir de pouvoir un jour peut-être pénétrer jusqu'à l'unité de la faculté tout entière de la raison pure (de la raison théorique aussi bien que de la raison pratique) et dériver toutes choses d'un seul principe ; ce qui est l'inévitable besoin de la raison humaine, qui ne trouve une satisfaction complète que dans une unité complètement systématique de ses connaissances.

Or si nous considérons maintenant aussi le contenu

---

[1] *Unter jenen* ; nous faisons rapporter, comme Barni, *jenen* à *principe*. (F. P.)

de la connaissance que nous pouvons avoir d'une raison pure pratique et par elle (*von... und durch*), tel que le montre l'analytique de cette raison, nous trouverons à côté d'une analogie remarquable entre la raison pure pratique et la raison pure théorique, des différences non moins remarquables. Relativement à la raison théorique, le *pouvoir d'une connaissance rationnelle pure à priori* pouvait, par des exemples tirés des sciences (dans lesquelles, comme elles mettent leurs principes à l'épreuve de façons si diverses par l'usage méthodique qu'elles en font, on n'a pas autant de raison que dans la connaissance commune, de craindre un mélange secret des principes empiriques de connaissance), être fort facilement et fort évidemment démontré. Mais que la raison pure, sans l'intervention d'un principe empirique quelconque de détermination, soit pratique même par elle seule, c'est ce qu'on devait d'abord montrer par l'*usage pratique le plus ordinaire*[1] (*gemeinsten*) *de la raison*, en prouvant (*beglaubigte*) que le principe pratique suprême est reconnu par toute raison humaine naturelle, comme complètement *à priori* et indépendant de toutes les données sensibles, pour la loi suprême de sa volonté. On devait d'abord établir et justifier la pureté de son origine, même *dans le jugement de cette raison commune*, avant que la science pût s'en emparer pour en faire usage comme d'un fait qui est antérieur à tout raisonnement subtil (*Vernünfteln*)[2], sur sa possibilité et à toutes les conséquences qu'on pouvait en

---

[1] Born emploie *vulgarissimo*; Barni, *vulgaire*. Nous préférons, avec Abbot, la traduction littérale. (F. P.)

[2] Born dit *argutatio*, qui traduit mieux le mot allemand. (F. P.)

tirer. Mais cette circonstance s'explique aussi fort bien par ce qui a été dit un peu plus haut, puisque la raison pure pratique doit nécessairement commencer par des principes, qui par conséquent doivent, comme données premières, être le fondement de toute science et ne peuvent en dériver. Or cette justification des principes moraux, comme principes d'une raison pure, pouvait aussi fort bien et avec une certitude suffisante, être établie par un simple appel au jugement de l'entendement humain ordinaire [1], parce que tout élément empirique, qui pourrait se glisser comme principe déterminant de la volonté dans nos maximes, *se fait reconnaître* par le sentiment du plaisir ou de la douleur qui s'attache nécessairement à lui en tant qu'il excite des désirs; et toute raison pure pratique *refuse* nettement d'admettre ce sentiment dans son principe comme condition. L'hétérogénéité des principes de détermination (empiriques et rationnels), est révélée par cette résistance d'une raison pratiquement législative contre tout penchant qui tend à s'y mêler, par une espèce particulière de sensation (*Empfindung*) qui ne précède pas la législation de la raison pratique, mais est au contraire produite uniquement par elle et comme une espèce de coercition, c'est-à-dire par ce sentiment d'un respect tel que nul homme n'en a pour des penchants, de quelque espèce qu'ils soient, mais qu'il a pour la loi. Et elle est révélée d'une façon si claire et si frappante qu'il n'y a pas d'entendement humain, même le plus ordinaire, qui ne doive comprendre

---

[1] Nous traduisons littéralement : *Urtheil des gemeinen Menschenverstandes*; Born donne *judicium intelligentiæ humanæ*; Barni, *jugement de la raison commune*; Abbot, *judgment of the common reason*. (F. P.)

immédiatement par un exemple, que des principes empiriques du vouloir peuvent bien l'engager à les suivre par les séductions qu'ils lui offrent, mais que jamais on ne peut exiger qu'il *obéisse* à une loi autre qu'à la loi pure pratique de la raison.

La distinction de la *doctrine du bonheur* et de la *doctrine morale*, la première étant tout entière fondée sur des principes empiriques, qui ne forment même pas la plus petite partie (*Beisatz*) de la seconde, est, dans l'analytique, la première et la plus importante affaire de la raison pure pratique, qui doit y apporter autant d'*exactitude* (*pünktlich*) et pour ainsi dire autant de *scrupule* (*peinlich*)[1] que le géomètre dans son œuvre. Mais s'il arrive ici au philosophe (comme cela arrive toujours dans la connaissance rationnelle, qui est due à de simples concepts sans construction), d'avoir à lutter contre de grandes difficultés, parce qu'il ne peut prendre aucune intuition pour principe (d'un pur noumène), il a cependant l'avantage de pouvoir comme le chimiste pour ainsi dire, expérimenter en tout temps sur la raison pratique de tout homme, pour distinguer le principe moral (pur) de détermination du principe empirique : il n'a qu'à ajouter, à la volonté empiriquement affectée (par exemple, à la volonté de celui qui mentirait volontiers, lorsqu'il peut acquérir quelque chose en mentant), la loi morale (comme principe déterminant). C'est comme si le chimiste ajoutait de l'alcali à une solution

---

[1] Born rend ces deux mots par *tanta diligentia curaque*; Barni par *autant de soin, autant de peine*; Abbot par *as much exactness and scrupulousness*. (F. P.)

de chaux dans de l'esprit de sel ; l'esprit de sel abandonne aussitôt la chaux, s'unit à l'alcali et la chaux est précipitée au fond. De même, si l'on présente à celui qui d'ailleurs est un honnête homme (ou qui se suppose seulement en pensée à la place d'un honnête homme), la loi morale, par laquelle il reconnaît l'indignité d'un menteur, aussitôt sa raison pratique (dans le jugement sur ce qui devait être fait par lui), abandonne l'utilité, s'unit avec ce qui maintient en lui le respect pour sa propre personne (avec la véracité), et l'utilité, après avoir été séparée (*abgesondert und gewaschen*) de tout ce qui se rattache à la raison (laquelle est tout entière du côté du devoir), est pesée par chacun pour être combinée (*in Verbindung zutreten*) avec la raison dans d'autres cas, excepté là où elle pourrait être opposée à la loi morale, que la raison n'abandonne jamais, mais avec laquelle elle s'unit très étroitement.

Mais cette *distinction* du principe du bonheur et du principe de la moralité n'est pas pour cela une *opposition*, et la raison pure pratique ne veut pas qu'on *renonce* à toute prétention au bonheur, mais seulement, qu'aussitôt qu'il s'agit de devoir, on ne le *prenne pas* du tout *en considération*. Ce peut même à certains égards, être un devoir de prendre soin de son bonheur : d'une part, parce que le bonheur (auquel se rapportent l'habileté, la santé, la richesse) fournit des moyens de remplir son devoir, d'autre part, parce que la privation du bonheur (par exemple la pauvreté), amène avec elle des tentations de violer son devoir.

Seulement travailler à son bonheur ne peut jamais être immédiatement un devoir et encore moins un principe de tout devoir. Or, comme les principes déterminants de la volonté, à l'exception seulement de la loi pure pratique de la raison [1] (de la loi morale), sont tous ensemble empiriques, et comme tels par conséquent appartiennent au principe du bonheur, ils doivent être tous ensemble séparés du principe moral suprême et ne lui être jamais incorporés comme condition, parce que ce serait supprimer toute valeur morale, de même que le mélange d'éléments empiriques enlèverait aux principes géométriques toute évidence mathématique, ce qu'il y a de meilleur (d'après le jugement de *Platon*), dans la mathématique et ce qui en dépasse même l'utilité.

En ce qui concerne la déduction du principe suprême de la raison pure pratique, c'est-à-dire l'explication de la possibilité d'une telle connaissance *à priori*, on ne pouvait rien faire de plus que de montrer que, si l'on percevait (*einsähe*) la possibilité de la liberté d'une cause efficiente, on apercevrait aussi, non simplement la possibilité, mais même la nécessité de la loi morale, comme loi pratique suprême des êtres raisonnables à la volonté desquels on attribue la liberté de la causalité, parce que ces deux concepts sont si inséparablement unis qu'on pourrait définir la liberté pratique, l'indépendance de la volonté à l'égard de toute

---

[1] Traduction littérale du texte : *reinen praktischen Vernunftgesetze.* Born donne *lege pura practica rationali;* Barni (*la loi de la raison pure pratique*) et Abbot (*the law of pure practical reason*) traduisent moins exactement. (F. P.)

loi autre que la loi morale. Mais la liberté d'une cause efficiente, surtout dans le monde sensible, ne peut, quant à sa possibilité, être en aucune façon perçue (*eingesehen*); heureux encore si nous pouvons seulement être suffisamment assurés qu'il n'y a pas de preuve de son impossibilité et si nous sommes forcés par la loi morale qui la postule, et par là même aussi autorisés à l'admettre! Cependant il y a encore beaucoup d'hommes qui croient pouvoir expliquer cette liberté, comme tout autre pouvoir naturel, par des principes empiriques et qui la considèrent comme une propriété *psychologique* dont l'explication réclame exclusivement un examen fort attentif de la *nature de l'âme* et des mobiles de la volonté, non comme un prédicat *transcendantal* de la causalité d'un être qui appartient au monde des sens (ce qui est pourtant en réalité la seule chose dont il s'agisse ici), et qui suppriment ainsi la merveilleuse perspective (*herrliche Eröffnung*) que nous ouvre la raison pure pratique au moyen de la loi morale, c'est-à-dire la perspective d'un monde intelligible, par la réalisation du concept d'ailleurs transcendant de la liberté; par là ils suppriment la loi morale elle-même, qui n'admet aucun principe empirique de détermination. Il sera donc nécessaire d'ajouter ici quelque chose pour prémunir contre cette illusion et pour représenter l'*empirisme* dans toute la nudité de son caractère essentiellement superficiel [1].

---

[1] Le texte porte : *der Darstellung des Empirismus in der ganzen Blösse seiner Seichgtikeit.* Barni donne : *montrer l'impuissance de l'empirisme*, ce qui ne rend que d'une façon très indirecte la pensée de l'auteur. (F. P.)

Le concept de la causalité, comme *nécessité naturelle*, à la différence (*zum Unterschiede*) de la causalité comme liberté, ne concerne l'existence des choses qu'en tant qu'elle peut être déterminée dans le temps, partant comme phénomènes par opposition à leur causalité comme choses en soi. Or, si l'on prend les déterminations de l'existence des choses dans le temps pour des déterminations des choses en soi (ce qui est le mode de représentation le plus ordinaire), la nécessité, dans le rapport de causalité, ne peut en aucune façon s'unir avec la liberté ; mais elles sont, l'une par rapport à l'autre, contradictoires. Car de la première, il résulte que tout événement, par conséquent aussi toute action qui se passe dans un point du temps (*Zeitpuncte*), est nécessairement sous la condition de ce qui était dans le temps qui a précédé. Or, comme le temps passé n'est plus en mon pouvoir, toute action que j'accomplis d'après des principes déterminants qui ne sont pas en mon pouvoir, doit être nécessaire, c'est-à-dire que je ne suis jamais libre dans le moment (*Zeitpuncte*) où j'agis. Bien plus, quand même je considérerais mon existence tout entière comme indépendante de toute cause étrangère (par exemple de Dieu), de telle sorte que les principes déterminants de ma causalité, de toute mon existence même ne seraient pas en dehors de moi, cela ne changerait pas le moins du monde cette nécessité naturelle en liberté. Car je suis à tout moment toujours encore soumis à la nécessité d'être déterminé à agir par *ce qui n'est pas en mon pouvoir*, et la série infinie *a parte priori* des événements que je ne ferais jamais que continuer, d'après un ordre prédéterminé et que je ne pourrais nulle part commencer moi-même, serait une chaîne naturelle continue et ma causalité ne serait par conséquent jamais liberté.

Si donc on veut attribuer de la liberté à un être dont l'existence (*Dasein*) est déterminée dans le temps, on ne peut, à ce point de vue du moins (*so fern wenigstens*) le soustraire dans son existence (*Existenz*), partant aussi dans ses actions, à la loi de la nécessité naturelle qui régit tous les événements ; car ce serait comme si on l'abandonnait à un hasard aveugle. Mais comme cette loi concerne inévitablement toute causalité des choses, en tant que leur existence (*Dasein*) peut être déterminée *dans le temps*, si c'était là la manière dont on aurait aussi à se représenter *l'existence de ces choses en soi*[1], la liberté devrait être rejetée comme un concept sans valeur (*nichtiger*) et impossible. Par conséquent, si on veut encore la sauver, il ne reste d'autre voie que d'attribuer l'existence d'une chose, en tant qu'elle peut être déterminée dans le temps, par suite aussi la causalité d'après la loi de la *nécessité naturelle*, simplement au *phénomène*, et *la liberté* à *ce même être, comme chose en soi*. Cela est certainement inévitable, si l'on veut conserver ensemble ces deux concepts contradictoires, mais dans l'application, si on les réunit comme dans une seule et même action et qu'on veuille ainsi expliquer cette union elle-même, de grandes diffi-

---

[1] Traduction littérale de *wenn dieses die Art wäre, wornach man sich auch das Dasein dieser Dinge an sich selbst vorzustellen hätte*. Barni paraphrase ce passage en disant : *s'il n'y avait pas une autre manière de se représenter*, etc. (F. P.)

cultés apparaissent encore, qui semblent rendre impossible une telle union.

Quand je dis, d'un homme qui commet un vol, que cette action est, d'après la loi naturelle de la causalité, un résultat nécessaire des principes déterminants du temps qui a précédé, c'est qu'il était donc impossible qu'elle n'eût pas lieu. Comment donc puis-je, en jugeant d'après la loi morale, faire ici un changement et supposer que l'action aurait pu cependant être omise, parce que la loi dit qu'elle aurait dû l'être? c'est-à-dire comment peut-on appeler tout à fait libre un homme, au même moment et relativement à la même action dans laquelle il est soumis à une nécessité naturelle inévitable? Chercher un subterfuge dans le fait que l'on conforme simplement le *mode* des principes déterminants de sa causalité, d'après la loi de la nature, à un concept *comparatif* de liberté (d'après lequel on appelle quelquefois effet libre ce dont le principe naturel de détermination réside *intérieurement* dans l'être agissant, par exemple ce qu'accomplit un corps lancé dans l'espace, quand il se meut librement; dans ce cas, on emploie le mot liberté, parce que le corps, tandis qu'il est en marche, n'est poussé par rien d'extérieur; nous nommons de même encore le mouvement d'une montre, un mouvement libre, parce qu'elle fait tourner elle-même son aiguille, qui n'a pas besoin par conséquent d'être poussée extérieurement, tout comme nous appelons libres les actions de l'homme, quoique, par leurs principes de détermination qui précèdent dans le temps, elles soient nécessaires, parce que ces principes sont des représentations intérieures produites par nos propres forces, par lesquelles des désirs sont excités selon les circonstances et partant des actions faites conformément à notre propre plaisir = *Bélieben*), c'est un misérable subterfuge par lequel quelques hommes se laissent encore leurrer et pensent ainsi avoir résolu, par une petite chicane de mots, ce problème difficile à la solution duquel tant de siècles (*Jahrtausende*) ont vainement travaillé, et qui par conséquent pourrait bien difficilement être trouvée si fort à la surface[1]. En effet, dans la question de cette liberté qui doit être donnée pour fondement à toutes les lois morales et à l'imputation (*Zurechnung*) qui y est conforme, il ne s'agit pas du tout de savoir si la causalité est nécessairement déterminée d'après une loi de la nature par des principes de détermination résidant *dans* le sujet ou *en dehors* de lui, et dans le premier cas, si ces principes de détermination sont instinctifs ou conçus par la raison. Si ces représentations déterminantes, d'après l'aveu même de ces mêmes hommes, ont la raison de leur existence dans le temps et dans *l'état antérieur*, celui-ci dans un état précédent et ainsi de suite, ces déterminations peuvent être intérieures, avoir une causalité psychologique et non mécanique, c'est-à-dire produire l'action par des représentations et non par du mouvement corporel; ce sont toujours des *principes déterminants* de la causalité d'un être, en tant que son existence

---

[1] Le texte porte : *so ganz auf der Oberfläche;* Barni dit : *il n'est guère probable que la solution soit si aisée à trouver*, sans rendre les derniers mots, qui ont cependant une certaine importance dans la pensée de Kant. (F. P.)

peut être déterminée dans le temps, et par conséquent soumis aux conditions nécessitantes [1] du temps passé, qui, par conséquent *ne sont plus au pouvoir* du sujet, quand il doit agir. Ils impliquent par conséquent à vrai dire la liberté psychologique (si l'on veut employer ce mot pour un enchaînement simplement intérieur des représentations de l'âme), mais aussi la nécessité naturelle, et par conséquent ne laissent pas subsister une *liberté transcendantale*, qui doit être conçue comme l'indépendance à l'égard de tout élément empirique et par conséquent de la nature en général, considérée soit comme objet du sens interne, simplement dans le temps, soit comme objet du sens externe en même temps dans l'espace et dans le temps. Sans cette liberté (dans le dernier sens, qui est le sens propre), qui seule est pratique *à priori*, aucune loi morale, aucune imputation d'après une loi morale n'est possible. C'est même pour cela qu'on peut nommer aussi le *mécanisme* de la nature toute nécessité des événements se produisant dans le temps d'après la loi naturelle de la causalité, quoiqu'on n'entende pas par là que des choses qui sont soumises à ce mécanisme, doivent être de réelles *machines* matérielles. On a seulement en vue ici la nécessité de la connexion des événements dans une série de temps (*Zeitreihe*), comme elle se développe d'après la loi de la nature, soit que l'on nomme le sujet où a lieu ce développement (*Ablauf*), *Automaton materiale*, quand l'être-machine est mû par

---

[1] Nous traduisons ainsi avec Barni : *unter nothwendig machenden Bedingungen*. (F. P.)

la matière ou avec *Leibnitz*, *Automaton spirituale*, quand il est mû par des représentations, et si la liberté de notre volonté n'était pas autre que la dernière (que la liberté psychologique et comparative, non aussi la liberté transcendantale, c'est-à-dire absolue), elle ne vaudrait guère mieux au fond que la liberté d'un tourne-broche, qui lui aussi quand il a été une fois remonté, accomplit de lui-même ses mouvements.

Pour lever maintenant la contradiction apparente entre le mécanisme de la nature et la liberté dans une seule et même action pour le cas supposé, on doit se souvenir de ce qui a été dit dans la Critique de la raison pure ou de ce qui s'en suit. La nécessité naturelle, qui ne peut subsister conjointement avec la liberté du sujet, dépend simplement des déterminations de la chose qui est soumise aux conditions de temps, par conséquent uniquement des déterminations du sujet agissant, comme phénomène. Donc, sous ce rapport, les principes déterminants de chaque action de ce sujet résident dans ce qui appartient au temps passé et *n'est plus en son pouvoir* (en quoi il doit comprendre aussi ses actions déjà faites et le caractère qui, à ses propres yeux, peut, par là, être déterminé pour lui, comme phénomène). Mais le même sujet, ayant, d'un autre côté, conscience de lui-même comme d'une chose en soi, considère aussi son existence, en *tant qu'elle n'est pas soumise aux conditions de temps*, et se regarde lui-même comme pouvant être déterminé seulement par des lois, qu'il se donne par sa raison elle-même. Dans cette existence qui lui est propre, rien n'est, pour lui, antérieur à la détermination de sa volonté, mais toute action et en général tout changement de détermination de son existence conformément au sens interne, même toute la succession de son existence, comme être sensible, ne doit être considérée dans la conscience de son existence intelligible que comme conséquence et jamais comme principe déterminant de sa causalité comme *noumène.* A cet égard, l'être raisonnable peut, de toute action contraire à la loi, et accomplie par lui, quoique, comme phénomène, elle soit suffisamment déterminée dans le passé et comme telle inévitablement nécessaire, dire avec raison, qu'il aurait pu ne pas la faire ; car elle appartient, avec tout le passé qu'elle détermine, à un phénomène unique du caractère qu'il se donne à lui-même et d'après lequel il s'attribue à lui-même comme à une cause indépendante de toute sensibilité, la causalité de ces phénomènes.

Avec tout cela s'accordent parfaitement aussi les sentences de ce merveilleux pouvoir qui est en nous et que nous nommons conscience. Un homme peut travailler avec autant d'art qu'il le veut (*künsteln, so viel als er will*) à se représenter une action contraire à la loi dont il se souvient, comme une erreur faite sans intention, comme une simple imprévoyance qu'on ne peut jamais entièrement éviter, par conséquent comme quelque chose où il a été entraîné par le torrent de la nécessité naturelle, et à se déclarer ainsi innocent, il trouve cependant que l'avocat qui parle en sa faveur ne peut réduire au silence l'accusateur qui est en lui, s'il a conscience qu'au temps où il commettait l'injustice, il était dans son bon sens, c'est-à-dire qu'il avait l'usage de sa liberté. Quoiqu'il s'explique sa faute par quelque mauvaise habitude, qu'il a insensiblement contractée en négligeant de faire attention à lui-même et qui est arrivée à un tel degré de développement qu'il peut considérer la première comme une conséquence naturelle de cette habitude, il ne peut jamais néanmoins ainsi se mettre en sûreté (*sichern*) contre le blâme intérieur (*Selbsttadel*) et le reproche qu'il se fait à lui-même. C'est là-dessus aussi que se fonde le repentir qui se produit à l'égard d'une action accomplie depuis longtemps, chaque fois que nous nous en souvenons : c'est-à-dire un sentiment de douleur produit par l'intention morale [1], qui comme tel est pratiquement vide, puisqu'il ne peut servir à faire que ce qui est arrivé ne le soit pas et serait même absurde (comme *Priestley*, *fataliste* véritable et procédant avec logique (*consequent*), l'a déclaré; et en raison de cette franchise il mérite plus d'approbation que ceux qui, soutenant en fait le mécanisme et en paroles la liberté de la volonté, veulent toujours être considérés comme faisant entrer la liberté dans leur système syncrétique, sans rendre concevable la possibilité d'une telle imputation). Mais, comme douleur, le repentir est tout à fait légitime, parce que la raison, s'il s'agit de la loi de notre existence intelligible (de la loi morale), ne re-

---

[1] Barni traduit : *Empfindung* et *Gesinnung* par *sentiment*. Nous préférons traduire le premier mot par *sentiment* (cf. n. 2, p. 135), le second par *intention*, comme nous l'avons généralement fait ailleurs. (F. P.)

connaît aucune distinction de temps et se demande
seulement si l'événement m'appartient comme fait
(*That*), et alors elle y attache toujours moralement ce
même sentiment (*Empfindung*), que l'action se passe à
présent ou qu'elle soit faite depuis longtemps. Car la
vie sensible a, par rapport à la conscience *intelligible* de
son existence (de la liberté), l'unité absolue d'un phénomène (*Phänomens*) qui, en tant qu'il contient simplement des phénomènes (*Erscheinungen*) [1] de l'intention qui concerne la loi morale (du caractère) ne doit
pas être jugé d'après la nécessité naturelle qui lui
appartient comme phénomène, mais d'après la spontanéité absolue de la liberté. On peut donc accorder
que, s'il était possible pour nous d'avoir de la manière
de penser d'un homme, telle qu'elle se montre par des
actions internes, aussi bien qu'externes, une connaissance assez profonde (*so tiefe Einsicht*) pour que chacun
de ses mobiles, même le moindre, fût connu en même
temps que toutes les occasions extérieures qui agissent
sur ces derniers, on pourrait calculer la conduite future
d'un homme avec autant de certitude qu'une éclipse
de lune ou de soleil, et cependant soutenir en même
temps que l'homme est libre. Si nous étions encore
capables d'un autre coup d'œil (qui sans doute ne nous
est pas du tout accordé, mais à la place duquel nous
n'avons que le concept rationnel), c'est-à-dire d'une
intuition intellectuelle du même sujet, nous nous apercevrions cependant que toute cette chaîne de phéno-

---

[1] Born et Barni traduisent de même *Phänomen* et *Erscheinung*; Abbot donne *phenomenon* et *manifestation*. (F. P.)

mènes, par rapport à tout ce qui ne concerne toujours que la loi morale, dépend de la spontanéité du sujet comme chose en soi, spontanéité dont la (*von deren*) détermination ne peut être en aucune façon expliquée physiquement. A défaut de cette intuition, la loi morale nous affirme cette distinction de la relation de nos actions comme phénomènes à l'être sensible de notre sujet et de la relation par laquelle cet être sensible est lui-même rapporté au substratum intelligible qui est en nous. — Par cette considération, naturelle à notre raison, quoique inexplicable [1], on peut justifier aussi des jugements qui, portés en toute conscience (*Gewissenhaftigkeit*), paraissent cependant, à première vue, être tout à fait contraires à toute équité. Il y a des cas où des hommes, même avec une éducation qui a été profitable à d'autres, montrent cependant dès l'enfance une méchanceté si précoce, et y font des progrès si continus dans leur âge mûr qu'on les prend pour des scélérats de naissance (*geborne*) et qu'on les tient, en ce qui concerne leur façon de penser, pour tout à fait incorrigibles ; et toutefois on les juge pour ce qu'ils font et ce qu'ils ne font pas, on leur reproche leurs crimes (*Verbrechen*) comme des fautes (*Schuld*), bien plus, eux-mêmes (les enfants) trouvent ces reproches tout à fait fondés, exactement comme si, en dépit de la nature désespérée du caractère (*Gemüth*) qu'on leur attribue, ils

---

[1] Le texte porte : *In dieser Rücksicht, die unserer Vernunft natürlich, obgleich unerklärlich ist.* Born traduit : *Quo quidem respectu rationi nostrae naturali, quamquam inenodabili;* Barni : *Par ce dernier rapport qui est familier à notre raison, bien qu'il soit inexplicable ;* Abbot : *In this view, which is natural to our reason, though inexplicable.* (F. P.)

demeuraient aussi responsables que tout autre homme.
Cela ne pourrait arriver si nous ne supposions pas que
tout ce qui sort du libre choix (*Willkühr*)[1] d'un homme
(comme sans doute toute action faite à dessein) a pour
fondement une causalité libre, qui, dès la plus tendre
jeunesse, exprime son caractère dans ses phénomènes
(les actions). Ces phénomènes, à cause de l'uniformité
de la conduite, font connaître un enchaînement naturel,
qui cependant ne rend pas nécessaire la mauvaise nature
de la volonté, mais qui est plutôt la conséquence de
principes mauvais acceptés librement et immuables,
principes qui ne le rendent que plus mauvais (*verwerflicher*) et plus digne de châtiment.

Il reste encore une difficulté à propos de la liberté,
en tant qu'elle doit être unie avec le mécanisme de la
nature dans un être qui appartient au monde sensible,
et cette difficulté, même après que tout ce qui précède
a été concédé, menace encore la liberté d'une ruine
complète. Mais dans ce danger une circonstance donne
cependant en même temps l'espoir d'une issue encore
heureuse pour le maintien (*Behauptung*) de la liberté,
c'est que cette difficulté étreint beaucoup plus fortement
(uniquement en fait, comme nous le verrons bientôt),
le système dans lequel l'existence, qui peut être déterminée dans le temps et dans l'espace, est prise pour
l'existence des choses en soi elles-mêmes ; par conséquent elle ne nous force pas à abandonner notre hypothèse capitale de l'idéalité du temps, comme simple
forme de l'intuition sensible, partant comme simple

[1] Sur la traduction de ce mot, voyez n. 2, p. 31. (F. P.)

mode de représentation, propre au sujet comme appartenant au monde sensible, et elle exige ainsi uniquement que nous l'unissions à cette idée [1].

Si l'on nous accorde aussi que le sujet intelligible, relativement à une action donnée, peut encore être libre, quoique, comme sujet appartenant au monde sensible, il soit soumis à des conditions mécaniques relativement à cette même action, il semble alors qu'on doive, aussitôt que l'on admet que *Dieu*, comme cause première universelle, est aussi *la cause de l'existence de la substance* (proposition qui ne peut jamais être rejetée sans qu'on rejette en même temps le concept de Dieu comme être des êtres, et avec lui l'attribut qu'on lui accorde de suffire à tout et dont tout dépend en théologie), accorder aussi que les actions de l'homme ont leur principe déterminant dans ce *qui est entièrement en dehors de son pouvoir*, à savoir dans la causalité d'un être suprême distinct de lui, duquel dépend tout à fait son existence et toute la détermination de sa causalité. En fait si les actions de l'homme, en tant qu'elles appartiennent à ses déterminations dans le temps, n'étaient pas de simples déterminations de l'homme comme phénomène, mais des déterminations de l'homme comme chose en soi, la liberté ne pourrait être sauvée. L'homme serait une marionnette ou un automate de Vaucanson, façonné et mis en mouvement

---

[1] Le texte porte : *und also nur erfordert sie mit dieser Idee zu vereinigen.* Barni traduit : *tout ce qu'elle demande, c'est que l'on concilie la liberté avec cette idée*; Abbot : *that this view be reconciled wiht this idea (of freedoom)*. La difficulté est de savoir à quels mots on doit rapporter *sie* et *dieser Idee*. Il semble qu'il convienne, d'après le contexte, de rapporter *sie* à liberté et *Idée* à hypothèse. (F. P.)

par le maître suprême de toutes les œuvres d'art. La conscience de sa spontanéité, si cette dernière était prise pour de la liberté, serait une simple illusion, car la spontanéité ne mérite que comparativement d'être ainsi nommée, parce que les causes prochaines qui déterminent son mouvement et une longue série de ces causes prochaines en remontant à leurs causes déterminantes [1], sont à la vérité intérieures, mais que la dernière et suprême cause de détermination se rencontre cependant complètement dans une main étrangère. C'est pourquoi je ne vois pas comment ceux qui persistent à considérer le temps et l'espace comme des déterminations appartenant à l'existence des choses en soi, veulent éviter ici la fatalité des actions, ou si (comme le fit Mendelssohn, esprit d'ailleurs pénétrant), ils acceptent sans détours l'un et l'autre uniquement comme des conditions appartenant nécessairement à l'existence des êtres finis et dérivés, mais non à celle de l'être primitif et infini, comment ils veulent se justifier et d'où ils prennent le droit de faire une telle distinction, comment aussi ils veulent seulement échapper à la contradiction dans laquelle ils tombent, quand ils considèrent l'existence dans le temps comme la détermination nécessairement inhérente aux choses finies en elles-mêmes ; car Dieu est la cause de cette existence, mais il ne peut cependant être la cause du temps (ou de l'espace) même (parce que le temps doit être supposé comme condition

---

[1] Il y a dans le texte : *eine lange Reihe derselben zu ihren bestimmenden Ursachen hinauf.* Nous avons traduit littéralement, tout en essayant de marquer la différence que Kant établit entre les *causes déterminantes* et les *causes prochaines de détermination.* (F. P.)

nécessaire *à priori* de l'existence des choses), et par conséquent sa causalité, par rapport à l'existence de ces choses, doit être conditionnée, même suivant le temps[1], et ainsi doivent inévitablement se produire toutes les contradictions avec les concepts de son infinité et de son indépendance. Au contraire, il nous est tout à fait facile de distinguer la détermination de l'existence divine, comme indépendante de toutes les conditions du temps, de celle d'un être du monde sensible, en prenant la première comme l'*existence d'un être en soi*, la seconde comme l'existence d'une *chose en apparence* (*Dinges in der Erscheinung*). Par conséquent, si l'on n'admet pas cette idéalité du temps et de l'espace, il ne reste plus que le *Spinozisme*, dans lequel l'espace et le temps sont des déterminations essentielles de l'être primitif lui-même, mais dans lequel aussi les choses qui dépendent de cet être (et nous-mêmes aussi par conséquent), ne sont pas des substances, mais simplement des accidents qui lui sont inhérents; puisque si ces choses existent simplement, comme effets de cet être, *dans le temps*, qui serait la condition de leur existence en soi, les actions de ces êtres devraient simplement aussi être les actions que produit cet être primitif, en quelque point de l'espace et du temps. C'est pourquoi le Spinozisme, en dépit de l'absurdité de son idée fondamentale, conclut plus logiquement

---

[1] Le texte porte : *selbst der Zeit nach, bedingt sein muss*. Born dit : *quoad tempus ipsum, conditione, oporteat, adstricta sit;* Barni : *sa causalité... doit être soumise elle-même à la condition du temps;* Abbot : *his causality must be subject to conditions, and even to the condition of time.* (F. P.)

(*weit bündiger*) qu'on ne peut le faire dans la théorie de la création, si les êtres admis comme substances et les êtres *existant* en eux-mêmes *dans le temps*, sont considérés comme des effets d'une cause suprême, non cependant comme appartenant en même temps à cette cause et à son action, mais comme des substances séparées[1].

On résout cette difficulté avec brièveté et clarté de la façon suivante : si l'existence *dans le temps* est un simple mode de représentation sensible des êtres pensants dans le monde, par conséquent ne les concerne pas comme choses en soi, la création de ces êtres est une création de choses en soi, puisque le concept d'une création n'appartient pas au mode sensible de représentation de l'existence et de la causalité, mais ne peut être rapporté qu'à des noumènes. Par conséquent, si je dis des êtres du monde sensible qu'ils sont créés, je les considère en ce sens comme des noumènes. De même donc qu'il serait contradictoire de dire que Dieu est un créateur de phénomènes, il le serait de dire que comme créateur, il est la cause des actions dans le monde sensible, partant des actions prises comme phénomènes, quoiqu'il soit la cause de l'existence des êtres qui agissent (comme noumènes). Or s'il est possible (lorsque nous admettons seulement l'existence dans le temps comme quelque chose qui vaut simplement pour les phénomènes, non pour les choses en soi) d'affirmer

[1] Le texte est assez obscur : ... *schliesst der Spinozismus... weit bündiger... wenn die für Substanzen angenommen und an sich in der Zeit existirenden Wesen als Wirkungen einer obersten Ursache, und doch nicht zugleich als zu ihm und seiner Handlung gehörig, sondern für sich als Substanzen angesehen werden*. Nous avons traduit littéralement, comme l'ont fait Born et Abbot. (F. P.)

la liberté, sans compromettre le mécanisme naturel[1] des actions comme phénomènes, le fait, que les êtres agissants sont des créatures, ne peut apporter ici le moindre changement, puisque la création ne concerne que leur existence intelligible et non leur existence sensible, et qu'ainsi elle ne peut être considérée comme le principe déterminant des phénomènes. Il en serait tout différemment si les êtres du monde existaient *dans le temps* comme choses en soi, car alors le créateur de la substance serait en même temps l'auteur de tout le mécanisme (*Maschinenwesens*) de cette substance.

Telle est l'importance de la séparation opérée dans la Critique de la raison pure spéculative, entre le temps (comme entre l'espace) et l'existence des choses en soi.

La solution présentée ici, dira-t-on, offre encore beaucoup de difficulté et elle peut à peine être exposée clairement. Mais toute autre solution que l'on a tentée, ou que l'on peut essayer encore, est-elle donc plus facile et plus compréhensible ? Il faudrait plutôt dire que les professeurs (*Lehrer*) dogmatiques de la métaphysique auraient prouvé plus d'astuce que de sincérité, en éloignant des yeux (*dass sie aus den Augen brachten*), autant que possible ce point difficile, dans l'espoir que s'ils n'en parlaient pas, personne non plus n'y songerait. Mais si l'on doit venir en aide à une science, toutes les difficultés doivent en être *dévoilées* et même il faut *rechercher* celles qui se trouvent secrètement sur sa

---

[1] Traduction littérale de *unbeschadet dem Naturmechanismus*. Barni donne *malgré le mécanisme naturel* ; Abbot, *in spite of the natural mechanism* ; Born dit beaucoup mieux *salvo mechanismo physico actionum*. (F. P.)

route, car chacune d'elles appelle un remède qui ne peut être trouvé, sans qu'on procure à la science un accroissement en étendue ou en précision [1], de façon que les obstacles eux-mêmes deviennent des moyens d'accroître la profondeur de cette science. Au contraire, si les difficultés sont cachées à dessein, ou simplement éloignées à l'aide de palliatifs, elles deviennent tôt ou tard des maux incurables, qui ruinent la science en la précipitant dans un complet scepticisme.

* * *

Comme c'est proprement le concept de la liberté qui, parmi toutes les idées de la raison pure spéculative, procure seul un si grand développement dans le champ du supra-sensible, quoique seulement au point de vue de la connaissance pratique, je me demande *d'où donc lui est venue exclusivement en partage une si grande fécondité (Fruchtbarkeit)*, tandis que tous les autres désignent bien la place vide pour des êtres possibles de l'entendement pur (*reine mögliche Verstandeswesen*), mais ne peuvent par rien en déterminer le concept. Je comprends aussitôt que, comme je ne puis rien penser sans catégorie, il faut d'abord, pour l'idée rationnelle de la liberté dont je m'occupe, chercher une catégorie qui est ici la catégorie de la *causalité*, et que, bien qu'aucune intuition correspondante ne puisse être supposée pour le

---

[1] Le texte donne *Bestimmtheit*; Barni traduit par *certitude*, qui n'est pas exact; Born par *respectu perspicuitatis evidentiæque*; Abbot par *in exactness*. (F. P.)

concept rationnel de la liberté, comme concept transcendant, une intuition sensible, qui en assure d'abord la réalité objective, doit être cependant donnée au *concept de l'entendement* (de la causalité) pour la synthèse duquel le premier[1] réclame l'inconditionné. Or toutes les catégories sont divisées en deux classes, les catégories *mathématiques*, qui concernent simplement l'unité de la synthèse dans la représentation des objets, et les *dynamiques*, qui se rapportent à l'unité de la synthèse dans la représentation de l'existence des objets. Les premières (celles de la quantité et de la qualité) renferment toujours une synthèse de l'*homogène* (Gleichartigen) dans laquelle l'inconditionné, pour ce qui, dans l'intuition sensible, est donné sous la condition de l'espace et du temps, ne saurait nullement être trouvé, puisqu'il appartiendrait lui-même alors à l'espace et au temps et par conséquent devrait toujours être conditionné[2]; et c'est pourquoi, dans la dialectique de la raison pure théorique, les deux moyens, opposés l'un à l'autre, de trouver l'inconditionné et la totalité des conditions étaient faux l'un et l'autre. Les catégories de la seconde classe (celles de la causalité et de la nécessité d'une chose) n'exigeaient pas cette homogénéité (du conditionné et de la condition dans la synthèse), parce qu'ici il n'y avait pas à représenter comment l'intuition est formée par un assemblage en

---

[1] *Jener*, texte peu clair. Born dit *illé*; Barni, *celui-là*; Abbot, *the former*, en rapportant le mot à *Vernunftbegriff*. (F. P.)

[2] Born traduit par *absolutum* en lisant comme Rosenkranz, *Unbedingt*; Barni les suit. Nous préférons conserver, avec Abbot, le texte ordinaire *bedingt*. (F. P.)

elle du divers (*Mannigfaltigen*), mais uniquement comment l'existence de l'objet conditionné qui lui répond s'ajoute à l'existence de la condition (dans l'entendement, comme uni avec lui); et alors il était permis de poser, pour ce qui est généralement conditionné dans le monde sensible (aussi bien relativement à la causalité que relativement à l'existence contingente des choses elles-mêmes), l'inconditionné, quoique d'ailleurs indéterminé, dans le monde intelligible[1], et de faire la synthèse transcendante. C'est pourquoi il s'est trouvé aussi, dans la dialectique de la raison pure spéculative, que les deux manières, opposées l'une à l'autre en apparence, d'obtenir l'inconditionné pour le conditionné, n'étaient pas réellement contradictoires, que par exemple dans la synthèse de la causalité, il n'est pas contradictoire en fait de concevoir pour le conditionné, dans la série des causes et des effets du monde sensible, la causalité, qui n'est plus sensiblement conditionnée (*sinnlich bedingt*) et que la même action qui, comme appartenant au monde sensible, est toujours sensiblement conditionnée, c'est-à-dire mécaniquement nécessaire, peut aussi en même temps avoir pour principe de la causalité de l'être agissant, en tant qu'il appartient au monde intelligible, une causalité inconditionnée sensiblement, partant pouvant être conçue comme libre. Or il s'agissait simplement alors de changer cette *possibilité* (*Können*) en *réalité* (*Sein*)[2], c'est-à-dire de

---

[1] Abbot ajoute *comme antécédent*, qui n'est pas dans le texte, mais qui rend bien le sens. (F. P.)

[2] Nous traduisons comme Barni. (F. P.)

pouvoir prouver dans un cas réel, comme par un fait, que certaines actions supposent une telle causalité (la causalité intellectuelle, sensiblement inconditionnée), qu'elles soient réelles ou uniquement ordonnées, c'est-à-dire nécessaires objectivement et pratiquement. Nous ne pouvions espérer de rencontrer cette connexion (*Verknüpfung*) dans des actions réellement données dans l'expérience, comme événements du monde sensible, puisque la causalité par liberté (*durch Freiheit*) doit toujours être cherchée, en dehors du monde sensible, dans l'intelligible. En dehors des êtres sensibles, il n'y a pas d'autres choses qui sont données à notre perception et à notre observation. Donc il ne restait à trouver qu'un principe de causalité incontestable et à vrai dire objectif, qui exclut toute condition sensible de sa détermination, c'est-à-dire un principe (*Grundsatz*), dans lequel la raison n'invoque aucune *autre chose* comme principe déterminant relativement à la causalité, mais le contienne déjà elle-même par ce principe et où par conséquent elle soit elle-même pratique, comme *raison pure*. Mais ce principe n'a besoin ni d'être cherché ni d'être découvert, il a été depuis longtemps dans la raison de tous les hommes et incorporé à leur nature, il est le principe de la moralité. Donc cette causalité[1] inconditionnelle et son pouvoir *(das Vermögen derselben)*, la liberté, et avec celle-ci un être (moi-même) qui appartient au monde sensible et qui cependant appartient en même temps au monde intelligible, ne sont pas simplement *conçus* d'une façon indéterminée et probléma-

[1] Sur la causalité ainsi exprimée, voyez p. 7 et 24. (F. P.)

tique (ce que déjà la raison spéculative pouvait trouver praticable), mais, même *relativement à la loi* de leur causalité, déterminés et *connus* assertoriquement ; ainsi nous a été donnée la réalité du monde intelligible, *déterminé* au point de vue pratique, et cette détermination qui serait *transcendante*[1] au point de vue théorique, est immanente au point de vue pratique. Nous ne pouvions faire un tel pas relativement à la seconde idée dynamique, c'est-à-dire à l'idée d'un *être nécessaire*. Nous ne pouvions nous élever jusqu'à cet être, en partant du monde sensible, sans l'entremise de la première idée dynamique. Car si nous voulions le tenter, il faudrait avoir osé (*den Sprung gewagt haben*)[2] abandonner tout ce qui nous est donné et nous élancer vers ce dont rien ne nous est donné, par quoi nous puissions opérer la connexion de cet être intelligible avec le monde des sens (parce que l'être nécessaire devrait être connu comme donné *en dehors de nous*), ce qui est fort bien possible au contraire, comme on le voit clairement maintenant, relativement à *notre propre* sujet, en tant qu'il se reconnaît lui-même *d'un côté* déterminé par la loi morale comme être intelligible (en vertu de la liberté), et *de l'autre* comme agissant dans le monde sensible, d'après cette détermination. Le concept de la liberté est le seul qui nous permette de ne pas sortir de nous-mêmes afin de trouver pour le conditionné et le sensible, l'inconditionné et

---

[1] Kant emploie *transcendant* et met entre parenthèse *überschwenglich*. (F. P.)
[2] Littéralement *avoir osé le saut*. (F. P.)

l'intelligible. Car c'est notre raison elle-même qui, par la loi pratique, suprême et inconditionnée, se reconnaît l'être qui a conscience de lui-même par cette loi (notre propre personne), comme appartenant au monde pur de l'entendement (*reinen Verstandeswelt*) et détermine même à vrai dire la manière dont il peut, comme tel, être actif. Ainsi on comprend pourquoi dans tout le pouvoir de la raison, il n'y a que le *pouvoir pratique* qui puisse nous transporter au delà du monde des sens, nous fournir des connaissances d'un ordre supra-sensible et une connexion qui, pour cela même, ne peuvent être étendues que dans la mesure où cela est précisément nécessaire pour le pur point de vue pratique.

Qu'il me soit permis seulement, à cette occasion, d'appeler encore l'attention sur une chose, à savoir que chaque pas, fait avec la raison pure même dans le champ pratique, où l'on n'a pas du tout égard à une spéculation subtile, se lie cependant si exactement et pour ainsi dire de lui-même à tous les moments de la Critique de la raison théorique, qu'on pourrait le dire imaginé (*ausgedacht*) à dessein simplement pour établir cette confirmation. Cet accord exact, qui n'est en aucune façon cherché, mais qui (comme on peut s'en convaincre soi-même, si l'on veut seulement poursuivre les recherches morales jusqu'à leurs principes), se trouve de lui-même entre les propositions les plus importantes de la raison pratique et les remarques souvent trop subtiles (*zu subtil*) et inutiles en apparence de la Critique de la raison spéculative, surprend et étonne ; il confirme la maxime déjà reconnue et vantée par d'autres, à savoir que dans toute recherche scientifique, il faut poursuivre tranquillement sa marche avec toute l'exactitude et la sincérité possibles, sans faire attention à ce contre quoi on pourrait peut-être se heurter en dehors de son domaine (*wowider sie ausser ihrem Felde etwa verstossen möchte*), mais à la faire uniquement pour elle-même et autant que l'on peut, d'une façon vraie et complète. Une longue expérience m'a convaincu que, quand on a mené à leur fin ces recherches, ce qui au milieu de l'une et par rapport à d'autres doctrines étrangères [1], me paraissait parfois très douteux, si je perdais seulement de vue cette incertitude (*Bedenklichkeit*) assez longtemps et faisais simplement attention à ma recherche jusqu'à ce qu'elle fût terminée, s'accordait complètement à la fin d'une façon inattendue avec ce qui avait été découvert de soi-même, sans avoir le moindre égard à ces doctrines, sans partialité et sans préférence pour elles. Les écrivains s'épargneraient plus d'une erreur (*manche Irrthümer*) et plus d'une peine perdue (puisqu'elle est dépensée pour un fantôme), si seulement ils pouvaient se résoudre à travailler (*zu Werke zu gehen*) avec un peu plus de sincérité.

[1] Le texte porte *anderer Lehren* AUSSERHALB; Born dit *externarum*; Barni, *étrangères*; Abbot, *extraneous*. (F. P.)

LIVRE DEUXIÈME

DIALECTIQUE DE LA RAISON PURE PRATIQUE

CHAPITRE PREMIER

D'UNE DIALECTIQUE DE LA RAISON PURE PRATIQUE EN GÉNÉRAL

La raison pure a toujours sa dialectique, qu'on la considère dans son usage spéculatif ou dans son usage pratique; car elle demande la totalité absolue des conditions pour un conditionné donné, et cette totalité ne peut absolument se rencontrer que dans les choses en soi. Mais comme tous les concepts des choses doivent être rapportés à des intuitions qui, chez nous autres hommes, ne peuvent jamais être que sensibles, partant nous font connaître les objets, non comme choses en soi, mais simplement comme des phénomènes, dans la série desquels ne peut jamais être rencontré l'inconditionné pour le conditionné et les conditions, une illusion (*Schein*) inévitable naît ainsi de l'application de cette idée rationnelle de la totalité des conditions (partant de l'inconditionné), aux phénomènes comme s'ils étaient des choses en soi (car ils sont toujours pris pour tels, quand font défaut les avertissements de la critique), mais on ne l'apercevrait jamais comme mensongère, si elle ne se trahissait elle-même par un *conflit* de la raison avec elle-même, dans l'application à des phénomènes de son principe fondamental qui consiste à supposer l'inconditionné pour tout conditionné. Par là, la raison est forcée de chercher d'où naît cette illusion et comment elle peut être dissipée, ce qui ne peut avoir lieu que par une critique complète de tout le pouvoir pur de la raison, de sorte que l'antinomie de la raison pure, qui devient manifeste dans sa dialectique, est en fait l'erreur la plus bienfaisante dans laquelle ait jamais pu tomber la raison humaine, parce qu'elle nous pousse en définitive à chercher pour sortir de ce labyrinthe la clef (*Schlüssel*) qui, quand elle a été trouvée, découvre encore ce qu'on ne cherchait pas et ce dont pourtant on a besoin, c'est-à-dire une perspective (*Aussicht*) sur un ordre de choses plus élevé et immuable, dans lequel nous sommes déjà maintenant et dans lequel nous sommes capables, par des préceptes déterminés, de continuer notre existence, conformément à la détermination suprême de la raison[1].

On peut voir en détail dans la Critique de la raison pure comment, dans l'usage spéculatif de cette faculté, il est possible de résoudre cette dialectique naturelle et d'éviter l'erreur venant d'une illusion d'ailleurs naturelle. Mais il n'en est pas mieux pour la raison

---

[1] Le texte donne *der höchsten Vernunftbestimmung*; Born dit *summo rationis consilio*; Barni, *à la désignation suprême que nous assigne la raison*; Abbot, *to the highest dictate of reason*; nous traduisons littéralement. (F. P.).

dans son usage pratique. Elle cherche, comme raison pure pratique, pour le conditionné pratiquement (qui repose sur les penchants et le besoin naturel), également l'inconditionné et à la vérité non comme principe déterminant de la volonté, mais, puisque celui-ci a été donné (dans la loi morale), la totalité inconditionnée de *l'objet* de la raison pure pratique, sous le nom de *souverain bien*.

Déterminer cette idée pratiquement, c'est-à-dire d'une façon suffisante pour les maximes de notre conduite rationnelle, c'est le but de la *doctrine de la sagesse* (*Weisheitslehre*) [1], qui comme *science* est la *philosophie* dans le sens où les anciens entendaient ce mot, car pour eux elle consistait à enseigner le concept (*eine Anweisung zu dem Begriffe war*) dans lequel il faut placer le souverain bien et la conduite à suivre pour l'acquérir. Il serait bon de laisser à ce mot son ancienne signification, de le comprendre comme une *doctrine du souverain bien*, en tant [2] que la raison s'efforce d'en faire une *science*. Car d'une part, la condition restrictive qui y est attachée serait conforme à l'expression grecque (qui signifie amour de la *sagesse*), et cependant serait en même temps suffisante pour comprendre sous le nom de philosophie, l'amour de la *science*, partant de toute connaissance spéculative de la raison, en tant qu'elle peut être utile pour ce concept aussi bien

---

[1] Barni ne traduit pas ce mot, parce qu'il ne trouve, pour le rendre, que *philosophie*, employé ensuite par Kant; le passage se ressent alors, comme il le remarque, de cette omission. Born dit *doctrina sapientiæ*; Abbot, *practical wisdom*; nous avons traduit littéralement. (F. P.)

[2] Barni ne traduit pas *so fern*. (F. P.)

que pour le principe de détermination pratique; elle ne laisserait pas perdre de vue le but capital, en vue duquel seul elle peut être nommée *doctrine de la sagesse*. D'autre part, il ne serait pas mal non plus de décourager la présomption de celui qui ose s'arroger le titre de philosophe (*Philosophen*), en lui présentant déjà, par la définition du mot, une mesure pour l'estimation de soi-même, qui abaisserait fort ses prétentions. Car être un professeur de sagesse (*Weisheitslehrer*) devrait signifier quelque chose de plus qu'être un disciple (*Schüler*), qui n'est pas encore arrivé assez loin pour se conduire lui-même et encore bien moins pour conduire les autres avec la certitude d'atteindre un but si élevé ; cela signifierait être un *maître dans la connaissance de la sagesse*, ce qui dit plus que ce qu'un homme modeste ne s'attribuera à lui-même. La philosophie resterait alors elle-même, comme la sagesse, encore toujours un idéal qui, objectivement, n'est représenté complètement que dans la raison, mais qui subjectivement pour la personne, n'est que le but de ses efforts incessants. Celui-là seul est autorisé à prétendre qu'il est en possession de cet idéal et à s'attribuer le nom de philosophe, qui peut en montrer, comme exemple, l'effet infaillible dans sa personne (dans l'empire qu'il a sur lui-même et dans l'intérêt indubitable qu'il prend de préférence au bien général). Et c'est ce que les anciens réclamaient aussi de ceux qui voulaient mériter ce nom honorable.

Par rapport à la dialectique de la pure raison pratique, au point de vue de la détermination du concept *du souverain bien* (dialectique qui, si la solution en est aussi heureuse que celle de la raison spéculative, fait attendre le résultat le plus bienfaisant, parce que les contradictions, exposées sincèrement et non cachées, de la raison pure pratique avec elle-même, nous obligent à entreprendre une critique complète de son propre pouvoir), nous avons seulement encore une observation à présenter.

La loi morale est l'unique principe déterminant de la volonté pure. Mais comme cette loi est simplement formelle (c'est-à-dire réclame seulement la forme de la maxime, comme universellement législative), elle fait abstraction, comme principe de détermination, de toute matière, partant de tout objet, du vouloir (*Wollens*). Par conséquent le souverain bien a beau être toujours l'*objet* entier d'une raison pure pratique, c'est-à-dire d'une volonté pure, il ne doit pas être pris pour cela comme le *principe déterminant* de celle-ci ; et la loi morale doit seule être considérée comme le principe qui la détermine à s'en faire un objet dont elle se propose la réalisation ou la poursuite. Cette remarque est importante en une matière aussi délicate que la détermination des principes moraux, où même le plus petit malentendu (*Missdeutung*), corrompt les intentions. Car on aura vu par l'analytique que, si l'on admet, avant la loi morale, un objet quelconque sous le nom d'un bien comme principe déterminant de la volonté, et si l'on en dérive ensuite le principe pratique suprême, cela amènerait toujours alors une hétéronomie et déposséderait (*verdrängen*) le principe moral.

Mais il va de soi que si dans le concept du souverain bien est déjà renfermée la loi morale comme condition suprême, le souverain bien n'est pas alors simplement *objet*, mais que son concept et la représentation de son existence, possible par notre raison pratique, sont en même temps le *principe déterminant* de la volonté pure, parce qu'alors, en fait, la loi morale renfermée déjà dans ce concept et conçue avec lui (*mitgedacht*), et aucun autre objet, détermine la volonté d'après le principe de l'autonomie. Cet ordre des concepts de la détermination de la volonté ne doit pas être perdu de vue, parce que, autrement, on se méprend soi-même (*sich selbst missversteht*), et on croit se contredire là où cependant tout se tient dans la plus parfaite harmonie.

CHAPITRE II

DE LA DIALECTIQUE DE LA RAISON PURE DANS LA DÉTERMINATION DU CONCEPT DU SOUVERAIN BIEN

Le concept de l'attribut *souverain* contient déjà une équivoque qui, si l'on n'y prend garde, peut occasionner des disputes inutiles. Souverain peut signifier suprême (*supremum*) ou parfait [1] (*consummatum*). Dans le premier cas, il indique une condition qui est elle-même inconditionnée, c'est-à-dire qui n'est subordonnée (*originarium*) à aucune autre; dans le second, un tout qui n'est point une partie d'un tout plus grand de la même espèce (*perfectissimum*). Que la *vertu* (comme nous rendant dignes d'être heureux), soit la *condition suprême* de tout ce qui peut nous paraître désirable, partant de toute recherche du *bonheur* et aussi du bien suprême, c'est ce qui a été prouvé dans l'analytique. Mais elle n'est pas encore pour cela le bien complet et par-

---

[1] Nous traduisons, comme Barni, le texte, *der Begriff des Höchsten*. (F. P.)

[2] Nous suivons Abbot en traduisant *Vollendete* par *parfait*; Barni emploie *complet*. (F. P.)

fait (*ganze und vollendete*), comme objet de la faculté de désirer d'êtres raisonnables et finis, car pour être telle, elle devrait être accompagnée du *bonheur* et cela non seulement aux yeux intéressés de la personne qui se prend elle-même pour but, mais même au jugement d'une raison impartiale, qui considère la vertu en général dans le monde comme une fin en soi. Car avoir besoin du bonheur, en être digne et cependant ne pas y participer, c'est ce qui ne peut pas du tout s'accorder avec le vouloir parfait d'un être raisonnable qui aurait en même temps la toute-puissance, si nous essayons seulement de nous représenter un tel être. En tant donc que la vertu et le bonheur constituent ensemble la possession du souverain bien dans une personne et qu'en outre le bonheur est tout à fait exactement *proportionné* à la moralité (ce qui est la valeur de la personne et la rend digne d'être heureuse), ils constituent le *souverain bien* d'un monde possible, ce qui veut dire le bien entier et complet, dans lequel cependant la vertu est toujours, comme condition, le bien suprême, parce qu'il n'y a pas de condition au-dessus d'elle, parce que le bonheur est toujours une chose à la vérité agréable pour celui qui la possède, qui toutefois par elle seule n'est pas bonne absolument et à tous égards, mais suppose en tout temps, comme condition, la conduite morale conforme à la loi (*gesetzmässige*).

Deux déterminations *nécessairement* unies dans un concept doivent être enchaînées comme principe et conséquence; et cela de façon à ce que cette *unité* soit considérée ou comme *analytique* (connexion logique) d'après la loi de l'identité, ou comme *synthétique* (liaison réelle) d'après la loi de la causalité. La connexion de la vertu et du bonheur peut donc être comprise de deux manières différentes : ou l'effort pour être vertueux (*Bestrebung tugendhaft zu sein*), et la recherche rationnelle du bonheur ne seraient pas deux actions distinctes, mais complètement identiques, et alors il n'y aurait besoin, pour servir de principe à la première, d'aucune maxime autre que celle qui servent de principe à la seconde ; ou bien cette connexion est supposée par ce fait[1] que la vertu produit le bonheur comme quelque chose de tout à fait distinct de la conscience de la vertu, à la manière dont la cause produit un effet.

Parmi les anciennes écoles grecques, il n'y en a à proprement parler que deux qui ont suivi dans la détermination du concept du souverain bien, une même méthode, en tant qu'elles n'ont pas admis la vertu et le bonheur comme deux éléments différents du souverain bien, qu'elles ont par conséquent cherché l'unité du principe, suivant la règle de l'identité ; mais, sur ce point, elles se sont séparées à leur tour en choisissant différemment leur concept fondamental. L'*Epicurien* disait : avoir conscience de sa maxime conduisant au bonheur ; c'est là la vertu ; le *Stoïcien* : avoir conscience de sa vertu, voilà le bonheur. Pour le premier la *pru-*

---

[1] Traduction littérale de *jene Verknüpfung wird darauf ausgesetz dass Tugend*; Born dit *illa conjunctio hac conditione ponatur, ut*; Barni supprime le passage et dit *ou bien la vertu produit*, etc. ; Abbot donne *or the connexion consists in this, that*. (F. P.)

dence équivalait à la *moralité;* pour le second, qui choisissait une plus haute dénomination pour la vertu, la *moralité* était seule la sagesse véritable.

Il faut regretter que la pénétration de ces hommes (que l'on doit cependant en même temps admirer parce qu'ils ont tenté dans des temps si reculés toutes les voies imaginables pour des conquêtes philosophiques)[1] ait été malheureusement employée à rechercher (*ergrübeln*) de l'identité entre des concepts extrêmement différents, celui du bonheur et celui de la vertu. Mais il était conforme à l'esprit dialectique des temps où ils vivaient, et cela séduit parfois encore maintenant des esprits subtils, de supprimer dans les principes, des différences essentielles et qui ne peuvent jamais être conciliées, en cherchant à les changer en querelle de mots et ainsi à produire artificiellement (*erkünstelt*) en apparence l'unité du concept simplement sous des noms différents; et ceci se rencontre ordinairement dans les cas où la combinaison de principes hétérogènes se fait si profondément ou si haut (*so tief oder hoch liegt*), ou exigerait un changement si complet des doctrines admises d'ailleurs dans le système philosophique, que l'on craint d'entrer profondément dans la différence réelle et qu'on aime mieux la traiter comme une dissidence dans de simples formules.

Les deux écoles, cherchant à simuler *(ergrübeln)* l'identité des principes pratiques de la vertu et du

---

[1] Le texte porte au c) erdenklichen *Wege philosophischer Eroberungen*; Born dit *omnes.., vias occupationum philosophicarum*; Barni, *toutes les routes possibles du domaine philosophique*; Abbot rend mieux le texte par *all... ways of extending the domain of philosophy.* (F. P.)

bonheur, n'étaient pas pour cela d'accord sur la manière dont elles voulaient produire (*herauszwingen*) cette identité, mais elles se séparaient infiniment (*in unendliche Weiten*) l'une de l'autre : l'une plaçait son principe du côté des sens (*ästhetischen*)[1], l'autre du côté logique, l'une le plaçait dans la conscience du besoin sensible, l'autre dans l'indépendance de la raison pratique à l'égard de tout principe sensible de détermination. Le concept de la vertu était déjà, d'après l'*épicurien*, dans la maxime qui recommande de travailler à son propre bonheur ; le sentiment du bonheur était au contraire, d'après le *stoïcien*, déjà contenu dans la conscience de sa vertu. Mais ce qui est contenu dans un autre concept est, à vrai dire, identique avec une partie du contenant, mais non identique au tout ; et les deux touts (*Ganze*) peuvent en outre être spécifiquement différents l'un de l'autre, quoiqu'ils soient formés de la même matière (*Stoffe*), si les parties sont dans l'un et dans l'autre réunies en un tout d'une façon tout à fait différente. Le stoïcien soutenait que la vertu est *tout le souverain bien* et que le bonheur n'est que la conscience de la possession de la vertu, en tant qu'appartenant à l'état du sujet. L'épicurien soutenait que le bonheur est *tout le souverain bien* et que la vertu n'est que la forme de la maxime à suivre pour l'acquérir, c'est-à-dire qu'elle ne consiste que dans l'emploi rationnel des moyens de l'obtenir.

Or, il est clair, d'après l'analytique, que les maximes

---

[1] Nous traduisons comme Abbot ; Born dit *in parte œsthetica*; Barni, le côté esthétique. (F. P.)

de la vertu et celles du bonheur personnel sont, relativement à leur principe pratique suprême, tout à fait différentes et que ces deux choses loin de s'accorder, quoiqu'elles appartiennent également à un souverain bien qu'elles rendent à elles deux possible, se limitent et se portent préjudice dans le même sujet. Ainsi la question de savoir *comment le souverain bien est pratiquement possible*, demeure toujours encore, en dépit de tous les *essais composites* (*Coalitionsversuche*) [1] tentés jusqu'ici, un problème non résolu. Mais l'analytique a montré ce qui en fait un problème difficile à résoudre : c'est que le bonheur et la moralité sont deux *éléments* du souverain bien, tout à fait distincts spécifiquement et que, par conséquent, leur union ne peut *pas* être connue *analytiquement* (comme si celui qui cherche son bonheur se trouvait vertueux en se conduisant ainsi par la simple solution de ses concepts, ou comme si celui qui suit la vertu se trouvait heureux *ipso facto* par la conscience d'une telle conduite), mais qu'elle est une *synthèse* des concepts. Et puisque cette liaison est reconnue comme nécessaire *à priori* et par conséquent pratiquement, par suite comme ne dérivant pas de l'expérience et que la possibilité du souverain bien ne repose pas ainsi sur des principes empiriques, la *déduction* de ce concept doit être *transcendantale*. Il est *à priori* (moralement) nécessaire de *produire le souverain bien par la liberté de la volonté;* la condition de la possibilité du souverain bien doit donc reposer

---

[1] Sur la traduction de ce mot, que Barni rend par *essais de conciliation*, voyez n. 1, p. 38. (F. P.)

exclusivement sur des principes *à priori* de connaissance.

I

L'ANTINOMIE DE LA RAISON PRATIQUE

Dans le souverain bien qui est pratique pour nous, c'est-à-dire qui doit être réalisé par notre volonté, la vertu et le bonheur sont conçus comme nécessairement unis, de sorte que l'un ne peut être admis par la raison pure pratique sans que l'autre ne s'ensuive aussi. Or cette liaison est (comme toute liaison en général) ou *analytique* ou *synthétique*. Comme cette liaison donnée ne peut être analytique, ainsi que cela a été montré précédemment, elle doit être conçue synthétiquement et à la vérité comme enchaînement de la cause avec l'effet, parce qu'elle concerne un bien pratique, c'est-à-dire ce qui est possible par l'action. Il faut donc ou que le désir du bonheur soit le mobile (*Bewegursache*) des maximes de la vertu, ou que la maxime de la vertu soit la cause efficiente du bonheur. La première chose est *absolument* (*schlechterdings*) impossible, parce que (comme il a été montré dans l'analytique) des maximes qui placent le principe déterminant de la volonté dans le désir du bonheur personnel, ne sont pas du tout morales et ne peuvent fonder aucune vertu. La seconde est *aussi impossible*, parce que tout enchaînement pratique des causes et des effets dans le monde, comme conséquence de la détermination de la volonté ne se règle pas d'après les intentions morales de la volonté, mais d'après la connaissance des lois naturelles et le pouvoir physique de les employer à ses desseins, que par conséquent aucune connexion nécessaire et suffisante pour le souverain bien, entre le bonheur et la vertu, ne peut être attendue dans le monde, de la plus stricte observation des lois morales. Or, comme la réalisation du souverain bien, qui contient cette connexion dans son concept, est un objet nécessaire *à priori* de notre volonté et qu'il est inséparablement lié à la loi morale, l'impossibilité de cette réalisation (*des ersteren*) doit aussi prouver la fausseté de la loi (*des zweiten*). Donc si le souverain bien est impossible d'après des règles pratiques, la loi morale, qui nous ordonne de travailler au souverain bien, doit être fantastique (*phantastisch*) et dirigée vers un but vain et imaginaire, par conséquent être fausse en soi.

II

SOLUTION CRITIQUE DE L'ANTINOMIE DE LA RAISON PRATIQUE.

Dans l'antinomie de la raison pure spéculative se trouve un conflit semblable entre la nécessité naturelle et la liberté, dans la causalité des événements du monde. Il a été mis fin à ce conflit en prouvant qu'il n'y a pas de véritable contradiction si l'on considère les événements et le monde lui-même, dans lequel ils se produisent (comme on doit aussi le faire), uniquement comme des phénomènes; puisqu'un seul et même être agissant, *comme phénomène* (même devant son propre sens intérieur), a dans le monde des sens une causalité qui est toujours conforme au mécanisme de la nature, mais que, relativement au même événement, en tant que la personne qui agit se considère en même temps comme *noumène* (comme pure intelligence dans son existence qui ne peut être déterminée d'après le temps), il peut contenir un principe de détermination de cette causalité d'après des lois naturelles, principe qui, lui-même, est libre à l'égard de toute loi naturelle.

Il en est de même pour l'antinomie présente de la raison pure pratique. La première des deux propositions, à savoir que la recherche du bonheur produit un principe d'intention vertueuse (*einen Grund tugendhafter Gesinnung*) est *absolument fausse*; quant à la seconde, à savoir que l'intention vertueuse (*Tugendgesinnung*) produit nécessairement le bonheur, elle n'est pas *absolument* fausse, mais seulement en tant qu'elle est considérée comme la forme de la causalité dans le monde sensible, et partant que si j'admets l'existence dans le monde sensible comme le seul mode d'existence de l'être doué de raison; elle n'est donc fausse que d'une façon conditionnelle. Mais comme je suis non seulement autorisé à concevoir mon existence comme noumène dans un monde de l'entendement, mais que j'ai même dans la loi morale un principe de détermination purement intellectuel de ma causalité (dans le monde sensible), il n'est pas impossible que la moralité de l'intention ait une connexion (*Zusammenhang*) nécessaire, sinon immédiate, du moins médiate (par l'intermédiaire d'un auteur intelligible de la nature) comme cause, avec le bonheur comme effet dans le monde sensible, tandis que dans une nature qui est simplement objet des sens, cette liaison (*Verbindung*), ne peut jamais avoir lieu qu'accidentellement et ne peut suffire au souverain bien.

Par conséquent, en dépit de cette contradiction apparente d'une raison pratique avec elle-même, le souverain bien est le but nécessaire et suprême d'une volonté moralement déterminée, un véritable objet de la volonté, car il est possible pratiquement, et les maximes de la volonté qui s'y rapportent, quant à leur matière, ont de la réalité objective. Cette réalité atteinte au début par cette antinomie dans la liaison de la moralité et du bonheur, suivant une loi universelle, ne le fut que par une simple méprise, parce qu'on prenait le rapport entre des phénomènes pour un rapport des choses en soi à ces phénomènes.

Si nous nous voyons forcés de chercher la possibilité du souverain bien, de ce but assigné par la raison à tous les êtres doués de raison pour tous leurs désirs moraux, de cette manière, c'est-à-dire dans la connexion avec un monde intelligible, on doit s'étonner que les philosophes de l'antiquité aussi bien que des temps modernes, aient pu trouver déjà dans *cette vie* (dans le monde sensible) une proportion tout à fait exacte entre le bonheur et la vertu, ou qu'ils aient pu se persuader d'en avoir conscience. Car Épicure, aussi bien que les Stoïciens, élevait le bonheur qui a sa source dans la conscience de la vertu dans la vie au-dessus de tout. Il n'avait pas, dans ses préceptes pratiques, des intentions aussi basses qu'on pourrait le conclure des principes de sa théorie, qu'il employait pour l'explication, non pour l'action, ou que beaucoup le crurent en effet, induits en erreur par l'expression de volupté (*Wollust*), substituée à celle de contentement (*Zufriedenheit*). Mais il comprenait la pratique la plus désintéressée du bien parmi les modes de jouissance qui procurent la joie la plus intime, et la modération et la répression (*Bändigung*) des penchants, telles que peut les réclamer le moraliste le plus austère, faisaient partie de son plan du plaisir (*Vergnügens*), (sous lequel il comprenait une joie constante du cœur). Il se séparait des Stoïciens surtout parce qu'il plaçait, dans ce plaisir (*Vergnügen*), le principe déterminant *(Bewegungsgrund)*, ce que ces derniers refusaient de faire et avec raison. Car d'une part le vertueux Épicure, comme le font encore aujourd'hui beaucoup d'hommes moralement bien intentionnés, quoique ne réfléchissant pas assez profondément sur leurs principes, tomba dans la faute de supposer déjà *l'intention* vertueuse dans les personnes auxquelles il voulait donner un mobile pour les déterminer à la vertu = *Triebfeder zur Tugend* (et en fait, l'honnête homme ne peut se trouver heureux, s'il n'a auparavant conscience de son honnêteté, parce que, avec cette intention, les reproches qu'il serait obligé de se faire à lui-même par son mode personnel de penser = *durch seine eigene Denkungsart*, quand il manquerait à son devoir et la condamnation morale qu'il porterait contre lui-même, lui raviraient la jouissance de tout ce que son état peut d'ailleurs avoir de charme). Mais la question est de savoir comment une telle intention, une telle manière de penser dans l'estimation de la valeur de son existence est d'abord possible ; car avant elle aucun sentiment d'une valeur morale en général ne peut être rencontré dans le sujet. Sans doute l'homme, quand il est vertueux, ne sera pas content de la vie s'il n'a pas conscience dans chaque action de son honnêteté, si favorable que soit pour lui la fortune dans son état physique ; mais pour le rendre vertueux tout d'abord, par conséquent avant qu'il ne mette si haut la valeur morale de son existence, peut-on bien lui vanter la paix de l'âme (*Seelenruhe*), qui résultera de la conscience d'une honnêteté dont il n'a encore aucun sentiment ?

Mais d'un autre côté, il y a toujours ici occasion de commettre la faute qu'on appelle *vitium subreptionis* [1], et en quelque sorte d'avoir une illusion d'optique dans la conscience de ce qu'on *fait*, à la différence de ce qu'on *sent*, illusion que même l'homme le plus expérimenté ne peut complétement éviter. L'intention morale est nécessairement liée avec une conscience de la détermination, *immédiatement par la loi*, de la volonté. Or la conscience d'une détermination du pouvoir de désirer est toujours le principe d'une satisfaction attachée à l'action qui est produite par là ; mais ce plaisir, cette satisfaction en elle-même n'est pas le principe déterminant de l'action, c'est au contraire la détermination de la volonté, immédiatement et simplement par la

---

[1] Kant dit *Erschleichens* et met entre parenthèses les mots latins. Ni Barni, ni Abbot ne traduisent le mot allemand, qu'on rendrait approximativement par *surprendre* ou *attraper*. (F. P.)

raison, qui est le principe du sentiment du plaisir, et celle-ci demeure une détermination du pouvoir de désirer, pure, pratique et non sensible (*ästhetische*)[1]. Or, comme cette détermination fait intérieurement le même effet, en poussant à l'activité, qu'aurait produit un sentiment du plaisir qui est attendu de l'action désirée, nous voyons ce que nous faisons nous-mêmes, facilement comme quelque chose que nous sentons simplement et passivement, et nous prenons le mobile moral pour l'attrait (*Antrieb*) sensible, comme cela arrive d'ordinaire dans ce qu'on appelle l'illusion des sens (ici du sens interne). C'est quelque chose de très élevé pour la nature humaine, d'être immédiatement déterminée à agir par une loi pure de la raison, et même que de prendre, par suite d'une illusion, ce qu'il y a de subjectif dans cette capacité intellectuelle de la volonté à la détermination (*intellectuellen Bestimmbarkeit*), pour quelque chose de sensible (*Aesthetisches*) et pour l'effet d'un sentiment sensible spécial (car un sentiment intellectuel serait une contradiction). Aussi est-il fort important de faire attention à cette propriété de notre personnalité et de cultiver le mieux possible l'effet de la raison sur ce sentiment. Mais il faut se garder aussi, en vantant faussement ce principe moral de détermination, comme mobile, en lui donnant pour fondement des sentiments particuliers de plaisir (*Freuden*), (qui cependant en sont uniquement des conséquences) de rabaisser et de défigurer comme par une espèce de fausse folie, le

---

[1] Barni traduit ce mot par *esthétique*; nous préférons traduire, comme Abbot, par *sensible*. (F. P.)

mobile propre et véritable, la loi elle-même. Le respect, et non le plaisir ou la jouissance du bonheur, est donc quelque chose pour lequel n'est possible aucun sentiment *antérieur*, établi comme principe de la raison (parce que ce sentiment serait toujours sensible = *ästhetisch* et pathologique); et [1] la conscience de la contrainte immédiate exercée sur la volonté par la loi est à peine un analogue du sentiment du plaisir, tandis que, par rapport au pouvoir de désirer, il produit exactement le même effet, mais par d'autres sources. Par ce mode de représentation seul, on peut atteindre ce que l'on cherche, à savoir que les actions se produisent non seulement conformément au devoir (comme conséquence de sentiments agréables), mais par devoir, ce qui doit être le véritable but de toute culture morale.

Mais n'a-t-on pas un mot qui désignerait, non une jouissance comme le mot bonheur, mais qui cependant indiquerait une satisfaction (*Wohlgefallen*) liée à son existence, un analogue du bonheur qui doit nécessairement accompagner la conscience de la vertu? Si! ce mot c'est *contentement de soi-même* (*Selbstzufriedenheit*), qui au sens propre ne désigne jamais qu'une satisfaction négative liée à l'existence, par laquelle on a conscience de n'avoir besoin de rien. La liberté et la conscience de la liberté, comme conscience d'un pouvoir que nous avons de suivre, avec une intention inébranlable, la loi morale, est l'*indépendance* à l'égard des *penchants*, du moins comme causes (*Bewgursache*) déterminantes

---

[1] Le texte donne *als* et non *und*. Hartenstein et Abbot lisent *und*, que nous préférons. (F. P.)

(sinon comme causes *affectives*[1]) de notre désir, et en tant que je suis conscient de cette indépendance dans l'exécution de mes maximes morales, elle est l'unique source d'un contentement (*Zufriedenheit*) immuable, nécessairement lié avec elle, ne reposant sur aucun sentiment particulier[2], et qui peut s'appeler intellectuel. Le contentement sensible (qui est ainsi appelé improprement) qui repose sur la satisfaction des penchants, si raffinés qu'on les imagine, ne peut jamais être adéquat à ce qu'on se représente. Car les penchants changent, croissent avec l'indulgence dont on use à leur égard et ils laissent toujours un vide plus grand encore que celui qu'on a cru remplir. C'est pourquoi ils sont toujours *à charge* à un être raisonnable et quoiqu'il ne puisse s'en défaire, ils l'obligent à désirer d'en être débarrassé. Même un penchant pour ce qui est conforme au devoir (par exemple, pour la bienfaisance) peut sans doute concourir beaucoup à l'efficacité des maximes *morales*, mais il ne peut leur en donner aucune. Car tout dans celle-ci doit (*muss*) avoir rapport à la représentation de la loi, comme principe déterminant, si l'action doit (*soll*) contenir non-seulement de la *légalité* (*Legalität*), mais aussi de la *moralité* (*Moralität*). Le penchant est aveugle et servile, qu'il soit ou non d'une bonne espèce (*gutartig*), et la raison, là où il s'agit de moralité, ne doit pas seulement représenter le tuteur (*Vormund*) à l'égard du penchant, mais sans avoir aucun

---

[1] Le texte donne *afficirenden*; Born, *afficientibus*; Abbot, *affecting*; Barni, *affectifs*. (F. P.)

[2] Comme Abbot, nous rendons encore ainsi le mot *ästhetische*, que Barni traduit littéralement. (F. P.)

égard au penchant, elle doit uniquement, comme raison pure pratique, prendre soin de son propre intérêt. Même ce sentiment de pitié et de tendre sympathie, s'il précède la considération de ce que doit être le devoir et devient un principe déterminant, est à charge aux personnes qui pensent bien (*wohldenkenden*) elles-mêmes, porte le trouble dans leurs maximes réfléchies (*überlegten*), et produit en elles le désir d'en être débarrassées et d'être uniquement soumises à la raison donnant des lois (*gesetzgebenden*).

On peut, par là, comprendre comment la conscience de ce pouvoir d'une raison pure pratique peut produire par le fait (par la vertu), la conscience de l'empire sur les penchants, par conséquent de l'indépendance à leur égard, partant aussi du mécontentement qui les accompagne toujours et donner ainsi une satisfaction négative pour l'état dans lequel on se trouve, c'est-à-dire un *contentement* qui, dans sa source, est le contentement de sa personne. La liberté elle-même devient de cette manière (c'est-à-dire indirectement), capable d'une jouissance qui ne peut s'appeler bonheur, parce que cette jouissance ne dépend pas de l'intervention positive d'un sentiment, qui n'est pas non plus, à parler exactement, de la *béatitude* (*Seligkeit*), puisqu'elle n'implique pas une indépendance complète à l'égard des penchants et des besoins, mais qui cependant ressemble à la béatitude, en tant du moins que la détermination de notre propre volonté peut rester indépendante de leur influence et ainsi, du moins d'après son origine, cette jouissance est analogue à la propriété de se suffire à soi-même *(Selbstgenugsamkeit)*, qu'on ne peut attribuer qu'à l'être suprême.

De cette solution de l'antinomie de la raison pure pratique, il résulte que, dans les principes pratiques, on peut se représenter, au moins comme possible, une liaison naturelle et nécessaire entre la conscience de la moralité et l'attente d'un bonheur proportionné à la moralité dont il serait la conséquence (sans pour cela la connaître et l'apercevoir); tandis qu'il est impossible de faire produire la moralité aux principes de la recherche du bonheur; que, par conséquent, le bien *suprême* (comme première condition du souverain bien), est constitué par la moralité, que le bonheur au contraire forme sans doute le second élément du bien suprême, mais cependant de manière à ce qu'il ne soit que la conséquence, conditionnée moralement et pourtant nécessaire, de la moralité. C'est avec cette subordination seulement que le *souverain bien* est l'objet tout entier de la raison pure pratique, qui doit nécessairement se le représenter comme possible, puisqu'elle nous commande de travailler autant que nous le pouvons à le réaliser. Or, comme la possibilité d'une telle liaison du conditionné avec sa condition appartient entièrement au rapport supra-sensible des choses et ne peut être donnée en aucune façon d'après des lois du monde sensible, quoique les conséquences pratiques de cette idée, c'est-à-dire les actions qui ont pour but de réaliser le souverain bien, appartiennent au monde sensible, nous chercherons à montrer les principes de cette possibilité, d'abord relativement à ce qui est immédiatement en notre pouvoir et ensuite relativement à ce que la raison nous ordonne pour suppléer à [1] notre impuissance à l'égard de la possibilité du souverain bien (nécessaire d'après des lois pratiques) et qui n'est pas en notre pouvoir.

III

DE LA SUPRÉMATIE [2] DE LA RAISON PURE PRATIQUE DANS SA LIAISON AVEC LA RAISON PURE SPÉCULATIVE.

Par la suprématie entre deux ou plusieurs choses que lie la raison, je comprends l'avantage qu'a l'une d'elles d'être le premier principe déterminant de l'union avec toutes les autres [3]. Dans un sens pratique plus étroit, elle signifie la prépondérance de l'intérêt de l'une, en tant que l'intérêt des autres est subordonné à cet intérêt qui ne peut être subordonné à aucun autre. On peut attribuer à chaque pouvoir de l'esprit (*Gemüths*) un intérêt, c'est-à-dire un principe qui contient la condition sous laquelle ce pouvoir seulement est mis en exercice. La raison, comme la faculté des principes, détermine l'intérêt de toutes les forces de l'esprit (*Gemüthskräfte*), mais elle détermine elle-même le sien. L'intérêt de son usage spéculatif consiste dans la *connaissance* de

---

[1] Le texte donne *als Ergänzung unseres Unvermögens;* Born dit *complementum infirmitatis nostræ;* Barni, *comme le complément de notre impuissance;* Abbot, *as the suplement of our impotence.* (F. P.)

[2] Kant dit *von dem Primate;* Born, *de primatu;* Abbot, *of the Primacy;* Barni, *de la suprématie.* (F. P.)

[3] Barni dit *l'union avec l'une ou avec toutes les autres :* le texte, *der Verbindung mit allen übrigen,* ne justifie nullement cette traduction. (F. P.)

l'objet poussée jusqu'aux principes *à priori* les plus élevés ; celui de son usage pratique consiste dans la détermination de la *volonté*, relativement à un but final (*letzten*) et complet (*vollständigen*). Quant à ce qui est nécessaire pour la possibilité d'un usage de la raison en général, à savoir que ses principes et ses assertions ne doivent pas être contradictoires, cela ne forme aucune partie de l'intérêt de cette faculté, mais c'est la condition par laquelle il est possible d'avoir de la raison en général ; c'est seulement son extension et non le simple accord avec elle-même, qui est considérée comme son intérêt.

Si la raison pratique ne pouvait admettre et concevoir comme donné rien de plus que ce que la raison *spéculative* pouvait d'elle-même lui offrir d'après ses propres lumières [1], c'est à cette dernière que reviendrait la suprématie. Mais supposé qu'elle ait par elle-même des principes originaux *à priori*, avec lesquels soient inséparablement liées certaines positions [2] théoriques qui, cependant, se déroberaient à toute la pénétration que peut avoir (*aller möglichen Einsicht*) la raison spéculative (quoiqu'elles ne doivent pas être en contradiction avec elle), la question est alors de savoir quel intérêt est le plus élevé (non celui qui doit céder à l'autre, car l'un ne contredit pas nécessairement l'autre), de savoir si la raison spéculative, qui ne sait rien de tout ce que la raison pratique lui

---

[1] Kant dit *aus ihrer Einsicht*; Born donne *ex intellectu suo*; Abbot, *from its own insight*; Barni ne traduit pas. (F. P.)

[2] Nous traduisons littéralement *Positionem*, comme Born et Abbot ; Barni met *certaines propositions*. (F. P.)

ordonne d'admettre, doit accepter ces propositions et chercher, quoiqu'elles soient transcendentes pour elle, à les unir avec ses concepts comme une possession étrangère qui lui est transmise; ou si elle est autorisée à suivre obstinément son intérêt particulier et, suivant la canonique d'Epicure, à rejeter comme vaine subtilité (*leere Vernünftelei*) tout ce qui ne peut confirmer sa réalité objective par des exemples évidents, devant être posés (*aufzustellende*) dans l'expérience, quelque étroitement que cela soit uni avec l'intérêt de l'usage pratique (pur), et quoiqu'il ne soit pas contradictoire avec la raison théorique, simplement parce que cela porte réellement préjudice à l'intérêt de la raison spéculative, en supprimant les limites qu'elle s'est posées à elle-même, et en l'abandonnant à tous les non-sens (*Unsinn*)[1] et à toutes les illusions de l'imagination.

En fait, en tant que la raison pratique, comme pathologiquement conditionnée, c'est-à-dire comme gouvernant simplement l'intérêt des penchants sous le principe sensible du bonheur, serait prise pour fondement, cela ne pourrait être en aucune façon réclamé de la raison spéculative. Le paradis de *Mahomet* où l'union dissolvante (*schmelzende*)[2] avec la divinité des *théosophes* et des *mystiques*, selon le goût de chacun (*so wie jedem sein Sinn steht*), imposerait à la raison leurs monstruosités et il vaudrait autant n'avoir aucune raison que de la livrer de cette façon à toutes espèces

---

[1] Born dit *insaniæ*; Barni, *rêves*; Abbot, *every nonsense*. (F. P.)
[2] Barni traduit par *ineffable*; Born, avec beaucoup plus de raison, par *liquescens*; Abbot dit *the absorption into the Deity*. (F. P.)

de rêves. Mais si la raison pure peut être pratique par elle-même et l'est réellement, comme le prouve la conscience de la loi morale, il n'y a toujours qu'une seule et même raison qui, au point de vue théorique ou pratique, juge d'après des principes *à priori*, et il est clair alors, quoique son pouvoir n'aille pas dans le premier cas jusqu'à établir dogmatiquement (*behauptend*) certaines propositions qui cependant ne sont pas en contradiction avec elle, qu'elle doit, dès que ces propositions sont *inséparablement liées à l'intérêt* pratique de la raison pure, les admettre, il est vrai comme quelque chose d'étranger, qui n'a pas poussé sur son propre terrain, mais qui cependant est suffisamment confirmé, et chercher à les comparer et à les enchaîner avec tout ce qu'elle a en son pouvoir comme raison spéculative. Qu'elle se souvienne cependant qu'il ne s'agit pas ici pour elle d'une vue plus pénétrante, mais d'une extension de son usage à un autre point de vue, c'est-à-dire au point de vue pratique, ce qui n'est pas du tout contraire à son intérêt, qui consiste dans la limitation de la témérité (*Frevels*) spéculative.

Par conséquent, dans l'union de la raison pure spéculative avec la raison pure pratique pour une connaissance, la *primauté* (*Primat*) appartient à la dernière, en supposant toutefois que cette union ne soit pas *contingente* et arbitraire, mais fondée *à priori* sur la raison elle-même, et partant *nécessaire*. Car sans cette subordination, il y aurait une contradiction de la raison avec elle-même, parce que si elles étaient simplement coordonnées, la première s'enfermerait strictement dans ses limites, et n'accepterait en son domaine rien de la seconde, celle-ci de son côté étendrait ses limites sur toutes choses, et où ses besoins (*Bedürfniss*) le réclameraient, chercherait à y faire entrer la première. Mais que la raison pratique soit subordonnée à la raison spéculative en renversant l'ordre, c'est ce qu'on ne peut en aucune façon lui demander, puisqu'en définitive tout intérêt est pratique et que l'intérêt même de la raison spéculative n'est que conditionné et qu'il est seulement complet dans l'usage pratique.

IV

L'IMMORTALITÉ DE L'AME, COMME POSTULAT DE LA RAISON PURE PRATIQUE.

La réalisation du souverain bien dans le monde est l'objet nécessaire d'une volonté qui peut être déterminée par la loi morale. Mais dans cette volonté (*in diesem*) la *conformité complète* des intentions[1] à la loi morale est la condition suprême du souverain bien. Elle doit donc être possible aussi bien que son objet, puisqu'elle est contenue dans l'ordre même de réaliser ce dernier. Or la conformité parfaite de la volonté à la loi morale est la *sainteté*, une perfection dont n'est capable, à aucun moment de son existence, aucun être raisonnable du monde sensible. Comme cependant elle n'en est pas moins exigée comme pratiquement

---

[1] Barni dit *de la volonté* et ne traduit pas *Gesinnungen*, qui a un sens très important chez Kant, cf. n. 2, p. 149. (F. P.)

nécessaire, elle peut seulement être rencontrée dans un *progrès allant à l'infini*[1] vers cette conformité parfaite, et suivant les principes de la raison pure pratique, il est nécessaire d'admettre un progrès pratique tel comme l'objet réel de notre volonté.

Or ce progrès indéfini n'est possible que dans la supposition d'une *existence* et d'une personnalité de l'être raisonnable persistant *indéfiniment* (ce que l'on nomme l'immortalité de l'âme). Donc le souverain bien n'est pratiquement possible que dans la supposition de l'immortalité de l'âme, par conséquent celle-ci, comme inséparablement liée à la loi morale, est un *postulat* de la raison pure pratique (par où j'entends une proposition *théorique*, mais qui comme telle ne peut être prouvée, en tant que cette proposition est nécessairement dépendante (*unzertrennlich anhängt*) d'une loi *pratique* ayant *à priori* une valeur inconditionnée).

La proposition qui a rapport à la destination morale de notre nature et qui établit que nous ne pouvons atteindre la conformité parfaite avec la loi morale que par un progrès allant à l'infini, est de la plus grande utilité[2], non seulement en vue de suppléer présentement à l'impuissance de la raison spéculative (*in Rücksicht auf die gegenwärtige Ergänzung des Unvermögens der sp. Vernunft*) mais aussi relativement à la religion. A défaut de cette proposition, ou la loi morale est tout

---

[1] Traduction littérale de *in einem ins Unendliche gehenden Progressus*; Born dit *in infinitum tendente*; Barni, un *progrès indéfiniment continu*; Abbot, *a progress in infinitum*. (F. P.)

[2] Le texte porte *Nutzen*; il n'y a aucune raison pour traduire comme le fait Barni, par *importance*. (F. P.)

à fait dépouillée (*abgewürdigt*)[1] de sa *sainteté*, tandis qu'on se la représente, en la corrompant, comme *indulgente* et appropriée ainsi à notre convenance, ou bien on exagère en s'exaltant (*spannt*) son rôle (*Beruf*)[2] et en même temps l'espoir d'arriver à une destination inaccessible, c'est-à-dire à une possession espérée et complète de la sainteté de la volonté et l'on se perd dans des rêves *théosophiques* extravagants (*schwärmende*) et tout à fait contradictoires avec la connaissance de soi-même. Dans les deux cas, l'incessant *effort* pour obéir ponctuellement et complètement à un commandement de la raison strict et inflexible, mais cependant réel et non idéal, est seulement empêché (*verhindert*). Pour un être raisonnable, mais fini, il n'y a de possible que le progrès à l'infini des degrés inférieurs aux degrés supérieurs de la perfection morale. L'*Infini* (*Unendliche*) pour qui la condition du temps n'est rien, voit, dans cette série qui est pour nous sans fin, une conformité complète (*das Ganze der Angemessenheit*) à la loi morale, et la sainteté qu'exige inflexiblement son commandement pour qu'il soit en accord avec sa justice dans la part qu'il assigne à chacun dans le *souverain bien*, il la trouve complètement dans une seule intuition intellectuelle de l'existence des êtres raisonnables. Ce qui peut seul échoir à la créature relativement à l'espoir de cette participation au souverain bien, ce sera la conscience de son intention éprouvée, suivant laquelle, d'après le

---

[1] Nous traduisons comme Barni; Abbot se sert du terme plus précis *degraded*. (F. P.)

[2] Barni ne traduit pas ce mot; Born emploie *munus*; Abbot, *vacation*. (F. P.)

progrès par où elle s'est élevée d'un état pire à un état moralement meilleur et d'après la résolution devenue immuable qu'elle a connue par cela même, elle espère une continuation ininterrompue de ce progrès, aussi longtemps que peut durer son existence et même au delà de cette vie*. Par conséquent, elle ne peut espérer d'être jamais ni ici-bas ni en aucun moment imaginable de son existence future, complètement adéquate à la volonté de Dieu (sans l'indulgence ou la rémission[1] qui ne s'accordent pas avec la justice), elle

---

* La *conviction* de l'immutabilité de son intention (*Gesinnung*) dans le progrès vers le bien semble être cependant une chose impossible en soi pour une créature. C'est pourquoi la doctrine chrétienne la fait dériver uniquement du même esprit qui opère la sanctification, c'est-à-dire cette ferme résolution et, avec elle, la conscience de la persévérance dans le progrès moral. Mais dans l'ordre naturel même *(auch natürlicher Weise)*, celui qui a conscience d'avoir été une grande partie de sa vie jusqu'à la fin en progrès vers le mieux (*Bessern*), et qui n'y a été poussé que par des principes de détermination véritablement moraux, peut avoir la consolante espérance, sinon la certitude, de persévérer dans ces principes, même dans une existence prolongée au delà de cette vie; et quoiqu'il ne soit jamais entièrement justifié (*gerechtfertigt*) ici-bas à ses propres yeux, et qu'il ne doive jamais espérer de l'être, si loin qu'il pense porter dans l'avenir la perfection de sa nature et, avec elle, l'accomplissement de ses devoirs, il peut cependant, dans ce progrès qui, bien qu'il tende à un but reculé jusqu'à l'infini, est toutefois pour Dieu équivalent à la possession, avoir la perspective d'un avenir de *béatitude;* car c'est l'expression dont la raison se sert pour désigner un *bien-être* (*Wohl*) complet, indépendant de toutes les causes contingentes du monde et qui, comme la *sainteté*, est une idée qui peut être contenue seulement dans un progrès indéfini *(unendliche)* et dans la totalité de ce progrès, partant qui ne peut jamais être complètement atteinte par une créature.

[1] Kant dit *Nachsicht oder Erlassung, welche sich mit der Gerechtigkeit nicht zusammenreimt;* Born traduit par *ine conniventia aut remissione quae cum justitia haud conspirant;* Barni, par *qui commande sans indulgence et sans rémission, car autrement que deviendrait la justice?* Abbot, par *without indulgence or excuse, which do not harmonise with justice.* (F. P.)

peut seulement espérer de l'être dans l'infinité de sa durée (que Dieu seul peut embrasser).

V

L'EXISTENCE DE DIEU, COMME POSTULAT DE LA RAISON PURE PRATIQUE.

La loi morale a conduit dans l'analyse précédente au problème pratique qui est prescrit, sans aucun secours des mobiles sensibles, simplement par la raison pure, à savoir au problème de la perfection nécessaire de la première et principale partie du souverain bien, de la *moralité*, et comme ce problème ne peut être résolu complètement que dans une éternité, au postulat de l'*immortalité*. Cette même loi doit aussi conduire, d'une façon aussi désintéressée qu'auparavant, par la simple raison impartiale (*aus blosser unparteiischer Vernunft*), à la possibilité du deuxième élément du souverain bien, ou du *bonheur* proportionné à cette moralité, à savoir à la supposition de l'existence d'une cause adéquate à cet effet, c'est-à-dire postuler l'*existence de Dieu*, comme ayant nécessairement rapport à la possibilité du souverain bien (objet de notre volonté qui est nécessairement lié à la législation morale de la raison pure). Nous voulons exposer cette connexion d'une manière concluante.

Le *bonheur* est l'état dans le monde d'un être raisonnable, à qui, dans tout le cours de son existence, *tout arrive suivant son souhait et sa volonté* ; il repose donc sur l'accord de la nature avec le but tout entier qu'il poursuit (*zu seinem ganzen Zwecke*), et aussi avec le principe essentiel de détermination de sa volonté. Or la loi morale, comme une loi de la liberté, ordonne par des principes déterminants qui doivent être tout à fait indépendants de la nature et de l'accord de cette dernière avec notre faculté de désirer (comme mobiles). Mais l'être raisonnable, qui agit dans le monde, n'est pas cependant en même temps *cause* du monde et de la nature elle-même. Donc, dans la loi morale, il n'y a pas le moindre principe pour une connexion nécessaire entre la moralité et le bonheur qui lui est proportionné, chez un être appartenant comme partie au monde et par conséquent en dépendant, qui justement pour cela, ne peut, par sa volonté, être cause de cette nature et ne peut, quant à son bonheur, la mettre par ses propres forces complètement d'accord avec ses principes pratiques. Cependant dans le problème pratique de la raison pure, c'est-à-dire dans la poursuite (*Bearbeitung*) nécessaire du souverain bien, on postule une telle connexion comme nécessaire : nous *devons* chercher à réaliser (*befördern*) le souverain bien (qui doit donc être possible). Ainsi on *postule* aussi l'existence d'une cause de toute la nature, distincte de la nature et contenant le principe de cette connexion, c'est-à-dire de l'harmonie exacte du bonheur et de la moralité. Mais cette cause suprême doit renfermer le principe de l'accord de la nature, non seulement avec une loi de la volonté des êtres raisonnables, mais aussi avec la représentation de cette *loi* en tant que ceux-ci en font le *principe suprême de détermination de leur volonté;* partant non seulement avec les mœurs d'après la forme, mais aussi avec leur moralité comme principe déterminant, c'est-à-dire avec leur intention morale. Le souverain bien n'est donc possible dans le monde qu'en tant qu'on admet une cause suprême de la nature[1] qui a une causalité conforme à l'intention morale. Or un être qui est capable d'agir d'après la représentation de lois est une *intelligence* (un être raisonnable) et la causalité d'un tel être, d'après cette représentation des lois, est sa volonté. Donc la cause suprême de la nature, en tant qu'elle doit être supposée pour le souverain bien, est un être qui, par *l'entendement* et la *volonté*, est la cause, partant l'auteur de la nature, c'est-à-dire *Dieu.* Par conséquent le postulat de la possibilité *du souverain bien dérivé* (du meilleur monde) est en même temps le postulat de la réalité d'un souverain *bien primitif*, à savoir de l'existence de Dieu. Or, c'était un devoir pour nous de réaliser *(befördern)*[2] le souverain bien, partant non seulement un droit *(Befugniss)*, mais aussi une nécessité liée comme besoin[3] avec le devoir, de supposer la possibi-

---

[1] Le texte porte *eine oberste der Natur*. Nous sous-entendons avec Hartenstein le mot *cause* devant *Natur*, Abbot dit *a supreme Being*. (F. P.)

[2] Born dit *ut summum bonum promoveamus*; Barni, *de travailler à la réalisation du souverain bien*; Abbot, *to promote the summum bonum*. (F. P.)

[3] Le texte porte *mit der Pflicht als Bedürfniss verbundene Nothwendigkeit*; Born donne *per necessitatem, qua indigemus, cum officio conjunctam cogimur*; Barni, *une nécessité ou un besoin qui dérive de ce devoir*; Abbot, *a necessity connected with duty as a requisite*. Nous faisons de *Bedürfniss* un appositif de *Nothwendigkeit*. (F. P.)

lité de ce souverain bien, qui, puisqu'il n'est possible que sous la condition de l'existence de Dieu, lie inséparablement la supposition de cette existence avec le devoir, c'est-à-dire qu'il est moralement nécessaire d'admettre l'existence de Dieu.

Or il faut bien remarquer ici que cette nécessité morale est *subjective*, c'est-à-dire un besoin, et non pas *objective*, c'est-à-dire qu'elle n'est pas elle-même un devoir ; car ce ne peut être un devoir d'admettre l'existence d'une chose (puisque cela concerne simplement l'usage théorique de la raison). Il ne faut pas non plus entendre par là qu'il soit nécessaire d'admettre l'existence de Dieu, comme *un fondement de toute obligation en général* (car ce fondement repose, comme cela a été suffisamment démontré, exclusivement sur l'autonomie de la raison même). Ce qui appartient seulement ici au devoir, c'est de travailler à produire et à favoriser dans le monde le souverain bien, dont la possibilité peut alors être postulée, mais que notre raison ne peut se représenter qu'en supposant une intelligence suprême. Admettre l'existence de cette suprême intelligence est donc une chose liée avec la conscience de notre devoir, bien que ce fait même de l'admettre appartienne à la raison théorique, que considéré relativement à elle seule comme principe d'explication, il peut s'appeler une *hypothèse;* mais que relativement à l'intelligibilité (*Verständlichkeit*) d'un objet qui pourtant nous est donné par la loi morale (le souverain bien), partant d'un besoin pour un but pratique, il peut être appelé une *croyance* (*Glaube*) et même une pure *croyance de la raison*, parce que la raison pure seule (d'après son usage, théorique aussi bien que pratique) est la source d'où il découle.

Par cette *déduction*, on comprend maintenant, pourquoi les écoles *grecques* ne purent jamais arriver à la solution de leur problème de la possibilité pratique du souverain bien ; c'est qu'elles prenaient toujours la règle de l'usage, que la volonté de l'homme fait de sa liberté, pour le principe unique et suffisant par lui-même de cette possibilité, sans avoir, à ce qu'il leur semblait, besoin pour cela de l'existence de Dieu. Elles avaient raison, il est vrai, d'établir le principe des mœurs indépendamment de ce postulat, par lui-même et uniquement d'après le rapport de la raison à la volonté, et partant d'en faire la condition pratique *suprême* du souverain bien. Mais il n'était pas pour cela *toute* la condition de la possibilité de ce souverain bien. Les *Epicuriens* avaient admis, il est vrai, pour principe suprême des mœurs, un principe tout à fait faux, celui du bonheur, et substitué à une loi une maxime de choix arbitraire d'après le penchant de chacun ; cependant, ils étaient assez *conséquents* dans leur conduite pour abaisser leur souverain bien proportionnellement à l'infériorité (*Niedrigkeit*) de leur principe et pour ne point attendre de bonheur plus grand que celui que procure la prudence humaine (comprenant aussi la tempérance et la modération des penchants), bonheur qui, comme on sait, doit être assez misérable (*kümmerlich*) et très différent suivant les circonstances, sans même compter les exceptions que leurs maximes devaient sans cesse admettre et qui les rendent impropres à faire des lois. Par contre, les *Stoïciens* avaient parfaitement choisi leur principe pratique suprême, c'est-à-dire la vertu, comme condition du souverain bien; mais en représentant le degré de vertu qui est exigé par sa loi pure, comme pouvant complètement être atteint dans cette vie, ils avaient non seulement élevé le pouvoir moral de l'*homme*, qu'ils appelaient un *sage*, au-dessus de toutes les limites de sa nature et admis quelque chose qui est en contradiction avec toute la connaissance humaine; mais encore et surtout, ils n'avaient pas voulu admettre le deuxième *élément* du souverain bien, le bonheur, comme un objet particulier de la faculté humaine de désirer. Ils avaient fait leur *sage*, comme une divinité, dans la conscience de l'excellence de sa personne, tout à fait indépendant de la nature (par rapport à son contentement), en le laissant exposé, mais non soumis aux maux (*Uebeln*) de la vie (en le représentant en même temps comme affranchi du mal moral = *vom Bösen*). Ils laissaient ainsi réellement de côté le deuxième élément du souverain bien, le bonheur personnel, en le plaçant simplement dans l'action et le contentement de son mérite personnel, et, par conséquent, en l'enfermant dans la conscience du mode moral de penser [1], en quoi ils eussent pu être suffisamment réfutés par la voix de leur propre nature.

---

[1] Le texte a, *im Bewusstsein der sittlichen Denkungsart*; Born traduit par *in conscientia consilii moralis*; Barni, dans la conscience de notre moralité; Abbot, *in the consciousness of being morally minded*.

La doctrine du christianisme *, quand même on ne la considèrerait pas encore comme doctrine religieuse, donne en ce point un concept du souverain bien (du

Nous avons, comme partout ailleurs, essayé de rendre exactement, et aussi littéralement que possible, la pensée de Kant. (F. P.)

* On croit communément que le précepte moral chrétien ne l'emporte en rien, au point de vue de la pureté, sur le concept moral des Stoïciens ; mais la différence des deux doctrines est cependant manifeste. Le système stoïcien faisait de la conscience de la force d'âme, le *pivot* autour duquel devaient tourner toutes les intentions morales, et bien que les partisans de ce système parlassent de devoirs et même les déterminassent complètement, ils plaçaient cependant le mobile et le principe déterminant propre de la volonté dans ce qui élève (*Erhebung*) la manière de penser au-dessus des mobiles inférieurs des sens, et qui n'ont de pouvoir que par la faiblesse de l'âme. La vertu était donc chez eux un certain héroïsme du sage s'élevant au-dessus de la nature animale de l'homme, héroïsme qui lui suffit, qui prescrit sans doute aux autres des devoirs, mais qui est au-dessus de ces devoirs et n'est soumis à aucune tentation de violer la loi morale. Ils n'auraient pu faire tout cela s'ils se fussent représenté cette loi dans toute la pureté et toute la rigueur que présente le précepte de l'Évangile. Si je donne le nom d'*idée* à une perfection à laquelle on ne peut rien donner d'adéquat dans l'expérience, les idées morales ne sont pas pour cela quelque chose de transcendant, c'est-à-dire quelque chose dont nous ne puissions même pas déterminer suffisamment le concept ou dont il est incertain qu'un objet lui corresponde partout, comme les idées de la raison spéculative : mais elles servent, comme types de la perfection pratique, de règle indispensable pour la conduite morale et en même temps de *mesure de comparaison*. Si maintenant je considère la morale *chrétienne* par son côté philosophique, elle apparaîtrait, comparée avec les idées des écoles grecques, de la façon suivante. Les idées des *Cyniques*, des *Épicuriens*, des *Stoïciens* et du *Chrétien*, sont : la *simplicité naturelle*, la *prudence*, la *sagesse* et la *sainteté*. Relativement au chemin qui y mène, les philosophes grecs se distinguent les uns des autres, de telle sorte que les Cyniques trouvaient suffisant l'entendement humain ordinaire, tandis que les autres ne croyaient y arriver que par le chemin de la science, mais les deux écoles trouvaient cependant suffisant pour cela le simple usage des forces naturelles. La morale chrétienne dispose son précepte (comme cela doit être) avec tant de pureté et de sévérité, qu'elle enlève à l'homme la confiance de s'y conformer complètement, du moins dans cette vie, mais, en retour, elle le relève en ce sens que nous pouvons espérer que, si nous agissons aussi bien que cela est notre pouvoir, ce qui n'est pas en notre pou-

royaume de Dieu)[1] qui seul satisfait aux exigences les plus rigoureuses de la raison pratique. La loi morale est sainte (inflexible) et exige la sainteté des mœurs, bien que toute la perfection morale à laquelle l'homme puisse arriver ne soit jamais que de la vertu, c'est-à-dire une intention conforme à la loi, *par respect* pour la loi, partant la conscience d'une tendance continue à transgresser cette loi, ou du moins à lui enlever de la pureté (*Unlauterkeit*), c'est-à-dire à y mélanger beaucoup de principes sophistiques (non moraux) le déterminant à l'observation de la loi, par conséquent une estime de soi-même jointe à de l'humilité. Ainsi, par rapport à la sainteté que la loi chrétienne exige, rien ne reste à la créature qu'un progrès à l'infini ; mais aussi par là même, la créature est autorisée à espérer une durée s'étendant à l'infini. La *valeur* d'une intention *complètement* conforme à la loi morale est infinie, parce que tout le bonheur possible, dans le jugement d'un dispensateur du bonheur, sage et tout-puissant, n'a d'autre limite que le manque de conformité des êtres doués de raison avec leur devoir [2]. Mais la loi morale ne *promet* pas cependant par elle-même le bonheur, car celui-ci, d'après des concepts d'un ordre naturel en général, n'est pas nécessairement

---

voir nous viendra ultérieurement d'un autre côté, que nous sachions ou non de quelle façon. *Aristote* et *Platon* ne diffèrent entre eux qu'au point de vue de l'*origine* de nos concepts moraux.

[1] Il y a, dans le texte, *des Reichs Gottes* ; Barni traduit par *le règne de Dieu*. (F. P.)

[2] Le texte porte, *den Mangel der Angemessenheit vernünftiger Wesen an ihrer Pflicht* ; Barni le paraphrase et dit *le défaut de conformité entre leur conduite et leur devoir*. (F. P.)

lié à l'observation de cette loi. Or la doctrine morale chrétienne supplée à ce défaut (du second élément essentiel du souverain bien), par la représentation du monde dans lequel les êtres raisonnables se consacrent de toute leur âme à la loi morale, comme d'un *Royaume de Dieu*, dans lequel la nature et les mœurs arrivent à une harmonie étrangère à chacun de ces éléments par lui-même, grâce à un saint auteur qui rend possible le souverain bien dérivé. La *sainteté* des mœurs leur est déjà indiquée dans cette vie comme une règle, mais le bien-être (*Wohl*) qui y est[1] proportionné, la *béatitude* (*Seligkeit*) est représentée comme ne pouvant être atteinte que dans une éternité, parce que la sainteté doit toujours être dans tout état le modèle de leur conduite, et que le progrès vers elle est possible et nécessaire déjà dans cette vie, tandis que la béatitude ne peut être atteinte dans ce monde, sous le nom du bonheur (autant qu'il dépend de notre pouvoir)[2] et par conséquent ne constitue exclusivement qu'un objet d'espérance. Toutefois, le principe chrétien de la *morale* n'est pas théologique (partant hétéronomie), mais il est l'autonomie de la raison pure pratique par elle-même, parce que cette morale fait de la connaissance de Dieu et de sa volonté la base, non de ces lois, mais seulement de l'espoir d'arriver au souverain bien, sous la condition d'observer ces lois; et qu'elle place

---

[1] Nous rapportons *dieser* à sainteté. (F. P.)

[2] Le texte donne *so viel auf unser Vermögen ankommt*; Born, *quantum in nobis erit*; Abbot, *so far as our own power is concerned*; Barni dit, au contraire, sans justifier en aucune façon sa traduction, *ou n'est pas en notre pouvoir*. (F. P.)

même le *mobile* propre à les faire observer, non dans les conséquences désirées, mais seulement dans la représentation du devoir comme dans la seule chose dont l'observation fidèle nous rende dignes d'acquérir le bonheur.

De cette manière, la loi morale conduit par le concept du souverain bien, comme l'objet et le but final de la raison pure pratique, à la *religion*, c'est-à-dire qu'elle conduit à *reconnaître tous les devoirs comme des ordres divins*, non comme *des sanctions, c'est-à-dire comme des ordres arbitraires et fortuits par eux-mêmes d'une volonté étrangère*, mais comme *des lois essentielles* de toute volonté libre en elle-même[1], qui cependant doivent être regardées comme des ordres de l'être suprême, parce que nous ne pouvons espérer, que d'une volonté moralement parfaite (sainte et bonne) et en même temps toute-puissante, le souverain bien que la loi morale nous fait un devoir de nous proposer comme objet de nos efforts et que, par conséquent, nous ne pouvons espérer d'y arriver que par l'accord avec cette volonté. Aussi tout reste ici désintéressé et simplement fondé sur le devoir, sans que la crainte ou l'espérance puissent, comme mobiles, être prises pour principes, car dès qu'elles deviennent des principes, elles détruisent toute la valeur morale des actions. La loi morale ordonne de faire du souverain bien possible dans un monde l'objet ultime (*letzten*) de toute ma con-

---

[1] Kant dit *Gesetze eines jeden freien Willens für sich selbst*; Born, *cujusque voluntatis liberæ per se ipsius*; Abbot, *of every free will in itself*; Barni, au contraire, fait rapporter, à tort, croyons-nous, *für sich* à *Gesetze*, et dit *des lois essentielles par elles-mêmes*. (F. P.)

duite. Mais je ne puis espérer de le réaliser que par l'accord de ma volonté avec celle d'un auteur du monde saint et bon, et bien que *mon propre bonheur* soit compris dans le concept du souverain bien, comme dans celui d'un tout où le plus grand bonheur est représenté comme lié dans la plus exacte proportion avec le plus haut degré de perfection morale (possible dans des créatures), ce n'est cependant pas mon propre bonheur, mais la loi morale (qui au contraire limite par des conditions rigoureuses mon désir illimité de félicité), qui est le principe déterminant de la volonté, indiqué pour travailler à la réalisation du souverain bien.

La morale n'est donc pas à proprement parler la doctrine qui nous enseigne comment nous devons nous *rendre* heureux, mais comment nous devons nous rendre *dignes* du bonheur. C'est seulement lorsque la religion s'y ajoute, qu'entre en nous l'espérance de participer un jour au bonheur dans la mesure où nous avons essayé de n'en être pas indignes.

Quelqu'un est *digne* de posséder une chose ou un état, quand le fait qu'il la possède est en harmonie avec le souverain bien. On peut maintenant voir (*einsehen*) facilement que tout ce qui nous donne de la dignité (*alle Würdigkeit*) dépend de la conduite morale, parce que celle-ci constitue dans le concept du souverain bien la condition du reste (de ce qui appartient à l'état de la personne), à savoir la condition de la participation au bonheur. Il suit donc de là que l'on ne doit jamais traiter la morale en soi comme une *doctrine du bonheur*, c'est-à-dire comme une doctrine qui nous apprendrait à devenir heureux, car elle n'a exclusivement à faire qu'à la condition rationnelle *(conditio sine qua non)* du bonheur et non à un moyen de l'obtenir. Mais quand elle a été exposée *(vorgetragen)* complètement (elle qui impose simplement des devoirs et ne donne pas de règles à des désirs intéressés); quand s'est éveillé le désir moral, qui se fonde sur une loi, de travailler au souverain bien (de nous procurer le royaume de Dieu), désir qui n'a pu auparavant naître dans une âme intéressée [1], quand, pour venir en aide à ce désir, le premier pas vers la religion a été fait, alors seulement cette doctrine morale peut être appelée aussi doctrine du bonheur, parce que *l'espoir* d'obtenir ce bonheur ne commence qu'avec la religion.

On peut voir aussi par là que si l'on demande quel est le *dernier but de Dieu* dans la création du monde, on ne doit pas nommer *le bonheur* des êtres raisonnables en ce monde, mais le *souverain bien* qui, à ce désir des êtres, ajoute encore une condition, celle d'être dignes du bonheur, c'est-à-dire la *moralité* même de ces êtres raisonnables, qui seule renferme la mesure d'après laquelle ils peuvent espérer, par la main d'un *sage* auteur, d'avoir part au bonheur. Car, puisque la *sagesse*, considérée théoriquement, signifie *la connaissance du souverain bien*, et considérée pratiquement,

---

[1] Il y a dans le texte *der vorher keiner eigennützigen Seele aufsteigen konnte*; Born traduit par *quod ante in nullo poterat animo propriam utilitatem spectante oriri*; Barni, par *qui auparavant ne pouvait être conçu par aucune âme désintéressée*; Abbot, par *wihch could not previously arise in any selfish man*; nous avons suivi le texte d'aussi près que possible. (F. P.)

la *conformité de la volonté au souverain bien,* on ne peut attribuer à une sagesse suprême et indépendante (*selbständigen*) un but qui serait simplement fondé sur la *bonté.* Car on ne peut se représenter l'effet de la bonté [1] (relativement au bonheur des êtres raisonnables) que sous les conditions restrictives de l'accord avec la *sainteté** de sa volonté comme conforme au souverain bien primitif. C'est pourquoi ceux qui placent le but de la création dans la gloire de Dieu (en supposant qu'on ne considère pas la gloire, au sens anthropomorphique, comme un désir [2] d'être loué) ont bien trouvé la meilleure expression. Car rien n'honore plus Dieu que ce qui est le plus estimable (*schätzbarste*) dans le monde, le respect pour son commandement, l'observa-

---

[1] Il y a dans le texte *Denn dieser ihre Wirkung*; nous faisons rapporter *dieser* à *Gültigkeit,* le dernier nom exprimé; Born emploie *hujus;* Abbot *the action of this goodness,* ce qui est plus précis, et Barni, moins exact, *l'action de cet être* (F. P.).

* A ce propos, et pour faire connaître le caractère propre *(Eigenthümliche)* de ces concepts, je ne ferai plus que cette remarque: tandis qu'on attribue à Dieu divers attributs dont on trouve aussi la qualité appropriée aux créatures, et qu'on ne fait qu'élever en Dieu à un degré supérieur, par exemple, la Puissance, la Science, la Présence, la Bonté, devenant la toute-puissance, l'omni-science, l'omniprésence, la toute-bonté, etc., il y en a cependant trois qui sont attribués à Dieu exclusivement, sans désignation de quantité, et qui, toutes, sont morales. Il est le *seul saint,* le *seul bienheureux (Selige)* le *seul sage,* parce que ces concepts impliquent déjà l'absence de limitation *(Uneingeschränktheit).* D'après l'ordre de ces attributs, Dieu est donc aussi le *saint législateur* (et créateur), le *bon gouverneur* (et conservateur) et le *juste juge,* trois attributs qui renferment tout ce qui fait de Dieu l'objet de la religion, et auxquels les perfections métaphysiques qui leur sont conformes s'ajoutent d'elles-mêmes dans la raison.

[2] *Als Neigung gepriesen zu werden*; Barni dit *amour de la louange*; nous avons préféré nous tenir plus près du texte en substituant toutefois le mot *désir* au mot *penchant,* par lequel nous avons ailleurs traduit *Neigung.* (F. P.)

tion du devoir sacré que nous impose sa loi, quand vient s'y ajouter cette admirable mesure de couronner un ordre si beau par un bonheur proportionné. Si ce dernier point le rend aimable (pour employer le langage humain), il est par le *premier* un objet d'adoration [1]. Les hommes mêmes peuvent, il est vrai, gagner l'amour par des bienfaits, mais par cela seulement, ils ne peuvent jamais gagner le respect, de sorte que la plus grande bienfaisance ne leur fait honneur qu'autant qu'elle est mesurée au mérite.

Que dans l'ordre des fins, l'homme (et avec lui tout être raisonnable) *soit une fin en soi*, c'est-à-dire qu'il ne puisse jamais être employé par personne (même pas par Dieu) simplement comme moyen sans être en même temps une fin pour lui-même ; que par conséquent, l'*humanité* dans notre personne, doive nous être *sacrée (heilig)* pour nous-mêmes, c'est ce qui va de soi, puisque l'homme est le *sujet de la loi morale*, partant de tout ce qui est saint en soi, de ce qui permet seul d'appeler sainte en général une chose qui est considérée par rapport à lui et en accord avec lui [2]. Car cette loi morale se fonde sur l'autonomie de sa volonté comme d'une volonté libre qui, d'après ses lois générales, doit pouvoir nécessairement s'accorder avec ce à quoi elle doit se *soumettre*.

[1] Kant se sert du mot *Anbetung* et met entre parenthèses *Adoration*. (F. P.)

[2] Kant dit *um dessen willen und in Einstimmung mit welchem*; Born emploie *cujus causa cuique convenienter*; Barni traduit d'une façon trop large et trop vague par *ce qui peut seul donner à quelque chose un caractère saint*; Abbot, *on account of which and in agreement with which*. (F. P.)

VI

SUR LES POSTULATS DE LA RAISON PURE PRATIQUE EN GÉNÉRAL

Ils partent tous du principe fondamental de la moralité, qui n'est pas un postulat, mais une loi par laquelle la raison détermine immédiatement la volonté. La volonté, par cela même qu'elle est ainsi déterminée, en tant que volonté pure, exige ces conditions nécessaires à l'observation de son précepte. Ces postulats ne sont pas des dogmes théoriques, mais des *hypothèses* dans un point de vue nécessairement pratique[1] ; ils n'élargissent donc pas la connaissance spéculative, mais ils donnent aux idées de la raison spéculative *en général*[2] (au moyen de leur rapport à ce qui est pratique) de la réalité objective et les justifient comme des concepts dont elle ne pourrait même pas sans cela s'aventurer à affirmer la possibilité.

Ces postulats sont ceux de l'*immortalité*, de la *liberté* considérée positivement (comme causalité d'un être, en tant qu'il appartient au monde intelligible) et de l'*existence de Dieu*. Le *premier* découle de la condition pratiquement nécessaire d'une durée appropriée à l'ac-

---

[1] Traduction littérale de *in nothwendig praktischer Rücksicht;* Born donne *respectu necessario practico* ; Barni, *nécessaires au point de vue pratique;* Abbot, *suppositions practically necessary.* (F. P.)

[2] Kant dit *den Ideen der speculativen Vernunft im Allgemeinen* ; nous faisons rapporter ces deux derniers mots à *Vernunft,* avec Born et Abbot, et non à *geben,* comme le fait Barni. (F. P.)

complissement complet de la loi morale ; le *second*, de la supposition nécessaire de l'indépendance à l'égard du monde des sens et de la faculté de déterminer sa propre volonté, d'après la loi d'un monde intelligible, c'est-à-dire de la liberté ; le *troisième*, de la condition nécessaire de l'existence du souverain bien dans un tel monde intelligible, par la supposition du bien suprême indépendant, c'est-à-dire de l'existence de Dieu.

L'aspiration au souverain bien *(die Absicht aufs höchste Gut)*, rendue nécessaire par le respect pour la loi morale, et la supposition qui en découle, de la réalité objective de ce bien suprême, nous conduit ainsi par des postulats de la raison pratique à des concepts que la raison spéculative pouvait, il est vrai, présenter comme des problèmes, mais qu'elle ne pouvait résoudre. Donc : 1° Elle conduit au concept pour la solution duquel la raison spéculative ne pouvait faire que des *paralogismes* (à savoir à celui de l'immortalité), parce qu'elle manquait du caractère de persistance pour compléter le concept psychologique d'un dernier sujet qui est attribué nécessairement à l'âme dans la conscience qu'elle a d'elle-même, de manière à en faire la représentation réelle d'une substance, ce que fait la raison pratique par le postulat d'une durée nécessaire pour la conformité avec la loi morale dans le souverain bien comme but *(Zwecke)* total de la raison pratique ; 2° Elle conduit au concept à propos duquel la raison spéculative ne contenait que de l'*antinomie*, dont elle ne pouvait fonder la solution que sur un concept, il est vrai problématiquement concevable, mais ne pouvant, quant à sa réalité objective, être démontré ni déterminé par elle, à savoir l'idée *cosmologique* d'un monde intelligible et la conscience de notre existence dans ce monde, au moyen du postulat de la liberté (dont elle montre la réalité par la loi morale, et avec elle en même temps la loi d'un monde intelligible, que la raison spéculative ne pouvait qu'indiquer sans en pouvoir déterminer le concept) ; 3° Elle donne au concept que la raison spéculative devait, il est vrai, concevoir, mais laisser indéterminé comme *idéal* simplement transcendantal, au concept *théologique* de l'être suprême, de la signification (au point de vue pratique, c'est-à-dire comme à une condition de la possibilité de l'objet d'une volonté déterminée par cette loi), elle le présente comme le principe suprême du souverain bien dans un monde intelligible, au moyen d'une législation morale toute puissante en ce monde.

Mais notre connaissance est-elle de cette manière réellement élargie par la raison pure pratique, et ce qui était *transcendant* pour la raison spéculative, est-il *immanent* pour la raison pratique ? Sans doute, mais *seulement au point de vue pratique.* Car nous ne connaissons par là ni la nature de notre âme, ni le monde intelligible, ni l'être suprême, suivant ce qu'ils sont en eux-mêmes, nous n'avons que réuni les concepts de ces choses dans le concept *pratique du souverain bien,* comme objet de notre volonté et complètement *à priori,* par la raison pure, mais seulement au moyen de la loi morale et simplement aussi par rapport à cette loi, en vue de l'objet qu'elle commande. Mais comment la liberté est-elle seulement possible et comment doit-on se représenter, théoriquement et positivement, cette sorte de causalité, c'est ce qu'on n'aperçoit pas par là ; on comprend seulement qu'une telle liberté est postulée par la loi morale et à son profit. Il en est de même des autres idées qu'aucun entendement humain ne peut jamais approfondir d'après leur possibilité ; mais aussi aucun sophisme ne pourra jamais persuader, même à l'homme le plus vulgaire, qu'elles ne sont pas de vrais concepts.

VII

Comment est-il possible de concevoir une extension de la raison pure, au point de vue pratique, qui ne soit pas accompagnée d'une extension de sa connaissance, comme raison spéculative ?

Nous voulons répondre à cette question, pour ne pas paraître trop abstrait, en l'appliquant immédiatement au cas dont il s'agit ici. — Pour étendre pratiquement une connaissance pure, il faut qu'il y ait une *fin* (*Absicht*), c'est-à-dire un but (*Zweck*) donné à priori comme un objet (de la volonté) qui, indépendant de tous les principes théoriques [1], est représenté comme pratiquement nécessaire, par un impératif catégorique qui détermine immédiatement la volonté, et qui dans

---

[1] Nous suivons le texte de Kehrbach, qui donne *theoretische*, au lieu de *theologische*, que donnent les autres éditions et traductions. (F. P.)

ce cas est *le souverain bien*. Or cela n'est pas possible, sans supposer trois concepts théoriques (auxquels, parce qu'ils sont simplement des concepts purs de la raison, on ne peut trouver aucune intuition correspondante ni par conséquent, par la voie théorique, aucune réalité objective) : à savoir la liberté, l'immortalité et Dieu. Donc la possibilité de ces objets de la raison pure spéculative, la réalité objective que cette dernière ne pouvait leur assurer, est postulée par la loi pratique qui exige l'existence du souverain bien possible dans un monde. Par là sans doute la connaissance théorique de la raison pure reçoit un accroissement, mais il consiste simplement en ce que ces concepts ailleurs problématiques pour elle [1] (simplement concevables) sont maintenant assertoriquement reconnus pour des concepts auxquels appartiennent réellement des objets, parce que la raison pratique a indispensablement besoin de leur existence pour la possibilité de son objet, le souverain bien, qui pratiquement est absolument nécessaire, et que la raison théorique est autorisée par là à les supposer. Cette extension de la raison théorique n'est pas une extension de la spéculation, c'est-à-dire qu'elle ne permet pas d'en faire un usage positif *au point de vue théorique*. En effet, comme la raison pratique ne fait rien de plus que de montrer que ces concepts sont réels et qu'ils ont réellement leurs objets (possibles), et comme rien ne nous est donné par là en ce qui con-

---

[1] *Für sie*. Barni fait rapporter ces mots à *concepts*, et traduit *ces concepts problématiques par eux-mêmes;* il semble que le contexte ne ermette de les rapporter qu'à *Vernunft*. (F. P.)

cerne l'intuition de ces objets (ce qui ne peut pas même être réclamé), aucune proposition synthétique n'est possible par cette réalité qui leur est reconnue. Par conséquent cette découverte *(Eröffnung)* ne nous aide en rien à étendre notre connaissance au point de vue spéculatif, quoiqu'elle nous y aide relativement à l'usage pratique de la raison pure. Les trois idées citées plus haut de la raison spéculative ne sont pas encore en elles-mêmes des connaissances, cependant elles sont des pensées (transcendantes) dans lesquelles il n'y a rien d'impossible. Or elles reçoivent par une loi pratique apodictique, comme des conditions nécessaires de la possibilité de ce que cette loi nous commande de *prendre pour objet*, de la réalité objective, c'est-à-dire que nous apprenons de cette loi qu'*elles ont des objets*, sans cependant pouvoir montrer comment leur concept se rapporte à un objet, et cela n'est pas encore une connaissance *de ces objets;* car on ne peut par là porter sur eux aucun jugement synthétique ni en déterminer théoriquement l'application ; partant on ne peut en faire aucun usage rationnel et théorique, usage dans lequel consiste proprement toute connaissance spéculative. Cependant la connaissance théorique, *non sans doute de ces objets*, mais de la raison en général, a été étendue par là en tant que des *objets ont été donnés* à ces idées par les postulats pratiques, parce qu'une pensée simplement problématique a acquis par là, pour la première fois, de la réalité objective. Par conséquent, s'il n'y a là aucune extension de la connaissance par rapport à des *objets supra-sensibles donnés*, il y a cependant une extension de la raison théorique et de sa connaissance relativement au supra-sensible en général, en tant que la raison est forcée d'admettre *qu'il y a de tels objets,* quoiqu'elle ne puisse les déterminer plus exactement (*näher*), ni par conséquent étendre cette connaissance des objets (qui lui sont maintenant donnés par un principe pratique et seulement aussi pour un usage pratique). Donc, à l'égard de cet accroissement, la raison pure théorique, pour laquelle toutes ces idées sont transcendantes et sans objet, doit exclusivement remercier son pouvoir pur pratique. Elles deviennent ici *immanentes* et *constitutives,* parce qu'elles sont les principes de la possibilité de *réaliser l'objet nécessaire* de la raison pure pratique (le souverain bien), tandis que sans cela elles sont des principes *transcendants* et simplement *régulateurs* de la raison spéculative qui ne lui font pas admettre (*anzunehmen*) un nouvel objet au delà de l'expérience, mais lui permettent seulement de donner plus de perfection à l'usage qu'elle en fait dans l'expérience. Mais lorsque la raison est une fois entrée en possession de cet accroissement (*Zuwachses*) elle traitera, comme raison spéculative (en réalité seulement pour assurer son usage pratique), ces idées négativement, c'est-à-dire, non en les étendant mais en les éclaircissant [1], pour écarter d'un côté *l'anthropomorphisme* comme la source de la *superstition,* ou l'extension apparente de ces concepts par une prétendue expé-

---

[1] Le texte porte *nicht erweiternd, sondern läuternd;* Born dit *non amplificando, sed explorando;* Barni, *non pas à accroître la connaissance, mais à l'épurer;* Abbot, *not extending, but clearing up.* (F. P.)

rience, d'un autre côté le *fanatisme* qui promet cette extension [1] par une intuition supra-sensible ou par des sentiments de même espèce. Ce sont là des obstacles à l'usage pratique de la raison pure, les écarter c'est certainement étendre notre connaissance au point de vue pratique, sans qu'on se contredise en admettant en même temps que la raison n'a pas gagné par là la moindre chose au point de vue spéculatif.

Tout usage de la raison relativement à un objet réclame des concepts purs de l'entendement (des *catégories*) sans lesquels aucun objet ne peut être conçu. Ces concepts peuvent être appliqués à l'usage théorique de la raison, c'est-à-dire à une connaissance théorique, uniquement dans le cas où une intuition (qui est toujours sensible) est prise pour base (*ihnen unterlegt wird*) et partant simplement pour représenter par eux un objet d'expérience possible. Or ici, des *idées* de la raison, qui ne peuvent être données dans aucune expérience, sont ce que je devrais, pour le connaître, concevoir par des catégories. Seulement il ne s'agit pas ici de la connaissance théorique des objets de ces idées, mais uniquement de savoir s'ils ont des objets en général. La raison pure pratique leur procure cette réalité et la raison théorique n'a rien de plus à faire en cela que de *concevoir* simplement ces objets au moyen des catégories, ce qu'elle fait fort bien, comme nous l'avons montré clairement ailleurs, sans avoir besoin d'intuition

---

[1] Il y a dans le texte *der sie... verspricht*. Nous traduisons littéralement, en faisant rapporter *sie* à *scheinbare Erweiterung*, comme Abbot, qui dit *which promises the same*. Barni et Born ne traduisent pas *sie*. (F. P.)

(sensible ou supra-sensible), parce que les catégories ont leur siège et leur origine dans l'entendement pur, indépendamment de toute intuition et antérieurement à toute intuition, exclusivement considéré comme le pouvoir de concevoir (*zu denken*), et qu'elles désignent toujours seulement un objet en général, *de quelque manière qu'il puisse nous être donné*. Or en tant que les catégories doivent être appliquées à ces idées, il n'est sans doute pas possible de leur donner aucun objet dans l'intuition, pourtant *qu'un tel objet soit réellement*, partant que la catégorie ne soit pas ici vide, comme une simple forme de la pensée, mais qu'elle ait une signification, c'est ce qui est suffisamment assuré par un objet que la raison pratique présente indubitablement dans le concept du souverain bien [à savoir] la *réalité des concepts* qui sont requis pour la possibilité du souverain bien, sans produire cependant par cet accroissement la moindre extension de la connaissance fondée sur des principes théoriques.

* * *

Si, en outre, ces idées de Dieu, d'un monde intelligible (du royaume de Dieu) et de l'immortalité, sont déterminées par des prédicats qui sont tirés de notre propre nature, on ne peut regarder cette détermination ni comme une *figuration sensible* (*Versinnlichung*) [1]

---

[1] Nous nous hasardons à rendre ainsi ce mot. Barni emploie *exhibition*; Born, *sensificatio*; Abbot, *sensualizing*. Nous ne prenons pas *sensualisation*, qui impliquerait l'idée de *sensuel*. (F. P.)

de ces idées pures de la raison (anthropomorphisme), ni comme une connaissance transcendante d'objets *suprasensibles;* car ces prédicats ne sont autres que l'entendement et la volonté et considérés ainsi sans doute dans leurs rapports réciproques, comme ils doivent être conçus dans la loi morale, par conséquent en tant seulement qu'on en fait un usage pur pratique. Quant à tout ce qui se rattache psychologiquement à ces concepts, c'est-à-dire à tout ce que nous observons empiriquement dans l'*exercice* de ces facultés qui nous appartiennent (par exemple, que l'entendement de l'homme est discursif, que ses représentations sont des pensées et non des intuitions, qu'elles se succèdent dans le temps, que sa volonté a sa satisfaction toujours dépendante de l'existence de son objet, etc., ce qui ne peut être tel dans l'être suprême), on en fait alors abstraction, et ainsi des concepts par lesquels nous nous [1] représentons un être pur de l'entendement (*reines Verstandeswesen*), il ne reste rien de plus que juste ce qui est requis pour la possibilité de concevoir une loi morale, partant d'avoir, sans doute, mais seulement au point de vue pratique, une connaissance de Dieu. Si nous essayions d'étendre cette connaissance à un point de vue théorique, nous trouverions pour lui un entendement qui ne conçoit pas (*nicht denkt*), mais qui a des *intuitions* (*anschaut*), une volonté qui est dirigée sur des objets de l'existence desquels sa satisfaction ne dépend pas le moins du monde (je ne veux pas ci-

---

[1] Born dit *ens purum intellectuae;* Barni, *un être purement intelligible;* Abbot, *la pure intelligence.* (F. P.)

ter les prédicats transcendantaux, comme, par exemple, une grandeur d'existence, c'est-à-dire une durée, qui ne tombe pas dans le temps, l'unique moyen pour nous de nous représenter l'existence comme grandeur). Ce sont là des propriétés dont nous ne pouvons nous faire aucun concept propre à la connaissance de l'objet, et par là nous sommes avertis qu'ils ne peuvent jamais servir à une *théorie* des êtres supra-sensibles et que par conséquent, de ce côté, ils ne peuvent pas du tout fonder une connaissance spéculative, mais que leur usage est limité exclusivement à l'exercice de la loi morale.

Ce qui vient d'être dit est si évident et peut si clairement être prouvé par le fait qu'on peut *hardiment* provoquer tous les prétendus savants en théologie naturelle (un merveilleux [1] nom [*]) de nommer seulement, pour déterminer l'objet de leur science (en dehors des prédicats purement ontologiques), une propriété ou de l'entendement ou de la volonté à propos de laquelle on ne puisse montrer d'une façon irréfutable que si l'on en abstrait tout ce qui est anthropomorphique, il n'en reste plus que le simple mot, sans qu'on puisse le lier

---

[1] Ce mot porte sur *Gottesgelehrte*, les *savants sur Dieu*, que Kant commente dans la note placée après le mot suivant. (F. P.)

[*] *Gelehrsamkeit* n'est proprement que la totalité *(Inbegriff)* des sciences historiques. Par conséquent, on ne peut appeler *Gottesgelehrter* qu'un professeur *(Lehrer)* de théologie révélée. Si l'on voulait appeler aussi *Gelehrte*, celui qui est en possession des sciences rationnelles (mathématique et philosophie), quoique cela soit déjà contradictoire avec le sens du mot (puisqu'on ne comprend jamais par *Gelehrsamkeit* que ce dont on doit être instruit *(gelehrt)* et ce que, par conséquent, on ne peut trouver de soi-même par là raison, le philosophe, avec sa connaissance de Dieu comme science positive, ferait bien une trop misérable figure *(schlechte)* pour se faire donner, à cet égard, le nom de *Gelehrte*.

au moindre concept par lequel pourrait être espérée une extension de la connaissance théorique. Mais par rapport à la pratique, il nous reste encore, des propriétés d'un entendement et d'une volonté, le concept d'un rapport auquel la loi morale (qui précisément détermine *à priori* ce rapport de l'entendement à la volonté) donne de la réalité objective. Dès que ceci est une fois fait, le concept de l'objet d'une volonté moralement déterminée (le concept du souverain bien) et avec lui les conditions de sa possibilité, les idées de Dieu, de liberté et d'immortalité reçoivent de la réalité, quoique seulement toujours par rapport à l'exercice de la loi morale (et non pour un usage spéculatif).

Après ces observations, il est facile de trouver la réponse à l'importante question de savoir *si le concept de Dieu appartient à la physique* (partant aussi à la métaphysique, en tant qu'elle contient seulement les principes purs *à priori* de la première au sens général) *ou à la morale*. Expliquer les dispositions naturelles ou leurs changements en ayant recours à Dieu comme à l'auteur de toutes choses, ce n'est pas du moins en donner une explication physique et c'est avouer complètement qu'on est au bout de sa philosophie, puisqu'on est forcé d'admettre ce dont on n'a eu par soi-même aucun concept pour pouvoir se faire un concept de la possibilité de ce qu'on a devant les yeux. Par la métaphysique, il est impossible de s'élever *avec des raisonnements sûrs* (*sichere Schlüsse*), de la connaissance *de ce* monde au concept de Dieu et à la preuve de son existence, parce que nous devrions connaître ce monde comme le tout le plus parfait possible ; et pour cet objet connaître tous les mondes possibles (pour pouvoir les comparer avec celui-ci), partant avoir l'omni-science, pour dire que ce monde n'était possible que par un *Dieu* (comme nous sommes obligés de nous représenter ce concept). En outre, il est absolument impossible de connaître, par de simples concepts, l'existence de cet être, parce que toute proposition qui a rapport à l'existence (*Existentialsatz*), c'est-à-dire celle qui affirme d'un être dont je me fais un concept, qu'il existe, est une proposition synthétique, c'est-à-dire une proposition par laquelle je dépasse ce concept et affirme de lui plus que ce qui est conçu dans le concept, à savoir qu'à ce concept qui est *dans l'entendement*, correspond un objet *en dehors de l'entendement*, ce qu'il est manifestement impossible d'en tirer par aucun raisonnement. Donc il ne reste pour la raison qu'une seule manière de procéder pour parvenir à cette connaissance, c'est de déterminer son objet en partant, comme raison pure, du principe suprême de son usage pur pratique (puisque cet usage est d'ailleurs dirigé simplement sur l'*existence* de quelque chose, comme conséquence de la raison). Et alors se montre, non seulement dans son problème inévitable, à savoir dans la direction nécessaire de la volonté vers le souverain bien, la nécessité d'admettre un tel Être suprême (*Urwesen*), relativement à la possibilité de ce bien dans le monde, mais encore, ce qui est le plus merveilleux, quelque chose qui faisait tout à fait défaut au progrès (*Fortgange*) de la raison dans la voie naturelle, c'est-à-dire *un concept exactement déterminé de cet être suprême.* Comme nous ne pouvons connaître qu'une petite partie de ce monde et encore moins le comparer à tous les mondes possibles, nous pouvons bien, de l'ordre, de la finalité (*Zweckmässigkeit*) et de la grandeur que nous y apercevons, conclure qu'il a un auteur *sage, bon, puissant*, etc., mais non que cet être possède l'*omni-science, la toute-bonté et la toute-puissance*, etc. On peut bien aussi admettre qu'on est autorisé à suppléer à cette lacune par une hypothèse permise et tout à fait raisonnable, à savoir que, si dans toutes les parties qui s'offrent de plus près à notre connaissance (*sich unserer näheren Kenntniss darbieten*), nous voyons briller la sagesse, la bonté, etc., il en serait de même dans toutes les autres et que par conséquent il est raisonnable d'attribuer à l'auteur du monde toute la perfection possible; mais ce ne sont pas là des *conclusions* pour lesquelles nous ayons lieu de vanter notre pénétration (*Einsicht*); ce sont uniquement des droits (*Befugnisse*) qu'on peut nous concéder et qui ont cependant encore besoin d'une recommandation venant d'un autre côté (*anderweitigen Empfehlung*) pour qu'on puisse en faire usage. Le concept de Dieu demeure donc dans la voie de l'expérience = *auf dem empirischen Wege* (de la physique) toujours un concept qui *n'est pas*, quant à la perfection de l'être premier, *assez exactement déterminé* pour que nous le considérions comme adéquat au concept de la divinité (car il n'y a rien à obtenir ici de la métaphysique dans sa partie transcendantale).

Si je tente maintenant de rapprocher ce concept de

l'objet de la raison pratique, je trouve que le principe fondamental (*Grundsatz*) moral l'admet comme possible, seulement sous la supposition d'un auteur du monde possédant la *perfection suprême*[1]. Il doit être *omni-scient* pour connaître ma conduite et jusqu'à mon intention la plus secrète dans tous les cas possibles et dans tout le temps à venir (*in alle Zukunft*); *tout-puissant*, pour attribuer à ma conduite des conséquences appropriées, et de même *présent partout*, *éternel*, etc. Par conséquent la loi morale, par le concept du souverain bien, comme objet d'une raison pure pratique, détermine le concept de l'être premier comme *être suprême*, ce que la méthode (*Gang*) physique (et en remontant plus haut, la méthode métaphysique), par conséquent toute la méthode spéculative de la raison ne pouvait produire. Donc le concept de Dieu est un concept qui n'appartient pas originairement à la physique, c'est-à-dire à la raison spéculative, mais à la morale, et on peut dire la même chose des autres concepts de la raison dont nous avons traité précédemment comme de postulats de la raison dans son usage pratique.

Si dans l'histoire de la philosophie grecque, on ne rencontre, en dehors d'*Anaxagore*, aucune trace manifeste d'une théologie rationnelle pure, il ne faut pas

---

[1] Nous traduisons littéralement *ihn nur als möglich, unter Voraussetzung, eines Welturhebers... zulasse*. Born dit *eum deprehendo per principium morale concedi quidem ut possibilem, posito mundi auctore qui summa gaudeat perfectione*; Abbot, *admits as possible only the conception of an Author of the world possessed of the highest perfection*; Barni s'écarte encore plus du texte en disant, *ne m'en laisse admettre d'autre que celui d'un auteur du monde doué d'une souveraine perfection*. (F. P.)

en chercher la raison dans ce fait que les anciens philosophes auraient manqué d'entendement et de pénétration pour s'élever jusque-là par la voie de la spéculation, au moins avec l'aide d'une hypothèse tout à fait raisonnable. Quoi de plus facile, de plus naturel que la pensée qui se présente d'elle-même à chacun d'admettre au lieu d'un degré indéterminé de perfection attribué à différentes causes du monde, une cause unique et raisonnable qui possède *toute la perfection*. Mais l'existence du mal *(Uebel)* dans le monde leur paraissait être une objection trop forte pour qu'ils se crussent autorisés à admettre une telle hypothèse. Partant, ils montrèrent de l'intelligence et de la pénétration par cela même qu'ils ne se permirent pas cette hypothèse et qu'ils cherchèrent au contraire s'ils ne trouveraient pas, dans les causes naturelles, les qualités et le pouvoir exigés pour l'être premier. Mais après que ce peuple pénétrant eut été si loin dans ses recherches naturelles, qu'il traitait philosophiquement les objets moraux eux-mêmes sur lesquels les autres peuples n'ont jamais fait que du verbiage, aussitôt il rencontra un nouveau besoin, à savoir un besoin pratique qui ne manqua point de lui fournir une détermination (*bestimmt anzugeben*) pour le concept de l'être premier. Et en cela la raison spéculative avait le rôle de spectateur, ou tout au plus encore avait le mérite d'embellir un concept qui n'avait pas grandi sur son terrain et d'y appliquer une série (*Gefolge*) de confirmations, tirées alors pour la première fois de l'étude de la nature, qui lui donnèrent non son autorité (qui déjà était fondée), mais plutôt seulement l'éclat d'une prétendue découverte de la raison théorique.[1].

*
* *

Par ces observations, le lecteur de la Critique de la raison pure spéculative verra d'une manière parfaitement convaincante combien était nécessaire cette pénible *déduction* des catégories, combien elle était utile pour la théologie et la morale. Car par là seulement on peut éviter, si on les place dans l'entendement pur, de les tenir avec *Platon*, pour innées, et de fonder là-dessus des prétentions transcendantes à des théories du supra-sensible, dont on n'aperçoit pas la fin, mais par lesquelles on fait de la théologie une lanterne magique de conceptions fantastiques; si on les considère comme acquises, on peut éviter d'en limiter, avec Épicure, l'usage général et particulier (*allen und jeden Gebrauch*), même au point de vue pratique, simplement à des objets et à des principes sensibles de détermination. Maintenant, après que la Critique a prouvé dans cette déduction, *d'abord* qu'elles ne sont pas d'origine empirique, mais qu'elles ont *à priori* leur siège et leur source dans l'entendement pur, *en second lieu* aussi que, comme elles sont rapportées à des *objets en général*, indépendamment de l'intuition de ces

---

[1] Le texte donne *das Gepränge mit vermeinter theoretischer Vernunfteinsicht;* Born dit *pompam ostentationemque ex opinata perspicientia rationali theoretica;* Barni, *l'éclat d'une apparente connaissance rationnelle théorique;* Abbot, *a show with a supposed discovery of theoretical reason.* Nous sommes resté aussi près du texte que possible. (F. P.)

objets, elles ne produisent sans doute que dans l'application à des objets *empiriques* une *connaissance théorique*, mais que cependant aussi appliquées à un objet donné par la raison pure pratique, elles servent à une *conception déterminée du supra-sensible* (*zum bestimmten Denken des Uebersinnlichen*), en tant seulement que cette conception est déterminée simplement par des prédicats qui ont nécessairement rapport au but pur pratique donné *à priori* et à la possibilité de ce but. La limitation spéculative de la raison pure et son extension pratique la conduisent en définitive au *rapport d'égalité*, dans lequel la raison en général peut être employée conformément à des fins (*zweckmässig*), et cet exemple prouve mieux qu'aucun autre que le chemin vers la *sagesse*, pour être assuré, pour ne pas être impraticable ou nous égarer (*gesichert und nicht ungangbar oder irreleitend*), doit inévitablement passer, chez nous autres hommes, par la *science*, mais qu'on peut se convaincre que la science conduit à ce but, seulement après qu'elle est achevée.

VIII

DE L'ASSENTIMENT [1] VENANT D'UN BESOIN DE LA RAISON PURE.

Un *besoin* de la raison pure dans son usage spéculatif ne conduit qu'à des *hypothèses*, le besoin de la raison pure pratique conduit à des *postulats*. Car, dans le

---

[1] *Fürvahrhalten*; Born dit *de assensu*; Barni, *de l'espèce d'adhésion*; Abbot, *of Belief*. (F. P.)

premier cas, je m'élève du dérivé aussi haut *que je le veux* dans la série des principes (*Gründe*) et j'ai besoin d'un premier principe (*Urgrundes*), non pour donner à ce dérivé (par exemple à la liaison causale des choses et des changements dans le monde) de la réalité objective, mais seulement pour satisfaire complètement ma raison dans ses recherches sur ce sujet. Ainsi, je vois devant moi de l'ordre et de la finalité dans la nature et je n'ai pas besoin d'avoir recours à la spéculation pour m'assurer de la réalité de l'un et de l'autre, mais j'ai besoin seulement, pour les *expliquer, de supposer une divinité comme leur cause;* et comme la conclusion qui va d'un effet à une cause déterminée, et surtout à une cause déterminée aussi exactement et aussi complètement que celle que nous avons à concevoir en Dieu, est toujours incertaine et douteuse, une telle supposition ne peut jamais être portée à un plus haut degré de certitude que ce qui est, pour nous autres hommes, l'opinion la plus raisonnable (*allervernünftigsten Meinung**). Au contraire, un besoin de la raison pure *pra-*

---

* Mais nous ne pourrions pas même ici prétexter un besoin *de la raison*, si nous n'avions pas devant les yeux un concept problématique, mais cependant inévitable (*unvermeidlicher*) de la raison, à savoir celui d'un être absolument nécessaire. Or ce concept veut être déterminé, et c'est là, si l'on y ajoute la tendance à l'extension, le fondement (*Grund*) objectif d'un besoin de la raison spéculative, c'est-à-dire d'un besoin de déterminer d'une façon plus précise (*näher*) le concept d'un être nécessaire, qui doit servir de premier principe (*Urgrund*) aux autres êtres, et ainsi de faire connaître en quelque façon cet être nécessaire [1]. Sans ces problèmes antérieurs et nécessaires, il n'y a pas de *besoin*, au moins de la raison pure : tous les autres sont des besoins du *penchant*.

[1] Le texte de 1788 donne *dieses*; Abbot lit *diese* avec celle de 1791, et fait rapporter le mot à *andern Wesen*; il faudrait, en ce cas, traduire *en quelque façon les autres êtres*. (F. P.)

tique est fondé sur un *devoir*, celui de prendre quelque chose (le souverain bien) comme objet de ma volonté pour travailler de toutes mes forces à le réaliser (*es...zu befördern*); dans ce cas, je suis obligé (*muss*) de supposer la possibilité de cet objet, partant aussi les conditions nécessaires à cette possibilité, c'est-à-dire Dieu, la liberté et l'immortalité, parce que je ne puis les prouver par ma raison spéculative, quoique je ne puisse pas plus les réfuter. Ce devoir se fonde sur une loi entièrement indépendante de ces dernières suppositions, apodictiquement certaine par elle-même, c'est-à-dire sur la loi morale, et il n'a pas besoin, en ce sens (*so far*), d'un appui venant d'un autre côté, de l'opinion théorique sur la nature intérieure des choses, le but secret de l'ordre du monde, ou d'un modérateur qui le gouverne, pour nous obliger, aussi complètement que possible, à des actions inconditionnellement conformes à la loi. Mais l'effet subjectif de cette loi, c'est-à-dire l'*intention* conforme à cette loi et rendue nécessaire par elle de travailler à réaliser le souverain bien pratiquement possible, suppose au moins que ce dernier est *possible*, sinon il serait pratiquement impossible de poursuivre l'objet d'un concept qui serait au fond vide et sans objet. Or, les postulats indiqués précédemment, concernent seulement les conditions physiques ou métaphysiques, en un mot, les conditions résidant (*liegenden*) dans la nature des choses, de la possibilité du souverain bien, non en vue d'un but (*Absicht*) spéculatif arbitraire, mais en vue d'une fin (*Zwecks*) pratiquement nécessaire de la volonté rationnelle pure; qui ici ne choisit pas, mais *obéit* à un commandement inflexible de la raison, qui *objectivement* a son fondement dans la nature des choses, en tant qu'elles doivent être jugées universellement par la raison pure et ne se fonde pas sur le *penchant* qui, relativement à ce que nous souhaitons par des raisons (*Gründen*) simplement *subjectives*, n'est nullement autorisé à admettre comme possibles les moyens de l'acquérir ou comme réel l'objet lui-même. C'est donc là un *besoin absolument nécessaire* (*ein Bedürfniss in schlechterdings nothwendiger Absicht*) et le supposer (*seine Voraussetzung*) est une chose justifiée, non seulement comme une hypothèse permise, mais comme un postulat au point de vue pratique ; et en admettant que la loi morale pure oblige inflexiblement chacun comme un commandement (non comme une règle de prudence), l'honnête homme peut bien dire : *je veux* qu'il y ait un Dieu, que mon existence dans ce monde soit encore, en dehors de la connexion naturelle, une existence dans un monde pur de l'entendement [1], enfin que ma durée soit infinie ; je m'attache fermement à cela et je ne me laisse pas enlever ces croyances, car c'est le seul cas où mon intérêt, parce que je ne *puis* (*darf*) en rien abandonner, détermine inévitablement mon jugement sans faire attention aux subtilités,

---

[1] Il y a dans le texte *mein Dasein in dieser Welt, auch ausser der Naturverknüpfung, noch ein Dasein in einer reinen Verstandeswelt;* Born donne *meamque in hoc mundo existentiam, etiam præter nexum naturæ, existentiam in mundo puro intelligibil;* Abbot, *an existence outside the chain of physical causes, and in a pure world of the understanding;* Barni nous semble traduire peu exactement par, *que mon existence en ce monde soit encore, outre son rapport avec la nature, une existence dans le monde purement intelligible.* (F. P.)

quoique je sois fort peu en état d'y répondre ou de leur en opposer de plus spécieuses *.

* * *

Pour éviter tout malentendu dans l'usage d'un concept encore aussi inusité que celui d'une croyance de la raison pure pratique, qu'il me soit permis encore d'ajouter une remarque. — Il semblerait presque que cette croyance rationnelle est annoncée ici comme un *commandement,* celui d'admettre le souverain bien comme possible. Mais une croyance qui est ordonnée est un non-sens (*Unding*). Qu'on se souvienne de l'analyse précédemment faite des éléments qui doivent être

---

* Dans le *deutschen Museum* de février 1787, il y a une Dissertation d'un esprit très fin et très lucide, de feu *Wizenmann* dont la mort prématurée est regrettable, dans laquelle il conteste le droit de conclure d'un besoin à la réalité objective de l'objet de ce besoin et explique sa pensée par l'exemple d'un *amoureux* qui, se complaisant follement dans l'idée d'une beauté qui est simplement une chimère de son propre cerveau, voudrait conclure qu'un tel objet existe réellement en quelque endroit. Je lui donne complètement raison dans tous les cas où le besoin est fondé sur le *penchant;* car le penchant ne peut jamais postuler nécessairement pour celui qui en est affecté l'existence de son objet, encore moins est-il de nature à s'imposer à chacun (*vielweniger eine für Jedermann gültige Forderung enthält)* et c'est pourquoi il est un principe simplement *subjectif* du désir. Mais il s'agit ici d'un *besoin rationnel* dérivant d'un principe *objectif* de détermination de la volonté, c'est-à-dire de la loi morale, qui oblige nécessairement tout être raisonnable, par conséquent l'autorise à supposer *à priori* dans la nature des conditions qui y sont appropriées et qui rend ces conditions inséparables de l'usage pratique complet de la raison. C'est un devoir de réaliser, le plus que nous pouvons, le souverain bien, par conséquent le souverain bien doit être possible, partant il est inévitable aussi pour tout être raisonnable dans le monde de supposer ce qui est nécessaire à la possibilité objective du souverain bien. Cette supposition est aussi nécessaire que la loi morale, relativement à laquelle seule elle a de la valeur.

supposés dans le concept du souverain bien, et l'on verra qu'il ne peut pas (*dürfe*) nous être ordonné d'admettre cette possibilité, qu'il n'y a pas d'intentions pratiques qui exigent qu'on l'admette, mais que la raison spéculative doit l'accorder, sans qu'on le lui demande ; car personne ne peut vouloir soutenir qu'il est *impossible* en soi que les êtres raisonnables dans le monde jouissent de la quantité de bonheur dont ils se rendent dignes en conformant leur conduite à la loi morale. Or, relativement au premier élément du souverain bien, c'est-à-dire à ce qui concerne la moralité, la loi morale nous donne simplement un *commandement*, et mettre en doute la possibilité de cet élément (*Bestandstücks*) serait la même chose que mettre en doute la loi morale elle-même. Mais quant au second élément de cet objet, c'est-à-dire en ce qui concerne l'exacte proportion du bonheur et de la valeur acquise par une conduite conforme à la loi morale, il n'y a pas besoin sans doute d'un commandement pour en admettre la possibilité en général, car la raison théorique n'a rien elle-même à y objecter : seulement *la manière* dont nous devons concevoir cette harmonie des lois de la nature avec celles de la liberté a en soi une chose relativement à laquelle un *choix* nous incombe, parce que la raison théorique ne décide rien à ce sujet avec une certitude apodictique et que relativement à la raison théorique (*in Ansehung dieser*) il peut y avoir un intérêt moral qui fasse pencher la balance (*den Ausschlag giebt*).

J'ai dit plus haut que, dans le simple cours de la

nature dans le monde, il ne faut ni attendre ni tenir pour impossible le bonheur exactement proportionné à la valeur morale et que, par conséquent, on ne peut, de ce côté, admettre la possibilité du souverain bien qu'en supposant un auteur moral du monde. Je me suis, de propos délibéré, abstenu de restreindre ce jugement aux conditions *subjectives* de notre raison, pour faire usage de cette restriction seulement lorsque le mode d'assentiment (*Art ihres Fürwahrhaltens*) serait plus exactement déterminé. En fait, cette impossibilité est *simplement subjective*, c'est-à-dire que notre raison trouve *impossible pour elle* de concevoir (*begreiflich zu machen*), d'après le simple cours de la nature, une connexion si exactement proportionnée et si parfaitement appropriée à une fin, entre deux séries d'événements qui se produisent dans le monde d'après des lois si différentes ; quoiqu'elle ne puisse, comme dans toute autre chose qui dans la nature est conforme à une fin, prouver non plus l'impossibilité de cette connexion d'après des lois universelles de la nature, c'est-à-dire la montrer suffisamment par des raisons objectives.

Mais maintenant un principe de décision [1] d'une autre espèce entre en jeu pour faire pencher la balance dans cette incertitude de la raison spéculative. Le commandement de réaliser (*zu befördern*) le souverain bien est fondé objectivement (dans la raison pratique), et la possibilité du souverain bien en général est aussi

---

[1] *Entscheidungsgrund*; Born traduit par *alia ratio decidendi*; Barni, par *un motif*; Abbot, par *a deciding principle*; nous suivons le texte d'aussi près que possible. (F. P.)

fondée objectivement (dans la raison théorique qui n'a rien à y objecter). Seulement la raison ne peut décider objectivement de quelle manière nous devons nous représenter cette possibilité, si c'est d'après des lois universelles de la nature sans un sage auteur qui y préside ou uniquement en supposant un tel auteur. Or ici se présente une condition *subjective* de la raison, la seule manière théoriquement possible pour elle de se représenter l'harmonie exacte du royaume de la nature et du royaume des mœurs comme condition de la possibilité du souverain bien, et c'est en même temps la seule manière avantageuse uniquement pour la moralité (qui dépend d'une loi *objective* de la raison). Puisque la réalisation du souverain bien et par conséquent la supposition de sa possibilité est *objectivement* (mais seulement comme conséquence de la raison pratique) nécessaire, mais qu'en même temps la manière dont nous voulons concevoir le souverain bien comme possible, dépend de notre propre choix et qu'un libre intérêt de la raison pure pratique nous décide à admettre un sage auteur du monde, le principe qui détermine en cela notre jugement est sans doute *subjectif* comme besoin, mais en même temps aussi comme moyen de réaliser ce qui est *objectivement* (pratiquement) nécessaire, il est le fondement d'une *maxime* de la croyance (*Fürwahrhaltens*) au point de vue moral, c'est-à-dire d'une *croyance pure pratique de la raison*. Cette croyance n'est donc pas commandée, mais elle dérive de l'intention morale même comme une libre détermination de notre jugement, utile au point de vue moral (qui nous est ordonné) s'accordant en outre avec le besoin théorique de notre raison pour admettre l'existence de ce sage auteur du monde et la prendre pour fondement de l'usage de la raison ; par conséquent elle peut parfois chanceler même chez ceux qui sont bien intentionnés, mais elle ne peut jamais être changée en incrédulité (*Unglauben*).

IX

DU RAPPORT SAGEMENT PROPORTIONNÉ DES FACULTÉS DE CONNAITRE DE L'HOMME A SA DESTINATION PRATIQUE.

Si la nature humaine est destinée à tendre au souverain bien, nous devons admettre aussi que la mesure de ses facultés de connaitre et particulièrement la relation de ces facultés les unes avec les autres, est appropriée à ce but. Or la Critique de la raison pure *spéculative* prouve l'extrême insuffisance de cette faculté pour résoudre conformément à ce but les plus importants problèmes qui lui sont proposés, quoiqu'elle ne méconnaisse pas les indications (*Winke*) naturelles et non méprisables de cette raison elle-même, ni les grands progrès que peut faire cette faculté pour se rapprocher du but élevé qui lui est proposé, sans cependant l'atteindre jamais par elle-même, même avec le secours d'une connaissance très grande de la nature. La nature paraît donc ici nous avoir traités seulement à la façon d'*une marâtre*, en nous fournissant une faculté nécessaire à notre but.

Supposez maintenant qu'elle se soit conformée en cela à notre souhait et qu'elle nous ait donné en partage cette capacité de pénétration (*Einsichtsfähigkeit*) ou ces lumières (*Erleuchtung*) que nous voudrions bien posséder ou que quelques-uns *s'imaginent* réellement avoir en leur possession, quelle en serait la conséquence selon toute apparence ? A moins que notre nature tout entière ne soit en même temps changée, les *penchants*, qui ont toujours le premier mot, réclameraient d'abord leur satisfaction et unis avec la réflexion rationnelle, la satisfaction la plus grande et la plus durable possible, sous le nom de *bonheur*; la loi morale parlerait ensuite pour retenir ces penchants dans les limites qui leur conviennent et même pour les soumettre tous ensemble à un but (*Zwecke*) plus élevé, n'ayant rapport à aucun penchant. Mais au lieu de la lutte que l'intention morale a maintenant à soutenir avec les penchants et dans laquelle, après quelques défaites, l'âme acquiert cependant peu à peu de la force morale, *Dieu* et l'*éternité*, avec leur *majesté redoutable*, seraient sans cesse *devant nos yeux* (car ce que nous pouvons complètement prouver est aussi certain pour nous que ce dont nous nous assurons par nos propres yeux). La transgression de la loi serait sans doute évitée, ce qui est ordonné serait accompli ; mais comme l'*intention* d'après laquelle les actions doivent avoir lieu ne peut être introduite en nous (*eingeflösst*) par aucun commandement, et qu'ici l'aiguillon de l'activité est toujours sous la main (*bei Hand*) et *extérieur;* que, par conséquent, la raison n'a pas besoin de faire d'abord des efforts (*sich nicht allererst empor arbeiten darf*) pour rassembler ses forces afin de résister aux penchants par une représentation vivante de la dignité de la loi, la plupart des actions conformes à la loi seraient produites par la crainte, quelques-unes seulement par l'espérance et aucune par devoir, et la valeur morale des actions, sur laquelle seule repose la valeur de la personne et même celle du monde aux yeux de la suprême sagesse, n'existerait plus. La conduite des hommes, aussi longtemps que leur nature demeure ce qu'elle est actuellement, serait donc changée en un simple mécanisme où, comme dans un jeu de marionnettes, tout *gesticulerait* bien, mais où cependant on ne rencontrerait aucune *vie* dans les figures. Or, comme il en est tout autrement pour nous, comme par tous les efforts de notre raison, nous n'avons de l'avenir qu'une perspective (*Aussicht*) fort obscure et incertaine, comme le Gouverneur du monde (*Weltregierer*) nous laisse seulement conjecturer et non apercevoir (*erblicken*) ou prouver clairement son existence et sa majesté, comme au contraire la loi morale qui est en nous, sans nous promettre ou nous faire craindre quelque chose avec certitude (*ohne uns etwas mit Sicherheit zu verheissen oder zu drohen*), réclame de nous un respect désintéressé, tout en nous offrant d'ailleurs, lorsque ce respect est devenu actif et dominant, pour la première fois et seulement par ce moyen (*allererst alsdann und nur dadurch*), des perspectives dans le royaume du supra-sensible, mais seulement encore assez voilées (*mit schwachen Blicken*), il peut y avoir place pour une intention véritablement morale, ayant immédiatement la loi pour objet, et la créature raisonnable peut devenir digne de participer au souverain bien qui correspond à la valeur morale de sa personne et non simplement à ses actions. Donc, ce que nous enseigne suffisamment d'ailleurs l'étude de la nature et de l'homme, pourrait bien encore ici être exact : la sagesse impénétrable par laquelle nous existons, n'est pas moins digne de vénération pour ce qu'elle nous a refusé que pour ce qu'elle nous a donné en partage.

DEUXIÈME PARTIE
DE
LA CRITIQUE DE LA RAISON PRATIQUE

MÉTHODOLOGIE
DE
LA RAISON PURE PRATIQUE

Par *méthodologie* de la raison pure *pratique*, on ne peut pas entendre le mode (aussi bien dans la réflexion que dans la discussion) de procéder avec des principes purs pratiques en vue d'une connaissance *scientifique* de ces principes, ou ce qu'on appelle ailleurs dans la philosophie *théorique*, proprement une méthode (car la connaissance populaire a besoin d'une *manière*, la science, d'une *méthode*, c'est-à-dire d'un ensemble de procédés reposant sur des *principes* de la raison, par lesquels seulement les éléments divers d'une connaissance peuvent devenir un *système*). On entend au contraire par cette méthodologie le mode dans lequel on peut donner aux lois de la raison pure pratique un *accès* dans l'esprit humain, de l'*influence* sur les maximes de cet esprit, c'est-à-dire rendre la raison *subjectivement* pratique.

Or, il est clair que ces principes déterminants de la volonté, qui seuls rendent les maximes proprement morales et leur donnent une valeur morale, à savoir la représentation immédiate de la loi et l'observation objectivement nécessaire de cette loi comme devoir, doivent être représentés comme les mobiles propres des actions ; parce que, sans cela, on produirait bien la *légalité* (*Legalität*) des actions, mais non la *moralité* (*Moralität*) des intentions. Mais il n'est pas aussi clair, il doit même paraître à chacun tout à fait invraisemblable, à première vue, que même subjectivement, cette représentation (*Darstellung*) de la vertu pure puisse avoir plus de *force* sur l'âme humaine et lui fournir un mobile beaucoup plus puissant même pour opérer cette légalité des actions et produire de plus énergiques résolutions de préférer la loi, par respect pour elle, à toute autre considération, que toutes les séductions décevantes (*Anlockungen aus Vorspiegelungen*) du plaisir, et en général de tout ce qui appartient au bonheur, ou même que toutes les menaces de la douleur (*Schmerz*) et du mal (*Uebeln*). Cependant il en est réellement ainsi, et si la nature humaine n'était pas ainsi constituée, jamais aucun mode de représentation de la loi par des ambages (*Umschweife*) et par des moyens de recommandation (*empfehlende*) ne produirait la moralité de l'intention. Tout serait pure hypocrisie, la loi serait haïe ou même tout à fait méprisée, tandis qu'elle serait suivie cependant en vue de l'avantage personnel. On trouverait la lettre de la loi (la légalité) dans nos actions, on n'en trouverait pas l'esprit dans nos intentions (la moralité) et comme avec tous nos efforts, nous ne pouvons cependant, dans notre jugement, nous dégager totalement de la raison, nous devrions paraître inévitablement à nos propres yeux comme des hommes sans valeur, abjects, bien que nous essayions de nous dédommager de cette humiliation devant le tribunal intérieur, par ce fait que nous jouissons des plaisirs qu'une loi naturelle ou divine acceptée par nous, aurait attachés, selon notre opinion, à un mécanisme de sa police (*Maschinenwesen ihrer Polizei*), qui se règle simplement d'après ce qu'on fait, sans se soucier des principes déterminants d'après lesquels on le fait.

Sans doute, on ne peut nier que pour faire entrer un esprit (*Gemüthe*) ou encore inculte ou même corrompu, dans la voie du bien moral, on n'ait besoin de quelques instructions préparatoires pour l'attirer par son avantage personnel ou l'effrayer par la crainte de quelque dommage ; mais aussitôt que ce mécanisme, que cette lisière (*Gängelband*) a fait quelque effet, il faut présenter à l'âme le principe moral pur de détermination, car non seulement ce principe est le seul qui puisse fonder un caractère (une manière de penser pratique, conséquente, reposant sur des maximes immuables), mais encore il nous enseigne à sentir notre dignité personnelle, donne à l'âme (*Gemüthe*) une force qu'elle n'espérait pas elle-même (*ihm selbst unerwartete*) pour s'affranchir de toute dépendance sensible en tant qu'elle veut devenir dominante, et pour trouver dans l'indépendance de sa nature intelligible et dans la grandeur d'âme à laquelle elle se voit destinée, une riche compensation pour les sacrifices qu'elle fait. Nous allons donc prouver, par des observations que chacun peut faire, que cette propriété de notre esprit (*Gemüths*), cette capacité à recevoir un intérêt pur moral et par conséquent la force motrice de la pure représentation de la vertu, si elle est convenablement présentée au cœur humain, forme le mobile le plus puissant et, s'il s'agit de la durée et de la ponctualité dans l'observation des maximes morales, le seul mobile d'une bonne conduite (*zum Guten*). Cependant il faut rappeler ici, en même temps, que si ces observations prouvent seulement la réalité d'un tel sentiment et non une amélioration morale produite par là, cela ne porte en rien préjudice à la seule méthode qui consiste à rendre subjectivement pratiques, par la simple représentation pure du devoir, les lois objectivement pratiques de la raison pure, cela ne prouve en aucune façon que cette méthode soit une vaine fantaisie. En effet, comme elle n'a jamais été mise en pratique, l'expérience ne peut rien dire encore de son résultat. Mais on peut réclamer des preuves en ce qui concerne le pouvoir de subir l'influence de tels mobiles. Ce sont ces preuves que maintenant je veux présenter brièvement ; ensuite j'esquisserai en peu de mots la méthode à suivre pour fonder et cultiver les véritables intentions morales.

Si l'on fait attention au cours de la conversation dans des sociétés mêlées qui ne se composent pas simplement de savants et de raisonneurs subtils (*Vernünftlern*), mais aussi d'hommes d'affaires et de femmes, on remarque qu'en dehors de l'anecdote et de la plaisanterie, il y a encore un autre genre d'entretien qui y trouve sa place, à savoir le raisonnement [1], car

---

[1] Nous traduisons comme Barni le mot *Räsonniren* ; Abbot donne

l'anecdote qui doit comporter la nouveauté et avec elle l'intérêt, est bientôt épuisée et la plaisanterie perd aisément sa saveur. Or il n'y a aucun raisonnement (*Räsonniren*) qui intéresse plus les personnes, ennuyées rapidement d'ailleurs par toute discussion subtile (*Vernünfteln*), et qui produise plus d'animation dans la société que celui qui porte sur la *valeur morale* de telle ou telle action et par lequel (*dadurch*) le caractère d'une personne quelconque doit être constitué. Ceux pour qui d'ailleurs tout ce qui est subtil et raffiné (*Grüblerische*) dans les questions théoriques est sec et rebutant, prennent bientôt part à la conversation quand il s'agit de déterminer l'importance (*Gehalt*) d'une action bonne ou mauvaise que l'on raconte et ils montrent, pour chercher tout ce qui pourrait diminuer la pureté de l'intention (*Absicht*), partant le degré de vertu de cette action ou même qui pourrait seulement la rendre suspecte, une exactitude, un raffinement, une subtilité qu'on n'attendait pas d'eux à propos d'un objet de spéculation. On peut même souvent, dans ces jugements, voir transpercer le caractère des personnes qui jugent elles-mêmes les autres; quelques-unes paraissent, en exerçant leur fonction de juges, et spécialement sur les morts, disposées de préférence à défendre le bien que l'on dit de telle ou telle action de ces personnes contre toutes les insinuations qui tendent à porter atteinte à la pureté de l'intention (*kränkenden Einwürfe der Unlauterkeit*) et finissent par défendre

argument ; Born *opinatio disserendique ratio*, ce qui est beaucoup plus précis. (F. P.)

toute la valeur morale de la personne contre le reproche de dissimulation et de méchanceté (*Bösartigkeit*) cachée. D'autres, au contraire, paraissent plus disposées à attaquer cette valeur morale, en cherchant des motifs d'accusation et des fautes. Cependant il ne faut pas toujours attribuer à ces derniers le dessein de vouloir écarter complètement par leur raisonnement subtil (*gänzlich wegvernünfteln*), la vertu de toutes les actions des hommes qu'on peut citer comme exemples, pour n'en plus faire par là qu'un vain nom ; souvent, au contraire, c'est uniquement par une sévérité bien intentionnée dans l'appréciation de la véritable valeur morale des actions d'après une loi qui n'admet point de compromis (*unnachsichtlichen*), qui, prise pour terme de comparaison, à la place d'exemples, abaisse beaucoup la présomption dans les choses morales et n'enseigne pas simplement la modestie, mais la fait sentir à tout homme qui s'examine lui-même avec sévérité. On peut néanmoins observer le plus souvent que les défenseurs de la pureté de l'intention dans des exemples donnés, cherchent partout où il y a présomption en faveur de la probité (*Rechtschaffenheit*) à écarter la moindre souillure du principe de détermination, parce qu'ils craignent, qu'en rejetant tous les exemples comme faux, en niant la pureté de toute vertu humaine, on n'en vienne enfin à regarder la vertu comme un simple fantôme, et ainsi à mépriser tout effort tenté pour la réaliser comme une vaine affectation et une présomption mensongère.

Je ne sais pourquoi les éducateurs de la jeunesse

n'ont pas depuis longtemps déjà fait usage de cette tendance qu'a la raison d'entrer avec plaisir dans l'examen le plus subtil des questions pratiques qu'on lui propose, et pourquoi, après avoir pris pour fondement un catéchisme simplement moral, ils n'ont pas fouillé les biographies des temps anciens et modernes, afin d'avoir sous la main des exemples pour les devoirs qui y sont proposés et d'exercer, par ces exemples, surtout par la comparaison d'actions semblables faites dans des circonstances diverses, le jugement de leurs élèves, qui apprendraient à en discerner le plus ou moins d'importance morale. C'est une chose dans laquelle même la première jeunesse (*frühe Jugend*), qui n'est pas encore mûre d'ailleurs pour toute spéculation (*aller Speculation*)[1], devient bientôt très perspicace et à laquelle elle ne se trouve pas peu intéressée, parce qu'elle y sent le progrès de son jugement; et ce qu'il y a de plus important, ils peuvent espérer avec confiance que l'exercice fréquemment répété[2] par lequel on connaît la bonne conduite dans toute sa pureté, on y donne son approbation, ou on remarque au contraire avec regret ou avec mépris tout ce qui s'en écarte le moins du monde, quoiqu'il n'y ait là sans doute qu'un jeu du jugement dans lequel les enfants peuvent rivaliser entre eux, laissera cependant en eux une impression durable d'estime d'un côté et d'aversion de l'autre, qui par la simple habi-

---

[1] Il n'y a aucune raison pour traduire avec Barni *pour* AUCUNE *espèce de spéculation*. (F. P.)

[2] Le texte porte *öftere Uebung*; Born donne *excercitatione crebriore;* Abbot, *the frequent practice;* Barni dit *l'habitude* et ne traduit plus ensuite le *Gewohnheit* qui se trouve quelques lignes plus bas. (F. P.)

tude (*Gewohnheit*) de regarder de telles actions comme dignes d'approbation ou de blâme, formerait une bonne fondation pour l'honnêteté dans le cours futur de la vie. Je souhaite seulement qu'on leur épargne ces exemples d'actions dites *nobles* (d'un mérite transcendant = *überverdienstlicher*) dont nos écrits sentimentaux (*empfindsamen*) sont trop prodigues, et qu'on rapporte tout (*alles*) simplement au devoir et à la valeur qu'un homme peut et doit s'attribuer à ses propres yeux par la conscience de ne point l'avoir transgressé, parce que ce qui n'aboutit qu'à de vains désirs et à de vaines aspirations vers une perfection inaccessible ne produit que des héros de romans, qui trop fiers (*sich viel zu Gute thun*) de leur sentiment pour la grandeur transcendante, (*überschwenglich-Grosse*) s'affranchissent de la pratique des devoirs communs et courants de la vie, qui ne leur paraissent alors que petits et insignifiants (*nur unbedeutend klein*) *.

Mais si l'on demande quelle est donc à proprement parler la *pure* moralité qui doit, comme une pierre de

---

* Il est fort utile de louer des actions où brillent une intention grande, désintéressée, sympathique et un sentiment d'humanité. Mais il faut moins attirer l'attention sur l'*élévation de l'âme (Seelenerhebung)*, qui est très fugitive et passagère que sur la *soumission du cœur au devoir*, dont on peut attendre une impression plus durable parce qu'elle comporte des principes (tandis que l'élévation de l'âme ne comporte que des agitations, *Aufwallungen*). Il n'est besoin que de réfléchir un peu pour trouver toujours quelque faute (*Schuld*) dont on s'est rendu coupable par quelque moyen à l'égard du genre humain (ne serait-ce que celle de jouir, par suite de l'inégalité des hommes dans l'organisation civile, de certains avantages en raison desquels d'autres hommes doivent supporter d'autant plus de privations), pour ne pas laisser la représentation (*Einbildung*) présomptueuse du *mérite* expulser la pensée *(Gedanken)* du devoir.

touche, servir à reconnaître l'importance morale de chaque action, je dois avouer qu'il n'y a que des philosophes qui puissent rendre douteuse la solution de cette question ; car, dans la raison commune des hommes elle est, non sans doute par des formules générales et abstraites, mais cependant par l'usage habituel, résolue depuis longtemps comme la distinction de la main droite et de la main gauche. Nous allons d'abord montrer le caractère distinctif (*Prüfungsmerkmal*) de la pure vertu dans un exemple, et en nous représentant que cet exemple est proposé au jugement d'un enfant de dix ans, nous allons voir si, de lui-même et sans les indications de son maître, cet enfant devrait nécessairement juger ainsi. On raconte l'histoire d'un honnête homme qu'on veut déterminer à se joindre aux calomniateurs d'une personne innocente mais n'ayant d'ailleurs aucun pouvoir (comme par exemple d'Anne de Boleyn, accusée par Henri VIII, roi d'Angleterre). On lui offre des avantages, c'est-à-dire de riches cadeaux ou un rang élevé, il les refuse. Sa conduite produira simplement de l'assentiment et de l'approbation dans l'âme de l'auditeur, parce que ce n'est que du gain qu'il refuse [1]. Maintenant on commence à le menacer d'une peine [2]. Parmi ces calomniateurs se trouvent ses meilleurs amis qui lui refusent

---

[1] Le texte donne *weil es Gewinn ist*; Born dit : *propterea quod lucrum videtur*; Abbot ne traduit pas; Barni semble faire un contre-sens en disant : *car elle peut être avantageuse*. (F. P.)

[2] Il y a dans le texte *mit Androhung des Verlusts*, que rien absolument n'autorise à traduire comme le fait Barni, *supposez maintenant qu'on en vienne aux dernières menaces*. (F. P.)

maintenant leur amitié, de proches parents qui le menacent (lui qui est sans fortune) de le déshériter, des personnages puissants qui peuvent, en tout lieu et en toute circonstance, le poursuivre et le persécuter, un prince qui le menace de lui faire perdre la liberté et même la vie. Enfin, pour mettre le comble à son malheur (*Leidens*), pour lui faire sentir aussi la douleur que peut seul éprouver intérieurement un cœur moralement bon, qu'on représente sa famille, menacée de la dernière misère, *le suppliant de céder*, qu'on le représente lui-même, comme n'étant pas, quoique honnête, insensible au sentiment de la pitié ou à celui de son propre malheur, et dans le moment où il désire n'avoir jamais vu le jour qui le soumet à une aussi inexprimable douleur, restant cependant toujours fidèle à son dessein d'être honnête sans hésiter, sans même avoir un doute ! mon jeune auditeur s'élèvera par degré de la simple approbation à l'admiration, de l'admiration à l'étonnement et enfin à la plus grande vénération et à un vif désir de pouvoir être lui-même un tel homme (sans désirer toutefois être dans sa situation). Et pourtant la vertu n'a ici autant de valeur (*ist so viel werth*) que parce qu'elle coûte beaucoup et non parce qu'elle rapporte quelque chose. Toute l'admiration que nous inspire ce caractère et même l'effort que nous pouvons faire pour lui ressembler, repose complètement ici sur la pureté du principe moral, qui ne peut être représentée de manière à sauter aux yeux que si l'on écarte des mobiles de l'action tout ce que les hommes peuvent regarder comme appartenant au bonheur. Donc la moralité doit avoir d'autant plus de puissance sur le cœur humain qu'elle est représentée plus pure. D'où il suit que si la loi morale, l'image de la sainteté et de la vertu doivent exercer en général quelque influence sur notre âme, elles ne le peuvent qu'en tant qu'on la recommande comme un mobile pur, dégagé de toute considération de notre bien-être (*Wohlbefinden*) personnel, parce que c'est dans la souffrance (*Leiden*) qu'elle se montre dans toute son excellence. Or ce dont l'éloignement augmente l'effet d'une force motrice doit avoir été un obstacle. Par conséquent, tout mélange des mobiles, qui sont tirés du bonheur personnel, est un obstacle à l'influence de la loi morale sur le cœur humain. — J'affirme en outre que, même dans cette action que l'on admire, si le principe de détermination par lequel elle a eu lieu était la haute estime (*Hochschätzung*) pour son devoir [1], c'est alors précisément ce respect pour la loi et non une sorte de prétention à la croyance (*Meinung*) intérieure d'une grandeur d'âme, ou d'une manière de penser noble et méritoire (*edler verdienstlicher*) qui a le plus de puissance sur l'âme (*Gemüth*) du spectateur, que par conséquent c'est le devoir et non le mérite (*Verdienst*) qui, si on le représente dans la véritable lumière de son inviolabilité, doit avoir sur l'âme, non seulement l'influence la plus déterminée, mais même la plus pénétrante.

A notre époque où l'on croit, avec des sentiments qui amollissent et gonflent le cœur ou avec des pré-

---

[1] Born traduit par *hanc eamdem legis observantiam*; Barni par *la considération du devoir*; Abbot par *a high regard for duty*. (F. P.)

tentions ambitieuses et orgueilleuses qui flétrissent le cœur plutôt qu'elles ne le fortifient, agir sur l'esprit (*Gemüth*) plus fortement que par la représentation sévère et pure du devoir qui est plus appropriée à l'imperfection humaine et au progrès dans le bien, il est plus nécessaire que jamais d'appeler l'attention sur cette méthode. Proposer pour modèles aux enfants des actions nobles, magnanimes, méritoires, avec l'idée de les intéresser (*einzunehmen*) à ces actions en leur inspirant de l'enthousiasme, c'est manquer complètement son but (*ist vollends zweckwidrig*). En effet, comme ils sont encore si éloignés de pratiquer le devoir le plus ordinaire et même de le juger exactement, on en fait par ce moyen de véritables songe-creux (*Phantasten*). Mais même chez la partie instruite et expérimentée de l'humanité, ce prétendu mobile, s'il n'est pas nuisible, n'a pas du moins sur le cœur l'effet véritablement moral qu'on voudrait cependant produire par ce moyen.

Tous les *sentiments*, spécialement ceux qui doivent (*sollen*) produire un effort (*Anstrengung*) aussi inaccoutumé, doivent (*müssen*) faire leur effet dans le moment même où ils sont dans leur véhémence (*Heftigkeit*) et avant qu'ils ne se refroidissent, sans quoi ils ne produisent rien; car le cœur revient naturellement à son mouvement (*Lebensbewegung*) naturel et modéré, et il retombe ainsi dans la tiédeur qui lui était propre auparavant, parce qu'on lui a apporté une chose propre à l'exciter (*was es reizte*), mais rien qui le fortifiât. Des *principes* (*Grundsätze*) doivent être fondés sur des concepts, sur toute autre base on ne peut réaliser que des émotions passagères [1], qui ne peuvent procurer à la personne aucune valeur morale ni même la confiance en soi, sans laquelle ne peut avoir lieu la conscience de la moralité de l'intention et du caractère, c'est-à-dire le souverain bien dans l'homme. Or, ces concepts, s'ils doivent (*sollen*) devenir subjectivement pratiques, ne sauraient (*müssen nicht*), pour les lois objectives de la moralité, s'arrêter à nous les faire admirer et estimer hautement par rapport à l'humanité ; mais il faut en considérer la représentation relativement à l'homme et à son individualité ; puisque cette loi apparaît sous une forme il est vrai très respectable, mais non aussi agréable (*gefälligen*) que si elle appartenait à l'élément auquel il est naturellement accoutumé, qu'au contraire, elle le force souvent à abandonner, non sans abnégation de sa part (*ohne Selbstverleugnung*) cet élément, et à s'élever à un élément placé plus haut, dans lequel il ne peut se maintenir qu'avec peine et avec la crainte continuelle d'une rechute (*Rückfalls*). En un mot, la loi morale exige qu'on lui obéisse par devoir et non par une prédilection (*Vorliebe*) qu'on ne peut et qu'on ne doit pas du tout supposer.

Nous allons voir maintenant, par un exemple, si dans la représentation d'une action comme noble et magnanime, il y a plus de force subjectivement motrice pour un mobile que si elle est représentée simplement comme un devoir relativement à la loi sévère (*ernste*) de la moralité. L'action par laquelle un homme cherche,

---

[1] Le texte porte *Anwandelungen*, Born traduit par *celeres motus*; Barni par *des mouvements passagers*; Abbot par *paroxysms*. (F. P.)

au grand péril de sa vie, à sauver des gens du naufrage et dans laquelle il finit par laisser sa vie, est rapportée sans doute d'un côté au devoir et, d'un autre côté, considérée essentiellement (*grösstentheils*) comme méritoire, mais notre estime pour cette action est considérablement diminuée par le concept du devoir *envers soi-même*, qui semble ici être quelque peu compromis. Plus décisif est le sacrifice magnanime de sa vie au salut de la patrie, et cependant il reste quelque scrupule à celui qui se demande si c'est un devoir parfait de se sacrifier de soi-même, et sans y être commandé, en vue d'une telle fin, et l'action n'a pas par elle-même la force nécessaire pour nous servir de modèle et nous exciter à l'imiter. Mais s'il s'agit d'un devoir rigoureux (*unerlässliche*) dont la violation blesse la loi morale en soi, sans considération du bonheur de l'homme (*Menschenwohl*) et en foule pour ainsi dire aux pieds la sainteté (on appelle ordinairement les devoirs de cette espèce des devoirs envers Dieu, parce que nous nous représentons en lui l'idéal de la sainteté en substance), nous donnons alors tout notre respect (*die allervollkommenste Hochachtung*) à celui qui cherche à l'accomplir en sacrifiant tout ce qui peut avoir quelque valeur pour nos penchants les plus intimes; nous trouvons notre âme fortifiée et élevée par un tel exemple, puisque nous pouvons être convaincus par là que la nature humaine est capable de s'élever, à une si grande hauteur, au-dessus de tous les mobiles que peut lui opposer la nature. *Juvénal* présente un tel exemple avec une gradation qui fait vivement sentir au lecteur la puissance du mobile qui est au fond de la loi pure du devoir en tant que devoir :

> Esto bonus miles, tutor bonus, arbiter idem
> Integer ; ambiguæ si quando citabere testis
> Incertæque rei, Phalaris licet imperet, ut sis
> Falsus, et admoto dictet perjuria tauro,
> Summum crede nefas animam præferre pudori,
> Et propter vitam vivendi perdere causas.

Si nous pouvons introduire dans notre action un peu de ce que le mérite a de flatteur, le mobile se trouve déjà mélangé, en quelque mesure, avec l'amour de soi, il a, par conséquent, quelque assistance du côté de la sensibilité. Mais tout subordonner uniquement à la sainteté du devoir, et avoir conscience qu'on *peut* le faire, parce que notre propre raison nous en fait un commandement et nous dit qu'on *doit* le faire, cela s'appelle s'élever pour ainsi dire complètement au-dessus du monde sensible lui-même, cela est étroitement uni aussi, dans cette même conscience de la loi comme mobile d'un *pouvoir dominant la sensibilité*, quoiqu'il n'ait pas toujours son effet, mais qui cependant aussi, par un exercice fréquent et par les essais, faibles d'abord, tentés pour en faire usage, donne espoir que cet effet sera réalisé [1] de manière à produire peu à peu en nous

---

[1] Le texte porte *und ist in demselben Bewusstsein des Gesetzes auch als Triebfeder eines die Sinnlichkeit beherrschenden Vermögens unzertrennlich, wenn gleich nicht immer mit Effect verbunden, der aber doch auch, die öftere Beschäftigung mit derselben, und die anfangs kleinern Versuche ihres Gebrauchs, Hoffnung zu seiner Bewirkung giebt*; Born traduit par *in eadem conscientia legis etiam ut clater facultatis vim sensitivam dominantis arctissime etsi haud semper cum efficacitate conjunctum est, qua tamen ex frequentiori excercitatione usuque illius initio quidem tenuiter tentato sperari licet major effectio*, etc. (F. P.)

le plus grand intérêt, mais un intérêt moral pur.
La méthode suit par conséquent la marche suivante.
D'abord, il s'agit seulement de faire du jugement d'après des lois morales une espèce d'occupation naturelle accompagnant toutes nos propres actions libres aussi bien que l'observation de celles d'autrui, d'en faire pour ainsi dire une habitude et de le fortifier en demandant avant tout si l'action est objectivement *conforme à la loi morale* et à quelle loi. On distingue ainsi l'attention à la loi (*Aufmerksamkeit auf Gesetz*), qui met simplement en main un *principe* d'obligation, de la loi qui en fait est *obligatoire* (*leges obligandi a legibus obligantibus*), (comme, par exemple la loi de ce que le *besoin* = *Bedürfniss* des hommes exige de moi en opposition avec ce que leur *droit* réclame, la seconde prescrivant des devoirs essentiels et la première ne prescrivant que des devoirs accidentels); ainsi on apprend à distinguer les diverses espèces de devoirs, qui se rencontrent dans la même action. Le second point sur lequel l'attention doit être dirigée est la question de savoir si, en outre (subjectivement), l'action a été faite *en vue de la loi morale* et si par conséquent, elle n'a pas seulement une rectitude morale, comme fait, mais aussi une valeur morale, comme intention d'après sa maxime. Or il n'est pas douteux que cet exercice et la conscience d'une culture qui en résulte pour notre raison, jugeant simplement des choses pratiques, ne doivent produire peu à peu un certain intérêt même pour la loi de la raison, par conséquent pour les actions moralement bonnes. Car nous finissons par aimer la

chose qui, lorsque nous la considérons (*dessen Betrachtung*), nous fait sentir que l'usage de nos facultés de connaître reçoit de l'extension, et ce résultat se produit spécialement quand nous rencontrons la rectitude morale, parce que c'est seulement dans un tel ordre de choses que la raison peut se trouver bien (*gut finden*) avec la faculté qu'elle a de déterminer *à priori*, d'après des principes, ce qui doit (*soll*) être. Un observateur de la nature finit bien par aimer des objets qui d'abord offensaient ses sens, quand il découvre la merveilleuse finalité de leur organisation et que sa raison se nourrit ainsi en les considérant. Ainsi Leibnitz reportait avec soin et sans lui faire de mal sur la feuille qu'il occupait, un insecte qu'il avait soigneusement considéré au miscroscope, parce qu'il s'était trouvé instruit en le voyant et qu'il en avait reçu pour ainsi dire un bienfait.

Mais cette occupation du jugement qui nous fait sentir nos propres facultés de connaître, n'est pas encore l'intérêt qui s'attache aux actions et à leur moralité même. Elle fait seulement qu'on trouve du plaisir à un tel jugement et qu'on donne à la vertu ou à la manière de penser d'après des lois morales [1], une forme de beauté que l'on admire, mais que l'on ne recherche pas encore pour cela (*laudatur et alget*); de même que tout ce dont la considération produit subjectivement une conscience de l'harmonie de nos pouvoirs

---

[1] Le texte porte *oder der Denkungsart nach moralischen Gesetzen*; Born met *sive animi ingenio morali*; Barni *ou à l'intention morale*, Abbot, *or the disposition that conforms to moral laws*. Nous traduisons littéralement. (F. P.)

de représentation (*Vorstellungskräfte*) et nous fait sentir le développement de tout notre pouvoir de connaître (l'entendement et l'imagination), procure une satisfaction qui peut aussi être communiquée à d'autres, quoique pourtant l'existence de l'objet nous laisse indifférents, parce que cet objet n'est considéré que comme l'occasion de découvrir en nous l'ébauche des talents (*Anlage der Talente*), qui nous élèvent au-dessus de la nature animale. Mais maintenant entre en jeu le *second* exercice, qui consiste à faire remarquer, dans la peinture vivante de l'intention morale par des exemples, la pureté de la volonté, en la considérant d'abord seulement comme la perfection négative de la volonté, en tant que dans une action faite par devoir, aucun mobile pris parmi les penchants n'influe sur elle comme principe déterminant. Par ce moyen, l'attention de l'élève est fixée sur la conscience de sa *liberté* et quoique ce renoncement (*Entsagung*) excite d'abord un sentiment (*Empfindung*) [1] de douleur, cependant en arrachant cet élève à la coercition [2] même des vrais besoins, il lui fait voir en même temps une délivrance à l'égard de toutes les diverses formes de mécontentement qui résultent pour lui de tous ces besoins, et son âme (*Gemüth*) devient capable de recevoir par d'autres sources un sentiment de satisfaction. Le cœur est soulagé et délivré d'un poids qui l'oppresse toujours en secret, quand, par des résolutions pures morales dont on lui

---

[1] Sur la traduction de ce mot, voyez n. 2, p. 135. (F. P.)

[2] Nous traduisons ainsi, comme nous l'avons fait ailleurs, le mot *Zwange*. Born emploie *coactio*; Barni, *tyrannie*; Abbot, *constraint*. (F. P.)

présente des exemples, on fait découvrir à l'homme une puissance intérieure qu'il ne connaissait pas bien jusque-là, *la liberté intérieure*, c'est-à-dire le pouvoir de se débarrasser de l'importunité violente des penchants de telle façon qu'aucun d'eux, pas même celui qui nous est le plus cher, n'ait d'influence sur une détermination pour laquelle nous devons maintenant employer notre raison. Dans un cas où je sais *seul* que le tort est de mon côté, et bien que le libre aveu de ce tort et l'offre d'une réparation rencontrent une grande opposition dans la vanité, l'intérêt particulier et même dans un mécontentement qui d'ailleurs n'est pas illégitime contre celui dont j'ai lésé le droit, je puis cependant me placer au-dessus de toutes ces hésitations (*Bedenklichkeiten*) et avoir ainsi la conscience d'une indépendance à l'égard des penchants et des circonstances, avoir conscience de la possibilité de me suffire à moi-même, possibilité qui m'est avantageuse partout (*überall*) même à un autre point de vue. Or la loi du devoir, par la valeur positive que l'obéissance à cette loi nous fait sentir, trouve un accès plus facile, grâce à ce *respect pour nous-mêmes* dans la conscience de notre liberté. Sur ce respect, s'il est bien établi, si l'homme ne craint rien plus que de se trouver, en s'examinant intérieurement lui-même, vil et méprisable à ses propres yeux, peut être greffée toute bonne intention morale, parce que c'est là le meilleur, bien plus, le seul gardien qui puisse empêcher les impulsions honteuses et corruptrices de pénétrer dans l'âme.

Je n'ai voulu ici qu'indiquer les maximes les plus

générales de la Méthodologie d'une culture et d'une pratique morales. Comme la variété des devoirs exigerait, pour chacune de leurs espèces, encore des définitions particulières et donnerait lieu ainsi à un travail étendu, on m'excusera de m'être tenu à ces grandes lignes dans un écrit comme celui-ci, qui n'est qu'un ouvrage préliminaire (*Vorübung*).

CONCLUSION

Deux choses remplissent le cœur (*Gemüth*) d'une admiration et d'une vénération toujours nouvelles et toujours croissantes, à mesure que la réflexion s'y attache et s'y applique : *le ciel étoilé au-dessus de moi et la loi morale en moi* [1]. Ces deux choses, je n'ai pas besoin (*darf*) de les chercher et de les conjecturer simplement, comme si elles étaient enveloppées de ténèbres ou placées dans une région transcendantale (*im Ueberschwenglichen*) [2] en dehors de mon horizon ; je les vois devant moi, et je les rattache immédiatement à la conscience de mon existence. La première commence à la place que j'occupe dans le monde extérieur des sens et étend la connexion (*Verknüpfung*) dans laquelle je me trouve, à l'espace immense (*unabsehlich-Grosse*) où les mondes s'ajoutent aux mondes et les systèmes aux

---

[1] Nous traduisons textuellement *Der bestirnte Himmel über mir, und das moralische Gesetz in mir*. (F. P.)

[2] Voyez page 125, n. 1. (F. P.)

systèmes, et en outre à la durée sans limites de leur mouvement périodique, de leur commencement et de leur durée [1]. La seconde commence au moi invisible, à ma personnalité et me représente dans un monde qui a une véritable infinité, mais dans lequel seul l'entendement peut pénétrer et avec lequel (et par cela même aussi avec tous ces mondes visibles) je me reconnais lié par une connexion, non plus comme dans la première, simplement contingente, mais universelle et nécessaire. Le premier spectacle, d'une multitude innombrable de mondes, anéantit pour ainsi dire mon importance, en tant que je suis une *créature animale* qui doit rendre la matière dont elle est formée à la planète (à un simple point dans l'univers), après avoir été pendant un court espace de temps (on ne sait comment) douée de la force vitale *(Lebenskraft)*. Le second, au contraire, élève infiniment ma valeur, comme celle d'une *intelligence*, par ma personnalité dans laquelle la loi morale me manifeste une vie indépendante de l'animalité et même de tout le monde sensible, autant du moins qu'on peut l'inférer d'après la détermination conforme à une fin *(zweckmässigen)* que cette loi donne à mon existence; détermination qui n'est pas limitée aux conditions et aux limites de cette vie, mais qui s'étend à l'infini.

Mais l'admiration et le respect peuvent bien nous exciter à la recherche *(Nachforschung)*, ils ne peuvent en tenir lieu. Qu'y a-t-il donc à faire pour entreprendre

---

[1] Barni ne traduit pas cette dernière partie de la phrase *(deren Anfang und Fortdauer)*.

cette recherche d'une manière utile et appropriée à la grandeur de l'objet? Des exemples peuvent ici servir d'avertissement, mais aussi de modèle. La considération du monde a commencé par le spectacle le plus splendide que les sens de l'homme peuvent nous présenter et que puisse embrasser notre entendement dans sa plus grande extension, et elle a fini — par l'astrologie. La morale a commencé par la plus noble propriété de la nature humaine dont le développement et la culture ont en vue une utilité infinie, et elle a abouti — au fanatisme ou à la superstition. Il en est ainsi de tous les essais encore rudimentaires (*rohen*), dans lesquels la partie principale du travail (*Geschäftes*) dépend de l'usage de la raison, qui ne s'acquiert pas de lui-même, comme celui des pieds, par un exercice fréquent, surtout quand il s'agit de propriétés qui ne peuvent être représentées immédiatement ainsi dans l'expérience commune. Mais lorsque, bien que tardivement (*spät*), la maxime fut venue en honneur (*in Schwang*) de bien examiner préalablement tous les pas que la raison doit faire et de ne pas la laisser s'avancer autrement que par le sentier d'une méthode auparavant bien déterminée, la manière de juger du système du monde (*die Beurtheilung des Weltgebäudes*) prit une toute autre direction et, avec celle-ci, aboutit en même temps à un résultat sans comparaison plus heureux. La chute d'une pierre, le mouvement d'une fronde, décomposés en leurs éléments et dans les forces qui se manifestent en eux, traités (*bearbeitet*) mathématiquement, ont amené enfin cette connaissance [1] claire et immuable pour tous les temps futurs du système du monde, qu'on peut espérer par une observation progressive d'étendre toujours, qu'on ne peut jamais craindre de voir ramenée en arrière.

Cet exemple peut nous engager à suivre la même voie en traitant des dispositions morales de notre nature et il peut nous donner l'espérance d'arriver au même résultat heureux. Nous avons, pour ainsi dire sous la main, les exemples du jugement moral de la raison (*der moralisch-urtheilenden Vernunft*). En les décomposant par l'analyse en leurs concepts élémentaires, et en employant, à défaut de la méthode *mathématique* (*in Ermangelung der Mathematik*), un procédé analogue à celui de la *chimie*, pour obtenir la *séparation* des éléments empiriques et des éléments rationnels qui peuvent se trouver en eux, par des essais répétés sur l'entendement ordinaire des hommes, on peut nous faire connaître, avec certitude, *purs* l'un et l'autre de ces éléments et ce que chacun d'eux peut faire séparément : ainsi on empêchera d'une part l'erreur d'un jugement encore fruste (*rohen*) et inexercé et, d'autre part (ce qui est beaucoup plus nécessaire), ces *extravagances géniales* (*Genieschwüngen*) [2] qui, semblables à ce qui se produit pour les adeptes de la pierre philosophale, ont promis (en excluant toute recherche méthodique et toute connaissance de la nature), des trésors imaginaires et en ont gaspillé de véritables. En un mot, la

---

[1] Nous traduisons ici, comme Barni, le mot *Einsicht*, que Born rend par *perspicientia;* Abbot par *insight.* Voyez n. 1, p. 219.

[2] Born traduit par *extravagationibus ingenii;* Barni par *ces extravagances;* Abbot par *the extravagances of genius.* (F. P.)

science (recherchée d'une façon critique et conduite méthodiquement) est la porte étroite qui conduit à la *doctrine de la sagesse*, si l'on entend par là, non seulement ce que l'on *doit* faire, mais ce qui doit servir de règle aux *maîtres* pour bien préparer et faire connaitre le chemin de la sagesse, que chacun doit suivre, et pour préserver les autres de l'erreur *(Irrwegen)*. La philosophie doit toujours demeurer gardienne de cette science, et si le public ne doit pas prendre part aux recherches subtiles qui la concernent, il s'intéresse du moins aux *doctrines* qui, après une telle préparation *(Bearbeitung)*, peuvent enfin lui apparaître dans toute leur clarté.

FIN DE LA CRITIQUE DE LA RAISON PRATIQUE

NOTES PHILOSOPHIQUES

DU TRADUCTEUR

Nous recommandons d'une façon générale, pour l'interprétation du présent ouvrage, la lecture des deux éditions de la Critique de la raison pure, de la Critique du Jugement, des Fondements de la Métaphysique des mœurs, de la Doctrine du droit, de la Doctrine de la vertu, de la Religion dans les limites de la raison; celle des *Erläuterungen* de Kirchmann, de l'*Examen* des Fondements de la Métaphysique des mœurs et de la Critique de la Raison pratique de Barni, du *Wörterbuch* zum leichteren Gebrauch der kantischen Schriften, de Schmid [1]. On pourra également consulter *Kuno Fischer*, Gesch. d. neu. Philosophie, vol. 3: *Zeller*, Gesch. d. deutsch. Ph. seit Leibnitz; *Ueberweg*, vol. 3; *Lange*, Gesch. des Materialismus (trad.); *Harms*, die Philosophie seit Kant; *Romundt*, die Vollendung des Sokrates, I. Kants Grundelegung zur Reform der Sittenlehre; *B. Erdmann*, K's Kritik der Urtheilskraft et Prolegomena, K's Kriticismus in der ersten und in der 2ten Auflage der K. der reinen Vernunft; *H. Cohen*, K's Begründung der Etik et Von Kants Einfluss auf die deutsche Kultur; *Noiré*, die Lehre Kants und der Ursprung der Vernunft; *Riehl*, Der ph. Kriticismus; *Paulsen*, Versuch einer Entwickelungsgeschichte d. k. Erkenntnisstheorie; *Ritter*, Gesch. d. neu. Ph. (trad.); *Schopenhauer*. Le monde comme représentation et comme volonté, le

---

[1] Ce dictionnaire, dont s'était déjà servi Degérando (p. XXIX), a été gracieusement mis à notre disposition par M. Marion. On peut encore, en s'en servant avec précaution, en tirer profit pour l'étude du kantisme.

Fondement de la morale (trad. Burdeau) ; Essai sur le libre arbitre (trad. Reinach) ; *Max Müller*, K's Critique of pure reason ; *W. Wallace*, Kant ; *Caird*, the Philosophy of Kant; *Noah Porter*, K's Ethics ; *Adamson*, on the Philosophy of Kant ; *Cantoni*, E. Kant vol. 2, Filosofia practica ; *Cesca*, Storia e dottrina del criticismo ; *Willm*, Histoire de la philosophie allemande depuis Kant ; *Cousin*, la Philosophie de Kant ; *Nolen*, la Métaphysique de Leibnitz et la Critique de Kant ; *Desdouits*, la Philosophie de Kant d'après les trois Critiques (expos. de la C. de la R. pratique) ; *Renouvier*, Essais ; *Renouvier et Pillon*, Critique philosophique (index) ; *Ribot*, Revue philosophique, table des matières (sous presse), etc.

Nous nous bornerons, dans les notes qui suivent, à indiquer les passages qu'il faut rapprocher sur les diverses questions, pour saisir dans son ensemble la pensée de Kant, à rappeler ceux de ses autres ouvrages qui peuvent en faciliter l'intelligence, à faire connaître les discussions auxquelles a donné lieu telle ou telle affirmation et à réunir ce qui peut, dans l'œuvre de Kant, expliquer ces discussions et en donner la solution la plus probable. Nous voulons rendre la Critique de la Raison pratique aussi intelligible qu'elle peut l'être et montrer quelle place elle occupe dans la philosophie de Kant ; nous n'avons entrepris ni de la justifier ni de la critiquer, car nous aurions été conduit à joindre à notre travail un commentaire plus considérable que le texte.

F. P.

Note 1, p. 1, l. 4, *le parallélisme de la raison pratique avec la raison spéculative.* — Kant entend par la raison, la faculté qui nous fournit les principes de la connaissance *à priori*; par la raison pure, la faculté qui contient les principes au moyen desquels nous connaissons quelque chose absolument *à priori* (Cr. de la R. pure, Barni, I, 63 sqq.). La raison pure, dans l'usage spéculatif, nous conduit à travers le champ des expériences ; comme il n'y a pas pour elle de satisfaction complète à trouver dans ce champ, elle nous mène de là vers des idées spéculatives qui, à leur tour, nous ramènent à l'expérience. La raison pure contient dans un certain usage pratique, c'est-à-dire dans l'usage moral, des principes de la possibilité de l'expérience ; elle lie à notre intérêt suprême la connaissance d'un être premier et unique comme souverain bien, que du point de vue spéculatif elle ne pouvait qu'imaginer et non faire valoir (II, 341 sqq.). — Par rapport aux objets auxquels elle s'applique, elle est *théorique* (*theoretisch*) relativement aux objets de la faculté de connaître (*Erkenntnissvermögens*) et est alors naturelle ou spéculative : *naturelle*, en tant que ces objets sont donnés par les sens et que la forme de la connaissance est seule déterminée par la raison ; *spéculative*, en tant qu'elle a à faire aux choses supra-sensibles et à leurs attributs, dont elle se forme d'abord les concepts, et son usage est, en ce cas, *scientifique* (philosophique ou mathématique) ou *vulgaire*. Elle est *pratique*, en tant qu'elle détermine le pouvoir de désirer, et elle devient la volonté, c'est-à-dire un pouvoir de désirer qui est déterminé par la représentation de règles, de lois, de buts. La raison pratique est *empiriquement, hypothétiquement, pathologiquement conditionnée, techniquement pratique*, en tant qu'elle produit des principes matériels, fondés sur l'expérience sensible, qui ne sont par conséquent ni absolument universels, ni apodictiquement pratiques ; elle est *pure apodictique, moralement pratique*, en tant qu'elle produit *à priori* des principes purs pour le pouvoir de désirer, qu'elle ordonne en un système les désirs qui naissent des penchants sensibles, en tant qu'elle n'est fondée sur aucun sentiment sensible comme sa condition (*Schmid*, Wötterbuch z. leichtern Gebrauch der kantischen *Schriften*, 4te Ausgabe). — Sur l'affirmation exprimée dans la même page, que *si la raison est réellement pratique en tant que raison pure, elle prouve sa réalité et celle de ses concepts par le fait même*, voyez *Fouillée*, Critique des Systèmes de morale contemporaine, *Renouvier* et *Pillon*, Cr. ph. 1882-83, II ; 1883-84, II.

Note 2, p. 2, l. 18 ; p. 24, l. 3 ; p. 46, l. 24 ; p. 47, l. 19 ; p. 50, l. 4 ; p. 51, l. 26 ; p. 77, l. 17 ; p. 79, l. 17 ; p. 80, l. 10 sqq. ; p. 117 sqq. ; p. 170, l. 9 sqq. ; p. 190 sqq. ; p. 207, 208, 209 sqq. ; p. 240 sqq. *Le concept de la liberté*, etc. — Il ne faut pas mettre sur la même ligne, comme on peut le voir en rassemblant les divers passages que nous indiquons, les concepts de la liberté, de l'existence de Dieu et de l'immortalité. — Le passage le plus caractéristique pour établir que le concept de la liberté est la clef de voûte de tout l'édifice d'une raison pure et même spéculative, que les postulats de l'immortalité de l'âme et de l'existence de Dieu sont subordonnés à celui de la liberté, est le premier que nous indiquons. — Sur cette question du rapport des postulats, voyez *Renouvier* et *Pillon*, Crit. ph. 1880, I ; 1872, I ; 1879, II ; *Nolen*, Rev. ph. II, 200 sqq. ; *Beurier*, id. III, p. 195 sqq. ; *Bridel*, La philosophie de la religion de Kant ; voyez également la note 3. Sur la liberté dans Kant, voyez *Renouvier*, la Science de la morale ; *Renouvier* et *Pillon*, Critique philosophique (index) ; *Paul Janet*, la Morale ; *Émile Beaussire*, les Principes de la morale ; *Fouillée*,

Critique des systèmes de morale contemporaine ; *Secrétan*, Philosophie de la liberté; *Guyau*, Esquisse d'une morale sans obligation ni sanction ; *Gerhard*, Kant's Lehre von Freiheit; voyez également dans les Ph. Monatshefte (1880), un Essai de Kant sur la liberté, publié en 1788 dans le n° 100 de l'*Allgemeine Litteraturzeitung*, au moment même où paraissait la Critique de la raison pratique.

Note 3, p. 5, l. 20; p. 21, l. 1 sqq.; p. 70, l. 26 ; p. 75, l. 7 sqq.; p. 83, l. 6 sqq.; p. 86 ; p. 90 sqq.; p. 161 ; p. 176, l. 12 sqq.; p. 186, l. 14; p. 188 sqq.; p. 194; p. 196, l. 22 ; p. 218 sqq.; p. 243 sqq. *Ici s'explique tout d'abord aussi l'énigme de la critique*, etc. — En réunissant et en comparant ces différents passages, on pourra se faire une idée suffisamment exacte du rapport qui existe, d'après la Critique de la raison pratique, entre cet ouvrage et la Critique de la raison pure. — On sait que les opinions les plus diverses ont été soutenues à ce sujet : en laissant de côté la critique de Heine, qui n'est qu'une plaisanterie, nous pouvons rappeler l'opinion de Cousin et de l'école éclectique, qui ont toujours vu une contradiction manifeste entre les deux Critiques, de Benno Erdmann qui soutient que la déformation de la pensée kantienne, commencée avec les Prolégomènes, s'achève avec la Critique de la raison pratique, où Kant ne craint pas de présenter la morale et ses principes comme la clef de voûte de tout son édifice philosophique, où cet homme, qui avait usé de la plus merveilleuse puissance d'analyse pour démontrer le néant de tout dogmatisme métaphysique, la vanité de toute monadologie, ramène la vieille ontologie vaincue et mourante par une porte dérobée, celle de l'impératif catégorique. Au contraire, Jean Paul voit dans l'auteur de la Raison pratique, non seulement une lumière éclatante, mais tout un système de soleils éclatants, Harms soutient que la Critique de la raison pratique est le but véritable de toute la philosophie de Kant. Il n'est pas vrai, dit de son côté M. Renouvier, que Kant ait restauré, dans sa Critique de la raison pratique, les mêmes notions ou existences qu'il avait déclarées inabordables à la raison spéculative; il les rétablit sous les mêmes noms, non sous les mêmes rapports; il n'y a aucun fondement à l'accusation banale de contradiction entre les deux Critiques. Le Dr Arnoldt non seulement ne croit pas à une telle contradiction, mais encore il pense que la doctrine de Kant constitue le plus solide rempart de la foi religieuse contre les attaques sans cesse renouvelées de l'incrédulité scientifique ou philosophique (voyez, dans notre *Avant-propos*, les jugements aussi divers qui furent portés d'abord sur le kantisme).

Nous essayerons de mettre sous les yeux du lecteur quelques textes qui lui permettront de décider, croyons-nous, qu'il n'y a pas eu un changement essentiel dans la pensée de Kant et que, dès 1780 tout au moins, il poursuivait le but qu'il a atteint en 1788. Nous n'aborderons pas par conséquent la question de savoir s'il y a contradiction entre les doctrines des deux Critiques, prises comme traitant exclusivement l'une de la raison pure, l'autre de la raison pratique.

Rappelons d'abord, par les titres et les divisions, le contenu des deux ouvrages :

CRITIQUE DE LA RAISON PURE

Théorie élémentaire transcendantale.

PREMIÈRE PARTIE. — ESTHÉTIQUE TRANSCENDANTALE.

(De l'espace, du temps.)

DEUXIÈME PARTIE. — LOGIQUE TRANSCENDANTALE.

PREMIÈRE DIVISION. *Analytique transcendantale.* — (Analytique des concepts : du fil conducteur servant à découvrir tous les concepts purs de l'entendement, de la déduction des concepts purs de l'entendement ; Analytique des principes : du schémastisme des concepts purs de l'entendement, système de tous les principes de l'entendement pur, du principe de la distinction de tous les objets en général en phénomènes et noumènes.)

DEUXIÈME DIVISION. *Dialectique transcendantale.* — (Des concepts, de la raison pure : des idées en général, des idées trans-

CRITIQUE DE LA RAISON PRATIQUE

Doctrine élémentaire de la raison pratique.

LIVRE PREMIER. *Analytique de la raison pure pratique.* — (Des principes de la raison pure pratique, de la déduction des principes de la raison pure pratique, du droit qu'a la raison pure dans son usage pratique à une extension qui lui est absolument impossible dans son usage spéculatif, du concept d'un objet de la raison pure pratique, des mobiles de la raison pure pratique, examen critique de l'analytique.)

LIVRE SECOND. *Dialectique de la raison pure pratique.* — (D'une dialectique de la raison pure pratique en général, de la dia-

cendantales, système des idées transcendantales; Des raisonnements dialectiques de la raison : des paralogismes de la raison pure, antinomie de la raison pure, idéal de la raison pure.)

Méthodologie transcendantale.

(Discipline de la raison pure, Canon de la raison pure, Architectonique de la raison pure, Histoire de la raison pure.)

lectique de la raison pure dans la détermination du concept du souverain bien.)

Méthodologie de la raison pure pratique.

Le véritable problème de la raison pure est renfermé dans cette question : Comment des jugements synthétiques *à priori* sont-ils possibles ? De la solution de ce problème ou de l'impossibilité démontrée de le résoudre dépend le salut ou la ruine de la métaphysique. Elle suppose une réponse à ces deux questions :

Comment les mathématiques pures sont-elles possibles ?
Comment la physique pure est-elle possible ?

Et le problème peut se formuler ainsi : *Comment la métaphysique est-elle possible à titre de science* ? Or, la raison pure contient les principes au moyen desquels nous connaissons quelque chose absolument *à priori* (note 1). Un *organum* de la raison pure serait un ensemble de tous les principes d'après lesquels toutes les connaissances pures *à priori* peuvent être acquises et réellement constituées; une propédeutique du système de la raison pure, qu'on obtiendrait par l'application détaillée de cet *organum*, forme la science qui, sous le nom de *critique de la raison pure*, examine cette faculté, ses sources et ses limites et n'a qu'une utilité négative au point de vue de la spéculation, n'étend pas notre raison, mais l'éclaire et la préserve de toute erreur, ce qui est déjà beaucoup. (Barni, I, 63, sqq.)

Kant explique en outre qu'il s'agit pour lui de déblayer et d'affermir le sol qui doit porter le majestueux édifice de la morale (B, I, 376). Le dogmatisme, à propos des idées cosmologiques, lui paraît présenter un intérêt pratique et un intérêt spéculatif, avoir l'avantage de la popularité; l'empirisme, qui nie avec assurance ce qui est au-dessus de la sphère de ses connaissance intuitives, porte à l'intérêt pratique de la raison un irréparable dommage (B, II, 78). Il ne peut rien y avoir d'incertain dans les principes généraux de la morale pure, puisque les propositions, sous peine d'être tout à fait nulles et vides de sens, doivent découler de nos concepts rationnels (90). Des impératifs que nous donnons pour règles, dans l'ordre pratique, aux facultés actives, il résulte clairement que la raison est douée de causalité ou que du moins nous nous représentons en elle une causalité ; le devoir exprime une espèce de nécessité et de lien avec des principes qui ne se présentent point ailleurs dans toute la nature (146). La seule chose qui lui importe, dit-il déjà, c'est de montrer que l'antinomie entre la liberté, considérée comme idée transcendantale, et les lois qu'elle prescrit elle-même à l'usage empirique de l'entendement, repose sur une simple apparence et que la nature n'est pas du moins en contradiction avec la causalité libre (156). La connaissance théorique lui apparaît comme une connaissance par laquelle il connaît ce qui est, la connaissance pratique, comme celle par laquelle il se représente ce qui doit être ; l'usage théorique de la raison est celui par lequel il connaît *à priori* (comme nécessaire) que quelque chose est ; l'usage pratique, celui qui fait connaître *à priori* ce qui doit être ; les lois pratiques absolument nécessaires, c'est-à-dire les lois morales exigeant, si elles supposent nécessairement quelque existence comme condition de la possibilité de leur force obligatoire, que cette existence soit postulée, il se réserve de montrer plus tard que les lois morales ne supposent pas seulement l'existence d'un être suprême, mais que, comme elles sont absolument nécessaires sous un autre rapport, elles la postulent à juste titre, mais seulement à la vérité au point de vue pratique (231). Kant remarque plus loin que l'être suprême demeure pour l'usage purement spéculatif de la raison, un simple idéal, mais un idéal exempt de défauts, que la réalité de ce concept ne peut être réfutée par cette voie et que, par conséquent, s'il y a une théologie morale capable d'en prouver la réalité objective, la théologie transcendantale, jusque-là problématique, devient indispensable pour déterminer le concept de la théologie morale (227). S'il ne croit pas, comme Sulzer, que l'on trouve un jour des démonstrations évidentes des deux propositions cardinales de notre raison pure, *il y a un Dieu, il y a une vie future*, il est assuré que jamais homme ne pourra affirmer le contraire avec la moindre apparence, à plus forte raison l'affirmer dogmatiquement, qu'on peut être sans inquiétude pour la bonne cause (l'intérêt pratique), car elle n'est jamais en jeu dans un combat purement spéculatif, et, s'il faut renoncer à parler le langage de la *science*, il reste celui d'une *foi* solide, qu'autorise la raison la plus sévère (315). Aussi quand il entend dire qu'un esprit peu commun a renversé par ses arguments la liberté de la volonté humaine, l'espérance d'une vie future et l'existence de Dieu, il est curieux de lire son livre et il attend de son talent qu'il étende ses idées, mais il est parfaitement certain d'avance qu'il n'aura rien détruit de tout cela (321). Toujours il aperçoit devant lui le champ pratique où il peut espérer avec raison de trouver un terrain plus solide pour y élever un système rationnel et salutaire (324). C'est qu'en effet, par rapport à l'usage pratique, la raison a le droit d'admettre quelque chose qu'elle ne saurait en aucune façon supposer sans des preuves suffisantes dans le champ de la pure spéculation (341). La plus grande et peut-être la seule utilité de toute philosophie de la raison pure est donc purement négative, elle a le modeste mérite de prévenir l'erreur (357). La liberté pratique peut être démontrée par expérience, puisque nous avons le moyen de vaincre, grâce à des représentations, les impressions produites sur notre faculté de désirer, par conséquent la raison donne des lois qui sont impératives, c'est-à-dire des lois objectives de la liberté qui peuvent être appelées pratiques, parce que, en opposition avec les lois naturelles qui ne traitent que de ce qui arrive, elles expriment ce qui doit arriver (363). Kant affirme non seulement en invoquant les preuves des plus célèbres moralistes, mais encore le jugement moral de tout homme qui veut concevoir clairement une telle loi (voyez notes 4 et 14), qu'il y a des lois morales pures qui déterminent tout à fait *à priori* l'usage de la liberté d'un être raisonnable en général et qui, commandant absolument, sont nécessaires à tous égards (367). Il appelle monde moral le monde qui serait conforme à toutes les lois morales, accorde à cette idée de la réalité objective et admet que le système de la moralité est inséparablement lié à celui du bonheur, tout en soutenant que la raison ne peut espérer de trouver ce lien nécessaire qu'en posant en principe, comme cause de la nature, une raison suprême qui commande suivant des lois morales, que Dieu et une vie future sont, suivant les principes de la raison, deux suppositions inséparables de l'obligation que cette même raison nous impose (371). La raison pure, dans son usage pratique, lie à notre intérêt suprême une connaissance que la simple spéculation ne peut qu'imaginer, non faire valoir, et parvient à ce *point sublime*, c'est-à-dire au concept d'un être premier et unique, comme souverain bien (377), sans pouvoir toutefois partir de ce concept pour en dériver les lois morales elles-mêmes. Aussi, malgré la ruine de toutes les ambitieuses prétentions d'une raison qui s'égare au delà des limites de toute expérience, il nous reste encore assez, selon Kant, pour avoir lieu d'être satisfaits au point de vue pratique : sans pouvoir me vanter de savoir qu'il y a un Dieu et une vie future, je suis moralement certain qu'il y a un Dieu, qu'il y a une autre vie, et ma foi en un Dieu et en une autre vie est tellement unie à mon sentiment moral que je ne cours pas plus risque de perdre cette foi que je ne crains de me voir jamais dépouillé de ce sentiment (387).

Si nous puisons quelques indications dans la seconde édition de la *Critique de la Raison pure* qui parut en 1787, après les fondements de la Métaphysique des Mœurs (voyez n. 4), nous saisirons d'une manière plus précise encore le lien qui, dans la pensée de Kant, rattache entre elles les deux Critiques. L'épigraphe empruntée à Bacon et ajoutée à cette édition est caractéristique : *De nobis ipsis silemus : de re autem quæ agitur petimus ut homines eam non opinionem, sedopus esse cogitent, ac pro certo habeant non sectæ nos alicujus, aut placiti, sed utilitatis et amplitudinis humanæ fundamenta moliri. Deinde ut suis commodis æqui in commune consulent et ipsi in partem veniant. Præterea ut bene sperent, neque instaurationem nostram ut quiddam infinitum et ultra mortale fingant et animo concipiant, quum revera sit infiniti erroris finis et terminus legitimus.* La préface qui y est ajoutée n'est pas moins importante : Kant soutient que l'utilité, négative à première vue, de son œuvre, est en réalité positive, parce qu'elle supprime du même coup l'obstacle qui restreint l'usage pratique ou menace même de l'anéantir. La raison pure a un usage pratique absolument nécessaire, un usage moral où elle s'étend inévitablement au delà des bornes de la sensibilité et où, sans avoir besoin pour cela du secours de la raison spéculative, la raison pratique veut pourtant être rassurée contre toute opposition de sa part (B, I, 30). Il suffit, au point de vue de la morale, que la liberté ne soit point contradictoire et que, par conséquent, elle puisse être conçue ; il faut, pour admettre Dieu, la liberté, l'immortalité, selon le besoin qu'en a la raison dans son usage pratique ordinaire, repousser en même temps les prétentions de la raison spéculative à des vues transcendantes (34), il faut supprimer le *savoir* pour y substituer la *croyance*. Ainsi on aura l'inappréciable avantage d'en finir une bonne fois avec toutes les objections dirigées contre la moralité et la religion, en démontrant clairement l'ignorance de leurs adversaires (35) ; ainsi seulement on pourra couper les racines du matérialisme, du fatalisme, de l'athéisme, de l'incrédulité des esprits forts, du fanatisme et de la superstition, de l'idéalisme et du scepticisme (38). La métaphysique, dit ailleurs Kant, a pour objet propre de ses recherches Dieu, la liberté et l'immortalité, trois concepts liés de telle façon que le premier uni au second doit conduire au troisième comme à une conséquence nécessaire (voyez note 2) ; si l'on pouvait pénétrer ces trois objets, la théologie, la morale et, par l'union des deux premières, la religion, c'est-à-dire les fins les plus élevées de notre existence, ne dépendraient que de la raison spéculative et de rien autre chose (392). Mais si la philosophie spéculative ne peut étendre la connaissance en dehors des limites de l'expérience possible, le droit et même la nécessité d'admettre une vie future ne se trouvent nullement compromis (II. 23), car la raison, comme faculté pratique, se trouve fondée par la loi morale à étendre le premier et avec lui notre propre existence au delà des limites de l'expérience et de la vie (24).

Ajoutons que dans l'écrit *sur les Songes d'un visionnaire* de 1766, la loi morale paraît déjà suffisante à Kant, pour établir indépendamment de toute démonstration théorique, la liberté, Dieu, l'immortalité.

NOTE 4, p. 10, l. 14, CE SYSTÈME *suppose à la vérité les* FONDEMENTS DE LA MÉTAPHYSIQUE DES MŒURS (p. 11, l. 20 ; p. 29, l. 9 sqq ; p. 43, les deux dernières lignes ; p. 50, l. 7, sqq ; p. 52, l. 14, sqq ; p. 55, l. 4 ; p. 60, l. 26 ; p. 62, l. 4 ; p. 65, l. 16 ; p. 67, tableau ; p. 122, l. 11, sqq ; p. 172, sqq ; p. 190, sqq). — Kant publia cet ouvrage en 1785. Il y distingue une philosophie formelle ou logique et une philosophie matérielle, qui constitue la physique ou doctrine de la nature, quand elle s'occupe des lois de la nature et la doctrine des mœurs ou éthique, quand elle s'occupe des lois de la liberté. Dans les deux dernières, il y a une partie empirique qui s'appuie sur des principes de l'expérience et une partie pure qui tire ses doctrines de principes *à priori* : à côté de la physique il y a une métaphysique de la nature, à côté d'une partie empirique qu'on pourrait appeler anthropologie pratique, l'éthique offre une métaphysique des mœurs pour laquelle on pourrait réserver le nom de *morale*. Or, *tout le monde convient* qu'une loi, pour avoir une valeur morale, doit être marquée d'un caractère de nécessité absolue, s'adresser non seulement aux hommes, mais encore à tous les êtres raisonnables : le principe de l'obligation ne doit donc être cherché ni dans la nature de l'homme, ni dans les circonstances extérieures où il se trouve placé, mais seulement *à priori* dans des concepts de la raison pure. La philosophie morale, appliquée à l'homme, n'emprunte pas la moindre chose à la connaissance de l'homme, mais elle lui donne des lois *à priori* comme à un être raisonnable. La métaphysique des mœurs peut seule montrer la loi morale dans toute sa pureté et constitue le fondement sans lequel il ne peut y avoir de philosophie morale. Ayant dessein de donner plus tard une Métaphysique des mœurs, Kant en fait d'abord paraître les fondements sous une forme populaire et appropriée au sens commun, afin de préparer le lecteur aux choses subtiles et aux difficultés inévitables dans une critique de la raison pure pratique, qui est la véritable base de la métaphysique des mœurs, comme la critique de la raison pure spéculative est le fondement de la métaphysique de la nature, mais qui doit, pour être complète, montrer l'union de la raison pratique avec la raison spéculative en un principe commun. Il y poursuit la recherche et l'établissement du principe suprême de la moralité dans trois sections : la première, traitant du passage de la connaissance morale de la raison commune à la connaissance philosophique ; la seconde, du passage de la philosophie morale populaire à la métaphysique des mœurs ; la troisième, du dernier pas qui conduit de la métaphysique des mœurs à la critique de la raison pure pratique. Dans la première, regardant la bonne volonté comme le bien suprême et la condition à laquelle doit être subordonné tout autre bien et s'occupant de développer le concept d'une volonté bonne en soi, *naturellement contenu dans toute saine intelligence, s'en tenant au sens commun dans les choses morales*, mais recourant à la philosophie pour mettre la dernière main au système de la moralité et aussi pour donner aux préceptes de la sagesse plus d'autorité et de consistance, il prend le concept du devoir, qui contient celui d'une bonne volonté, et établit d'abord qu'une action, pour avoir une valeur morale, ne doit pas être seulement conforme au devoir, mais avoir été faite par devoir et non par inclination ou par intérêt, puisqu'une action faite par devoir ne tire pas sa valeur morale du but qu'elle doit atteindre, mais du principe d'après lequel la volonté s'y résout, que le devoir est la nécessité de faire une action par respect pour la loi, et enfin qu'il n'y a que la conformité universelle à la loi de toutes les actions, qui peut servir de principe à la volonté, c'est-à-dire qu'on doit toujours agir de telle sorte qu'on puisse vouloir que sa maxime devienne une loi universelle. Dans la seconde section, Kant montre que ce concept du devoir, tiré du commun usage de notre raison pratique, n'est pas un concept empirique, qu'en fait, il est impossible de prouver par l'expérience, avec une entière certitude, qu'il y a jamais eu un seul cas où une action conforme au devoir ait été faite exclusivement par devoir, qu'en outre, la loi morale devant valoir pour tous les êtres en général, et, étant absolument nécessaire, aucune expérience ne peut nous conduire à en inférer même la possibilité. Les concepts moraux sont donc tous *à priori* et ont leur source et leur siège dans la raison, *dans la raison la plus vulgaire aussi bien que dans la raison la plus exercée par la spéculation* : la morale doit être traitée comme une philosophie pure et permettra seule d'établir une théorie spéculative, exacte et complète de la morale du devoir, de produire des intentions morales vraiment pures, de préparer les cœurs à l'accomplissement du plus grand bien possible dans le monde. Puis, décrivant la puissance pratique de la raison, Kant expose ce qu'il entend par la contrainte (*Nöthigung*), le commandement ou le principe objectif qui contraint la volonté (*Gebot*), la formule de l'ordre ou l'impératif qui ne peut exister pour la volonté divine ou pour une volonté sainte, l'impératif hypothétique, problématiquement ou assertoriquement pratique, selon que le but pour lequel l'action est bonne est possible ou réel, l'impératif catégorique, qui est un principe pratique apodictique et présente l'action comme objectivement nécessaire par elle-même et indépendamment de tout autre but; il se demande comment sont possibles ces trois espèces d'impératifs, qu'il appelle encore des règles de l'habileté, des conseils de la prudence, des commandements ou des lois de la moralité, et insiste sur le dernier dont il reprend la formule établie dans la première section, pour la transformer successivement, grâce à des exemples, dans les formules suivantes : *I. Agis comme si la maxime de ton action devait être érigée par ta volonté en une loi universelle de la nature; II. Agis de telle sorte que tu traites toujours l'humanité, soit dans ta personne, soit dans la personne d'autrui, comme une fin et jamais comme un moyen; III. Agis d'après des maximes qui puissent se considérer elles-mêmes comme des lois universelles de la nature.* Ainsi il aboutit à poser l'autonomie de la volonté comme le principe unique de la morale et à condamner toutes les doctrines qui sont fondées sur le bonheur personnel ou le sentiment moral, sur la perfection ou la volonté de Dieu et qui partent toutes du concept de l'hétéronomie de la volonté. Enfin, après avoir ainsi montré par l'analyse du concept universellement reçu de la moralité, qu'une autonomie de la volonté en est le fondement, il prépare, dans la dernière section, une critique de la raison pure pratique, dont il a besoin pour savoir si la moralité est une chimère, question qui suppose un usage synthétique possible de la raison pure pratique. Le concept de la liberté est la clef qui fournit l'explication de la volonté, et la liberté doit être supposée comme propriété de la volonté de tout être raisonnable; puisque la raison pratique, ou volonté d'un tel être ne peut recevoir une direction du dehors sans cesser de déterminer elle-même ses jugements. Or il semble impossible de sortir de l'espèce de cercle que l'on fait, en se supposant libre dans l'ordre des causes efficientes, afin de pouvoir se regarder comme soumis dans l'ordre des fins à des lois morales, puis en se considérant ensuite comme soumis à ces lois parce qu'on s'est attribué la liberté de la volonté. Mais si un être raisonnable appartient par ses facultés inférieures au monde sensible et est par là soumis aux lois de la nature, il est en tant qu'intelligence soumis à des lois indépendantes de la nature; par conséquent en nous concevant libres, nous nous transportons dans le monde intelligible, en nous concevant comme soumis au devoir, nous nous considérons comme appartenant à la fois au monde sensible et au monde intelligible. Membre par l'idée de la liberté, d'un monde intelligible dans lequel mes actions seraient toujours conformes à l'autonomie de la volonté, mais en même temps membre du monde sensible, je dis seulement qu'elles doivent être conformes à ce principe : c'est pour cela même que les impératifs catégoriques sont possibles. J'indique ainsi la seule supposition qui les rend possibles, et cela suffit pour l'usage pratique de la raison, mais il est au-dessus de toute raison humaine de savoir comment cette supposition est elle-même possible. D'ailleurs comment pourrait-on la blâmer de ne vouloir et de ne pouvoir expliquer la nécessité du principe suprême de la moralité au moyen d'une condition, c'est-à-dire de quelque intérêt, puisqu'elle ôterait par là à ce principe son caractère de loi morale, c'est-à-dire de loi suprême de la liberté?

Le critique auquel répond Kant dans la page suivante, est probablement Garve (1742-1798) qui avait traduit et commenté le *de Officiis*, et qui, à l'occasion de sa traduction de la Morale d'Aristote, avait livré à un examen pénétrant et dont il faut tenir compte aujourd'hui encore, la philosophie morale de Kant. Son ouvrage intitulé : *Uebersicht d. vornehmst. Principien d. Sittenl.* etc., mérite encore, dit M. Paul Janet, d'être lu aujourd'hui.

NOTE 5, p. 14, l. 9, *le reproche de vouloir introduire une langue nouvelle.* — En 1770, Mendelssohn reconnaissait à Kant un talent d'écrivain populaire; Schiller, qui aimait les doctrines de Kant, parle de son style de CHANCELLERIE philosophique; le conseiller Wlömer, l'ami de Kant, ne le lisait pas, disait-il, parce que ne pouvant suivre de l'œil les conditionnelles et les parenthèses, et plaçant un doigt sur un mot, un doigt sur un autre, etc., les doigts lui manquaient avant d'arriver à la fin de la phrase. Cohen au contraire, trouve que ni Platon ni Schiller n'ont écrit aussi bien que Kant, qui a un style *michelangélique*! Sansaller aussi loin que Cohen, on pourrait citer, surtout dans la Raison pratique, un certain nombre de pages où la beauté de la forme est égale à l'élévation de la pensée; on en trouverait beaucoup d'autres aussi qui justifieraient la boutade de Wlömer. — *(Avant-propos, p. XXV.)*

Note 6, p. 16, l. 8, *qu'il ne peut y avoir aucune connaissance à priori.* — Voyez sur ce point les travaux de Stuart Mill, le plus pénétrant adversaire des propositions *à priori*, et de Spencer, qui a donné, en une certaine mesure, raison à Kant, tout en présentant sa doctrine sous une forme tout à fait différente. — Sur cette affirmation de Kant, voyez *Fouillée*, Critique des systèmes de morale contemporaine et *Renouvier* et *Pillon*, loc. cit. n. 2 et 3.

Note 7, p. 18, l. 13; p. 86, sqq.; p. 97, etc. *Hume.* — Pour l'influence exercée par Hume sur Kant, au point de vue spéculatif comme au point de vue pratique, on peut consulter Renouvier, Zeller, Paulsen, Lange, (op. cit.); *Benno Erdmann*, op. cit. et *Kant und Hume um 1762*. (*Rev. ph. Gesch. d. Philosophie hgg. von Ludwig Stein*, 1888 Bd. I h. 1, 2); *Baumann*, Zwei Beiträge zum Verständniss Kant's, Ph. Monatshefte 1882, p. 257-286. Dans ce dernier travail (*Rev. ph. XVI, 545*), l'auteur étudie les transformations de la doctrine morale de Kant, pour les idées du bien suprême, de l'immortalité et de Dieu, où perce un reste de la métaphysique de Leibnitz et de Wolf; puis, pour la notion de fin et de but final, signale enfin l'influence de Shaftesbury, Hutcheson et Hume, l'influence plus considérable encore de Rousseau (note 16). — Voyez encore deux articles de Stirling dans *Mind* (XXXVI et XXXVII), *Kant has not answered Hume.*

Note 8, p. 19, note, lig. 3, *N... est idéaliste.* — Il semble bien qu'il s'agisse de Kant lui-même. — On sait à quelles discussions a donné lieu la question de savoir si Kant est ou non idéaliste : on peut consulter tous les auteurs déjà cités et *Fraser*, Berkeley Works, *Janitsch*, Kant's Urtheile über Berkeley. — Il serait peut-être bon de remarquer à ce sujet que la solution de cette question comme de celle qu'on appelle le scepticisme de Hume, dépend de la définition que l'on donne du scepticisme et de l'idéalisme.

Note 9, p. 19, l. 16; p. 88, sqq.; p. 124, sqq.; *l'empirisme uni-*

versel se révèle comme le véritable scepticisme, etc. — On peut voir combien il convient d'être circonspect, en attribuant aux philosophes des conséquences non acceptées par eux, de leurs doctrines, si l'on veut rester fidèle à la vérité, puisque Kant, qui d'ailleurs use lui-même de ce procédé à l'égard de ses adversaires, a été accusé d'idéalisme, de scepticisme, de matérialisme, d'empirisme et même d'athéisme, après avoir uniquement cherché à réfuter ces divers systèmes !

Note 10, p. 38, l. 6, *Coalitionssystem*, p. 206; *Coalitionsversuche*. — On comprendra mieux le sens de ces expressions si l'on étudie dans Bartholmèss l'histoire philosophique de l'Académie de Berlin; les différents représentants de la philosophie à cette Académie essaient de concilier Leibnitz et Locke, les Écossais, Hume et Condillac, etc. — Maimon a essayé, dans son système composite (*Coalitionssystem*) de réunir les doctrines de Kant, de Spinoza, de Hume et de Leibnitz (*Versuch über d. trancendental Philosophie, 1790.*)

Note 11, *maximes, bien et devoir, sentiment*, p. 10, note de K. et 43; 65, l. 16; 67, Hutcheson; 99 l. 14; 110, l. 16; 112, l. 17; 125 et 126; 134, 135 et 136, 142, 143, 148, l. 13 et 14; 159, l. 7, sqq.; 151, 153 et 154; 220, l. 22; 224, l. 8; 273, etc. — Il faut réunir, pour l'intelligence de la morale de Kant, ce qu'il dit des *maximes* qui, pour être des lois pratiques universelles, doivent être représentées comme des principes qui déterminent la volonté non par la matière, mais simplement par la forme (43), du concept du *bien* qui ne doit pas servir de fondement à la loi morale, mais est déterminé après elle et par elle (110), ce qu'il dit enfin un peu partout contre l'intervention du *sentiment* en morale, et ce qui a provoqué la célèbre épigramme de Schiller : J'ai du plaisir à faire du bien à mon voisin, cela m'inquiète, je sens que je ne suis pas tout à fait vertueux. — Les objections n'ont pas manqué sur chacun de ces points, non plus que sur le système auquel ils se rattachent et qu'on a pris l'habitude d'appeler un *formalisme moral*. Hégel, Schopenhauer et Kirchmann ont soutenu que si ce qui est moral tire son origine de la simple forme ou de l'universalité du commandement, Kant ne devait pas se demander quelle forme est ou n'est pas (44) capable de s'adapter à une législation universelle, car, dans la forme, il n'y a aucune distinction, et lorsque Kant veut distinguer les maximes d'après leur forme, il est obligé de revenir au contenu du commandement et par conséquent de se contredire. M. Paul Janet (*la Morale*), M. Fouillée (*Critique des systèmes de morale contemporaine*) et surtout M. Beaussire (*Les principes de la morale*, l. III ch. 1 et 2) ont développé en y insistant, des objections analogues. Le premier a soutenu que le bien est antérieur au devoir et il a été combattu par M. Pillon (Cr. ph. 1876, I); le second a produit des textes d'après lesquels il a cru pouvoir affirmer que MM. Renouvier et Pillon avaient eux-mêmes dirigé contre le kantisme des critiques analogues à celles de M. Janet. Enfin M. Beaussire, tout en acceptant la théorie de Kant qui fonde l'obligation sur l'autonomie de la volonté, a vu dans l'idée d'utilité la seule qui puisse donner à la morale un objet précis, sans l'emprunter à la morale elle-même. — D'un autre côté, M. Paul Janet a vivement combattu l'un des *paradoxes les plus étranges, l'un des scandales de la morale kantienne, l'espèce de défaveur qu'elle jette sur les bons sentiments, sur les inclinations naturelles qui nous conduisent au bien spontanément, et sans effort* (p. 446).

Essayons d'expliquer ces trois théories de Kant qui, en réalité, n'en font guère qu'une et d'en préciser le sens exact. Si nous consultons les nombreux renseignements qui nous ont été transmis sur la vie de Kant, nous voyons que l'ordre était le principe de sa conduite, qu'il raisonnait jusqu'aux moindres actions de sa journée, se faisait sur tout des *maximes* et s'y conformait si invariablement qu'elles semblaient faire partie de sa nature même. Éveillé cinq minutes avant cinq heures du matin, il était assis à sa table à cinq heures, prenait seul une ou deux tasses de thé que la présence d'un ami l'aurait empêché de prendre avec son calme ordinaire, fumait une pipe, repassait, même quand il cessa de professer, parce que ç'avait été toujours son habitude, ce qu'il avait fait la veille, donnait ses leçons, puis de retour chez lui travaillait jusqu'à midi trois quarts, se levait de son bureau, prenait un verre de vin de Hongrie, du Rhin, ou de bischoff, s'habillait et à une heure se mettait à table. L'après-midi, il faisait ces promenades célèbres dans lesquelles on le vit à peine deux fois en quarante ans dépasser la limite où il s'arrêtait d'ordinaire, pour avoir plutôt un ouvrage de Rousseau ou des nouvelles de la Révolution française ; il les faisait seul, parce qu'il respirait d'après des règles qu'il s'était faites comme il s'en était fait sur la manière d'attacher ses bas. Rentré chez lui, il lisait les journaux, puis s'installait à six heures pour le travail du soir dans son cabinet, où il entretenait constamment une température de 75°, s'asseyait en hiver ou en été auprès du poêle de manière à voir les tours du vieux château, et il ne pouvait continuer ses méditations quand les arbres, par suite de leur croissance, lui en cachaient la vue.

Puis, vers dix heures, un quart d'heure après qu'il avait cessé de penser, il se couchait dans une chambre sans feu, dont les fenêtres étaient fermées toute l'année, se déshabillait *avec méthode* et se couvrait dans son lit avec une habileté toute particulière. Il est évident qu'un homme qui poussait ainsi jusqu'à la minutie l'amour de la règle devait être disposé à donner une grande place dans sa morale aux formules et aux préceptes, à y mettre la *forme* au-dessus de la *matière*. Ajoutez à cette influence des habitudes qui devinrent de plus en plus tyranniques ou même employez pour l'expliquer les tendances piétistes de Kant (voyez note 17), qui le portaient à sacrifier non seulement le dogme aux œuvres, la lettre à l'esprit, mais encore les actions elles-mêmes aux intentions ; joignez-y encore l'étude des mathématiques, par laquelle il a appris ce que signifie une *formule* qui détermine d'une manière tout à fait exacte et sans laisser de place à l'erreur, ce qu'il y a à faire pour résoudre un problème, par laquelle il a été amené à donner, comme Spinoza, une forme géométrique à une partie de son livre ; vous comprendrez que Kant n'ait cru ni *insignifiant* ni *inutile*, sans établir aucun principe nouveau, de donner une *formule nouvelle* de la moralité (p. 10, note de Kant), et qu'il se soit déterminé à faire passer le devoir, la règle, la loi avant le concept du bien.

D'un autre côté, on a remarqué, en comparant d'une manière plus ou moins exacte Kant à Pascal, que s'il faisait une pension à sa sœur, il refusait de la voir, qu'il n'aimait pas en général à voir autour de lui les parents auxquels il venait en aide de bon cœur, parce qu'il ne pouvait y avoir entre eux et lui aucun commerce satisfaisant ; un de ses biographes a dit qu'il ne savait pas s'il avait jamais embrassé un de ses amis. Rappelons-nous encore que le protestantisme fait une grande place, surtout en Allemagne, au péché originel (cf p. VIII), que le piétisme demandait la régénération spirituelle à la lutte incessante de la conscience contre l'égoïsme et les passions, que Voltaire, admiré et commenté par Kant, proscrivait le fanatisme et vantait la raison : nous aurons quelques-unes des *causes* au moins *occasionnelles*, sinon totales et complètes, pour laisser intacte la question de l'originalité de Kant, qui déterminèrent la direction de sa pensée, lui firent substituer partout la *raison* au *sentiment*, et craindre à l'égal de la superstition un enthousiasme fanatique (p. 99, 125, 151, etc.).

M. Renouvier, tout en reconnaissant (*Cr. p.*, 1882-83). que le formalisme kantien est beaucoup trop exagéré dans l'original, s'est appuyé sur le passage, *il est très beau de faire du bien aux hommes*,

p. 147, l. 7 (auquel il eût pu en joindre d'autres, notamment ceux qui sont indiqués en haut de cette note, p. 107, 133, 134, 136, 142, 143, 148, 159, 273. — Voyez aussi note 18) pour soutenir, d'un côté, que ce qu'il faut en retenir c'est la distinction juste et profonde entre le principe formel constitutif de l'obligation et tous les éléments matériels — distinction qu'admettent également d'ailleurs MM. Janet et Beaussire, — de l'autre, que les interprètes ont exagéré de leur côté le formalisme kantien dans l'idée qu'ils en donnent. Kant, dit-il, reconnaît la présence nécessaire en nos consciences des mobiles affectifs et passionnels de nos actes moraux, la légitimité des attraits sensibles, l'avantage à certains égards d'unir à l'idée du devoir celle de la vie en réalité la plus heureuse qu'on peut attendre de son accomplissement, le caractère de beauté et de noblesse des actions inspirées par l'humanité et la sympathie, un suprême idéal de moralité où la loi morale, ne rencontrant plus d'opposition, le pur amour remplace la contrainte imposée aux sentiments par le devoir.

Il y aurait lieu encore de comparer la morale du devoir, telle que l'a exposée Kant, avec les formes récentes qu'a prises la morale utilitaire chez Stuart Mill et Spencer, à tenir compte des critiques qui pourraient lui être adressées de ce point de vue, non plus seulement par des spiritualistes comme M. Beaussire, mais encore par des empiriques disciples de Mill ou de Spencer. On consultera avec fruit sur cette question, outre les ouvrages de l'un et de l'autre, l'article de Spencer sur la Morale de Kant dans la *Revue philosophique* de juillet 1888.

NOTE 12, p. 71, l. 2 et 15; 197, l. 14; 214, l. 2; 246, l. 9 sqq; 248, l. 20, etc. — Kant distingue nettement les mots *Vorstellung*, *Perception*, *Empfindung*, *Erkenntniss*, *Anschauung*, *Begriff* et *Idée*. Le premier est le terme générique qui désigne toute représentation en général (*repræsentatio*) ; la *Perception* est une représentation avec conscience, la sensation (*Empfindung*) est une perception qui se rapporte simplement au sujet comme modification de son état, la connaissance (*Erkenntniss*) est une perception objective (*cognitio*), elle forme une intuition (*Anschauung*), si elle se rapporte immédiatement à l'objet et est singulière, un concept (*Begriff* = *intuitus* vel *conceptus*) si elle ne s'y rapporte que médiatement au moyen d'un signe qui peut être commun à plusieurs choses. Le concept pur, en tant qu'il a simplement son origine dans l'entendement (et non dans une image pure de la sensibilité), est la notion (*notio*). Le concept formé de notions qui dépassent la possibilité de l'expérience est une *idée*, c'est-à-dire un concept rationnel (*Cr. de la R. pure*, Barni I, 377).

Note 14. Appel au sens commun : 43, 1. 26 et 27 ; 49, 1. 23 et 50, 1. 1 ; 52, 1. 13 ; 59, 1. 3, sqq ; 60, 1. 25 ; 62, 1. 3 sqq ; 79, 1. 15, sqq ; 166, 1. 6 et 27 sqq ; 190, 1. 20 ; 277, 279, 294.

Kant croit que l'entendement le plus ordinaire peut distinguer, sans instruction préalable, quelle forme est ou n'est pas, dans la maxime, capable de s'adapter à une législation universelle. Il ne doute pas que l'homme le plus passionné ne puisse triompher de son penchant, s'il devait être attaché à une potence aussitôt qu'il l'aurait satisfaite, qu'il n'avoue qu'il lui est possible de vaincre son amour pour la vie, si grand qu'il puisse être, et de ne pas porter un faux témoignage contre un honnête homme que son prince voudrait perdre. On trouve toujours, selon lui, en analysant le jugement que les hommes portent sur la conformité à la loi de leurs actions, que leur raison, incorruptible et se contraignant elle-même, compare toujours la maxime de la volonté dans une action à la volonté pure. Il invoque la voix de la raison, voix *céleste*, si claire relativement à la volonté, si pénétrante, si perceptible même pour les hommes les plus vulgaires, comme Rousseau invoque la voix de la conscience (note 16). Les limites de la moralité et de l'amour de soi sont marquées avec tant de clarté et d'exactitude, que la vue même la plus ordinaire ne peut manquer de distinguer si quelque chose appartient à l'un ou à l'autre ; ce qu'il y a à faire d'après le principe de l'autonomie du libre arbitre est aperçu sans peine et sans hésitation par l'entendement le plus ordinaire et la connaissance du devoir se présente d'elle-même à chaque homme qui sait à merveille, même sans aucune expérience du monde, ce qu'il doit faire d'après la loi morale. Celle-ci est donnée comme un fait de la raison pure, dont nous sommes conscients *à priori* et qui est apodictiquement certain, en supposant même qu'on ne puisse alléguer, dans l'expérience, aucun exemple où elle ait été exactement suivie. La justification des principes moraux, comme principes d'une raison pure, pouvait aussi fort bien et avec une certitude suffisante, être établie par un simple appel au jugement de l'entendement humain ordinaire et il n'y a pas d'entendement qui ne doive comprendre immédiatement, par un exemple, que des principes empiriques du vouloir peuvent bien l'engager à les suivre par les séductions qu'ils lui offrent, mais que jamais on ne peut exiger qu'il obéisse à une loi autre que la loi pure de la raison. Le principe de causalité incontestable et objectif qui exclut toute condition sensible de sa détermination est depuis longtemps dans la raison de tous les hommes, incorporé à leur nature où il forme le principe de la moralité. Aussi Kant recommande-t-il de prendre pour fondement un catéchisme simplement moral — dont il a donné lui-même une esquisse dans la *Doctrine de la vertu* — de fouiller les biographies des temps anciens et modernes pour y trouver des exemples à soumettre au jugement des enfants : il cite lui-même un exemple qu'il propose à un enfant de *dix ans* et croit que, de lui-même et sans les indications de son maître, il jugera exactement la valeur des actes (Anne de Boleyn). Enfin comparant, dans sa conclusion, le ciel étoilé et la loi morale, l'étude de l'univers et la morale, il veut que l'on suive dans la dernière, la voie qui a conduit à des résultats si heureux dans la première. « Nous avons, dit-il, sous la main, les exemples du jugement moral de la raison ; en les décomposant par l'analyse en leurs concepts élémentaires et en employant, à défaut de la méthode *mathématique*, un procédé analogue à celui de la chimie... on obtiendra *purs* les éléments empiriques et les éléments rationnels qui se trouvent en eux..., la science conduira à la doctrine de la sagesse. »

Si l'on rapproche toutes ces assertions de celles qui se trouvent déjà dans les *Fondements de la Métaphysique des Mœurs* (note 4), on verra nettement les rapports de la morale kantienne avec celle de l'école écossaise qui fait, dans la spéculation comme dans la pratique, si fréquemment appel au *sens commun*, avec celle de Voltaire (note 15) et de Rousseau (note 16); on comprendra beaucoup mieux pourquoi Kant a pu parler du caractère populaire de la connaissance traitée dans la *Critique de la raison pratique* (p. 14), on saura, et il faudra en tenir compte pour adopter ou combattre la morale de Kant, qu'elle considère *comme ayant une valeur incontestable et incontestée, les jugements moraux du vulgaire sur lesquels elle s'appuie à l'origine*, de même qu'elle cherche dans le christianisme le concept du souverain bien qui seul satisfait aux exigences les plus rigoureuses de la raison pratique (note 17).

Note 15, p. 140, l. 4, *Voltaire*; 223, § IV, 226, § 5. — Voltaire était mort depuis dix ans lorsque Kant portait sur lui ce jugement, si différent de celui qu'en ont porté bon nombre de philosophes qui n'ont vu chez lui que des doctrines superficielles et banales. On se montre aujourd'hui, à l'étranger sinon en France, plus juste pour Voltaire. « Anglais et Allemands, dit Lange, s'efforcent à l'envi d'assigner à ce grand Français, sans pallier ses défauts, la place qui lui est due dans l'histoire de notre vie intellectuelle. » Il suffit, pour justifier l'affirmation de Lange, de citer les noms de Buckle, de Dubois-Reymond, qui le compare à A. de Humboldt, de Strauss, qui le compare à Bossuet, à Herder, à Hegel, de Hettner, qui l'a patiemment étudié, de Lange, de Herz, etc. Lange a montré que chez Voltaire fermente une idée vague et inconsciente de la théorie de Kant, alors qu'il répète à plusieurs reprises ce propos si expressif : *Si Dieu n'existait pas, il faudrait l'inventer*, que, dans son opinion réelle, la croyance en Dieu est indispensable pour le maintien de la vertu et de la justice (I, 308). Une lecture attentive de Voltaire montre clairement qu'il a exprimé avant Kant bon nombre des idées qui constituent l'originalité philosophique de ce dernier; une lecture attentive de Kant montre tout aussi clairement qu'il a beaucoup pratiqué Voltaire et qu'il lui doit bien réellement ces idées. Nous nous bornerons à donner quelques brèves indications. On sait que Kant ramène aux trois questions suivantes tout l'intérêt de la raison, tant spéculatif que pratique : *Que puis-je savoir? Que dois-je faire? Qu'ai-je à espérer?* Voltaire a dit avant lui, dans le Poème sur le tremblement de terre de Lisbonne : *Que suis-je? Où suis-je? Où vais-je? et d'où suis-je tiré?* dans le Philosophe ignorant : *Qui es-tu? D'où viens-tu? Que fais-tu? Que deviendras-tu?* Avant Kant, Voltaire dit en beaux vers que tous les êtres ont leurs lois et que l'homme doit avoir la sienne; qu'il faut adorer Dieu et être juste (*Poème sur la loi naturelle*), qu'un jour il y aura harmonie entre le bonheur et la vertu (*Poème sur Lisbonne*), que, par conséquent, on ne peut soutenir l'optimisme sans admettre l'immortalité de l'âme :

> Un jour tout sera bien, voilà notre espérance,
> Tout est bien aujourd'hui, voilà l'illusion.

Il combat à la fois le fanatisme et l'athéisme (*Homélies sur l'athéisme*), fonde la morale et la religion sur la logique naturelle qui se développe avec l'âge dans les hommes les plus grossiers et, s'il croit pouvoir dire du monde à peu près ce qu'en pense Kant :

> Soit qu'un être inconnu, par lui seul existant
> Ait tiré depuis peu l'univers du néant,
> Soit qu'il ait arrangé la matière éternelle,
> Qu'elle nage en son sein ou qu'il règne loin d'elle;

il ne voit pas plus que lui de contradiction à supposer que Dieu, ayant accordé la faculté de penser à une monade, la lui conservera après cette vie, et il ne trouve ni dans son entendement ni dans les livres des athées, ni dans le troisième chant de Lucrèce, de démonstration pour l'affirmation contraire; comme lui il lie la croyance à l'immortalité à la croyance à l'existence de Dieu, et il se sent de plus en plus une tendresse de père pour le vers célèbre : *Si Dieu n'existait pas, il faudrait l'inventer.* Ajoutons en outre que la Confession du Vicaire savoyard a transmis encore à Kant, comme l'a bien vu M. Gérard (R. ph. III), la pensée de Voltaire; que Kant concluait les *Rêves d'un Visionnaire expliqués par les Rêves d'un Métaphysicien* (un titre d'ailleurs que n'eût pas désavoué Voltaire) par le passage suivant : « Comme notre destinée dans le monde à venir pourrait bien dépendre de la manière dont nous aurons rempli notre rôle dans le monde présent, je conclus par les paroles que Voltaire fait dire au bon Candide, après tant de vaines discussions : *Cela est bien dit, mais il faut cultiver notre jardin.* » Il faut remarquer encore qu'au moment même où Kant accorde la plus grande attention aux œuvres de Rousseau et ne peut qu'avec peine juger librement ses doctrines, il conserve encore et conservera toujours par la suite les opinions que Voltaire avait émises sur l'optimisme (voyez note 16), qu'il s'en sert, dans la présente Critique, pour établir l'immortalité de l'âme et qu'il y rattache, comme Voltaire encore, le concept de Dieu à la morale et non à la métaphysique (cf. note 3, *sub fine.*)

Note 16, p. 152, l. 4, *Devoir!* — Il faut rapprocher ce passage célèbre de Kant, du passage non moins célèbre de Rousseau, dans la Profession de foi du Vicaire savoyard : « Conscience ! conscience ! instinct divin, immortelle et céleste voix, guide assuré d'un être ignorant et borné, mais intelligent et libre ; juge infaillible du bien et du mal, qui rend l'homme semblable à Dieu ! c'est toi qui fais l'excellence de sa nature et la moralité de ses actions ; sans toi, je ne sens rien en moi qui m'élève au-dessus des bêtes que le triste privilège de m'égarer d'erreurs en erreurs à l'aide d'un entendement sans règle et d'une raison sans principe. » — (Voyez en outre les passages de Kant visés dans la note 14). — Herder, élève de Kant depuis 1762 jusqu'à 1764, nous dit que le même génie que Kant déployait à critiquer Leibnitz, Wolf, Baumgarten, Crusius et Hume, à exposer les lois de K p er, de Newton et des physiciens, il l'appliquait au commentaire des œuvres de Rousseau qui paraissaient alors, à l'étude de l'Emile et de la Nouvelle Héloïse..., que toujours il ramenait l'auditeur à l'étude impartiale de la nature et à la connaissance de ce qui fait la valeur morale de l'homme. Aux recherches de physique mécanique qui avaient beaucoup occupé Kant jusque-là viennent se joindre plus intimement dès lors les problèmes de la morale : « Il fut un temps, écrit-il en 1764, où je pensais que la recherche de la vérité constitue la dignité de l'espèce humaine... Rousseau m'a tiré de mon erreur... J'apprends à connaître le véritable prix de l'homme. » Rousseau produisit sur Kant une profonde impression : Jean-Jacques réunit, dit-il, à une admirable pénétration de génie, une inspiration noble et une âme pleine de sensibilité, comme cela ne s'est jamais rencontré chez un autre écrivain, en aucun temps, en aucun pays. » Aussi ne peut-il le juger avec sa raison que quand il l'a lu et relu, de manière à ce que la beauté de l'expression ne le trouble plus. Toutefois, quelque influence qu'exerce sur lui Rousseau, qui devient à ses yeux le Newton des sciences morales, il n'abandonne pas Voltaire, et refuse d'accepter l'optimisme de Rousseau. « La félicité, dit-il, en paraphrasant les deux vers de Voltaire, est le dernier terme de tous les désirs, mais elle ne se trouve nulle part dans la nature : être heureux et satisfait de l'état présent, c'est un état que la nature ne comporte pas. » Si l'on cherche maintenant ce que Kant a pu tirer de la lecture de Rousseau, on verra que Rousseau proclame incompréhensibles et pourtant incontestables, les mystères admis par les protestants ; qu'il est désabusé de l'opinion trompeuse d'après laquelle il pensait qu'on pouvait être vertueux sans religion ; qu'il se demande comment on peut être sceptique par système et de bonne foi ; que les matérialistes, semblables à celui qui nie l'existence des sons dont son oreille n'a jamais été frappée, sont *sourds* à la voix intérieure (voyez p. 59, l. 10) qui leur affirme qu'il y a en eux un principe autre que le corps ; que la matière est mue selon des lois déterminées par un Dieu auquel se joignent les idées d'intelligence, de puissance, de volonté, de bonté et de justice ; que l'homme est le roi de la terre, lui qui peut observer, connaître les êtres et leurs rapports ; sentir ce que c'est qu'ordre, beauté, vertu, aimer le bien et le faire ; qu'il est libre dans ses actions et comme tel animé par une substance immatérielle. En consultant la conscience, en écoutant la voix intérieure, le vrai guide de l'homme, on s'aperçoit qu'il y a au fond des âmes un principe inné de justice et de vertu sur lequel nous jugeons nos actions et celles d'autrui ; que la conscience est un juge infaillible du bien et du mal (v. la citation en tête de cette note).

Rousseau a présenté sous une forme nouvelle la plupart des

idées que Voltaire avait déjà exposées (note 15), il leur a donné une vie plus intense, et en faisant l'éloge de la religion qu'il met au-dessus de la philosophie, de J.-C., qu'il met infiniment au-dessus de Socrate, il a ramené Kant aux croyances religieuses que lui avaient inspirées ses parents et ses maîtres (note 17).

On peut consulter pour connaître l'influence de Rousseau sur Kant, outre les travaux allemands de B. Erdmann, de Lange, de Baumann (note 7), de *Dieterich*, Kant und Rousseau, 1878, l'étude de M. Nolen, qui a résumé les résultats obtenus (*Rev. ph.* VII, VIII, IX, les Maîtres de Kant), le livre de M. Bridel sur la Philosophie de la religion de Kant, la Critique philosophique (Index).

NOTE 17 : *Christianisme* et *Evangile*, p. 149, l. 16; p. 154, l. 19; p. 232, 233, 235, 236, 237, 266, 284; *Sainteté* et *Béatitude*, p. 216, 222, 225, 234, etc.

Kant soutient que le précepte moral chrétien l'emporte au point de vue de la pureté sur le concept moral des stoïciens, que le christianisme, quand même on ne le considérerait pas comme une doctrine religieuse, fournit un concept du souverain bien qui seul satisfait aux exigences les plus rigoureuses de la raison pratique. La loi morale conduit à la religion; c'est seulement quand cette dernière s'ajoute à la loi morale qu'entre en nous l'espérance de participer un jour au bonheur dans la mesure où nous avons essayé de n'en être pas indignes. Aussi les devoirs envers Dieu sont-ils placés au-dessus de tous les autres et Kirchmann a pu dire de la Critique de la raison pratique qu'elle n'est pas seulement une morale, mais encore une philosophie de la religion, que Kant n'a eu qu'à compléter dans son ouvrage de 1793 (Avant-propos, p. XII).

Comment expliquer la part prépondérante faite ainsi au christianisme? Kant reconnaissait lui-même l'action durable et décisive que les maîtres de son enfance et de sa jeunesse avaient exercée sur lui. Son premier maître, Schulz, pour lequel ses parents avaient une vénération profonde, avait été le disciple de Spener, le fondeur du piétisme et avait fait tout ses efforts pour propager cette dernière doctrine. Il demandait la régénération spirituelle à la lutte de la conscience contre l'égoïsme et les passions, et à l'austérité du caractère. Il avait gagné à ses doctrines la famille de Kant, qui se souvenait plus tard avec bonheur du temps heureux où rien d'injuste ou d'immoral n'avait offensé ses oreilles ou ses yeux. Dirigé par lui, Kant était entré au collège dont Schulz avait fait un séminaire piétiste, avait appris le grec dans le Nouveau Testament, fait de l'Écriture le thème ordinaire de ses études historiques, commenté tous les matins un passage de la Bible, entendu répéter que ses études se faisaient sous le regard d'un Dieu présent partout, travaillé avec zèle pendant deux ans la dogmatique religieuse. Knutzen, avec lequel il étudia toutes les parties de la philosophie et des mathématiques, avait été conquis au piétisme par Schulz et unissait très étroitement le piétisme et la philosophie. De l'un et de l'autre on peut dire ce que B. Erdmann a dit du premier, que la personnalité morale de Kant porte leur empreinte, qu'on retrouve en lui le piétiste qui sacrifie les dogmes aux mœurs et interprète la religion révélée d'après la pureté du cœur, qui rend un culte à la beauté morale et qui a une conscience toujours inquiète de la pureté de ses intentions, tout en combattant le mysticisme et les attraits sensibles, qui fait tous ses efforts pour unir la philosophie et la religion (*Avant-propos*, p. IV, X, XV). Si l'on tient compte en outre de l'influence exercée par Newton (*Nolen*, Rev. ph. VIII), par Voltaire (note 15), par Rousseau (note 16), on comprendra beaucoup mieux les tendances religieuses de la Critique de la raison pratique. Il y a plus : si l'on se rappelle que ses biographes nous le représentent comme revenant avec plaisir, dans les dernières années de sa vie, sur les idées qu'il avait acquises dans sa jeunesse, développant avec force l'argument tiré de l'ordre physique et des causes finales, citant la Bible et se faisant souvent expliquer, syllabe par syllabe, le sens hébreu de son prénom : *Imma = avec; Immanu = avec nous; El = Dieu; Immanuel = Dieu avec nous,* se rappelant alors que sa mère lui parlait de l'ordre et de l'arrangement du ciel, on sera disposé à penser que déjà au temps où il méditait la Critique de la raison pure, les souvenirs du temps de son enfance et de sa jeunesse avaient repris en lui toute leur vivacité et formaient en quelque sorte l'idée maîtresse vers laquelle convergeaient toutes ses méditations et ses recherches. La morale chrétienne, telle que l'entendaient les luthériens et surtout les piétistes, est alors pour lui la morale par excellence, celle à laquelle il tente de rapporter toutes ses spéculations et avec laquelle il veut mettre en accord ses doctrines philosophiques pour les faire servir au développement intellectuel et moral de l'humanité.

Voyez *Bridel*, op. cit.; *Nolen*, les Maîtres de Kant (Rev. ph. VI); *B. Erdmann*, Martin Knutzen und seine Zeit; *Nolen*, La Critique de Kant et la religion (Rev. ph. IX); *Feuerlein*, Kant und Pietismus (Ph. Monatshefte, 1882); *Paul Janet*, Les Maîtres de la Pensée moderne.

Note 18, p. 290, l. 4, *un travail étendu*. — Il faut compléter l'étude de la morale Kantienne, après avoir examiné la Critique de la raison pure (n. 3), les Fondements de la Métaphysique des Mœurs (note 4) et la Critique de la Raison pratique, par la Religion dans les limites de la raison (*Avant-propos*, p. X), enfin par la Métaphysique des Mœurs, qui parut en 1796 et 1797 en deux volumes, que Barni a traduits sous le titre de *Éléments métaphysiques du droit*, *Éléments métaphysiques de la vertu*. Tous nos devoirs sont pour Kant des *devoirs de droit* qui peuvent être l'objet d'une législation extérieure et positive, ou des *devoirs de vertu*, dans lesquels tout dépend de l'intention et du but, qui ne peuvent être commandés par aucune loi extérieure. Les premiers comprennent le droit de l'humanité en notre propre personne et le droit des hommes, les seconds, la fin de l'humanité en notre personne et la fin des hommes.

La doctrine du droit est divisée en deux parties : dans la première, Kant s'occupe du droit privé, du mien et du tien extérieurs en général ; dans la seconde, du droit public. Après avoir, dans un premier chapitre, traité de la manière d'avoir comme sien quelque chose d'extérieur, Kant traite, dans le second, de la manière d'acquérir quelque chose d'extérieur et examine successivement le droit réel, le droit personnel d'espèce réelle, l'acquisition idéale d'un objet extérieur ; dans le troisième, de l'acquisition subjectivement conditionnelle prononcée par la sentence d'une juridiction publique. La seconde partie est consacrée à l'examen du droit politique, du droit des gens, du droit cosmopolitique, et peut être utilement complétée par le *Projet philosophique d'un traité de paix perpétuelle*.

La doctrine de la vertu contient, outre une introduction, deux parties. La première, ou doctrine élémentaire, traite, dans un premier livre, des devoirs envers soi-même en général : ces devoirs sont des devoirs *parfaits* et ont rapport à l'homme considéré comme être animal, comme être moral, comme juge naturel de lui-même ; ou bien ils sont *imparfaits* et ont pour objet le développement et l'accroissement de la perfection naturelle ou de la perfection morale. Dans un second livre, il est question des devoirs envers les autres hommes, considérés simplement comme hommes, devoirs d'amour, bienfaisance, reconnaissance, sympathie, et devoirs de respect, ou considérés au point de vue de leur état. La seconde partie, ou méthéologie, renferme une *didactique* dans laquelle se trouve le fragment d'un Catéchisme moral dont nous avons parlé (note 14), qui pourrait être complétée par le Traité de Pédagogie de Kant (trad. Barni, revue par Thamin), et une *ascétique*.

Dans la Métaphysique des Mœurs, qu'on lit trop peu à notre avis, nous nous bornerons à signaler la définition du droit qui est l'exercice de la liberté individuelle limité par la liberté de tous, la doctrine de Kant sur la propriété littéraire, sur le serment en justice, sur la souveraineté du peuple où l'on retrouve le disciple de Montesquieu, de Voltaire, de Rousseau, sur les fondations de bienfaisance, qui favorisent la paresse et le paupérisme, sur les rapports de l'Église et de l'État, sur la peine de mort, sur le droit de la guerre, sur le gouvernement républicain, le rôle important que Kant accorde au sentiment moral (note 11), les considérations sur le suicide, sur la souillure de soi-même par la volupté, sur le mensonge, sur l'amitié, les questions casuistiques qui suivent un grand nombre de paragraphes, etc.

Tissot, s'appuyant sur la Préface des Fondements de la Métaphysique des mœurs, recommande de commencer l'étude de la morale de Kant par la Critique de la Raison pratique, de continuer par les Fondements de la métaphysique des Mœurs, pour finir par la Métaphysique des mœurs. Nous croyons qu'on aurait une idée beaucoup plus nette et beaucoup plus précise de cette morale si l'on commençait d'abord par lire avec soin ce dernier ouvrage et les petits traités qui le complètent, pour passer ensuite aux Fondements et à la Religion dans les limites de la raison, à la Raison pure et arriver ainsi à la Raison pratique avec une connaissance exacte des solutions pratiques et des principes spéculatifs qu'elle suppose ou auxquels elle s'applique. Une seconde étude, faite en suivant une marche inverse, permettrait ensuite de saisir rapidement le lien qui rattache entre eux ces divers ouvrages.

FIN DES NOTES PHILOSOPHIQUES

TABLE DES MATIÈRES

Avant-propos du traducteur.......................... I à XXXVII
Préface... 1
Introduction. — De l'idée d'une Critique de la raison pratique. 21

PREMIÈRE PARTIE DE LA CRITIQUE DE LA RAISON PRATIQUE

Doctrine élémentaire de la Raison pure pratique

LIVRE PREMIER

L'ANALYTIQUE DE LA RAISON PURE PRATIQUE

Chapitre Ier. — Des principes de la raison pure pratique....... 27
  I. De la déduction des principes de la raison pure pratique. 7.
  II. Du droit qu'a la raison pure, dans l'usage pratique, à une extension qui n'est pas possible pour elle dans l'usage spéculatif.. 85
Chapitre II. — Du concept d'un objet de la raison pure pratique.. 100
Chapitre III. — Des mobiles de la raison pure pratique........ 127
  Examen critique de l'analytique de la raison pure pratique. 161

LIVRE DEUXIÈME

DIALECTIQUE DE LA RAISON PURE PRATIQUE

Chapitre Ier. — D'une dialectique de la raison pure pratique en général... 195
Chapitre II. — De la dialectique de la raison pure dans la détermination du concept du souverain bien................. 201

I. L'antinomie de la raison pratique.................... 207
II. Solution critique de l'antinomie de la raison pratique.... 208
III. De la suprématie de la raison pure pratique dans sa liaison avec la raison pure spéculative..................... 218
IV. L'immortalité de l'âme comme postulat de la raison pure pratique.. 222
V. L'existence de Dieu comme postulat de la raison pure pratique.. 226
VI. Sur les postulats de la raison pure pratique en général.. 240
VII. Comment est-il possible de concevoir une extension de la raison pure, au point de vue pratique, qui ne soit pas accompagnée d'une extension de sa connaissance, comme raison spéculative ?........................... 243
VIII. De l'assentiment venant d'un besoin de la raison pure... 257
IX. Du rapport sagement proportionné des facultés de connaître de l'homme à sa destination pratique............ 265

DEUXIÈME PARTIE DE LA CRITIQUE DE LA RAISON PRATIQUE

MÉTHODOLOGIE DE LA RAISON PURE PRATIQUE..................... 269
CONCLUSION.. 291

NOTES PHILOSOPHIQUES DU TRADUCTEUR............................ 297

FIN

Saint-Denis. — Imp. Léon Moite, 20 bis, rue de Paris

ANCIENNE LIBRAIRIE GERMER BAILLIERE ET Cie
FÉLIX ALCAN, ÉDITEUR

CATALOGUE

DES

LIVRES DE FONDS

(PHILOSOPHIE — HISTOIRE)

TABLE DES MATIÈRES

	Pages.		Pages.
BIBLIOTHÈQUE DE PHILOSOPHIE CONTEMPORAINE.		PUBLICATIONS HISTORIQUES ILLUSTRÉES.	13
Format in-12	2	RECUEIL DES INSTRUCTIONS DIPLOMATIQUES	13
Format in-8	4	INVENTAIRE ANALYTIQUE DES ARCHIVES DU MINISTÈRE DES AFFAIRES ÉTRANGÈRES	14
COLLECTION HISTORIQUE DES GRANDS PHILOSOPHES	7	ANTHROPOLOGIE ET ETHNOLOGIE	14
Philosophie ancienne	7	REVUE PHILOSOPHIQUE	15
Philosophie moderne	7	REVUE HISTORIQUE	15
Philosophie écossaise	8	ANNALES DE L'ÉCOLE LIBRE DES SCIENCES POLITIQUES	16
Philosophie allemande	8	BIBLIOTHÈQUE SCIENTIFIQUE INTERNATIONALE	17
Philosophie allemande contemporaine	9	Par ordre d'apparition	17
Philosophie anglaise contemporaine	9	Par ordre de matières	20
Philosophie italienne contemporaine	10	OUVRAGES DIVERS NE SE TROUVANT PAS DANS LES COLLECTIONS PRÉCÉDENTES	22
BIBLIOTHÈQUE D'HISTOIRE CONTEMPORAINE	11		
BIBLIOTHÈQUE HISTORIQUE ET POLITIQUE	13	BIBLIOTHÈQUE UTILE	31

On peut se procurer tous les ouvrages qui se trouvent dans ce Catalogue par l'intermédiaire des libraires de France et de l'Étranger.

On peut également les recevoir *franco* par la poste, sans augmentation des prix désignés, en joignant à la demande des TIMBRES-POSTE FRANÇAIS ou un MANDAT sur Paris.

PARIS
108, BOULEVARD SAINT-GERMAIN, 108
Au coin de la rue Hautefeuille.

MARS 1888

Les titres précédés d'un *astérisque* sont recommandés par le Ministère de l'Instruction publique pour les Bibliothèques et pour les distributions des prix des lycées et collèges. — Les lettres V. P. indiquent les volumes adoptés pour les distributions de prix et les Bibliothèques de la Ville de Paris.

BIBLIOTHÈQUE DE PHILOSOPHIE CONTEMPORAINE
Volumes in-12 brochés à 2 fr. 50.

Cartonnés toile. 3 francs. — En demi-reliure, plats papier. 4 francs.

Quelques-uns de ces volumes sont épuisés, et il n'en reste que peu d'exemplaires imprimés sur papier vélin; ces volumes sont annoncés au prix de 5 francs.

ALAUX, professeur à la Faculté des lettres d'Alger. **Philosophie de M. Cousin.**
AUBER (Ed.). **Philosophie de la médecine.**
BALLET (G.), professeur agrégé à la Faculté de médecine. **Le Langage intérieur et les diverses formes de l'aphasie**, avec figures dans le texte. 2ᵉ édit.
BARTHÉLEMY SAINT-HILAIRE, de l'Institut. **De la Métaphysique.**
* BEAUSSIRE, de l'Institut. **Antécédents de l'hégélianisme dans la philosophie française.**
* BERSOT (Ernest), de l'Institut. **Libre Philosophie.** (V. P.)
* BERTAULD, de l'Institut. **L'Ordre social et l'Ordre moral.**
— **De la Philosophie sociale.**
BINET (A.). **La Psychologie du raisonnement**, expériences par l'hypnotisme.
BOST. **Le Protestantisme libéral.**
BOUILLIER. **Plaisir et Douleur.** Papier vélin.   5 fr.
* BOUTMY (E.), de l'Institut. **Philosophie de l'architecture en Grèce.** (V. P.)
* CHALLEMEL-LACOUR. **La Philosophie individualiste**, étude sur G. de Humboldt. (V. P.)
COIGNET (Mᵐᵉ C.). **La Morale indépendante.**
COQUEREL Fils (Ath.). **Transformations historiques du christianisme.**
— **La Conscience et la Foi.**
— **Histoire du Credo.**
COSTE (Ad.). **Les Conditions sociales du bonheur et de la force.** (V. P.)
DELBŒUF (J.). **La Matière brute et la matière vivante.** Étude sur l'origine de la vie et de la mort.
* ESPINAS (A.), professeur à la Faculté des lettres de Bordeaux. **La Philosophie expérimentale en Italie.**
FAIVRE (E.), professeur à la Faculté des sciences de Lyon. **De la Variabilité des espèces.**
FÉRÉ (Ch.). **Sensation et mouvement.** Étude de psycho-mécanique, avec figures.
— **Dégénérescence et criminalité**, avec figures.
FONTANÈS. **Le Christianisme moderne.**
FONVIELLE (W. de). **L'Astronomie moderne.**
* FRANCK (Ad.), de l'Institut. **Philosophie du droit pénal.** 2ᵉ édit.
— **Des Rapports de la religion et de l'Etat.** 2ᵉ édit.
— **La Philosophie mystique en France au XVIIIᵉ siècle.**
* GARNIER. **De la Morale dans l'antiquité.** Papier vélin.   5 fr.
GAUCKLER. **Le Beau et son histoire.**
HAECKEL, prof. à l'Université d'Iéna. **Les Preuves du transformisme.** 2ᵉ édit.
— **La Psychologie cellulaire.**
HARTMANN (E. de). **La Religion de l'avenir.** 2ᵉ édit.
— **Le Darwinisme, ce qu'il y a de vrai et de faux dans cette doctrine.** 3ᵉ édit.
* HERBERT SPENCER. **Classification des sciences**, trad. de M. Cazelles. 4ᵉ édit.
— **L'Individu contre l'État**, traduit par M. Gerschel. 2ᵉ édit.

Suite de la *Bibliothèque de philosophie contemporaine*, format in-12,
à 2 fr. 50 le volume.

* JANET (Paul), de l'Institut. Le Matérialisme contemporain. 4ᵉ édit.
— * La Crise philosophique. Taine, Renan, Vacherot, Littré.
— * Philosophie de la Révolution française. 3ᵉ édit. (V. P.)
— * Saint-Simon et le Saint-Simonisme.
— Les Origines du socialisme contemporain.
* LAUGEL (Auguste). L'Optique et les Arts. (V. P.)
— * Les Problèmes de la nature.
— * Les Problèmes de la vie.
— * Les Problèmes de l'âme.
— * La Voix, l'Oreille et la Musique. Papier vélin.   5 fr.
LEBLAIS. Matérialisme et Spiritualisme.
* LEMOINE (Albert), maître de conférences à l'École normale. Le Vitalisme et l'Animisme.
— * De la Physionomie et de la Parole.
— * L'Habitude et l'Instinct.
LEOPARDI. Opuscules et Pensées, traduit par M. Aug. Dapples.
LEVALLOIS (Jules). Déisme et Christianisme.
* LÉVÊQUE (Charles), de l'Institut. Le Spiritualisme dans l'art.
— * La Science de l'invisible.
LÉVY (Antoine). Morceaux choisis des philosophes allemands.
* LIARD, directeur de l'Enseignement supérieur. Les Logiciens anglais contemporains. 2ᵉ édit.
— * Des définitions géométriques et des définitions empiriques. 2ᵉ édit.
* LOTZE (H.). Psychologie physiologique, traduit par M. Penjon.
MARIANO. La Philosophie contemporaine en Italie.
* MARION, professeur à la Faculté des lettres de Paris. J. Locke, sa vie, son œuvre.
* MILSAND. L'Esthétique anglaise, étude sur John Ruskin.
MOSSO. La Peur. Étude psycho-physiologique, trad. de l'italien par F. Hément (avec figures).
ODYSSE BAROT. Philosophie de l'histoire.
PAULHAN. Les Phénomènes affectifs et les lois de leur apparition. Essai de psychologie générale.
PI Y MARGALL. Les Nationalités, traduit par M. L. X. de Ricard.
* RÉMUSAT (Charles de), de l'Académie française. Philosophie religieuse.
RÉVILLE (A.), professeur au Collège de France. Histoire du dogme de la divinité de Jésus-Christ.
RIBOT (Th.), direct. de la *Revue philos*. La Philosophie de Schopenhauer. 2ᵉ édit.
— * Les Maladies de la mémoire. 4ᵉ édit.
— Les Maladies de la volonté. 4ᵉ édit.
— Les Maladies de la personnalité. 2ᵉ édit.
— Le Mécanisme de l'attention. (*Sous presse.*)
RICHET (Ch.), professeur à la Faculté de médecine. Essai de psychologie générale (avec figures).
ROISEL. De la Substance.
SAIGEY. La Physique moderne. 2ᵉ tirage. (V. P.)
* SAISSET (Emile), de l'Institut. L'Âme et la Vie.
— * Critique et Histoire de la philosophie (fragm. et disc.).
SCHMIDT (O.). Les Sciences naturelles et la Philosophie de l'inconscience.
SCHOEBEL. Philosophie de la raison pure.

Suite de la *Bibliothèque de philosophie contemporaine*, format in-12,
à 2 fr. 50 le volume.

* SCHOPENHAUER. Le Libre arbitre, traduit par M. Salomon Reinach. 3ᵉ édit.
— * Le Fondement de la morale, traduit par M. A. Burdeau. 2ᵉ édit.
— Pensées et Fragments, avec intr. par M. J. Bourdeau. 7ᵉ édit.
SELDEN (Camille). La Musique en Allemagne, étude sur Mendelssohn. (V. P.)
SICILIANI (P.). La Psychogénie moderne.
STRICKER. Le Langage et la Musique, traduit par M. Schwiedland.
* STUART MILL. Auguste Comte et la Philosophie positive, traduit par M. Clémenceau. 2ᵉ édit. (V. P.)
— L'Utilitarisme, traduit par M. Le Monnier.
TAINE (H.), de l'Académie française. L'Idéalisme anglais, étude sur Carlyle.
— * Philosophie de l'art dans les Pays-Bas. 2ᵉ édit. (V. P.)
— * Philosophie de l'art en Grèce. 2ᵉ édit. (V. P.)
— * De l'Idéal dans l'art. Papier vélin. 5 fr.
— * Philosophie de l'art en Italie. Papier vélin. 5 fr.
— * Philosophie de l'art. Papier vélin. 5 fr.
TARDE. La Criminalité comparée.
TISSANDIER. Des Sciences occultes et du Spiritisme. Pap. vélin. 5 fr.
* VACHEROT (Et.), de l'Institut. La Science et la Conscience.
VÉRA (A.), professeur à l'Université de Naples. Philosophie hégélienne.
VIANNA DE LIMA. L'Homme selon le transformisme.
ZELLER. Christian Baur et l'École de Tubingue, traduit par M. Ritter.

BIBLIOTHÈQUE DE PHILOSOPHIE CONTEMPORAINE
Volumes in-8.

Brochés à 5 r., 7 fr. 50 et 10 fr. — Cart. anglais, 1 fr. en plus par volume.
Demi-reliure.................... 2 francs.

AGASSIZ. De l'Espèce et des Classifications. 1 vol. 5 fr.
BAIN (Alex.) *. La Logique inductive et déductive. Traduit de l'anglais par M. G. Compayré. 2 vol. 2ᵉ édit. 20 fr.
— * Les Sens et l'Intelligence. 1 vol. Traduit par M. Cazelles. 10 fr.
— * L'Esprit et le Corps. 1 vol. 4ᵉ édit. 6 fr.
— La Science de l'Éducation. 1 vol. 6ᵉ édit. 6 fr.
— Les Émotions et la Volonté. Trad. par M. Le Monnier. 1 vol. 10 fr.
* BARDOUX, sénateur. Les Légis( ), leur influence sur la société française. 1 vol. 5 fr.
* BARNI (Jules). La Morale dans la démocratie. 1 vol. 2ᵉ édit. précédée d'une préface de M. D. Nolen, recteur de l'académie de Douai. (V. P.) 5 fr.
BEAUSSIRE (Émile), de l'Institut. Les Principes de la morale. 1 vol. 5 fr.
— Les Principes du droit. 1 vol. in-8. 5 fr.
BERTRAND (A.), professeur à la Faculté des lettres de Lyon. L'Aperception du corps humain par la conscience. 1 vol. 5 fr.
BÜCHNER. Nature et Science. 1 vol. 2ᵉ édit. Traduit par M. Lauth. 7 fr. 50
CARRAU (Ludovic), directeur des conférences de philosophie à la Sorbonne. La Philosophie religieuse en Angleterre, depuis Locke jusqu'à nos jours. 1 vol. 5 fr.
CLAY (R.). L'Alternative, contribution à la psychologie. 1 vol. Traduit de l'anglais par M. A. Burdeau, député, ancien prof. au lycée Louis-le-Grand. 10 fr.
EGGER (V.), professeur à la Faculté des lettres de Nancy. La Parole intérieure. 1 vol. 5 fr.

Suite de la *Bibliothèque de philosophie contemporaine*, format in-8.

ESPINAS (Alf.), professeur à la Faculté des lettres de Bordeaux. **Des Sociétés animales.** 1 vol. 2ᵉ édit. 7 fr. 50

FERRI (Louis), correspondant de l'Institut. **La Psychologie de l'association, depuis Hobbes jusqu'à nos jours.** 1 vol. 7 fr. 50

* FLINT, professeur à l'Université d'Edimbourg. **La Philosophie de l'histoire en France.** Traduit de l'anglais par M. Ludovic Carrau, directeur des conférences de philosophie à la Sorbonne. 1 vol. 7 fr. 50

— * **La Philosophie de l'histoire en Allemagne.** Trad. de l'angl. par M. Ludovic Carrau. 1 vol. 7 fr. 50

FONSEGRIVES. **Essai sur le libre arbitre. Sa théorie, son histoire.** 1 vol. 10 fr.

* FOUILLÉE (Alf.), ancien maître de conférences à l'École normale supérieure. **La Liberté et le Déterminisme.** 1 vol. 2ᵉ édit. 7 fr. 50

— **Critique des systèmes de morale contemporains.** 1 vol. 2ᵉ édit. 7 fr. 50

FRANCK (A.), de l'Institut. **Philosophie du droit civil.** 1 vol. 5 fr.

GAROFALO, agrégé de l'Université de Naples. **La Criminologie.** 1 vol. 7 fr. 50

* GUYAU. **La Morale anglaise contemporaine.** 1 vol. 2ᵉ édit. 7 fr. 50

— **Les Problèmes de l'esthétique contemporaine.** 1 vol. 5 fr.

— **Esquisse d'une morale sans obligation ni sanction.** 1 vol. 5 fr.

— **L'Irréligion de l'avenir,** étude de sociologie. 1 vol. 2ᵉ édit. 7 fr. 50

HERBERT SPENCER *. **Les Premiers Principes.** Traduit par M. Cazelles. 1 fort volume. 10 fr.

— **Principes de biologie.** Traduit par M. Cazelles. 2 vol. 20 fr.

— * **Principes de psychologie.** Trad. par MM. Ribot et Espinas. 2 vol. 20 fr.

— * **Principes de sociologie** :
Tome I. Traduit par M. Cazelles. 1 vol. 10 fr.
Tome II. Traduit par MM. Cazelles et Gerschel. 1 vol. 7 fr. 50
Tome III. Traduit par M. Cazelles. 1 vol. 15 fr.
Tome IV. Traduit par M. Cazelles. 1 vol. 3 fr. 75

— * **Essais sur le progrès.** Traduit par M. A. Burdeau. 1 vol. 2ᵉ éd. 7 fr. 50

— **Essais de politique.** Traduit par M. A. Burdeau. 1 vol. 2ᵉ édit. 7 fr. 50

— **Essais scientifiques.** Traduit par M. A. Burdeau. 1 vol. 7 fr. 50

* **De l'Education physique, intellectuelle et morale.** 1 vol. 5ᵉ édit. 5 fr.

— * **Introduction à la science sociale.** 1 vol. 6ᵉ édit. 6 fr.

— **Les Bases de la morale évolutionniste.** 1 vol. 3ᵉ édit. 6 fr.

— * **Classification des sciences.** 1 vol. in-18. 2ᵉ édit. 2 fr. 50

— **L'Individu contre l'État.** Traduit par M. Gerschel. 1 vol. in-18. 2ᵉ édit. 2 fr. 50

— **Descriptive Sociology,** or Groups of sociological facts. French compiled by James COLLIER. 1 vol. in-folio. 50 fr.

* HUXLEY, de la Société royale de Londres. **Hume, sa vie, sa philosophie.** Traduit de l'anglais et précédé d'une Introduction par G. COMPAYRÉ. 1 vol. 5 fr.

* JANET (Paul), de l'Institut. **Les Causes finales.** 1 vol. 2ᵉ édit. 10 fr.

— * **Histoire de la science politique dans ses rapports avec la morale.** 2 forts vol. in-8. 3ᵉ édit., revue, remaniée et considérablement augmentée. 20 fr.

* LAUGEL (Auguste). **Les Problèmes** (Problèmes de la nature, problèmes de la vie, problèmes de l'âme). 1 vol. 7 fr. 50

* LAVELEYE (de), correspondant de l'Institut. **De la Propriété et de ses formes primitives.** 1 vol. 4ᵉ édit. (*Sous presse.*)

* LIARD, directeur de l'enseignement supérieur. **La Science positive et la Métaphysique.** 1 vol. 2ᵉ édit. 7 fr. 50

— **Descartes.** 1 vol. 5 fr.

LOMBROSO. **L'Homme criminel** (criminel-né, fou-moral, épileptique). Étude anthropologique et médico-légale, précédée d'une préface de M. le docteur LETOURNEAU. 1 vol. in-8. 10 fr.

— **Atlas de 32 planches,** contenant de nombreux portraits, fac-similés d'écritures et de dessins, tableaux et courbes statistiques pour accompagner ledit ouvrage. 8 fr.

Suite de la *Bibliothèque de philosophie contemporaine*, format in-8.

MARION (H.), professeur à la Faculté des lettres de Paris, **De la Solidarité morale.** Essai de psychologie appliquée. 1 vol. 2ᵉ édit. (Y. P.) — 5 fr.
MATTHEW ARNOLD. **La Crise religieuse.** 1 vol. — 7 fr. 50
MAUDSLEY. **La Pathologie de l'esprit.** 1 vol. Trad. par M. Germont. 10 fr.
* NAVILLE (E.), correspond. de l'Institut. **La Logique de l'hypothèse.** 1 vol. 5 fr.
PÉREZ (Bernard). **Les trois premières années de l'enfant.** 1 fort vol. 3ᵉ édit. 5 fr.
— **L'Enfant de trois à sept ans.** 1 vol. 5 fr.
— **L'Éducation morale dès le berceau.** 1 vol. 2ᵉ édit. 5 fr.
— **L'Art et la Peinture chez l'enfant.** (*Sous presse.*)
PIDERIT. **La Mimique et la Physiognomonie.** Trad. de l'allemand par M. Girot. 1 vol. avec 95 figures dans le texte. 5 fr.
PREYER, professeur à la Faculté d'Iéna. **Éléments de physiologie.** Traduit de l'allemand par M. J. Soury. 1 vol. 5 fr.
— **L'Ame de l'enfant.** Observations sur le développement psychique des premières années. 1 vol., traduit de l'allemand par M. H. C. de Varigny. 10 fr.
* QUATREFAGES (De), de l'Institut. **Ch. Darwin et ses précurseurs français.** 1 vol. 5 fr.
RIBOT (Th.), directeur de la *Revue philosophique*. **L'Hérédité psychologique.** 1 vol. 3ᵉ édit. 7 fr. 50
— * **La Psychologie anglaise contemporaine.** 1 vol. 3ᵉ édit. 7 fr. 50
— * **La Psychologie allemande contemporaine.** 1 vol. 2ᵉ édit. 7 fr. 50
RICHET (Ch.), professeur à la Faculté de médecine de Paris. **L'Homme et l'Intelligence.** Fragments de psychologie et de physiologie. 1 vol. 2ᵉ édit. 10 fr.
ROBERTY (E. de). **L'Ancienne et la Nouvelle philosophie.** 1 vol. 7 fr. 50
SAIGEY (Emile). **Les Sciences au XVIIIᵉ siècle.** La physique de Voltaire. 1 vol. 5 fr.
SCHOPENHAUER. **Aphorismes sur la sagesse dans la vie.** 3ᵉ édit. Traduit par M. Cantacuzène. 1 vol. 5 fr.
— **De la quadruple racine du principe de la raison suffisante**, suivi d'une *Histoire de la doctrine de l'idéal et du réel*. Trad. par M. Cantacuzène. 1 vol. 5 fr.
— **Le monde comme volonté et représentation.** Traduit de l'allemand par M. A. Burdeau. 3 vol. Tome I. 1 vol. 7 fr. 50
Les tomes II et III paraîtront dans le courant de l'année 1888.
SÉAILLES, maître de conférences à la Faculté des lettres de Paris. **Essai sur le génie dans l'art.** 1 vol. 5 fr.
SERGI, professeur à l'Université de Rome. **La Psychologie physiologique**, traduite de l'italien par M. Mouton. 1 vol. avec figures. 1888. 10 fr.
* STUART MILL. **La Philosophie de Hamilton.** 1 vol. 10 fr.
— * **Mes Mémoires.** Histoire de ma vie et de mes idées. Traduit de l'anglais par M. E. Cazelles. 1 vol. 5 fr.
— * **Système de logique déductive et inductive.** Trad. de l'anglais par M. Louis Peisse. 2 vol. 20 fr.
— * **Essais sur la religion.** 2ᵉ édit. 1 vol. 5 fr.
SULLY (James). **Le Pessimisme.** Trad. par MM. Bertrand et Gérard. 1 vol. 7 fr. 50
VACHEROT (Et.), de l'Institut. **Essais de philosophie critique.** 1 vol. 7 fr. 50
— **La Religion.** 1 vol. 7 fr. 50
WUNDT. **Éléments de psychologie physiologique.** 2 vol. avec figures, trad. de l'allem. par le Dʳ Élie Rouvier, et précédés d'une préface de M. D. Nolen. 20 fr.

ÉDITIONS ÉTRANGÈRES

Éditions anglaises.

AUGUSTE LAUGEL. The United States during the war. In-8. 7 shill. 6 p.
ALBERT RÉVILLE. History of the doctrine of the deity of Jesus-Christ. 3 sh. 6 p.
H. TAINE. Italy (Naples et Rome). 7 sh. 6 p.
H. TAINE. The Philosophy of Art. 3 sh.

Éditions allemandes.

PAUL JANET. The Materialism of present day. 1 vol. in-18, rel. 3 shill.
JULES BARNI. Napoléon Iᵉʳ. In-18. 3 m.
PAUL JANET. Der Materialismus unsere Zeit. 1 vol. in-18. 3 m.
H. TAINE. Philosophie der Kunst. 1 volume in-18. 3 m.

COLLECTION HISTORIQUE DES GRANDS PHILOSOPHES

PHILOSOPHIE ANCIENNE

ARISTOTE (Œuvres d'), traduction de M. Barthélemy Saint-Hilaire.
— Psychologie (Opuscules), avec notes. 1 vol. in-8 .... 10 fr.
— Rhétorique, avec notes, 1870, 2 vol. in-8 .... 16 fr.
— Politique, 1868, 1 v. in-8. 10 fr.
— Traité du ciel, 1866, 1 fort vol. grand in-8 .... 10 fr.
— La Métaphysique d'Aristote, 3 vol. in-8, 1879 .... 30 fr.
— Traité de la production et de la destruction des choses, avec notes, 1866, 1 v. gr. in-8. .. 10 fr.
— De la Logique d'Aristote, par M. Barthélemy Saint-Hilaire, 2 vol. in-8 .... 10 fr.
* SOCRATE, La Philosophie de Socrate, par M. Alf. Fouillée. 2 vol. in-8 .... 16 fr.
* PLATON. La Philosophie de Platon, par M. Alfred Fouillée. 2 vol. in-8 .... 16 fr.
* — Études sur la Dialectique dans Platon et dans Hegel, par M. Paul Janet. 1 vol. in-8. 6 fr.
— Platon et Aristote, par Van der Rest. 1 vol. in-8. ...... 10 fr.
* ÉPICURE. La Morale d'Épicure et ses rapports avec les doctrines contemporaines, par M. Guyau. 1 vol. in-8. 3ᵉ édit. ... 7 fr. 50
* ÉCOLE D'ALEXANDRIE. Histoire de l'École d'Alexandrie, par M. Barthélemy Saint-Hilaire. 1 v. in-8 .... 6 fr.
MARC-AURÈLE. Pensées de Marc-Aurèle, traduites et annotées par M. Barthélemy Saint-Hilaire, 1 vol. in-18 .... 4 fr. 50
BÉNARD. La Philosophie ancienne, histoire de ses systèmes, Première partie : La Philosophie et la Sagesse orientales. — La Philosophie grecque avant Socrate. — Socrate et les socratiques. — Études sur les sophistes grecs. 1 vol. in-8, 1885. .... 9 fr.
BROCHARD (V.), Les Sceptiques grecs (couronné par l'Académie des sciences morales et politiques). 1 vol. in-8. 1887 .... 8 fr.
* FABRE (Joseph), Histoire de la philosophie, antiquité et moyen âge. 1 vol. in-18. .... 3 fr. 50
OGEREAU. Essai sur le système philosophique des stoïciens. 1 vol. in-8. 1885 .... 5 fr.
FAVRE (Mᵐᵉ Jules), née Velten. La Morale des stoïciens. 1 volume in-18. 1887 .... 3 fr. 50
— La Morale de Socrate. 1 vol. in-18. 1888 .... 3 fr. 50
TANNERY (Paul). Pour l'histoire de la science hellène (de Thalès à Empédocle). 1 v. in-8. 1887. 7 fr. 50

PHILOSOPHIE MODERNE

* LEIBNIZ. Œuvres philosophiques, avec introduction et notes par M. Paul Janet. 2 vol. in-8. 16 fr.
— Leibniz et Pierre le Grand, par Foucher de Careil. 1 v. in-8. 2 fr.
— Leibniz et les deux Sophie, par Foucher de Careil. In-8. 2 fr.
DESCARTES, par Louis Liard. 1 vol. in-8 .... 5 fr.
— Essai sur l'Esthétique de Descartes, par Krantz. 1 v. in-8. 6 fr.
* SPINOZA. Dieu, l'homme et la béatitude, trad. et précédé d'une Introd. de P. Janet. In-18. 2 fr. 50
— Benedicti de Spinoza opera quotquot reperta sunt, recognoverunt J. Van Vloten et J.-P.-N. Land. 2 forts vol. in-8 sur papier de Hollande. .... 45 fr.
* LOCKE. Sa vie et ses œuvres, par M. Marion. 1 vol. in-18. 2 fr. 50
* MALEBRANCHE. La Philosophie de Malebranche, par M. Ollé-Laprune. 2 vol. in-8 ..... 16 fr.
PASCAL. Études sur le scepticisme de Pascal, par M. Droz. 1 vol. in-8 .... 6 fr.
* VOLTAIRE. Les Sciences au XVIIIᵉ siècle. Voltaire physicien, par M. Em. Saigey. 1 vol. in-8. 5 fr.
FRANCK (Ad.). La Philosophie mystique en France au XVIIIᵉ siècle. 1 vol. in-18. .. 2 fr. 50
* DAMIRON. Mémoires pour servir à l'histoire de la philosophie au XVIIIᵉ siècle. 3 vol. in-8. 15 fr.

PHILOSOPHIE ECOSSAISE

* DUGALD STEWART, Éléments de la philosophie de l'esprit humain, traduits de l'anglais par L. PEISSE, 3 vol. in-12... 9 fr.
* HAMILTON, La Philosophie de Hamilton, par J. STUART MILL, 1 vol. in-8.............. 10 fr.
* HUME. Sa vie et sa philosophie, par Th. HUXLEY, trad. de l'angl., par M. G. COMPAYRÉ, 1 vol. in-8. 5 fr.

PHILOSOPHIE ALLEMANDE

KANT. Critique de la raison pure, trad. par M. TISSOT. 2 v. in-8, 16 fr.
— Même ouvrage, traduction par M. Jules BARNI, 2 vol. in-8.. 16 fr.
* — Éclaircissements sur la Critique de la raison pure, trad. par M. J. TISSOT, 1 vol. in-8... 6 fr.
— Principes métaphysiques de la morale, augmentés des *Fondements de la métaphysique des mœurs*, traduct. par M. TISSOT. 1 v. in-8. 8 fr.
— Même ouvrage, traduction par M. Jules BARNI. 1 vol. in-8... 8 fr.
* — La Logique, traduction par M. TISSOT. 1 vol. in-8..... 4 fr.
* — Mélanges de logique, traduction par M. TISSOT, 1 v. in-8. 6 fr.
* — Prolégomènes à toute métaphysique future qui se présentera comme science, traduction de M. TISSOT. 1 vol. in-8... 6 fr.
* — Anthropologie, suivie de divers fragments relatifs aux rapports du physique et du moral de l'homme, et du commerce des esprits d'un monde à l'autre, traduction par M. TISSOT. 1 vol. in-8..... 6 fr.
— Traité de pédagogie, trad. J. BARNI; préface par M. Raymond THAMIN. 1 vol. in-12. 2 fr.
— Critique de la raison pratique, trad. et notes de M. PICAVET. 1 vol. in-8.............. 5 fr.
* FICHTE. Méthode pour arriver à la vie bienheureuse, trad. par M. Fr. BOUILLIER. 1 vol. in-8. 8 fr.
— Destination du savant et de l'homme de lettres, traduit par M. NICOLAS. 1 vol. in-8..... 3 fr.
* — Doctrine de la science. 1 vol. in-8............... 9 fr.
SCHELLING. Bruno, ou du principe divin. 1 vol. in-8....... 3 fr. 50

SCHELLING, Écrits philosophiques et morceaux propres à donner une idée de son système, traduit par M. Ch. BÉNARD, 1 vol. in-8. 9 fr.
HEGEL. * Logique. 2e édit. 2 vol. in-8............... 14 fr.
* — Philosophie de la nature. 3 vol. in-8............ 25 fr.
* — Philosophie de l'esprit. 2 vol. in-8............ 18 fr.
* — Philosophie de la religion. 2 vol. in-8............ 20 fr.
— Essais de philosophie hégélienne, par A. VÉRA. 1 vol. 2 fr. 50
— La Poétique, trad. par M. Ch. BÉNARD. Extraits de Schiller, Goethe, Jean Paul, etc., et sur divers sujets relatifs à la poésie. 2 v. in-8, 12 fr.
— Esthétique. 2 vol. in-8, traduit par M. BÉNARD....... 16 fr.
— Antécédents de l'hégélianisme dans la philosophie française, par M. BEAUSSIRE. 1 vol. in-18... 2 fr. 50
* La Dialectique dans Hegel et dans Platon, par M. Paul JANET. 1 vol. in-8............ 6 fr.
— Introduction à la philosophie de Hegel, par VÉRA. 1 vol. in-8. 2e édit............... 6 fr. 50
HUMBOLDT (G. de). Essai sur les limites de l'action de l'État. 1 vol. in-18............ 3 fr. 50
— * La Philosophie individualiste, étude sur G. de HUMBOLDT, par M. CHALLEMEL-LACOUR. 1 v. in-18. 2 fr. 50
* STAHL. Le Vitalisme et l'Animisme de Stahl, par M. Albert LEMOINE. 1 vol. in-18..... 2 fr. 50
LESSING. Le Christianisme moderne. Étude sur Lessing, par M. FONTANÈS. 1 vol. in-18. 2 fr. 50

PHILOSOPHIE ALLEMANDE CONTEMPORAINE

L. BUCHNER, Nature et Science. 1 vol. in-8; 2ᵉ édit...... 7 fr. 50

— * Le Matérialisme contemporain, par M. P. JANET. 4ᵉ édit. 1 vol. in-18........ 2 fr. 50

CHRISTIAN BAUR et l'École de Tubingue, par M. Ed. ZELLER. 1 vol. in-18.......... 2 fr. 50

HARTMANN (E. de). La Religion de l'avenir. 1 vol. in-18. 2 fr. 50

— Le Darwinisme, ce qu'il y a de vrai et de faux dans cette doctrine. 1 vol. in-18; 3ᵉ édition... 2 fr. 50

HAECKEL, Les Preuves du transformisme. 1 vol. in-18. 2 fr. 50

— Essais de psychologie cellulaire. 1 vol. in-18... 2 fr. 50

O. SCHMIDT, Les Sciences naturelles et la Philosophie de l'inconscient. 1 v. in-18. 2 fr. 50

LOTZE (H.), Principes généraux de psychologie physiologique. 1 vol. in-18.......... 2 fr. 50

PIDERIT, La Mimique et la Physiognomonie. 1 v. in-8. 5 fr.

PREYER. Éléments de physiologie. 1 vol. in-8........ 5 fr.

— L'Âme de l'enfant. Observations sur le développement psychique des premières années. 1 vol. in-8. 10 fr.

SCHOEBEL, Philosophie de la raison pure. 1 vol. in-18. 2 fr. 50

SCHOPENHAUER. Essai sur le libre arbitre. 1 vol. in-18, 3ᵉ éd. 2 fr. 50

— Le Fondement de la morale. 1 vol. in-18.......... 2 fr. 50

— Essais et fragments, traduit et précédé d'une Vie de Schopenhauer, par M. BOURDEAU. 1 vol. in-18. 6ᵉ édit......... 2 fr. 50

— Aphorismes sur la sagesse dans la vie. 1 vol. in-8, 3ᵉ éd. 5 fr.

— De la quadruple racine du principe de la raison suffisante. 1 vol. in-8......... 5 fr.

— Le Monde comme volonté et représentation. Tome premier. 1 vol. in-8.......... 7 fr. 50

— Schopenhauer et les origines de sa métaphysique, par M. L. DUGROS. 1 vol. in-8..... 3 fr. 50

— La Philosophie de Schopenhauer, par M. Th. RIBOT. 1 vol. in-18. 2ᵉ édit........ 2 fr. 50

RIBOT (Th.). La Psychologie allemande contemporaine. 1 vol. in-8, 2ᵉ édit........ 7 fr. 50

STRICKER. Le Langage et la Musique. 1 vol. in-18....... 2 fr. 50

WUNDT. Psychologie physiologique. 2 vol. in-8 avec fig. 20 fr.

PHILOSOPHIE ANGLAISE CONTEMPORAINE

STUART MILL *. La Philosophie de Hamilton. 1 fort vol. in-8. 10 fr.

— * Mes Mémoires. Histoire de ma vie et de mes idées. 1 v. in-8. 5 fr.

— * Système de logique déductive et inductive. 2 v. in-8. 20 fr.

— * Auguste Comte et la philosophie positive. 1 vol. in-18. 2 fr. 50

— L'Utilitarisme. 1 v. in-18. 2 fr. 50

— Essais sur la Religion. 1 vol. in-8. 2ᵉ édit......... 5 fr.

— La République de 1848 et ses détracteurs. 1 v. in-18. 1 fr.

— La Philosophie de Stuart Mill, par H. LAURET. 1 v. in-8. 6 fr.

HERBERT SPENCER *. Les Premiers Principes. 1 fort volume in-8............. 10 fr.

HERBERT SPENCER *. Principes de biologie. 2 forts vol. in-8. 20 fr.

— * Principes de psychologie. 2 vol. in-8............ 20 fr.

— * Introduction à la science sociale. 1 v. in-8 cart. 6ᵉ édit. 6 fr.

— * Principes de sociologie. 4 vol. in-8............ 36 fr. 25

— * Classification des sciences. 1 vol. in-18, 2ᵉ édition. 2 fr. 50

— * De l'éducation intellectuelle, morale et physique. 1 vol. in-8, 5ᵉ édit......... 5 fr.

— * Essais sur le progrès. 1 vol. in-8, 2ᵉ édit........ 7 fr. 50

— Essais de politique. 1 vol. in-8, 2ᵉ édit...... 7 fr. 50

— Essais scientifiques. 1 vol. in-8............. 7 fr. 50

HERBERT SPENCER *, Les Bases de la morale évolutionniste, 1 vol. in-8, 3e édit... 6 fr.
— L'Individu contre l'État. 1 vol. in-18. 2e édit... 2 fr. 50
BAIN *, Des sens et de l'intelligence, 1 vol. in-8... 10 fr.
— Les Émotions et la Volonté, 1 vol. in-8... 10 fr.
— * La Logique inductive et déductive. 2 vol. in-8, 2e édit. 20 fr.
— * L'Esprit et le Corps. 1 vol. in-8, cartonné, 4e édit... 6 fr.
— * La Science de l'éducation, 1 vol. in-8, cartonné, 6e édit, 6 fr.
DARWIN *. Ch. Darwin et ses précurseurs français, par M. de QUATREFAGES, 1 vol. in-8... 5 fr.
— *. Descendance et Darwinisme, par Oscar SCHMIDT. 1 vol. in-8 cart. 5e édit... 6 fr.
— Le Darwinisme, par E. DE HARTMANN. 1 vol. in-18... 2 fr. 50
FERRIER. Les Fonctions du Cerveau. 1 vol. in-8... 10 fr.
CHARLTON BASTIAN. Le cerveau, organe de la pensée chez l'homme et les animaux. 2 vol. in-8. 12 fr.
CARLYLE. L'Idéalisme anglais, étude sur Carlyle, par H. TAINE. 1 vol. in-18... 2 fr. 50
BAGEHOT *. Lois scientifiques du développement des nations. 1 vol. in-8, cart, 4e édit... 6 fr.

DRAPER. Les Conflits de la science et de la religion. 1 volume in-8, 7e édit... 6 fr.
RUSKIN (JOHN) *. L'Esthétique anglaise, étude sur J. Ruskin, par MILSAND. 1 vol. in-18... 2 fr. 50
MATTHEW ARNOLD. La Crise religieuse. 1 vol. in-8... 7 fr. 50
MAUDSLEY *, Le Crime et la Folie, 1 vol. in-8. cart. 5e édit... 6 fr.
— La Pathologie de l'esprit. 1 vol in-8... 10 fr.
FLINT *. La Philosophie de l'histoire en France et en Allemagne. 2 vol in-8, Chacun, séparément... 7 fr. 50
RIBOT (Th.). La Psychologie anglaise contemporaine, 3e édit, 1 vol. in-8... 7 fr. 50
LIARD *. Les Logiciens anglais contemporains. 1 vol. in-18, 2e édit... 2 fr. 50
GUYAU *. La Morale anglaise contemporaine. 1 v. in-8. 2e éd. 7 fr. 50
HUXLEY *. Hume, sa vie, sa philosophie. 1 vol. in-8... 5 fr.
JAMES SULLY. Le Pessimisme. 1 vol. in-8... 7 fr. 50
— Les Illusions des sens et de l'esprit. 1 vol. in-8, cart... 6 fr.
CARRAU (L.), La Philosophie religieuse en Angleterre, depuis Locke jusqu'à nos jours. 1 volume in-8... 5 fr.

PHILOSOPHIE ITALIENNE CONTEMPORAINE

SICILIANI. La Psychogénie moderne. 1 vol. in-18... 2 fr. 50
ESPINAS *. La Philosophie expérimentale en Italie, origines, état actuel. 1 vol. in-18. 2 fr. 50
MARIANO. La Philosophie contemporaine en Italie, essais de philos. hégélienne. 1 v. in-18. 2 fr. 50
FERRI (Louis). Essai sur l'histoire de la philosophie en Italie au XIXe siècle. 2 vol. in-8. 12 fr.
— La Philosophie de l'association depuis Hobbes jusqu'à nos jours. In-8... 7 fr. 50

MINGHETTI. L'État et l'Église. 1 vol. in-8... 5 fr.
LEOPARDI. Opuscules et pensées. 1 vol. in-18... 2 fr. 50
MOSSO. La Peur. 1 vol. in-18. 2 fr. 50
LOMBROSO. L'Homme criminel. 1 vol. in-8... 10 fr.
MANTEGAZZA. La Physionomie et l'Expression des sentiments. 1 vol. in-8 cart... 6 fr.
SERGI. La Psychologie physiologique. 1 vol. in-8... 7 fr. 50
GAROFALO. La Criminologie. 1 volume in-8... 7 fr. 50

BIBLIOTHÈQUE D'HISTOIRE CONTEMPORAINE

Volumes in-18 brochés à 3 fr. 50. — Volumes in-8 brochés à 5 et 7 francs.

Cartonnage anglais, 50 cent. par vol. in-18; 1 fr. par vol. in-8.

Demi-reliure, 1 fr. 50 par vol. in-18; 2 fr. par vol. in-8.

EUROPE

* SYBEL (H. de). Histoire de l'Europe pendant la Révolution française, traduit de l'allemand par Mlle DOSQUET. Ouvrage complet en 6 vol. in-8. 42 fr.
Chaque volume séparément. 7 fr.

FRANCE

BLANC (Louis). Histoire de Dix ans. 5 vol. in-8. (V. P.) 25 fr.
Chaque volume séparément. 5 fr.
— 25 pl. en taille-douce. Illustrations pour l'*Histoire de Dix ans*. 6 fr.
* BOERT. La Guerre de 1870-1871, d'après le colonel fédéral suisse Rustow. 1 vol. in-18. (V. P.) 3 fr. 50
CARLYLE. Histoire de la Révolution française. Traduit de l'anglais, 3 vol. in-18.
Chaque volume. 3 fr. 50
* CARNOT (H.), sénateur. La Révolution française, résumé historique. 1 volume in-18. Nouvelle édit. (V. P.) 3 fr. 50
ÉLIAS REGNAULT. Histoire de Huit ans (1840-1848). 3 vol. in-8. 15 fr.
Chaque volume séparément. 5 fr.
— 14 planches en taille-douce, illustrations pour l'*Histoire de Huit ans*. 4 fr.
* GAFFAREL (P.), professeur à la Faculté des lettres de Dijon. Les Colonies françaises. 1 vol. in-8. 3e édit. (V. P.) 5 fr.
* LAUGEL (A.). La France politique et sociale. 1 vol. in-8. 5 fr.
ROCHAU (de). Histoire de la Restauration. 1 vol. in-18. 3 fr. 50
* TAXILE DELORD. Histoire du second Empire (1848-1870). 6 vol. in-8. 42 fr.
Chaque volume séparément. 7 fr.
WAHL, professeur au lycée Lakanal. L'Algérie. 1 vol. in-8. (V. P.) 5 fr.
LANESSAN (de), député. L'Expansion coloniale de la France. Étude économique, politique et géographique sur les établissements français d'outre-mer. 1 fort vol. in-8, avec cartes. 1886. 12 fr.
— La Tunisie. 1 vol. in-8 avec une carte en couleurs (1887). 5 fr.
— L'Indo-Chine française. 1 vol. in-8 avec cartes. (*Sous presse.*)

ANGLETERRE

* BAGEHOT (W.). La Constitution anglaise. Traduit de l'anglais. 1 volume in-18. (V. P.) 3 fr. 50
— * Lombard-street. Le Marché financier en Angleterre. 1 vol. in-18. 3 fr. 50
GLADSTONE (E. W.). Questions constitutionnelles (1873-1878). — Le prince-époux. — Le droit électoral. Traduit de l'anglais; et précédé d'une Introduction par Albert GIGOT. 1 vol. in-8. 5 fr.
* LAUGEL (Aug.). Lord Palmerston et lord Russel. 1 vol. in-18. 3 fr. 50
* SIR CORNEWAL LEWIS. Histoire gouvernementale de l'Angleterre depuis 1770 jusqu'à 1830. Traduit de l'anglais. 1 vol. in-8. 7 fr.
* REYNALD (H.), doyen de la Faculté des lettres d'Aix. Histoire de l'Angleterre depuis la reine Anne jusqu'à nos jours. 1 vol. in-18. 2e édit. (V. P.) 3 fr. 50
* THACKERAY. Les Quatre George. Traduit de l'anglais par LEFOYER. 1 vol. in-18. (V. P.) 3 fr. 50

ALLEMAGNE

* BOURLOTON (Ed.). L'Allemagne contemporaine. 1 vol. in-18. 3 fr. 50
* VÉRON (Eug.). Histoire de la Prusse, depuis la mort de Frédéric II jusqu'à la bataille de Sadowa. 1 vol. in-18. 4e édit. (V. P.) 3 fr. 50
— * Histoire de l'Allemagne, depuis la bataille de Sadowa jusqu'à nos jours. 1 vol. in-18. 2e édit. (V. P.) 3 fr. 50

AUTRICHE-HONGRIE

* ASSELINE (L.). Histoire de l'Autriche, depuis la mort de Marie-Thérèse jusqu'à nos jours. 1 vol. in-18. 3e édit. (V. P.) 3 fr. 50
SAYOUS (Ed.), professeur à la Faculté des lettres de Toulouse. Histoire des Hongrois et de leur littérature politique, de 1790 à 1815. 1 vol. in-18. 3 fr. 50

ITALIE

SORIN (Élie). Histoire de l'Italie, depuis 1815 jusqu'à la mort de Victor-Emmanuel. 1 vol. in-18. 3 fr. 50

ESPAGNE

* REYNALD (H.). Histoire de l'Espagne depuis la mort de Charles III jusqu'à nos jours. 1 vol. in-18. (V. P.) 3 fr. 50

RUSSIE

HERBERT BARRY. La Russie contemporaine. Traduit de l'anglais. 1 vol. in-18. (V. P.) 3 fr. 50
CRÉHANGE (M.). Histoire contemporaine de la Russie. 1 vol. in-18. (V. P.) 3 fr. 50

SUISSE

* DAENDLIKER. Histoire du peuple suisse. Trad. de l'allem. par Mme Jules FAVRE et précédé d'une Introduction de M. Jules FAVRE. 1 vol. in-8. (V. P.) 5 fr.
DIXON (H.). La Suisse contemporaine. 1 vol. in-18, trad. de l'angl. (V. P.) 3 fr. 50

AMÉRIQUE

DEBERLE (Alf.). Histoire de l'Amérique du Sud, depuis sa conquête jusqu'à nos jours. 1 vol. in-18. 2e édit. (V. P.) 3 fr. 50
* LAUGEL (Aug.). Les États-Unis pendant la guerre. 1861-1864. Souvenirs personnels. 1 vol. in-18. 3 fr. 50

---

* BARNI (Jules). Histoire des idées morales et politiques en France au dix-huitième siècle. 2 vol. in-18. (V. P.) Chaque volume. 3 fr. 50
— * Les Moralistes français au dix-huitième siècle. 1 vol. in-18 faisant suite aux deux précédents. (V. P.) 3 fr. 50
BEAUSSIRE (Émile), de l'Institut. La Guerre étrangère et la Guerre civile. 1 vol. in-18. 3 fr. 50
* DESPOIS (Eug.). Le Vandalisme révolutionnaire. Fondations littéraires, scientifiques et artistiques de la Convention. 2e édition, précédée d'une notice sur l'auteur par M. Charles BIGOT. 1 vol. in-18. (V. P.) 3 fr. 50
* CLAMAGERAN (J.), sénateur. La France républicaine. 1 vol. in-18. (V. P.) 3 fr. 50
LAVELEYE (E. de), correspondant de l'Institut. Le Socialisme contemporain. 1 vol. in-18. 3e édit. 3 fr. 50
MARCELLIN PELLET, ancien député. Variétés révolutionnaires. 2 vol. in-18, précédés d'une Préface de A. RANC. Chaque volume séparément. 3 fr. 50
SPULLER (E.), député, ancien ministre de l'Instruction publique. Figures disparues, portraits contemporains, littéraires et politiques. 1 vol. in-18. 2e édit. 3 fr. 50

BIBLIOTHÈQUE HISTORIQUE ET POLITIQUE

* ALBANY DE FONBLANQUE. L'Angleterre, son gouvernement, ses institutions. Traduit de l'anglais sur la 14ᵉ édition par M. F. C. DREYFUS, avec Introduction par M. H. BRISSON. 1 vol. in-8, 5 fr.
BENLOEW. Les Lois de l'Histoire. 1 vol. in-8. 5 fr.
* DESCHANEL (E.). Le Peuple et la Bourgeoisie. 1 vol. in-8. 5 fr.
DU CASSE. Les Rois frères de Napoléon Iᵉʳ. 1 vol. in-8. 10 fr.
MINGHETTI. L'État et l'Église. 1 vol. in-8. 5 fr.
LOUIS BLANC. Discours politiques (1848-1881). 1 vol. in-8. 7 fr. 50
PHILIPPSON. La Contre-révolution religieuse au XVIᵉ siècle. 1 vol. in-8. 10 fr.
HENRARD (P.). Henri IV et la princesse de Condé. 1 vol. in-8. 6 fr.
NOVICOW. La Politique internationale, précédé d'une Préface de M. Eugène VÉRON. 1 fort vol. in-8. 7 fr.
DREYFUS (F. C.). La France, son gouvernement, ses institutions. 1 vol. (Sous presse.)

PUBLICATIONS HISTORIQUES ILLUSTRÉES

HISTOIRE ILLUSTRÉE DU SECOND EMPIRE, par Taxile DELORD. 6 vol. in-8 colombier avec 500 gravures de FÉRAT, Fr. REGAMEY, etc.
Chaque vol. broché, 8 fr. — Cart. doré, tr. dorées. 11 fr. 50

HISTOIRE POPULAIRE DE LA FRANCE, depuis les origines jusqu'en 1815. — Nouvelle édition. — 4 vol. in-8 colombier avec 1323 gravures sur bois dans le texte.
Chaque vol., avec gravures, broché, 7 fr. 50 — Cart. doré, tranches dorées. 11 fr.

RECUEIL DES INSTRUCTIONS

DONNÉES

AUX AMBASSADEURS ET MINISTRES DE FRANCE

DEPUIS LES TRAITÉS DE WESTPHALIE JUSQU'A LA RÉVOLUTION FRANÇAISE

Publié sous les auspices de la Commission des archives diplomatiques au Ministère des affaires étrangères.

Beaux volumes in-8 cavalier, imprimés sur papier de Hollande :

I. — **AUTRICHE**, avec Introduction et notes, par M. Albert SOREL. 20 fr.
II. — **SUÈDE**, avec Introduction et notes, par M. A. GEFFROY, membre de l'Institut. 20 fr.
III. — **PORTUGAL**, avec Introduction et notes, par le vicomte DE CAIX DE SAINT-AYMOUR. 20 fr.

La publication se continuera par les volumes suivants.

POLOGNE, par M. Louis Farges.
ROME, par M. Hanotaux.
ANGLETERRE, par M. Jusserand.
PRUSSE, par M. E. Lavisse.
RUSSIE, par M. A. Rambaud.
TURQUIE, par M. Girard de Rialle.
HOLLANDE, par M. H. Maze.
ESPAGNE, par M. Morel Fatio.

DANEMARK, par M. Geffroy.
SAVOIE ET MANTOUE, par M. Armingaud.
BAVIÈRE ET PALATINAT, par M. Lebon.
NAPLES ET PARME, par M. Joseph Reinach.
DIÈTE GERMANIQUE, par M. Chuquet.
VENISE, par M. Jean Kaulek.

INVENTAIRE ANALYTIQUE

DES

ARCHIVES DU MINISTÈRE DES AFFAIRES ÉTRANGÈRES

Publié sous les auspices de la Commission des archives diplomatiques

I. — **Correspondance politique de MM. de CASTILLON et de MARILLAC**, ambassadeurs de France en Angleterre (1538, 1540), par M. JEAN KAULEK, avec la collaboration de MM. Louis Farges et Germain Lefèvre-Pontalis. 1 beau volume in-8 raisin sur papier fort.. 15 francs.

II. — **Papiers de BARTHÉLEMY**, ambassadeur de France en Suisse, de 1792 à 1797. Année 1792, par M. Jean KAULEK, 1 beau vol. in-8 raisin sur papier fort.. 15 fr.

III. — **Papiers de BARTHÉLEMY** (janvier-août 1793), par M. Jean KAULEK. 1 beau vol. in-8 raisin sur papier fort................ 15 fr.

IV. — **Angleterre**, 1546-1549. AMBASSADE DE M. DE SELVE, par M. G. Lefèvre-Pontalis. 1 beau vol, in-8 raisin sur papier fort.... 15 fr

Sous presse : **Papiers de BARTHÉLEMY**, Fin de l'année 1793, par M. J. Kaulek.

ANTHROPOLOGIE ET ETHNOLOGIE

EVANS (John). **Les Ages de la pierre.** 1 vol. grand in-8, avec 467 figures dans le texte. 15 fr. — En demi-reliure.   18 fr.

EVANS (John). **L'Age du bronze.** 1 vol. grand in-8, avec 540 figures dans le texte, broché, 15 fr. — En demi-reliure.   18 fr.

GIRARD DE RIALLE. **Les Peuples de l'Afrique et de l'Amérique.** 1 vol. petit in-18.   60 cent.

GIRARD DE RIALLE. **Les Peuples de l'Asie et de l'Europe.** 1 vol. petit in-18.   60 c.

HARTMANN (R.). **Les Peuples de l'Afrique.** 1 vol. in-8, avec fig.   6 fr.

HARTMANN (R.). **Les Singes anthropoïdes.** 1 vol. in-8 avec fig.   6 fr.

JOLY (N.). **L'Homme avant les métaux.** 1 vol. in-8 avec 150 figures dans le texte et un frontispice. 4e édit.   6 fr.

LUBBOCK (Sir John). **Les Origines de la civilisation.** État primitif de l'homme et mœurs des sauvages modernes. 1877. 1 vol. gr. in-8, avec figures et planches hors texte. Trad. de l'anglais par M. Ed. BARBIER. 2e édit. 1877. 15 fr. — Relié en demi-maroquin, avec tr. dorées. 18 fr.

LUBBOCK (Sir John). **L'Homme préhistorique.** 3e édit., avec figures dans le texte. 2 vol. in-8.   12 fr.

PIÉTREMENT. **Les Chevaux dans les temps préhistoriques et historiques.** 1 fort vol. gr. in-8.   15 fr.

DE QUATREFAGES. **L'Espèce humaine.** 1 vol. in-8. 6e édit.   6 fr.

WHITNEY. **La Vie du langage.** 1 vol. in-8. 3e édit.   6 fr.

CARETTE (le colonel). **Études sur les temps antéhistoriques.** Première étude : *Le langage.* 1 vol. in-8. 1878.   8 fr.

REVUE PHILOSOPHIQUE
DE LA FRANCE ET DE L'ÉTRANGER
Dirigée par TH. RIBOT
Professeur au Collège de France.
(13ᵉ année, 1888.)

La REVUE PHILOSOPHIQUE paraît tous les mois, par livraisons de 6 ou 7 feuilles grand in-8, et forme ainsi à la fin de chaque année deux forts volumes d'environ 680 pages chacun.

CHAQUE NUMÉRO DE LA *REVUE* CONTIENT :

1° Plusieurs articles de fond; 2° des analyses et comptes rendus des nouveaux ouvrages philosophiques français et étrangers; 3° un compte rendu aussi complet que possible des *publications périodiques* de l'étranger pour tout ce qui concerne la philosophie; 4° des notes, documents, observations, pouvant servir de matériaux ou donner lieu à des vues nouvelles.

Prix d'abonnement :

Un an, pour Paris, 30 fr. — Pour les départements et l'étranger, 33 fr.
La livraison...................... 3 fr.

Les années écoulées se vendent séparément 30 francs, et par livraisons de 3 francs.

REVUE HISTORIQUE
Dirigée par G. MONOD
Maître de conférences à l'École normale, directeur à l'École des hautes études.
(13ᵉ année, 1888.)

La REVUE HISTORIQUE paraît tous les deux mois, par livraisons grand in-8 de 15 ou 16 feuilles, de manière à former à la fin de l'année trois beaux volumes de 500 pages chacun.

CHAQUE LIVRAISON CONTIENT :

I. Plusieurs *articles de fond*, comprenant chacun, s'il est possible, un travail complet. — II. Des *Mélanges et Variétés*, composés de documents inédits d'une étendue restreinte et de courtes notices sur des points d'histoire curieux ou mal connus. — III. Un *Bulletin historique* de la France et de l'étranger, fournissant des renseignements aussi complets que possible sur tout ce qui touche aux études historiques. — IV. Une *analyse des publications périodiques* de la France et de l'étranger, au point de vue des études historiques. — V. Des *Comptes rendus critiques* des livres d'histoire nouveaux.

Prix d'abonnement :

Un an, pour Paris, 30 fr. — Pour les départements et l'étranger, 33 fr.
La livraison...................... 6 fr.

Les années écoulées se vendent séparément 30 francs, et par fascicules de 6 francs. Les fascicules de la 1ʳᵉ année se vendent 9 francs.

Tables générales des matières contenues dans les cinq premières années de la Revue historique.

   I. — Années 1876 à 1880, par M. CHARLES BÉMONT.
   II. — Années 1881 à 1885, par M. RENÉ COUDERC.

Chaque Table formant un vol. in-8, 3 francs; 1 fr. 50 pour les abonnés.

ANNALES DE L'ÉCOLE LIBRE
DES
SCIENCES POLITIQUES
RECUEIL TRIMESTRIEL

Publié avec la collaboration des professeurs et des anciens élèves de l'école

TROISIÈME ANNÉE, 1886

COMITÉ DE RÉDACTION :

M. Émile BOUTMY, de l'Institut, directeur de l'École ; M. Léon SAY, de l'Académie française, ancien ministre des Finances ; M. ALF. DE FOVILLE, chef du bureau de statistique au ministère des Finances, professeur au Conservatoire des arts et métiers ; M. R. STOURM, ancien inspecteur des Finances et administrateur des Contributions indirectes ; M. Alexandre RIBOT, député ; M. Gabriel ALIX ; M. L. RENAULT, professeur à la Faculté des lettres de Paris ; M. André LEBON ; M. Albert SOREL ; M. PIGEONNEAU, professeur à la Sorbonne ; M. A. VANDAL, auditeur de 1re classe au Conseil d'État ; Directeurs des groupes de travail, professeurs à l'École.

Secrétaire de la rédaction : M. Aug. ARNAUNÉ, docteur en droit.

La première livraison des **Annales de l'École libre des sciences politiques** a paru le 15 janvier 1886.

Les sujets traités embrassent tout le champ couvert par le programme d'enseignement de l'École : *Économie politique, finances, statistique, histoire constitutionnelle, droit international, public et privé, droit administratif, législations civile et commerciale privées, histoire législative et parlementaire, histoire diplomatique, géographie économique, ethnographie, etc.*

La direction du Recueil ne néglige aucune des questions qui présentent, tant en France qu'à l'étranger, un intérêt pratique et actuel. L'esprit et la méthode en sont strictement scientifiques.

Les *Annales* contiennent en outre des notices bibliographiques et des correspondances de l'étranger.

Cette publication présente donc un intérêt considérable pour toutes les personnes qui s'adonnent à l'étude des sciences politiques. Sa place est marquée dans toutes les Bibliothèques des Facultés, des Universités et des grands corps délibérants.

MODE DE PUBLICATION ET CONDITIONS D'ABONNEMENT

Les *Annales de l'École libre des sciences politiques* paraissent tous les trois mois (15 janvier, 15 avril, 15 juillet et 15 octobre), par fascicules gr. in-8, de 160 pages chacun.

Les conditions d'abonnement sont les suivantes :

Un an (du 15 janvier)	Paris	16 francs.
	Départements et étranger	17 —
	La livraison	5 —

Les années précédentes se vendent chacune 16 francs ou, par livraisons de 5 francs.

BIBLIOTHÈQUE SCIENTIFIQUE INTERNATIONALE

Publiée sous la direction de M. Émile ALGLAVE

La *Bibliothèque scientifique internationale* est une œuvre dirigée par les auteurs mêmes, en vue des intérêts de la science, pour la populariser sous toutes ses formes, et faire connaître immédiatement dans le monde entier les idées originales, les directions nouvelles, les découvertes importantes qui se font chaque jour dans tous les pays. Chaque savant expose les idées qu'il a introduites dans la science, et condense pour ainsi dire ses doctrines les plus originales.

On peut ainsi, sans quitter la France, assister et participer au mouvement des esprits en Angleterre, en Allemagne, en Amérique, en Italie, tout aussi bien que les savants mêmes de chacun de ces pays.

La *Bibliothèque scientifique internationale* ne comprend pas seulement des ouvrages consacrés aux sciences physiques et naturelles, elle aborde aussi les sciences morales, comme la philosophie, l'histoire, la politique et l'économie sociale, la haute législation, etc.; mais les livres traitant des sujets de ce genre se rattachent encore aux sciences naturelles, en leur empruntant les méthodes d'observation et d'expérience qui les ont rendues si fécondes depuis deux siècles.

Cette collection paraît à la fois en français, en anglais, en allemand et en italien : à Paris, chez Félix Alcan ; à Londres, chez C. Kegan, Paul et Cie ; à New-York, chez Appleton ; à Leipzig, chez Brockhaus ; et à Milan, chez Dumolard frères.

LISTE DES OUVRAGES PAR ORDRE D'APPARITION

VOLUMES IN-8, CARTONNÉS A L'ANGLAISE, A 6 FRANCS.

Les mêmes en demi-reliure veau, avec coins, tranche supérieure dorée, non rognés .... 10 francs.

* 1. J. TYNDALL. **Les Glaciers et les Transformations de l'eau**, avec figures. 1 vol. in-8. 5e édition. 6 fr.
* 2. BAGEHOT. **Lois scientifiques du développement des nations** dans leurs rapports avec les principes de la sélection naturelle et de l'hérédité. 1 vol. in-8. 4e édition. 6 fr.
* 3. MAREY. **La Machine animale**, locomotion terrestre et aérienne, avec de nombreuses fig. 1 vol. in-8. 4e édit. augmentée. 6 fr.
  4. BAIN. **L'Esprit et le Corps.** 1 vol. in-8. 4e édition. 6 fr.
* 5. PETTIGREW. **La Locomotion chez les animaux**, marche, natation. 1 vol. in-8, avec figures. 2e édit. 6 fr.
* 6. HERBERT SPENCER. **La Science sociale.** 1 v. in-8. 8e édit. 6 fr.
* 7. SCHMIDT (O.). **La Descendance de l'homme et le Darwinisme.** 1 vol. in-8, avec fig. 5e édition. 6 fr.

8. MAUDSLEY. **Le Crime et la Folie.** 1 vol. in-8, 4ᵉ édit. 6 fr.
* 9. VAN BENEDEN. **Les Commensaux et les Parasites dans le règne animal.** 1 vol. in-8, avec figures. 3ᵉ édit. 6 fr.
* 10. BALFOUR STEWART. **La Conservation de l'énergie,** suivi d'une Étude sur la *nature de la force*, par M. P. de Saint-Robert, avec figures. 1 vol. in-8, 4ᵉ édition. 6 fr.
11. DRAPER. **Les Conflits de la science et de la religion.** 1 vol. in-8, 7ᵉ édition. 6 fr.
12. L. DUMONT. **Théorie scientifique de la sensibilité.** 1 vol. in-8, 3ᵉ édition. 6 fr.
* 13. SCHUTZENBERGER. **Les Fermentations.** 1 vol. in-8, avec fig. 4ᵉ édition. 6 fr.
* 14. WHITNEY. **La Vie du langage.** 1 vol. in-8, 3ᵉ édit. 6 fr.
15. COOKE et BERKELEY. **Les Champignons.** 1 vol. in-8, avec figures. 3ᵉ édition. 6 fr.
16. BERNSTEIN. **Les Sens.** 1 vol. in-8, avec 94 fig. 4ᵉ édit. 6 fr.
* 17. BERTHELOT. **La Synthèse chimique.** 1 vol. in-8, 5ᵉ édit. 6 fr.
* 18. VOGEL. **La Photographie et la Chimie de la lumière,** avec 95 figures. 1 vol. in-8, 4ᵉ édition. 6 fr.
* 19. LUYS. **Le Cerveau et ses fonctions,** avec figures, 1 vol. in-8, 6ᵉ édition. 6 fr.
* 20. STANLEY JEVONS. **La Monnaie et le Mécanisme de l'échange.** 1 vol. in-8, 4ᵉ édition. 6 fr.
21. FUCHS. **Les Volcans et les Tremblements de terre.** 1 vol. in-8, avec figures et une carte en couleur. 4ᵉ édition. 6 fr.
* 22. GÉNÉRAL BRIALMONT. **Les Camps retranchés et leur rôle dans la défense des États,** avec fig. dans le texte et 2 planches hors texte. 3ᵉ édit. 6 fr.
23. DE QUATREFAGES. **L'Espèce humaine.** 1 vol. in-8, 8ᵉ édit. 6 fr.
* 24. BLASERNA et HELMHOLTZ. **Le Son et la Musique.** 1 vol. in-8, avec figures. 4ᵉ édition. 6 fr.
* 25. ROSENTHAL. **Les Nerfs et les Muscles.** 1 vol. in-8, avec 75 figures. 3ᵉ édition. 6 fr.
* 26. BRUCKE et HELMHOLTZ. **Principes scientifiques des beaux-arts.** 1 vol. in-8, avec 39 figures. 2ᵉ édition. 6 fr.
* 27. WURTZ. **La Théorie atomique.** 1 vol. in-8. 4ᵉ édition. 6 fr.
* 28-29. SECCHI (le père). **Les Étoiles.** 2 vol. in-8, avec 63 figures dans le texte et 17 planches en noir et en couleur hors texte. 2ᵉ édit. 12 fr.
30. JOLY. **L'Homme avant les métaux.** 1 vol. in-8, avec figures. 4ᵉ édition. 6 fr.
* 31. A. BAIN. **La Science de l'éducation.** 1 vol. in-8, 6ᵉ édition. 6 fr.
* 32-33. THURSTON (R.). **Histoire de la machine à vapeur,** précédée d'une Introduction par M. Hirsch. 2 vol. in-8, avec 140 figures dans le texte et 16 planches hors texte. 3ᵉ édition. 12 fr.
34. HARTMANN (R.). **Les Peuples de l'Afrique.** 1 vol. in-8, avec figures. 2ᵉ édition. 6 fr.
* 35. HERBERT SPENCER. **Les Bases de la morale évolutionniste.** 1 vol. in-8. 3ᵉ édition. 6 fr.
36. HUXLEY. **L'Écrevisse,** introduction à l'étude de la zoologie. 1 vol. in-8, avec figures. 6 fr.
37. DE ROBERTY. **De la Sociologie.** 1 vol. in-8, 2ᵉ édition. 6 fr.
* 38. ROOD. **Théorie scientifique des couleurs.** 1 vol. in-8, avec figures et une planche en couleur hors texte. 6 fr.

39. DE SAPORTA et MARION. **L'Évolution du règne végétal** (les Cryptogames). 1 vol. in-8 avec figures. 6 fr.
40-41. CHARLTON BASTIAN. **Le Cerveau, organe de la pensée chez l'homme et chez les animaux.** 2 vol. in-8, avec figures. 12 fr.
42. JAMES SULLY. **Les Illusions des sens et de l'esprit.** 1 vol. in-8, avec figures. 6 fr.
43. YOUNG. **Le Soleil.** 1 vol. in-8, avec figures. 6 fr.
44. DE CANDOLLE, **L'Origine des plantes cultivées.** 3ᵉ édition. 1 vol. in-8. 6 fr.
45-46. SIR JOHN LUBBOCK. **Fourmis, abeilles et guêpes.** Études expérimentales sur l'organisation et les mœurs des sociétés d'insectes hyménoptères. 2 vol. in-8, avec 65 figures dans le texte et 13 planches hors texte, dont 5 coloriées. 12 fr.
47. PERRIER (Edm.). **La Philosophie zoologique avant Darwin.** 1 vol. in-8. 2ᵉ édition. 6 fr.
48. STALLO. **La Matière et la Physique moderne.** 1 vol. in-8, précédé d'une Introduction par Friedel. 6 fr.
49. MANTEGAZZA. **La Physionomie et l'Expression des sentiments.** 1 vol. in-8 avec huit planches hors texte. 6 fr.
50. DE MEYER. **Les Organes de la parole et leur emploi pour la formation des sons du langage.** 1 vol. in-8 avec 51 figures, traduit de l'allemand et précédé d'une Introduction par M. O. Claveau. 6 fr.
51. DE LANESSAN. **Introduction à l'Étude de la botanique (le Sapin).** 1 vol. in-8, avec 143 figures dans le texte. 6 fr.
52-53. DE SAPORTA et MARION. **L'évolution du règne végétal** (les Phanérogames). 2 vol. in-8, avec 136 figures. 12 fr.
54. TROUESSART. **Les Microbes, les Ferments et les Moisissures.** 1 vol. in-8, avec 107 figures dans le texte. 6 fr.
55. HARTMANN (R.). **Les Singes anthropoïdes, et leur organisation comparée à celle de l'homme.** 1 vol. in-8, avec 63 figures dans le texte. 6 fr.
56. SCHMIDT (O.). **Les Mammifères dans leurs rapports avec leurs ancêtres géologiques.** 1 vol. in-8 avec 51 figures. 6 fr.
57. BINET et FÉRÉ. **Le Magnétisme animal.** 1 vol. in-8 avec fig. 6 fr.
58-59. ROMANES. **L'Intelligence des animaux.** 2 vol. in-8 avec fig. 12 fr.
60. F. LAGRANGE. **Physiologie des exercices du corps.** 1 vol. in-8. 6 fr.
61. DREYFUS (Camille). **La Théorie de l'évolution.** 1 vol. in-8. 6 fr.
62-63. SIR JOHN LUBBOCK. **L'Homme préhistorique.** 2 vol. in-8, avec figures dans le texte. 3ᵉ édit. 12 fr.
64. DAUBRÉE. **Les Régions invisibles du globe et de l'espace céleste.** 1 vol. in-8, avec figures. 9 fr.

OUVRAGES SUR LE POINT DE PARAITRE :

BERTHELOT. **La Philosophie chimique.** 1 vol.
BEAUNIS. **Les Sensations internes.** 1 vol. avec figures.
MORTILLET (de). **L'Origine de l'homme.** 1 vol. avec figures.
PERRIER (E.) **L'Embryogénie générale.** 1 vol. avec figures.
LACASSAGNE. **Les Criminels.** 1 vol. avec figures.
CARTAILHAC. **La France préhistorique.** 1 vol. avec figures.
DURAND-CLAYE (A.). **L'Hygiène des villes.** 1 vol. avec figures.
POUCHET (G.). **La Vie du sang.** 1 vol. avec figures.
RICHER (Charles). **La Chaleur animale.** 1 vol. avec figures.

LISTE DES OUVRAGES
DE LA
BIBLIOTHÈQUE SCIENTIFIQUE INTERNATIONALE
PAR ORDRE DE MATIÈRES.

Chaque volume in-8, cartonné à l'anglaise......... 6 francs.
En demi-rel. veau avec coins, tranche supérieure dorée, non rogné. 10 fr.

SCIENCES SOCIALES

* Introduction à la science sociale, par HERBERT SPENCER. 1 vol. in-8, 7ᵉ édit. 6 fr.
* Les Bases de la morale évolutionniste, par HERBERT SPENCER. 1 vol. in-8, 3ᵉ édit. 6 fr.
Les Conflits de la science et de la religion, par DRAPER, professeur à l'Université de New-York. 1 vol. in-8, 7ᵉ édit. 6 fr.
Le Crime et la Folie, par H. MAUDSLEY, professeur de médecine légale à l'Université de Londres. 1 vol. in-8, 5ᵉ édit. 6 fr.
* La Défense des États et les camps retranchés, par le général A. BRIALMONT, inspecteur général des fortifications et du corps du génie de Belgique. 1 vol. in-8 avec nombreuses figures dans le texte et 2 pl. hors texte, 3ᵉ édit. 6 fr.
* La Monnaie et le Mécanisme de l'échange, par W. STANLEY JEVONS, professeur d'économie politique à l'Université de Londres. 1 vol. in-8, 4ᵉ édit. (V. P.) 6 fr.
La Sociologie, par DE ROBERTY. 1 vol. in-8, 2ᵉ édit. (V. P.) 6 fr.
* La Science de l'éducation, par Alex. BAIN, professeur à l'Université d'Aberdeen (Écosse). 1 vol. in-8, 6ᵉ édit. (V. P.) 6 fr.
Lois scientifiques du développement des nations dans leurs rapports avec les principes de l'hérédité et de la sélection naturelle, par W. BAGEHOT. 1 vol. in-8, 5ᵉ édit. 6 fr.
* La Vie du langage, par D. WHITNEY, professeur de philologie comparée à Yale-College de Boston (Etats-Unis). 1 vol. in-8, 3ᵉ édit. (V. P.) 6 fr.

PHYSIOLOGIE

Les Illusions des sens et de l'esprit, par James SULLY. 1 vol. in-8. 2ᵉ édit. (V. P.) 6 fr.
* La Locomotion chez les animaux (marche, natation et vol), suivie d'une étude sur l'*Histoire de la navigation aérienne*, par J.-B. PETTIGREW, professeur au Collège royal de chirurgie d'Édimbourg (Écosse). 1 vol. in-8 avec 140 figures dans le texte. 2ᵉ édit. 6 fr.
* Les Nerfs et les Muscles, par J. ROSENTHAL, professeur de physiologie à l'Université d'Erlangen (Bavière). 1 vol. in-8 avec 75 figures dans le texte, 3ᵉ édit. (V. P.) 6 fr.
* La Machine animale, par E.-J. MAREY, membre de l'Institut, professeur au Collège de France. 1 vol. in-8 avec 117 figures dans le texte, 4ᵉ édit. (V. P.) 6 fr.
* Les Sens, par BERNSTEIN, professeur de physiologie à l'Université de Halle (Prusse). 1 vol. in-8 avec 91 figures dans le texte, 4ᵉ édit. (V. P.) 6 fr.
Les Organes de la parole, par H. DE MEYER, professeur à l'Université de Zurich, traduit de l'allemand et précédé d'une introduction sur l'*Enseignement de la parole aux sourds-muets*, par O. CLAVEAU, inspecteur général des établissements de bienfaisance. 1 vol. in-8 avec 51 figures dans le texte. 6 fr.
La Physionomie et l'Expression des sentiments, par P. MANTEGAZZA, professeur au Muséum d'histoire naturelle de Florence. 1 vol. in-8 avec figures et 8 planches hors texte, d'après les dessins originaux d'Edouard Ximenès. 6 fr.
Physiologie des exercices du corps, par le docteur LAGRANGE. 1 vol. in-8. 6 fr.

PHILOSOPHIE SCIENTIFIQUE

* Le Cerveau et ses fonctions, par J. Luys, membre de l'Académie de médecine, médecin de la Salpêtrière. 1 vol. in-8 avec fig. 5ᵉ édit. (V. P.) 6 fr.
Le Cerveau et la Pensée chez l'homme et les animaux, par CHARLTON BASTIAN, professeur à l'Université de Londres. 2 vol. in-8 avec 184 fig. dans le texte. 12 fr.
Le Crime et la Folie, par H. MAUDSLEY, professeur à l'Université de Londres. 1 vol. in-8, 5ᵉ édit. 6 fr.
L'Esprit et le Corps, considérés au point de vue de leurs relations, suivi d'études sur les *Erreurs généralement répandues au sujet de l'esprit*, par Alex. BAIN, professeur à l'Université d'Aberdeen (Écosse). 1 vol. in-8, 4ᵉ édit. (V. P.) 6 fr.
* Théorie scientifique de la sensibilité : *le Plaisir et la Peine*, par Léon DUMONT. 1 vol. in-8, 3ᵉ édit. 6 fr.
La Matière et la Physique moderne, par STALLO, précédé d'une préface par M. Ch. FRIEDEL, de l'Institut. 1 vol. in-8. 6 fr.
Le Magnétisme animal, par A. BINET et Ch. FÉRÉ. 1 vol. in-8, avec figures dans le texte. 2ᵉ édit. 6 fr.
L'Intelligence des animaux, par ROMANES. 2 vol. in-8, précédés d'une préface de M. E. PERRIER, professeur au Muséum d'histoire naturelle. 12 fr.
La Théorie de l'évolution, par C. DREYFUS, député de la Seine. 1 v. in-8. 6 fr.

ANTHROPOLOGIE

* L'Espèce humaine, par A. DE QUATREFAGES, membre de l'Institut, professeur d'anthropologie au Muséum d'histoire naturelle de Paris. 1 vol. in-8, 9ᵉ édit. (V. P.) 6 fr.
* L'Homme avant les métaux, par N. JOLY, correspondant de l'Institut, professeur à la Faculté des sciences de Toulouse. 1 vol. in-8 avec 150 figures dans le texte et un frontispice, 4ᵉ édit. (V. P.) 6 fr.
* Les Peuples de l'Afrique, par R. HARTMANN, professeur à l'Université de Berlin. 1 vol. in-8 avec 93 figures dans le texte, 2ᵉ édit. (V. P.) 6 fr.
Les Singes anthropoïdes, et leur organisation comparée à celle de l'homme, par R. HARTMANN, professeur à l'Université de Berlin. 1 vol. in-8 avec 63 figures gravées sur bois. 6 fr.
L'Homme préhistorique, par SIR JOHN LUBBOCK, membre de la Société royale de Londres. 2 vol. in-8, avec de nombreuses fig. dans le texte. 3ᵉ édit. 12 fr.

ZOOLOGIE

* Descendance et Darwinisme, par O. SCHMIDT, professeur à l'Université de Strasbourg. 1 vol. in-8 avec figures, 5ᵉ édit. 6 fr.
Les Mammifères dans leurs rapports avec leurs ancêtres géologiques, par O. SCHMIDT. 1 vol. in-8 avec 51 figures dans le texte. 6 fr.
Fourmis, Abeilles et Guêpes, par sir JOHN LUBBOCK, membre de la Société royale de Londres. 2 vol. in-8 avec figures dans le texte et 13 planches hors texte, dont 5 coloriées. (V. P.) 12 fr.
L'Écrevisse, introduction à l'étude de la zoologie, par Th.-H. HUXLEY, membre de la Société royale de Londres et de l'Institut de France, professeur d'histoire naturelle à l'École royale des mines de Londres. 1 vol. in-8 avec 82 figures. 6 fr.
* Les Commensaux et les Parasites dans le règne animal, par P.-J. VAN BENEDEN, professeur à l'Université de Louvain (Belgique). 1 vol. in-8 avec 82 figures dans le texte. 3ᵉ édit. (V. P.) 6 fr.
La Philosophie zoologique avant Darwin, par EDMOND PERRIER, professeur au Muséum d'histoire naturelle de Paris. 1 vol. in-8, 2ᵉ édit. (V. P.) 6 fr.

BOTANIQUE — GÉOLOGIE

Les Champignons, par COOKE et BERKELEY. 1 vol. in-8 avec 110 figures. 3ᵉ édition. 6 fr.
L'Évolution du règne végétal, par G. DE SAPORTA, correspondant de l'Institut, et MARION, correspondant de l'Institut, professeur à la Faculté des sciences de Marseille.
    I. *Les Cryptogames*. 1 vol. in-8 avec 85 figures dans le texte. 6 fr.
    II. *Les Phanérogames*. 2 vol. in-8 avec 136 figures dans le texte. 12 fr.
* Les Volcans et les Tremblements de terre, par FUCHS, professeur à l'Université de Heidelberg. 1 vol. in-8 avec 36 figures et une carte en couleur, 5ᵉ édition. (V. P.) 6 fr.

Les Régions invisibles du globe et des espaces célestes, par DAUBRÉE, de l'Institut, professeur au Muséum d'histoire naturelle. 1 vol. in-8, avec 85 figures dans le texte et 2 cartes. 6 fr.

L'Origine des plantes cultivées, par A. DE CANDOLLE, correspondant de l'Institut. 1 vol. in-8, 3ᵉ édit. 6 fr.

Introduction à l'étude de la botanique (le Sapin), par J. DE LANESSAN, professeur agrégé à la Faculté de médecine de Paris. 1 vol. in-8 avec figures dans le texte. (V. P.) 6 fr.

Microbes, Ferments et Moisissures, par le docteur L. TROUESSART. 1 vol. in-8 avec 108 figures dans le texte. (V. P.) 6 fr.

CHIMIE

Les Fermentations, par P. SCHUTZENBERGER, membre de l'Académie de médecine, professeur de chimie au Collège de France. 1 vol. in-8 avec figures, 4ᵉ édit. 6 fr.

* La Synthèse chimique, par M. BERTHELOT, membre de l'Institut, professeur de chimie organique au Collège de France. 1 vol. in-8, 6ᵉ édit. 6 fr.

* La Théorie atomique, par Ad. WURTZ, membre de l'Institut, professeur à la Faculté des sciences et à la Faculté de médecine de Paris. 1 vol. in-8, 4ᵉ édit., précédée d'une introduction sur la *Vie et les travaux* de l'auteur, par M. CH. FRIEDEL, de l'Institut. 6 fr.

ASTRONOMIE — MÉCANIQUE

* Histoire de la Machine à vapeur, de la Locomotive et des Bateaux à vapeur, par R. THURSTON, professeur de mécanique à l'Institut technique de Hoboken, près de New-York, revue, annotée et augmentée d'une Introduction par M. HIRSCH, professeur de machines à vapeur à l'École des ponts et chaussées de Paris. 2 vol. in-8 avec 160 figures dans le texte et 16 planches tirées à part. 3ᵉ édit. (V. P.) 12 fr.

* Les Étoiles, notions d'astronomie sidérale, par le P. A. SECCHI, directeur de l'Observatoire du Collège Romain. 2 vol. in-8 avec 68 figures dans le texte et 16 planches en noir et en couleurs, 2ᵉ édit. (V. P.) 12 fr.

Le Soleil, par C.-A. YOUNG, professeur d'astronomie au Collège de New-Jersey. 1 vol. in-8 avec 87 figures. (V. P.) 6 fr.

PHYSIQUE

La Conservation de l'énergie, par BALFOUR STEWART, professeur de physique au collège Owens de Manchester (Angleterre), suivi d'une étude sur la *Nature de la force*, par P. DE SAINT-ROBERT (de Turin). 1 vol. in-8 avec figures, 4ᵉ édit. 6 fr.

* Les Glaciers et les Transformations de l'eau, par J. TYNDALL, professeur de chimie à l'Institution royale de Londres, suivi d'une étude sur le même sujet, par HELMHOLTZ, professeur à l'Université de Berlin. 1 vol. in-8 avec nombreuses figures dans le texte et 8 planches tirées à part sur papier teinté, 5ᵉ édit. (V. P.) 6 fr.

* La Photographie et la Chimie de la lumière, par VOGEL, professeur à l'Académie polytechnique de Berlin. 1 vol. in-8 avec 95 figures dans le texte et une planche en photoglyptie, 4ᵉ édit. (V. P.) 6 fr.

La Matière et la Physique moderne, par STALLO. 1 vol. in-8. 6 fr.

THÉORIE DES BEAUX-ARTS

* Le Son et la Musique, par P. BLASERNA, professeur à l'Université de Rome, suivi des *Causes physiologiques de l'harmonie musicale*, par H. HELMHOLTZ, professeur à l'Université de Berlin. 1 vol. in-8 avec 41 figures, 3ᵉ édit. (V. P.) 6 fr.

Principes scientifiques des Beaux-Arts, par E. BRUCKE, professeur à l'Université de Vienne, suivi de *l'Optique et les Arts*, par HELMHOLTZ, professeur à l'Université de Berlin. 1 vol. in-8 avec figures, 3ᵉ édit. (V. P.) 6 fr.

* Théorie scientifique des couleurs et leurs applications aux arts et à l'industrie, par O. N. ROOD, professeur de physique à Colombia-College de New-York (Etats-Unis). 1 vol. in-8 avec 130 figures dans le texte et une planche en couleurs. (V. P.) 6 fr.

PUBLICATIONS
HISTORIQUES, PHILOSOPHIQUES ET SCIENTIFIQUES
qui ne se trouvent pas dans les collections précédentes.

ALAUX. La Religion progressive. 1 vol. in-18. 3 fr. 50
ALGLAVE. Des Juridictions civiles chez les Romains. 1 vol. in-8. 2 fr. 50
ALTMEYER (J. J.). Les Précurseurs de la réforme aux Pays-Bas. 2 forts volumes in-8°. 12 fr.
ARRÉAT. Une Éducation intellectuelle. 1 vol. in-18. 2 fr. 50
ARRÉAT. La Morale dans le drame, l'épopée et le roman. 1 vol. in-18. 1883. 2 fr. 50
ARRÉAT. Journal d'un philosophe. 1 vol. in-18. 1887. 3 fr. 50
AUBRY. La Contagion du meurtre. 1 vol. in-8. 1887. 4 fr.
AZAM. Le Caractère dans la santé et dans la maladie. 1 vol. in-8, précédé d'une préface de Th. RIBOT. 1887. 4 fr.
BALFOUR STEWART et TAIT. L'Univers invisible. 1 vol. in-8, traduit de l'anglais. 7 fr.
BARNI. Les Martyrs de la libre pensée. 1 vol. in-18. 2e édit. 3 fr. 50
BARNI. Napoléon Ier. 1 vol. in-18, édition populaire. 1 fr.
BARNI. Voy. p. 4 ; KANT, p. 4 ; p. 12 et 31.
BARTHÉLEMY SAINT-HILAIRE. Voy. pages 2 et 6, ARISTOTE.
BAUTAIN. La Philosophie morale. 2 vol. in-8. 12 fr.
BEAUNIS (H.). Impressions de campagne (1870-1871). 1 volume in-18. 3 fr. 50
BÉNARD (Ch.). De la philosophie dans l'éducation classique. 1862. 1 fort vol. in-8. 6 fr.
BÉNARD. Voy. p. 7 et 8, SCHELLING et HEGEL.
BERTAULD (P.-A.). Introduction à la recherche des causes premières. — De la méthode. 3 vol. in-18. Chaque volume, 3 fr. 50
BLACKWELL (Dr Elisabeth). Conseils aux parents sur l'éducation de leurs enfants au point de vue sexuel. In-18. 2 fr.
BLANQUI. L'Éternité par les astres. In-8. 2 fr.
BLANQUI. Critique sociale, capital et travail. Fragments et notes. 2 vol. in-18. 1885. 7 fr.
BOUCHARDAT. Le Travail, son influence sur la santé (conférences faites aux ouvriers). 1 vol. in-18. 2 fr. 50
BOUILLET (Ad.). Les Bourgeois gentilshommes. — L'Armée de Henri V. 1 vol. in-18. 3 fr. 50
BOUILLET (Ad.). Types nouveaux. 1 vol. in-18. 1 fr. 50
BOUILLET (Ad.). L'Arrière-ban de l'ordre moral. 1 vol. in-18. 3 fr. 50
BOURBON DEL MONTE. L'Homme et les Animaux. 1 vol. in-8. 5 fr.
BOURDEAU (Louis). Théorie des sciences, plan de science intégrale. 2 vol. in-8. 20 fr.
BOURDEAU (Louis). Les Forces de l'industrie, progrès de la puissance humaine. 1 vol. in-8. 5 fr.
BOURDEAU (Louis). La Conquête du monde animal. In-8. 5 fr.
BOURDEAU (Louis). L'Histoire et les Historiens. 2 vol. in-8 (S. presse.)
BOURDET (Eug.). Principes d'éducation positive, précédés d'une préface de M. Ch. ROBIN. 1 vol. in-18. 3 fr. 50
BOURDET. Vocabulaire des principaux termes de la philosophie positive. 1 vol. in-18. 3 fr. 50
BOURLOTON (Edg.) et ROBERT (Edmond). La Commune et ses idées à travers l'histoire. 1 vol. in-18. 3 fr. 50
BOURLOTON. Voy. p. 12.
BROCHARD (V.). De l'Erreur. 1 vol. in-8. 3 fr. 50
BROCHARD. Voy. p. 7.

BUCHNER. **Essai biographique sur Léon Dumont.** 1 vol. in 18 (1884). 2 fr.
Bulletins de la Société de psychologie physiologique, 1re année 1885. 1 broch. in-8, 1 fr. 50. — 2e année 1886, 1 broch. in-8, 1 fr. 50. — 3e année, 1887. 1 fr. 50
BUSQUET. **Représailles**, poésies. 1 vol. in-18. 3 fr.
CAIX DE SAINT-AYMOUR (le vicomte de). **Recueil des instructions données aux ambassadeurs et ministres de France en Portugal**, depuis les traités de Westphalie jusqu'à la Révolution française. 1 fort vol. in-8 sur papier de Hollande. 20 fr.
CADET. **Hygiène, inhumation, crémation.** In-18. 2 fr.
CARRAU (Lud.). **Études historiques et critiques sur les preuves du Phédon de Platon en faveur de l'immortalité de l'âme humaine.** In-8. 2 fr.
CHASSERIAU (Jean). **Du principe autoritaire et du principe rationnel.** 1 vol. in-18. 3 fr. 50
CLAMAGERAN. **L'Algérie, impressions de voyage.** 3e édit. 1 vol. in-18. 1884. 3 fr. 50
CLAMAGERAN. Voy. p. 12.
CLAVEL (Dr), **La Morale positive.** 1 vol. in-8. 3 fr.
CLAVEL (Dr). **Critique et conséquence des principes de 1789.** 1 vol. in-18. 3 fr.
CLAVEL (Dr). **Les Principes au XIXe siècle.** In-18. 1 fr.
CONTA. **Théorie du fatalisme.** 1 vol. in-18. 4 fr.
CONTA. **Introduction à la métaphysique.** 1 vol. in-18. 3 fr.
COQUEREL (Charles). **Lettres d'un marin à sa famille.** 1 vol. in-18. 3 fr. 50
COQUEREL fils (Athanase). **Libres Études** (religion, critique, histoire, beaux-arts). 1 vol. in-8. 5 fr.
CORTAMBERT (Louis). **La Religion du progrès.** In-18. 3 fr. 50
COSTE (Adolphe). **Hygiène sociale contre le paupérisme** (prix de 5000 fr. au concours Pereire). 1 vol. in-8. 6 fr.
COSTE (Adolphe). **Les Questions sociales contemporaines**, comptes rendus du concours Pereire, et études nouvelles sur le *paupérisme, la prévoyance, l'impôt, le crédit, les monopoles, l'enseignement*, avec la collaboration de MM. A. BURDEAU et ARRÉAT pour la partie relative à l'enseignement. 1 fort vol. in-8. 10 fr.
COSTE (Ad.) Voy. p. 2.
DANICOURT (Léon). **La Patrie et la République.** In-18. 2 fr. 50
DANOYER. **De l'esprit moderne.** 1 vol. in-18. 1 fr. 50
DAURIAC. **Psychologie et pédagogie.** 1 br. in-8. 1884. 1 fr.
DAURIAC. **Sens commun et raison pratique.** 1 br. in-8. 1 fr. 50
DAVY. **Les Conventionnels de l'Eure.** 2 forts vol. in-8. 18 fr.
DELBŒUF. **Psychophysique**, mesure des sensations de lumière et de fatigue, théorie générale de la sensibilité. 1 vol. in-18. 3 fr. 50
DELBŒUF. **Examen critique de la loi psychophysique, sa base et sa signification.** 1 vol. in-18. 1883. 3 fr. 50
DELBŒUF. **Le Sommeil et les Rêves**, considérés principalement dans leurs rapports avec les théories de la certitude et de la mémoire. 1 vol. in-18. 3 fr. 50
DELBŒUF. **De l'origine des effets curatifs de l'hypnotisme.** Étude de psychologie expérimentale. 1887. In-8. 1 fr. 50
DELBŒUF. Voy. p. 2.
DESTREM (J.). **Les Déportations du Consulat.** 1 br. in-8. 1 fr. 50
DOLLFUS (Ch.). **De la nature humaine.** 1868. 1 vol. in-8. 5 fr.
DOLLFUS (Ch.). **Lettres philosophiques.** In-18. 3 fr.
DOLLFUS (Ch.). **Considérations sur l'histoire. Le monde antique.** 1 vol. in-8. 7 fr. 50

DOLLFUS (Ch.). **L'Ame dans les phénomènes de conscience** 1 vol. in-18. 3 fr. 50
DUBOST (Antonin). **Des conditions de gouvernement en France.** 1 vol. in-8. 7 fr. 50
DUFAY. **Etudes sur la destinée.** 1 vol. in-18. 1876. 3 fr.
DUMONT (Léon). **Le Sentiment du gracieux.** 1 vol. in-8. 3 fr.
DUMONT (Léon). Voy. p. 18 et 21.
DUNAN. **Essai sur les formes à priori de la sensibilité.** 1 vol. in-8. 1884. 5 fr.
DUNAN. **Les Arguments de Zénon d'Elée contre le mouvement.** 1 br. in-8. 1884. 1 fr. 50
DU POTET. **Manuel de l'étudiant magnétiseur.** Nouvelle édition. 1 vol. in-18. 3 fr. 50
DU POTET. **Traité complet de magnétisme, cours en douze leçons.** 4ᵉ édition. 1 vol. in-8 de 634 pages. 8 fr.
DURAND-DÉSORMEAUX. **Réflexions et Pensées**, précédées d'une Notice sur la vie, le caractère et les écrits de l'auteur, par Ch. YRIARTE. 1 vol. in-8. 1884. 2 fr. 50
DURAND-DÉSORMEAUX. **Études philosophiques**, théorie de l'action, théorie de la connaissance. 2 vol. in-8. 1884. 15 fr.
DUTASTA. **Le Capitaine Vallé, ou l'Armée sous la Restauration.** 1 vol. in-18. 1883. 3 fr. 50
DUVAL-JOUVE. **Traité de logique.** 1 vol. in-8. 6 fr.
DUVERGIER DE HAURANNE (Mᵐᵉ E.). **Histoire populaire de la Révolution française.** 1 vol. in-18. 3ᵉ édit. 3 fr. 50
Éléments de science sociale. Religion physique, sexuelle et naturelle. 1 vol. in-18. 4ᵉ édit. 1885. 3 fr. 50
ÉLIPHAS LÉVI. **Dogme et rituel de la haute magie.** 2ᵉ édit., 2 vol. in-8, avec 24 fig. 18 fr.
ÉLIPHAS LÉVI. **Histoire de la magie.** 1 vol. in-8, avec fig. 12 fr.
ÉLIPHAS LÉVI. **Clef des grands mystères.** 1 vol. in-8. 12 fr.
ÉLIPHAS LÉVI. **La Science des esprits.** 1 vol. in-8. 7 fr.
ESCANDE. **Hoche en Irlande (1795-1798),** d'après les documents inédits. 1 vol. in-18 en caractères elzéviriens (1888). 3 fr. 50
ESPINAS. **Idée générale de la pédagogie.** 1 br. in-8. 1884. 1 fr.
ESPINAS. **Du sommeil provoqué chez les hystériques.** Essai d'explication psychologique de sa cause et de ses effets. 1 brochure in-8. 1 fr.
ESPINAS. Voy. p. 2 et 5.
ÉVELLIN. **Infini et quantité.** Étude sur le concept de l'infini dans la philosophie et dans les sciences. 1 vol. in-8. 2ᵉ édit. (*Sous presse.*)
FABRE (Joseph). **Histoire de la philosophie.** Première partie : Antiquité et moyen âge. 1 vol. in-12. 3 fr. 50
FAU. **Anatomie des formes du corps humain,** à l'usage des peintres et des sculpteurs. 1 atlas de 25 planches avec texte. 2ᵉ édition. Prix, figures noires, 15 fr.; fig. coloriées. 30 fr.
FAUCONNIER. **Protection et libre échange.** In-8. 2 fr.
FAUCONNIER. **La morale et la religion dans l'enseignement.** In-8. 75 c.
FAUCONNIER. **L'Or et l'Argent.** In-8. 2 fr. 50
FEDERICI. **Les Lois du progrès.** 1 vol. in-18. (*Sous presse.*)
FERBUS (N.). **La Science positive du bonheur.** 1 vol. in-18. 3 fr.
FERRIÈRE (Em.). **Les Apôtres,** essai d'histoire religieuse, d'après la méthode des sciences naturelles. 1 vol. in-12. 4 fr. 50
FERRIÈRE (Em.). **L'Ame est la fonction du cerveau.** 2 volumes in-18. 1883. 7 fr.
FERRIÈRE (Em.). **Le Paganisme des Hébreux jusqu'à la captivité de Babylone.** 1 vol. in-18. 1884. 3 fr. 50
FERRIÈRE (Em.). **La Matière et l'Énergie.** 1 vol. in-18. 1887. 4 fr. 50
FERRIÈRE (Em.). Voy. p. 32.

FERRON (de). **Institutions municipales et provinciales** dans les différents États de l'Europe. Comparaison. Réformes. 1 vol. in-8. 1883. 8 fr.
FERRON (de). **Théorie du progrès.** 2 vol. in-18. 7 fr.
FERRON (de). **De la division du pouvoir législatif en deux chambres**, histoire et théorie du Sénat. 1 vol. in-8. 8 fr.
FONCIN. **Essai sur le ministère Turgot.** In-8. 2ᵉ édit. (*Sous presse.*)
FOX (W.-J.). **Des idées religieuses.** In-8. 3 fr.
FRIBOURG (E.). **Le Paupérisme parisien.** 1 vol. in-12. 1 fr. 25
GALTIER-BOISSIÈRE. **Sématotechnie, ou Nouveaux signes phonographiques.** 1 vol. in-8 avec figures. 3 fr. 50
GASTINEAU. **Voltaire en exil.** 1 vol. in-18. 3 fr.
GAYTE (Claude). **Essai sur la croyance.** 1 vol. in-8. 3 fr.
GEFFROY. **Recueil des instructions données aux ministres et ambassadeurs de France en Suède**, depuis les traités de Westphalie jusqu'à la Révolution française. 1 fort vol. in-8 raisin sur papier de Hollande. 20 fr.
GILLIOT (Alph.). **Études sur les religions et institutions comparées.** 2 vol. in-12, tome Iᵉʳ. 3 fr. — Tome II. 5 fr.
GOBLET D'ALVIELLA. **L'Évolution religieuse chez les Anglais, les Américains, les Hindous**, etc. 1 vol. in-8. 1883. 7 fr. 50
GOURD. **Le Phénomène.** Essai de philosophie générale. 1 vol. in-8. (*Sous presse.*)
GRESLAND. **Le Génie de l'homme**, libre philosophie. Gr. in-8. 7 fr.
GUILLAUME (de Moissey). **Traité des sensations.** 2 vol. in-8. 12 fr.
GUILLY. **La Nature et la Morale.** 1 vol. in-18. 2ᵉ édit. 2 fr. 50
GUYAU. **Vers d'un philosophe.** 1 vol. in-18. 3 fr. 50
GUYAU. Voy. p. 5 et 10.
HAYEM (Armand). **L'Être social.** 1 vol. in-18. 2ᵉ édit. 3 fr. 50
HERZEN. **Récits et Nouvelles.** 1 vol. in-18. 3 fr. 50
HERZEN. **De l'autre rive.** 1 vol. in-18. 3 fr. 50
HERZEN. **Lettres de France et d'Italie.** In-18. 3 fr. 50
HUXLEY. **La Physiographie**, introduction à l'étude de la nature, traduit et adapté par M. G. Lamy. 1 vol. in-8 avec figures dans le texte et 2 planches en couleurs, broché, 8 fr. — En demi-reliure, tranches dorées. 11 fr.
HUXLEY. Voy. p. 5 et 32.
ISSAURAT. **Moments perdus de Pierre-Jean.** 1 vol. in-18. 3 fr.
ISSAURAT. **Les Alarmes d'un père de famille.** In-8. 1 fr.
JANET (Paul). **Le Médiateur plastique de Cudworth.** 1 vol. in-8. 1 fr.
JANET (Paul). Voy. p. 3, 5, 7, 8 et 9.
JEANMAIRE. **L'Idée de la personnalité dans la psychologie moderne.** 1 vol. in-8. 1883. 5 fr.
JOIRE. **La Population, richesse nationale; le travail, richesse du peuple.** 1 vol. in-8. 1886. 5 fr.
JOYAU. **De l'Invention dans les arts et dans les sciences.** 1 vol. in-8. 5 fr.
JOZON (Paul). **De l'écriture phonétique.** In-18. 3 fr. 50
KAULEK (Jean). **Correspondance politique de MM. de Castillon et de Marillac**, ambassadeurs de France en Angleterre (1538-1542). 1 fort vol. gr. in-8. 15 fr.
KAULEK (Jean). **Papiers de Barthélemy**, ambassadeur de France en Suisse de 1792 à 1797. — I, année 1792. 1 vol. gr. in-8. 15 fr.
II (janvier-août 1793). 1 vol. in-8. 15 fr.
LABORDE. **Les Hommes et les Actes de l'insurrection de Paris devant la psychologie morbide.** 1 vol. in-18. 2 fr. 50
LACHELIER. **Le Fondement de l'induction.** 1 vol. in-8. 3 fr. 50
LACOMBE. **Mes droits.** 1 vol. in-12. 2 fr. 50
LAFONTAINE. **L'Art de magnétiser ou le Magnétisme vital**, considéré au point de vue théorique, pratique et thérapeutique. 5ᵉ éd., 1886. In-8. 5 fr.

LAGGROND. L'Univers, la force et la vie. 1 vol. in-8. 1884. 2 fr. 50
LA LANDELLE (de). Alphabet phonétique. In-18. 2 fr. 50
LANGLOIS. L'Homme et la Révolution. 2 vol. in-18. 7 fr.
LAURET (Henri). Critique d'une morale sans obligation ni sanction. In-8. 1 fr. 50
LAURET (Henri). Voy. p. 9.
LAUSSEDAT. La Suisse. Études méd. et sociales. In-18 3 fr. 50
LAVELEYE (Em. de). De l'avenir des peuples catholiques. In-8. 21e édit. 25 c.
LAVELEYE (Em. de). Lettres sur l'Italie (1878-1879). 1 volume in-18. 3 fr. 50
LAVELEYE (Em. de). Nouvelles lettres d'Italie. 1 vol. in-8, 1884. 3 fr.
LAVELEYE (Em. de). L'Afrique centrale. 1 vol. in-12. 3 fr.
LAVELEYE (Em. de). La Péninsule des Balkans (Vienne, Croatie, Bosnie, Serbie, Bulgarie, Roumélie, Turquie, Roumanie). 2 vol. in-12. 1886. 10 fr.
LAVELEYE (Em. de). La Propriété collective du sol en différents pays. In-8. 2 fr.
LAVELEYE (Em. de) et HERBERT SPENCER. L'État et l'Individu, ou darwinisme social et christianisme. In-8. 1 fr.
LAVELEYE (Em. de). Voy. p. 5 et 12.
LAVERGNE (Bernard). L'Ultramontanisme et l'État. In-8. 1 fr. 50
LEDRU-ROLLIN. Discours politiques et écrits divers. 2 vol. in-8 cavalier. 12 fr.
LEGOYT. Le Suicide. 1 vol. in-8. 8 fr.
LELORRAIN. De l'aliéné au point de vue de la responsabilité pénale. In-8. 2 fr.
LEMER (Julien). Dossier des Jésuites et des libertés de l'Église gallicane. 1 vol. in-18. 3 fr. 50
LOURDEAU. Le Sénat et la Magistrature dans la démocratie française. 1 vol. in-18. 3 fr. 50
MACY. De la Science et de la Nature. 1 vol. in-8. 6 fr.
MAINDRON (Ernest). L'Académie des sciences (Histoire de l'Académie; fondation de l'Institut national; Bonaparte, membre de l'Institut). 1 beau vol. in-8 cavalier, avec 53 gravures dans le texte, portraits, plans, etc., 8 planches hors texte et 2 autographes, d'après des documents originaux. 12 fr.
MARAIS. Garibaldi et l'Armée des Vosges. In-18. (V. P.) 1 fr. 50
MASSERON (I.). Danger et Nécessité du socialisme. 1 vol. in-18 1883. 3 fr. 50
MAURICE (Fernand). La Politique extérieure de la République française. 1 vol. in-12. 3 fr. 50
MENIÈRE. Cicéron médecin. 1 vol. in-18. 4 fr. 50
MENIÈRE. Les Consultations de Mme de Sévigné, étude médico-littéraire. 1884. 1 vol. in-8. 3 fr.
MESMER. Mémoires et Aphorismes, suivis des procédés de d'Eslon. In-18. 2 fr. 50
MICHAUT (N.). De l'Imagination. 1 vol. in-8. 5 fr.
MILSAND. Les Études classiques et l'enseignement public. 1 vol. in-18. 3 fr. 50
MILSAND. Le Code et la Liberté. In-8. 2 fr.
MORIN (Miron). De la séparation du temporel et du spirituel. In-8. 3 fr. 50
MORIN (Miron). Essais de critique religieuse. 1 fort vol. in-8. 1885. 5 fr.
MORIN. Magnétisme et Sciences occultes. 1 vol. in-8. 6 fr.
MORIN (Frédéric). Politique et Philosophie. 1 vol. in-18. 3 fr. 50
MUNARET. Le Médecin des villes et des campagnes. 4e édition. 1 vol. grand in-18. 4 fr. 50

NIVELET. **Loisirs de la vieillesse ou l'Heure de philosopher.** 1 vol. in-12. 3 fr.

NOEL (E.). **Mémoires d'un imbécile**, précédé d'une préface de M. Littré. 1 vol. in-18, 3ᵉ édition. 3 fr. 50

NOTOVITCH. **La Liberté de la volonté.** 1 vol. in-18, en caractères elzéviriens. 1888. 3 fr. 50

OGER. **Les Bonaparte et les frontières de la France.** In-18. 50 c.

OGER. **La République.** In-8. 50 c.

OLECHNOWICZ. **Histoire de la civilisation de l'humanité**, d'après la méthode brahmanique. 1 vol. in-12. 3 fr. 50

PARIS (le colonel). **Le Feu à Paris et en Amérique.** 1 volume in-18. 3 fr. 50

PARIS (comte de). **Les Associations ouvrières en Angleterre** (Trades-unions). 1 vol. in-18. 7ᵉ édit. 1 fr.
 Édition sur papier fort, 2 fr. 50. — Sur papier de Chine, broché, 12 fr. — Rel. de luxe. 20 fr.

PELLETAN (Eugène). **La Naissance d'une ville** (Royan). 1 vol. in-18, cart. 1 fr. 40

PELLETAN (Eug.). **Jaroussea, le pasteur du désert.** 1 vol. in-18 (couronné par l'Académie française); toile, tr. jaspées. 2 fr. 50

PELLETAN (Eug.). **Élisée, voyage d'un homme à la recherche de lui-même.** 1 vol. in-18. 3 fr. 50

PELLETAN (Eug.). **Un Roi philosophe, Frédéric le Grand.** 1 vol. in-18. 3 fr. 50

PELLETAN (Eug.). **Le monde marche** (la loi du progrès). In-18. 3 fr. 50

PELLETAN (Eug.). **Droits de l'homme.** 1 vol. in-12. 3 fr. 50

PELLETAN (Eug.). **Profession de foi du XIXᵉ siècle.** 1 vol. in-12. 3 fr. 50

PELLETAN (Eug.). **Dieu est-il mort ?** 1 vol. in-12. 3 fr. 50

PELLETAN (Eug.). **La Mère.** 1 vol. in-8, toile, tr. dorées. 4 fr. 25

PELLETAN (Eug.). **Les Rois philosophes.** 1 vol. in-8, toile, tranches dorées. 4 fr. 25

PELLETAN (Eug.). **La Nouvelle Babylone.** 1 vol. in-12. 3 fr. 50

PÉNY (le major). **La France par rapport à l'Allemagne.** Étude de géographie militaire. 1 vol. in-8. 2ᵉ édit. 6 fr.

PEREZ (Bernard). **Thiery Tiedmann. — Mes deux chats.** 1 brochure in-12. 2 fr.

PEREZ (Bernard). **Jacotot et sa méthode d'émancipation intellectuelle.** 1 vol. in-18. 3 fr.

PEREZ (Bernard). — Voyez page 5.

PETROZ (P.). **L'Art et la Critique en France depuis 1822.** 1 vol. in-18. 3 fr. 50

PETROZ. **Un Critique d'art au XIXᵉ siècle.** In-18. 1 fr. 50

PHILBERT (Louis). **Le Rire**, essai littéraire, moral et psychologique. 1 vol. in-8. (Ouvrage couronné par l'Académie française, prix Montyon.) 7 fr. 50

POEY. **Le Positivisme.** 1 fort vol. in-12. 4 fr. 50

POEY. **M. Littré et Auguste Comte.** 1 vol. in-18. 3 fr. 50

POULLET. **La Campagne de l'Est (1870-1871).** 1 vol. in-8 avec 2 cartes, et pièces justificatives. 7 fr.

QUINET (Edgar). **Œuvres complètes.** 30 volumes in-18. Chaque volume.. 3 fr. 50

Chaque ouvrage se vend séparément :
1. Génie des religions. 6ᵉ édition.
2. Les Jésuites. — L'Ultramontanisme. 11ᵉ édition.
3. Le Christianisme et la Révolution française. 6ᵉ édition.
4-5. Les Révolutions d'Italie. 5ᵉ édition. 2 vol.
6. Marnix de Sainte-Aldegonde. — Philosophie de l'Histoire de France. 4ᵉ édition.
7. Les Roumains. — Allemagne et Italie. 3ᵉ édition.
8. Premiers travaux : Introduction à la Philosophie de l'histoire. — Essai sur Herder. — Examen de la Vie de Jésus. — Origine des dieux. — l'Église de Brou. 3ᵉ édition.
9. La Grèce moderne. — Histoire de la poésie. 3ᵉ édition.
10. Mes Vacances en Espagne. 5ᵉ édition.
11. Ahasverus. — Tablettes du Juif errant. 5ᵉ édition.
12. Prométhée. — Les Esclaves. 4ᵉ édition.
13. Napoléon (poème). (*Épuisé.*)
14. L'Enseignement du peuple. — Œuvres politiques avant l'exil. 8 édition.
15. Histoire de mes idées (Autobiographie). 4ᵉ édition.
16-17. Merlin l'Enchanteur. 2ᵉ édition. 2 vol.
18-19-20. La Révolution. 10ᵉ édition. 3 vol.
21. Campagne de 1815. 7ᵉ édition.
22-23. La Création. 3ᵉ édition. 2 vol.
24. Le Livre de l'exilé. — La Révolution religieuse au XIXᵉ siècle. — Œuvres politiques pendant l'exil. 2ᵉ édition.
25. Le Siège de Paris. — Œuvres politiques après l'exil. 2ᵉ édition.
26. La République. Conditions de régénération de la France. 2ᵉ édition.
27. L'Esprit nouveau. 5ᵉ édition.
28. Le Génie grec. 1ʳᵉ édition.
29-30. Correspondance. Lettres à sa mère. 1ʳᵉ édition. 2 vol.

RÉGAMEY (Guillaume). **Anatomie des formes du cheval**, à l'usage des peintres et des sculpteurs. 6 planches en chromolithographie, publiées sous la direction de Félix Régamey, avec texte par le Dʳ Kuhff. 8 fr.

RIBERT (Léonce). **Esprit de la Constitution** du 25 février 1875. 1 vol. in-18. 3 fr. 50

RIBOT (Paul). **Spiritualisme et Matérialisme.** Étude sur les limites de nos connaissances. 2ᵉ édit. 1887. 1 vol. in-8. 6 fr.

ROBERT (Edmond). **Les Domestiques.** 1 vol. in-18. 3 fr. 50

ROSNY (Ch. de). **La Méthode consciencielle.** Essai de philosophie exactiviste. 1 vol. in-8. 1887. 4 fr.

SANDERVAL (O. de). **De l'Absolu.** La loi de vie. 1887. 1 vol. in-8. 5 fr.

SECRÉTAN. **Philosophie de la liberté.** 2 vol. in-8. 10 fr.

SECRÉTAN. **Le Droit de la femme.** In-12. 1 fr. 20

SECRÉTAN. **La Civilisation et la Croyance.** 1 vol. in-8. 1887. 7 fr. 50

SIEGFRIED (Jules). **La Misère, son histoire, ses causes, ses remèdes.** 1 vol. grand in-18. 3ᵉ édition. 1879. 2 fr. 50

SIÉREBOIS. **Psychologie réaliste.** Étude sur les éléments réels de l'âme et de la pensée. 1876. 1 vol. in-18. 2 fr. 50

SOREL (Albert). **Le Traité de Paris du 20 novembre 1815.** 1 vol. in-8. 4 fr. 50

SOREL (Albert). **Recueil des Instructions données aux ambassadeurs et ministres de France en Autriche,** depuis les traités de Westphalie jusqu'à la Révolution française. 1 fort vol. gr. in-8, sur papier de Hollande. 20 fr.

SPIR (A.). **Esquisses de philosophie critique,** précédées d'une préface de M. A. Penjon. 1 vol. in-18. 1887. 2 fr. 50

STUART MILL (J.). **La République de 1848 et ses détracteurs,** traduit de l'anglais, avec préface par M. Sadi Carnot. 1 vol. in-18. 2ᵉ édition. 1 fr.

STUART MILL. Voy. p. 4, 6 et 9.

TÉNOT (Eugène). **Paris et ses fortifications (1870-1880).** 1 vol. in-8. 5 fr.

TÉNOT (Eugène). **La Frontière (1870-1881).** 1 fort vol. grand in-8. 8 fr.

THIERS (Édouard). **La Puissance de l'armée par la réduction du service.** In-8. 1 fr. 50

THULIÉ. **La Folie et la Loi.** 2ᵉ édit. 1 vol. in-8. 3 fr. 50

THULIÉ. **La Manie raisonnante du docteur Campagne.** In-8. 2 fr.

TIBERGHIEN. **Les Commandements de l'humanité.** 1 vol. in-18. 3 fr.

TIBERGHIEN. **Enseignement et philosophie.** 1 vol. in-18. 4 fr.

TIBERGHIEN. **Introduction à la philosophie.** 1 vol. in-18. 6 fr.

TIBERGHIEN. **La Science de l'âme.** 1 vol. in-12. 3ᵉ édit. 6 fr.

TIBERGHIEN. **Éléments de morale universelle.** In-12. 2 fr.

TISSANDIER. **Études de théodicée.** 1 vol. in-8. 4 fr.

TISSOT. **Principes de morale.** 1 vol. in-8. 6 fr.

TISSOT. — Voy. Kant, page 7.

TISSOT (J.). **Essai de philosophie naturelle,** Tome Iᵉʳ. 1 vol. in-8. 12 fr.

VACHEROT. **La Science et la Métaphysique.** 3 vol. in-18. 10 fr. 50

VACHEROT. — Voy. pages 4 et 6.

VALLIER. **De l'intention morale.** 1 vol. in-8. 3 fr. 50

VAN ENDE (U.). **Histoire naturelle de la croyance,** *première partie :* l'Animal. 1887. 1 vol. in-8. 5 fr.

VERNIAL. **Origine de l'homme,** d'après les lois de l'évolution naturelle. 1 vol. in-8. 3 fr.

VILLIAUMÉ. **La Politique moderne.** 1 vol. in-8. 6 fr.

VOITURON (P.). **Le Libéralisme et les Idées religieuses.** 1 volume in-12. 4 fr.

WEILL (Alexandre). **Le Pentateuque selon Moïse et le Pentateuque selon Esra,** avec *vie, doctrine et gouvernement authentique de Moïse.* 1 fort vol. in-8. 7 fr. 50

WEILL (Alexandre). **Vie, doctrine et gouvernement authentique de Moïse,** d'après des textes hébraïques de la Bible jusqu'à ce jour incompris. 1 vol. in-8. 3 fr.

YUNG (Eugène). **Henri IV écrivain.** 1 vol. in-8. 5 fr.

ZIESING (Th.). **Érasme ou Salignac.** Étude sur la lettre de François Rabelais, avec un fac-similé de l'original de la Bibliothèque de Zurich. 1 brochure gr. in-8. 1887. 4 fr.

BIBLIOTHÈQUE UTILE

99 VOLUMES PARUS.

Le volume de 190 pages, broché, 60 centimes.

Cartonné à l'anglaise ou en cartonnage toile dorée, 1 fr.

Le titre de cette collection est justifié par les services qu'elle rend et la part pour laquelle elle contribue à l'instruction populaire.

Elle embrasse l'*histoire*, la *philosophie*, le *droit*, les *sciences*, l'*économie politique* et les *arts*, c'est-à-dire qu'elle traite toutes les questions qu'il est aujourd'hui indispensable de connaître. Son esprit est essentiellement démocratique. La plupart de ses volumes sont adoptés pour les Bibliothèques par le *Ministère de l'instruction publique*, le *Ministère de la guerre*, la *Ville de Paris*, la *Ligue de l'enseignement*, etc.

HISTOIRE DE FRANCE

* **Les Mérovingiens**, par Buchez, anc. présid. de l'Assemblée constituante.

* **Les Carlovingiens**, par Buchez.

Les Luttes religieuses des premiers siècles, par J. Bastide, 4ᵉ édit.

Les Guerres de la Réforme, par J. Bastide, 4ᵉ édit.

La France au moyen âge, par F. Morin.

* **Jeanne d'Arc**, par Fréd. Lock.

Décadence de la monarchie française, par Eug. Pelletan. 4ᵉ édit.

* **La Révolution française**, par Carnot, sénateur (2 volumes).

* **La Défense nationale en 1792**, par P. Gaffarel.

* **Napoléon Iᵉʳ**, par Jules Barni.

* **Histoire de la Restauration**, par Fréd. Lock. 3ᵉ édit.

* **Histoire de la marine française**, par Alfr. Doneaud. 2ᵉ édit.

* **Histoire de Louis-Philippe**, par Edgar Zevort. 2ᵉ édit.

Mœurs et Institutions de la France, par P. Bondois. 2 volumes.

Léon Gambetta, par J. Reinach.

PAYS ÉTRANGERS

* **L'Espagne et le Portugal**, par E. Raymond. 2ᵉ édition.

Histoire de l'empire ottoman, par L. Collas. 2ᵉ édit.

* **Les Révolutions d'Angleterre**, par Eug. Despois. 3ᵉ édit.

Histoire de la maison d'Autriche, par Ch. Rolland. 2 édit.

L'Europe contemporaine (1789-1879), par P. Bondois.

Histoire contemporaine de la Prusse, par Alfr. Doneaud.

Histoire contemporaine de l'Italie, par Félix Henneguy.

Histoire contemporaine de l'Angleterre, par A. Regnard.

HISTOIRE ANCIENNE

La Grèce ancienne, par L. Combes, conseiller municipal de Paris. 2ᵉ éd.

L'Asie occidentale et l'Égypte, par A. Ott. 2ᵉ édit.

L'Inde et la Chine, par A. Ott.

Histoire romaine, par Creighton.

L'Antiquité romaine, par Wilkins (avec gravures).

GÉOGRAPHIE

* **Torrents, fleuves et canaux de la France**, par H. Blerzy.

* **Les Colonies anglaises**, par le même.

Les Iles du Pacifique, par le capitaine de vaisseau Jouan (avec 1 carte).

* **Les Peuples de l'Afrique et de l'Amérique**, par Girard de Rialle.

* **Les Peuples de l'Asie et de l'Europe**, par le même.

L'Indo-Chine française, par Faque.

* **Géographie physique**, par Geikie, prof. à l'Univ. d'Edimbourg (avec fig.).

* **Continents et Océans**, par Grove (avec figures).

Les Frontières de la France, par P. Gaffarel.

COSMOGRAHPIE

* **Les Entretiens de Fontenelle sur la pluralité des mondes**, mis au courant de la science par Boillot.

* **Le Soleil et les Étoiles**, par le P. Secchi, Briot, Wolf et Delau-

Zurcher et Margollé.

A travers le ciel, par Amigues.

Origines et Fin des mondes, par Ch. Rickard. 3ᵉ édit.

* **Notions d'astronomie**, par

— 32 —

SCIENCES APPLIQUÉES

* **Le Génie de la science et de l'industrie**, par B. GASTINEAU.

* **Causeries sur la mécanique**, par BROTHIER. 2ᵉ édit.

Médecine populaire, par le docteur TURCK. 4ᵉ édit.

La Médecine des accidents, par le docteur BROQUÈRE.

Les Maladies épidémiques (Hygiène et Protection), par le docteur L. MONIN.

* **Hygiène générale**, par le docteur L. CRUVEILHIER. 6ᵉ édit.

Petit Dictionnaire des falsifications, avec moyens faciles pour les reconnaitre, par DUFOUR.

Les Mines de la France et de ses colonies, par P. MAIGNE.

Les Matières premières et leur emploi dans les divers usages de la vie, par H. GENEVOIX.

La Machine à vapeur, par H. GOSSIN, avec figures.

La Photographie, par le même, avec figures.

La Navigation aérienne, par G. DALLET (avec figures).

L'Agriculture française, par A. LARBALÉTRIER, avec figures.

SCIENCES PHYSIQUES ET NATURELLES

Télescope et Microscope, par ZURCHER et MARGOLLÉ.

* **Les Phénomènes de l'atmosphère**, par ZURCHER. 4ᵉ édit.

* **Histoire de l'air**, par Albert LÉVY.

* **Histoire de la terre**, par le même.

* **Principaux faits de la chimie**, par SAMSON, prof. à l'Éc. d'Alfort. 5ᵉ édit.

Les Phénomènes de la mer, par E. MARGOLLÉ. 5ᵉ édit.

* **L'Homme préhistorique**, par L. ZABOROWSKI. 2ᵉ édit.

* **Les Grands Singes**, par le même.

Histoire de l'eau, par BOUANT.

* **Introduction à l'étude des sciences physiques**, par MORAND. 5ᵉ édit.

* **Le Darwinisme**, par E. FERRIÈRE.

* **Géologie**, par GEIKIE (avec fig.).

* **Les Migrations des animaux et le Pigeon voyageur**, par ZABOROWSKI.

* **Premières Notions sur les sciences**, par Th. HUXLEY.

La Chasse et la Pêche des animaux marins, par le capitaine de vaisseau JOUAN.

Les Mondes disparus, par L. ZABOROWSKI (avec figures).

Zoologie générale, par H. BEAUREGARD, aide-naturaliste au Muséum (avec figures).

PHILOSOPHIE

La Vie éternelle, par ENFANTIN. 2ᵉ éd.

Voltaire et Rousseau, par Eug. NOEL. 3ᵉ édit.

* **Histoire populaire de la philosophie**, par L. BROTHIER. 3ᵉ édit.

* **La Philosophie zoologique**, par Victor MEUNIER. 2ᵉ édit.

* **L'Origine du langage**, par L. ZABOROWSKI.

Physiologie de l'esprit, par PAULHAN (avec figures).

L'Homme est-il libre? par RENARD. 2ᵉ édition.

La Philosophie positive, par le docteur ROBINET. 2ᵉ édit.

ENSEIGNEMENT. — ÉCONOMIE DOMESTIQUE

* **De l'Éducation**, par Herbert Spencer.

La Statistique humaine de la France, par Jacques BERTILLON.

Le Journal, par HATIN.

De l'Enseignement professionnel, par CORBON, sénateur. 3ᵉ édit.

* **Les Délassements du travail**, par Maurice CRISTAL. 2ᵉ édit.

Le Budget du foyer, par H. LENEVEUX.

* **Paris municipal**, par le même.

* **Histoire du travail manuel en France**, par le même.

L'Art et les Artistes en France, par Laurent PICHAT, sénateur. 4ᵉ édit.

Premiers principes des beaux-arts, par J. COLLIER.

Économie politique, par STANLEY JEVONS. 3ᵉ édit.

* **Le Patriotisme à l'école**, par JOURDY, capitaine d'artillerie.

Histoire du libre échange en Angleterre, par MONGREDIEN.

Économie rurale et agricole, par PETIT.

Les Industries d'art, par Achille MERCIER.

DROIT

* **La Loi civile en France**, par | **La Justice criminelle en France**,

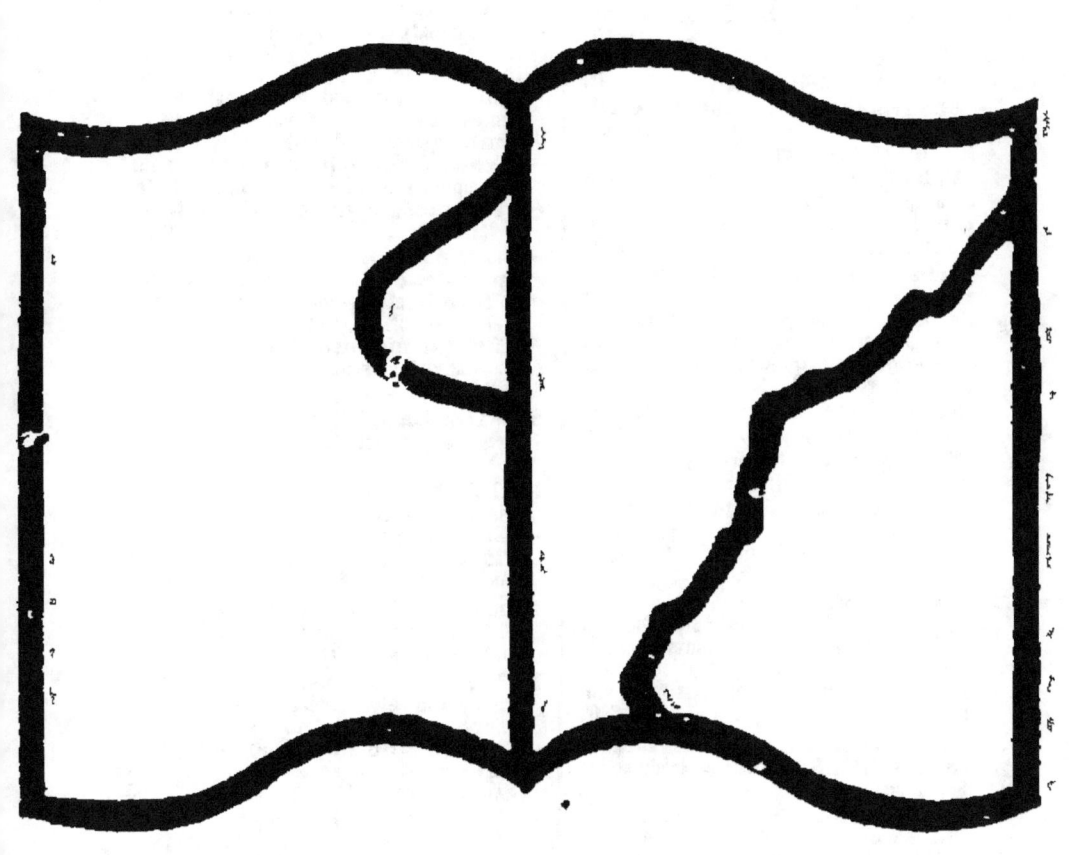

Texte détérioré — reliure défectueuse
NF Z 43-120-11

COLLECTION HISTORIQUE DES GRANDS PHILOSOPHES

PHILOSOPHIE ALLEMANDE

KANT. **Critique de la raison pure**, trad. par M. Tissot, 2 vol. in-8. . . . . 16 fr.
— Même ouvrage, traduction par M. Jules Barni, 2 vol. in-8 . . . . . . 16 fr.
— **Éclaircissements sur la critique de la raison pure**, trad. par M. Tissot, 1 vol. in-8. . . . . 6 fr.
— **Principes métaphysiques du droit**, suivis du *projet de paix perpétuelle*, traduction par M. Jules Barni, 1 vol. in-8 . . . . 8 fr.
— **Principes métaphysiques de la morale**, augmentés des *fondements de la métaphysique des mœurs*, traduct. par M. Tissot, 1 vol. in-8. 8 fr.
— Même ouvrage, traduction par M. Jules Barni, 1 vol. in-8. . . . . . 8 fr.
— **La logique**, traduction par M. Tissot, 1 vol. in-8. . . . . 4 fr.
— **Mélanges de logique**, traduction par M. Tissot, 1 vol. in-8. . . . 6 fr.
— **Prolégomènes à toute métaphysique future** qui se présentera comme science, traduction de M. Tissot, 1 vol. in-8. . . . . . 6 fr.
— **Anthropologie**, suivie de divers fragments relatifs aux rapports du physique et du moral de l'homme, et du commerce des esprits d'un monde à l'autre, traduction par M. Tissot. 1 vol. in-8. . . . . 6 fr.

FICHTE. **Méthode pour arriver à la vie bienheureuse**, traduit par Fr. Bouillier. 1 vol. in-8. . . 8 fr.
— **Destination du savant et de l'homme de lettres**, traduct. par M. Nicolas. 1 vol. in-8. . . . 3 fr.
— **Doctrines de la science**: Principes fondamentaux de la science de la connaissance. 1 vol. in-8. . . 9 fr.

SCHELLING. **Bruno ou du principe divin**, trad. par Cl. Husson, 1 vol. in-8. . . . . 3 fr. 50

HEGEL. **Logique**, traduction par A. Véra, 2ᵉ édition, 2 vol. in-8 . . 14 fr.
— **Philosophie de la nature**, traduction par A. Véra. 3 volumes in-8. . . . . 25 fr.
— **Philosophie de l'esprit**, traduction Véra. 2 vol. in-8. . . 18 fr.
— **Philosophie de la religion**, traduction par A. Véra. Tomes I et II. . . . . 20 fr.
— **La poétique**, trad. par Ch. Bénard. Extraits de Schiller, Gœthe, Jean-Paul, etc., et sur divers sujets relatifs à la poésie. 2 vol. in-8. . 12 fr.
— **Esthétique**, 2 vol. in-8, traduct. par M. Bénard. . . . . 16 fr.

PHILOSOPHIE ANCIENNE

ARISTOTE (Œuvres d'), traduction de M. Barthélemy-Saint-Hilaire.
— **Psychologie**, (Opuscules), trad. en français et accompagnée de notes. 1 vol. in-8. . . . . 10 fr.
— **Rhétorique**, trad. en français et accompagnée de notes. 2 vol. in-8. 16 fr.
— **Politique**, 1 vol. in-8. . . . 10 fr.
— **Traité du ciel**, trad. en français pour la première fois. 1 fort vol. gr. in-8. 10 fr.
— **La métaphysique d'Aristote**, 3 vol. in-8. . . . . 30 fr.
— **Traité de la production et de la destruction des choses**, trad. en français et accomp. de notes perpétuelles. 1 vol. gr. in-8.
— **De la logique d**...
M. Barthélemy-S...
in-8.

SOCRATE. **La philoso**...
crate, par M. Alf. F...
in-8.

PLATON. **La philosoph**...
par M. Alfred Fouillée, 2...
— **Études sur la Dial**...
Platon et dans He...
Janet. 1 vol. in-8.

ÉCOLE D'ALEXANDRIE...
l'École d'Alexandri...
thélemy-Saint-Hilaire.

MARC-AURÈLE. **Pensées**...
rèle, trad. et annotées...
lemy-Saint-Hilaire. 1 vol...
— **Histoire de la philo**...
tiquité et moyen...
Fabre. 1 vol. in-18.
— **Essai sur le Syst**...
phique des Stoïciens...
Réau, 1 vol. in-8.

PHILOSOPHIE M...

LEIBNIZ. **Œuvres phi**...
avec introduction et no...
Janet. 2 vol. in-8.

MALEBRANCHE. **La phi**...
Malebranche, par M...
2 vol. in-8.

DAMIRON. **Mémoire p**...
l'histoire de la p...
XVIIIᵉ siècle. 3 vol. in-8.

MAINE DE BIRAN. **Essai**...
losophie, suivi de fr...
par Jules Gérard. 1 fort...

PHILOSOPHIE ÉC...

DUGALD STEWART. **Él**...
philosophie de l'e...
trad. de l'anglais par L...
in-12. . . . . 9 fr.

BERKELEY. **Sa vie et ses œuvres**, par Penjon. 1 vol. in-8. . 7 fr. 50

www.ingramcontent.com/pod-product-compliance
Lightning Source LLC
Chambersburg PA
CBHW052135230426
43671CB00009B/1259